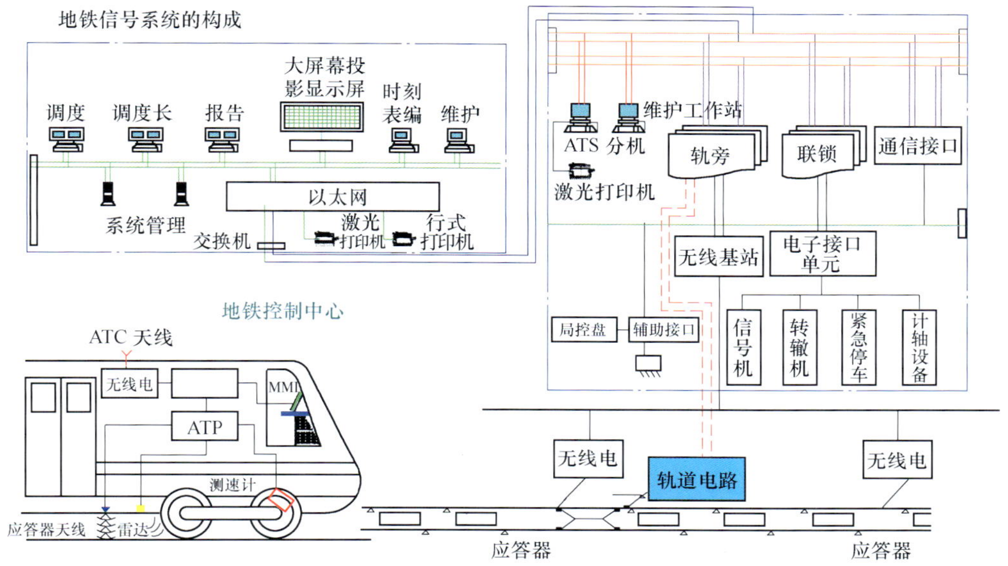

图 1-3　地铁信号设备的构成

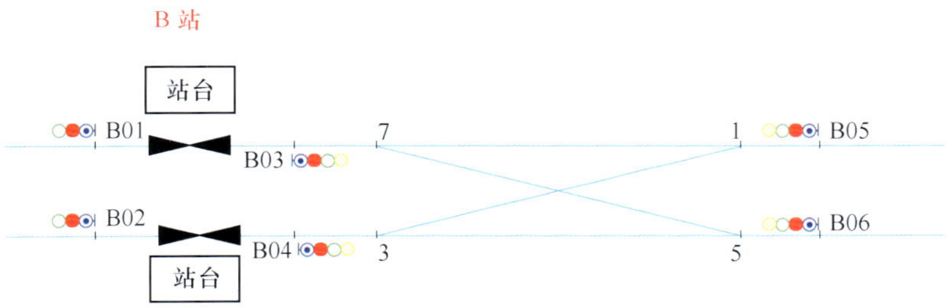

图 3-4　某地铁正线某车站信号机布置简图

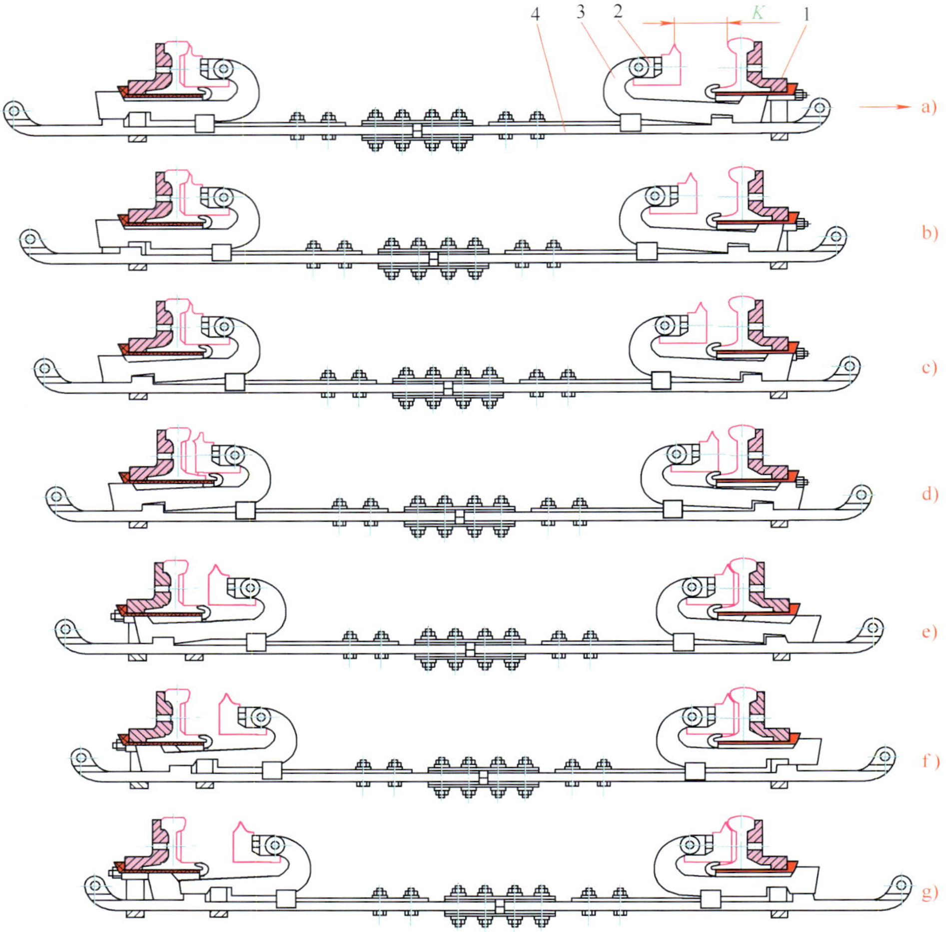

图 4-7　钩型外锁闭装置工作原理图

1—锁闭框　2—尖轨连接铁　3—锁钩　4—锁闭杆　*K*—道岔开程

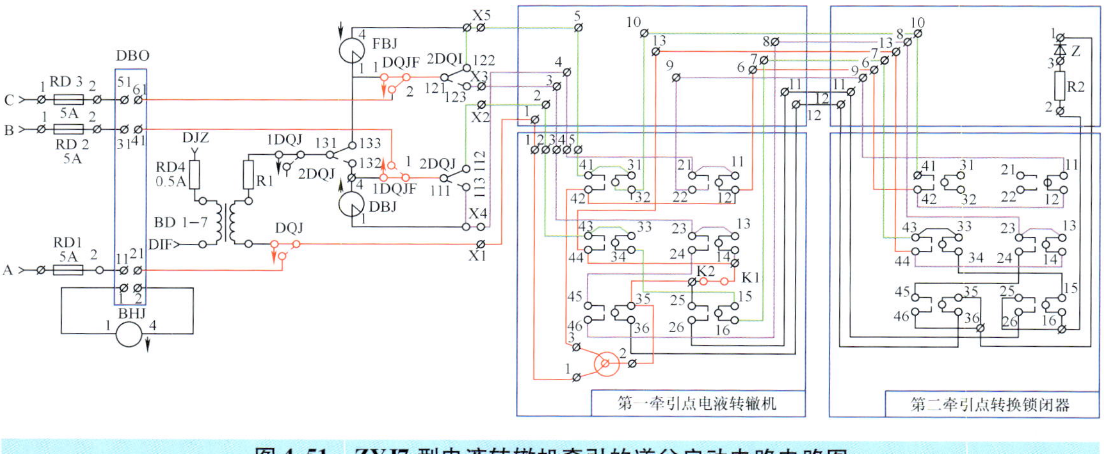

图 4-51　ZYJ7 型电液转辙机牵引的道岔启动电路电路图

说明：绿线代表反位向定位转换电路的一部分、紫线代表定位向反位转换电路的一部分、红线代表公共部分

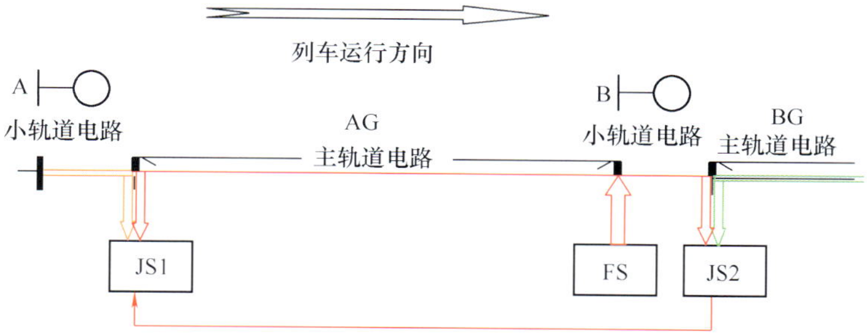

图 5-26　ZPW-2000A 型无绝缘移频轨道电路信息传递原理

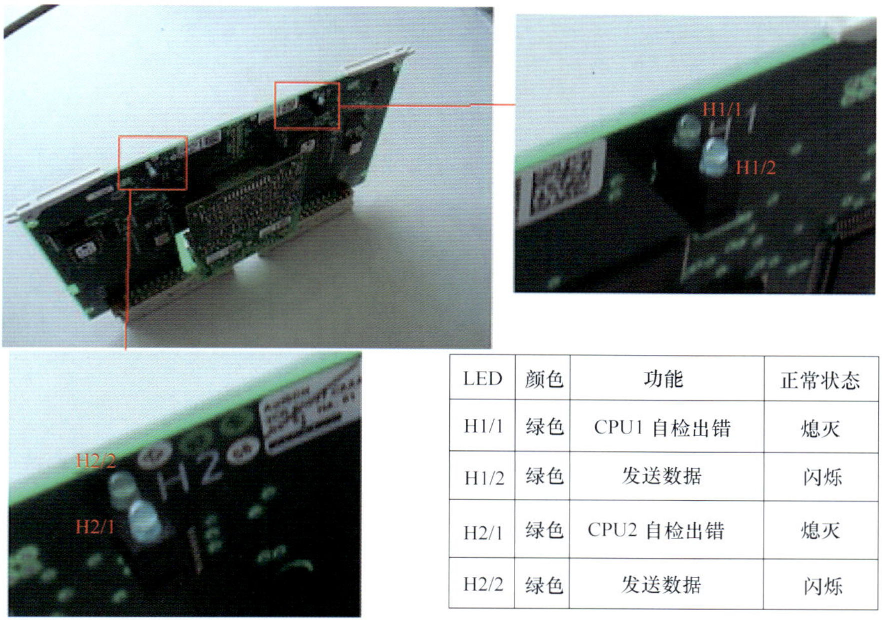

LED	颜色	功能	正常状态
H1/1	绿色	CPU1 自检出错	熄灭
H1/2	绿色	发送数据	闪烁
H2/1	绿色	CPU2 自检出错	熄灭
H2/2	绿色	发送数据	闪烁

图 8-12　核算器灯位及状态信息

职业教育轨道交通类系列教材

轨道交通信号基础

主　编　刘　畅　李　兵
副主编　于海波
参　编　周艳秋　赵　琪　关　杰　刘　利
主　审　鲍风雨

机械工业出版社

本书是职业教育轨道交通类系列教材。本书紧密结合现场实际应用，校企合作编写，立足培养应用型技能人才，本着理论适度够用的原则，采用项目式教学，注重实际操作能力的培养。本书主要内容包括：概述、继电器、信号机、转辙机、轨道电路、查询应答器、防雷与接地、传感器与计轴系统和牵引网供电对通信信号的影响，内容上力求体现轨道交通最新的技术设备。

本书可作为职业教育铁道通信信号、城市轨道交通控制、铁道信号、城市轨道交通运营管理和铁道交通运营管理等专业的教材，也可供铁路等轨道交通相关企业的在职人员培训学习使用。

为方便教学，本书配有电子课件。凡选用本书作为授课教材的教师均可登录 www. cmpedu. com 免费注册下载电子课件。编辑咨询电话：010-88379865。

图书在版编目（CIP）数据

轨道交通信号基础/刘畅，李兵主编. —北京：机械工业出版社，2014. 5（2024. 8 重印）
“十二五”职业教育轨道交通类系列教材
ISBN 978-7-111-46525-6

Ⅰ. ①轨… Ⅱ. ①刘…②李… Ⅲ. ①轨道交通-交通信号-信号系统-高等职业教育-教材 Ⅳ. ①U491. 5

中国版本图书馆 CIP 数据核字（2014）第 082727 号

机械工业出版社（北京市百万庄大街 22 号 邮政编码 100037）
策划编辑：曹新宇 责任编辑：师 哲
版式设计：霍永明 责任校对：肖 琳
封面设计：陈 沛 责任印制：常天培
固安县铭成印刷有限公司印刷
2024 年 8 月第 1 版第 8 次印刷
184mm×260mm · 15 印张 · 2 插页 · 347 千字
标准书号：ISBN 978-7-111-46525-6
定价：39. 80 元

电话服务	网络服务
客服电话：010-88361066	机 工 官 网：www. cmpbook. com
010-88379833	机 工 官 博：weibo. com/cmp1952
010-68326294	金 书 网：www. golden-book. com
封底无防伪标均为盗版	机工教育服务网：www. cmpedu. com

常用信号系统中英文对照

列车运行自动控制系统 Automatic Train Control（ATC）
列车自动防护 Automatic Train Protection（ATP）
列车自动驾驶 Automatic Train Operation（ATO）
列车自动监控 Automatic Train Supervision（ATS）
基于通信的列车控制系统 Communication Based Train Control System（CBTC）
计算机联锁系统 Interlocking System（IS）
中国列车控制系统 Chinese Train Control System（CTCS）
机车综合无线通信系统 Cab Integrated Radio communication equipment（CIR）
列车控制中心 Train Control Center（TCC）
连续信息接收模块 Track Circuit Reader（TCR）
应答器信息接收与处理模块 Balise Transmission Module（BTM）
安全计算机 Vital Computer（VC）
人机界面 Human-Machine Interface（HMI）
不间断电源 Uninterruptible Power Supply（UPS）
计轴核算器 Axle Counter Evaluator（ACE）
电源/数据耦合单元 Power/Data Coupling Unit（PDCU）

前　　言

随着科学技术的不断进步和人们生活水平的逐渐提高，铁路、地铁和轻轨等轨道交通运输业也在突飞猛进地发展。但作为铁路和地铁等重要基础设施之一的且被喻为“神经中枢”的信号系统的专业技术人员则极度缺乏。而信号基础设备是信号系统的基石，是学习和掌握信号专业其他技术知识的前提和基础。

本书根据《国家职业技能标准　信号2》及相关国家标准、部标标准的有关条件规定，结合现场实际典型工作任务，按照由简单到复杂和由一般工作过程到复杂故障处理的原则组织编写。

本书编写人员多数具有教学和工程实践的双重背景，大部分内容源于编者多年来从事教学和从事国内、国际现场信号设备的设计、生产、安装、调试、测试、操作维护及管理的经验积累和体会。本书突破了以往教材的编写模式，整合多家企业技术资源、与企业人员合作编写，是一本真正意义上的“校企合作”教材。

本书注重理论和实践动手能力相结合，按照项目式教学要求，采用从简单到复杂、从一般到特殊和循序渐进的编写模式；以现场应用为导向，书中多数项目取材于现场；教材编写中注意与信号工职业技能鉴定相结合；突出职业教育的特色，图文并茂；书中内容全面，从信号工常用仪器仪表的使用方法到信号基础设备的结构、作用、原理和操作维护，注重从设备安装、调试和操作等基本操作到巡检、维护及常见故障处理等职业技能培养。

本书由辽宁轨道交通职业学院刘畅、李兵主编，沈阳铁路局电务处于海波副主编，鲍风雨主审。刘畅编写项目二、项目三、项目五及项目七的课题一和项目实施，李兵编写项目四和项目六，参加编写的还有沈阳铁路局电务处于海波（项目一），辽宁轨道交通职业学院周艳秋（项目九）、赵琪（项目八的项目实施），沈阳浑南现代交通有限公司关杰（项目八的理论知识）、刘利（项目七的课题二）。在编写过程中得到了辽宁轨道交通职业学院、沈阳铁路局电务处及沈阳地铁运营有限公司等专家老师们的大力支持，在此表示衷心感谢。

由于作者水平有限，书中不足和错误之处，恳请广大读者批评指正，联系邮箱 liu_changbj@ sina. com。

编　　者

目 录

项目一

概　　述

【问题导入】

随着人们生活水平的提高，对交通运输的需求越来越大，要求越来越高，所以交通运输业的发展越来越迅猛，尤其是城市轨道交通系统，在现代城市发展过程中的地位越来越重要、作用越来越大。如何安全、可靠、最大限度地实现其功能，最大限度地减少系统故障的发生，这就给信号系统的设计、维护人员提出更高的要求。那么，作为信号专业对应的国家职业工种——信号工的工作范围和工作内容是什么，信号系统由哪些设备组成及其作用是什么，是本单元要解决的问题。

【学习目标】

1. 知识目标：

（1）掌握轨道交通信号系统的概念、组成及作用。

（2）理解 ATC、ATP、ATS、ATO、CBTC 的基本概念及作用。

（3）掌握轨道交通信号设备的组成及分布。

（4）理解联锁的基本概念及作用。

（5）了解信号工的工作内容和职责。

2. 能力目标：

（1）能说出轨道交通信号系统的组成及作用。

（2）能指出轨道交通信号设备的组成及分布。

（3）能描述 ATC、ATP、ATS、ATO、CBTC、联锁的概念和特征，并能有效区分。

（4）能说出信号工的工作内容和职责。

3. 情感目标：

（1）培养“安全第一、预防为主”的工作意识和作风。

（2）培养学生理论联系实际的学习习惯。

（3）激发学生浓厚的学习兴趣，培养自主学习的能力和严谨的工作作风。

（4）培养学生良好的职业道德及创新意识。

【教学建议】

1. 教学场地：在教室、互联网多媒体教室及轨道交通系统信号实训室中进行，课后可实地参观。

2. 设备要求：至少具有能连接互联网的多媒体教室一个，轨道交通信号系统的仿真模型一套，或能放视频投影的设备及课件、视频介绍等。

3. 课时要求：共 8 课时，其中课堂讲授 4 课时，模拟操作 2 课时，现场参观 2 课时。

【理论知识】

课题一　信号系统概述

一、信号系统的作用

铁路、地铁、轻轨等轨道交通运营系统一般主要涉及通信信号、机车车辆、运营管理、土建工务和供电五大部分，如图 1-1 所示。如果把运营系统比做一个人，那么信号系统的作用相当于人的“神经中枢”，它是在保证行车安全的前提下，缩短行车间隔，提高线路通过能力，并实现列车运行的自动化[⊖]。

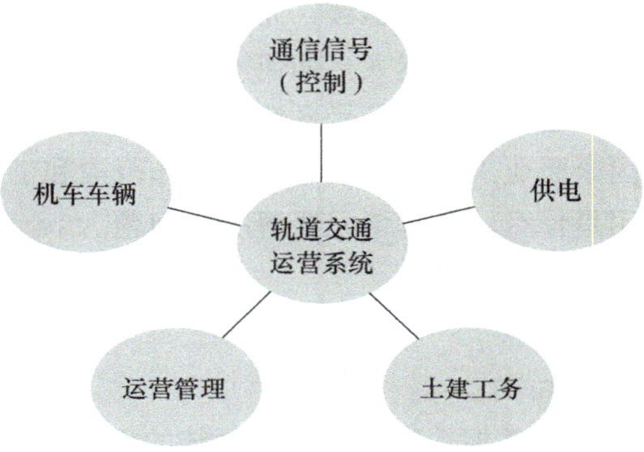

图 1-1　轨道交通运营系统构成

二、信号系统的构成

如图 1-2 所示，随着科学技术的不断进步，先进的信号系统主要包括计算机联锁系统（IS，Interlocking System，其中包含微机监测系统）和列车运行自动控制系统（ATC，Automatic Train Control）两大部分。其中，列车运行自动控制系统包括列车自动防护（ATP，Automatic Train Protection）、列车自动驾驶（ATO，Automatic Train Operation）及列车自动监控（ATS，Automatic Train Supervision）三大子系统。

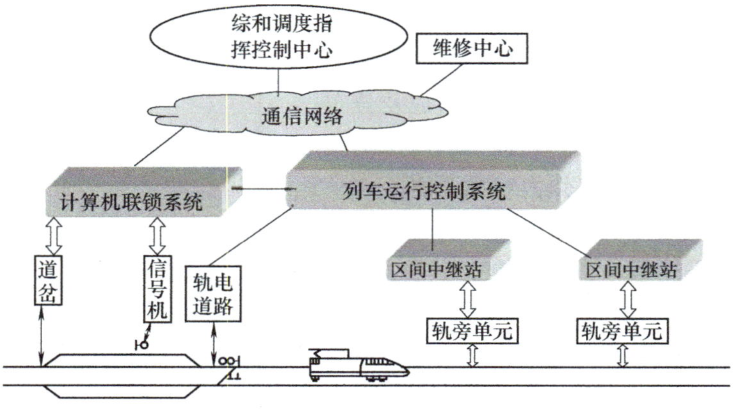

图 1-2　信号系统的构成

⊖ 列车运行的自动化，包括：列车速度自动控制，实现列车运行间隔的自动调整，保证程序定位停车的精度等自动运行监控、自动超速防护及列车自动驾驶。

1. 计算机联锁系统 IS

安全，是城市轨道交通运输的第一准则，为确保行车安全，信号联锁系统必须建立严密的联锁关系。联锁，是指车站范围内进路、信号、道岔之间彼此互相制约的关系。IS 系统属于安全相关类系统，即它们功能的好坏直接影响行车安全。联锁由联锁设备完成，早期采用电气集中联锁，如 6502 电气集中联锁，近年来被计算机联锁系统所取代。

线路上联锁集中控制站（包括本站及其所控制的非集中站的道岔、信号机、轨道电路和查询应答器等设备）由设于该站的联锁设备控制。该设备除了实现联锁关系外，还将联锁的有关信息传送至 ATS/ATO 子系统，并接收来自 ATS 子系统的命令，实现列车运行的自动控制。

地铁车辆段的道岔、信号机和轨道电路等由车辆段的联锁系统控制。通常车辆段独立设一套联锁系统，用以实现车辆段的进路控制，并通过 ATS 车辆段分机与行车指挥中心交换信息。车辆段联锁设备同正线一样，近年来均采用计算机联锁，先进的车辆段信号控制系统的特点是信号一体化，包括联锁系统、进路控制设备、接近通知、终端过走防护和车次号传输设备等。这些设备由局域网连接并经过光缆与调度中心通信。列车的整备、维修与运行相互衔接成一个整体，保证了城市轨道交通的高效率和低成本。

我国近几年建设的城市轨道交通系统的正线计算机联锁系统多采用进口的，如广州地铁二号线采用德国西门子计算机联锁技术，沈阳地铁一号线采用美国 USSI 的计算机联锁技术；而车辆段多采用我国自行研制的计算机联锁系统，如沈阳地铁一号线车辆段采用中国铁道科学研究院设计的 TYJL-Ⅱ计算机联锁系统，北京地铁部分车辆段采用上海阿尔斯通的计算机联锁系统；铁路上还多采用国产的计算机联锁系统。

2. 列车运行自动控制系统 ATC

近几年，随着网络通信技术、计算机技术及自动控制技术（俗称“3C”）的不断发展和人民生活水平的不断提高，在地铁中基于通信的列车控制系统（CBTC，Communication Based Train Control System）逐步取代传统的 ATC；在铁路上，中国列车控制系统 CTCS2/CTCS3（CTCS，Chinese Train Control System）正在普及和推广，它们的基本原理大体相同，只是在实现细节上由于列车的运行空间不同、区间长度不同、覆盖区域不同等稍有不同，但都是通过移动通信网（铁路上采用 GSM-R 无线通信网络、查询应答器、轨道电路、机车综合无线通信系统 CIR 等实现；地铁上采用交叉感应电缆环线、漏泄电缆、裂纹波导管、无线电台等实现）使列车连续地将其位置、标识、车次、列车长度、实际运行速度、运行状况和制动能力等信息通过无线传输方式发送给地面信号设备，地面信号设备（如区域控制器）根据从车载收到的信息计算出列车的移动授权及安全运行间隔，并将这些信息的实时动态发送给车载设备，实现了车地间大容量实时双向的信息传输。

（1）ATP 子系统 ATP 子系统是列车运行自动控制系统的核心。ATP 子系统与 IS 系统一样，属于安全相关类系统，即它们功能的好坏直接影响行车安全，是列车运行控制系统中最重要的部分。城市轨道交通列车运行速度高，在高峰期列车密度大，而且运输对象为乘客，发生行车事故后果严重。依靠运行人员防止运行事故发生远不能满足运行安全要求，因此必须使用列车自动防护 ATP 子系统。使用 ATP 子系统的优点是保证了行车的安全可靠性，缩短了列车间隔，提高了线路的利用率。ATP 子系统根据故障—安全原则执行列车间安全间距的监控、列车的超速防护、安全开关门的监督和进路的安全监控等功能，确保列车和乘客的安全。

（2）ATS子系统 ATS子系统属于非安全相关类系统，即它们功能的好坏不能直接影响行车安全。ATS子系统主要实现对列车运行的监督和控制，辅助行车人员对全线列车运行进行管理，统一指挥调度，充分发挥其运输快捷、准时的特点。ATS子系统可以为行车指挥人员提供全线列车的运行状态显示，监督和记录运行图的执行情况，在列车运行过程中偏离运行图时能够及时做出反应（如，提出调整建议或自动修整运行图），从而保证列车按时刻表正点运行；还可通过ATO子系统的接口，向旅客提供运行信息通报（如列车到达时间、出发时间、中途停靠站名等）。

（3）ATO子系统 ATO子系统属于非安全相关类系统。为了实现“地对车控制”，ATO子系统以列车自动防护ATP子系统为基础，配置车载计算机系统和必要的辅助设备，即用地面信息实现对列车驱动、惰行和制动的控制，传送车门和屏蔽门同步开关信号，执行车站之间列车的自动运行、列车在车站的定点停车、在终点的自动折返等功能。使用ATO子系统后，可以使列车运行规范化、减少人为影响，对于列车在高密度、高速度运行条件下保证运行秩序有很大的好处；同时，自动运行下的列车经常处于最佳运行状态，避免了不必要的、过于剧烈的加速和减速，因此提高了乘客的舒适度；还可以减轻司乘人员的劳动强度，提高了列车准点率及减少轮轨磨损，与列车的再生制动相配合，可以节省电能的消耗。

到目前为止，国内在建或近几年已建设的地铁都安装了ATO设备，但基本靠引进国外的ATO技术，除了中国香港部分线路真正采用ATO方式运行，由于受运行环境的限制，国内其他地方真正采用ATO方式运行的很少，有待于进一步研究探索。

3. CTCS概述

铁路列车控制系统包括地面设备和车载设备，根据系统配置按功能划分为5级。

（1）CTCS-0级 CTCS-0级为既有的干线的地面设备和车载设备应用现状，由轨道电路、通用式机车信号和运行监控记录装置组成。

（2）CTCS-1级 CTCS-1级由主体机车信号和加强型运行监控记录装置组成，面向160km/h以下的区段，在既有设备基础上强化改造，达到机车信号主体化要求，增加点式设备，实现列车安全监控功能。地面子系统包括轨道电路、点式信息设备；车载子系统包括主体化机车信号、点式信息接收模块、加强型监控记录装置。

（3）CTCS-2级 CTCS-2级是基于轨道传输信息的列车控制系统，采用车—地一体化设计，面向提速干线和高速新线（200～250km/h），适用于各种限速区段，地面可不设通过信号机，机车乘务员凭车载信号行车。地面子系统包括列车控制中心TCC、轨道电路、点式信息设备；车载子系统包括连续信息接收模块TCR、点式信息接收模块BTM、测速模块、安全计算机VC、人机界面DMI、设备维护记录单元、运行管理记录单元等。

（4）CTCS-3级 CTCS-3级是基于无线通信系统传输信息并采用轨道电路等方式检查列车占用的列车控制系统，面向提速干线、高速新线或特殊线路（300～350km/h），基于无线通信的固定闭塞或虚拟自动闭塞，适用于各种限速区段，地面可不设通过信号机，机车乘务员凭车载信号行车。地面子系统包括无线闭塞中心RBC、无线通信GSM-R地面设备、TCC、轨道电路、点式信息设备；车载子系统包括无线通信 GSM-R 车载设备、轨道电路信息接收模块 STM、BTM、测速模块、VC、DMI、设备维护记录单元、运行管理记录单元等。

（5）CTCS-4 级 CTCS-4 级是基于无线通信传输信息的列车控制系统，面向高速新线或特殊线路，基于无线通信的传输平台，可实现虚拟闭塞或移动闭塞，由无线闭塞中心 RBC 和车载验证系统共同完成列车定位和列车完整性检查，地面不设通过信号机，机车乘务员凭车载信号行车。地面子系统包括 RBC、无线通信 GSM-R 地面设备；车载子系统包括无线通信 GSM-R 车载设备、测速模块、VC、DMI、全球卫星定位或其他定位设备（用来提供列车的定位和速度信息）、完整性检查设备、设备维护记录单元、运行管理记录单元等。

三、信号设备概述

按照设备安装地点划分，信号设备可分车载 ATC 设备和地面设备，如图 1-3 所示（附彩图）。

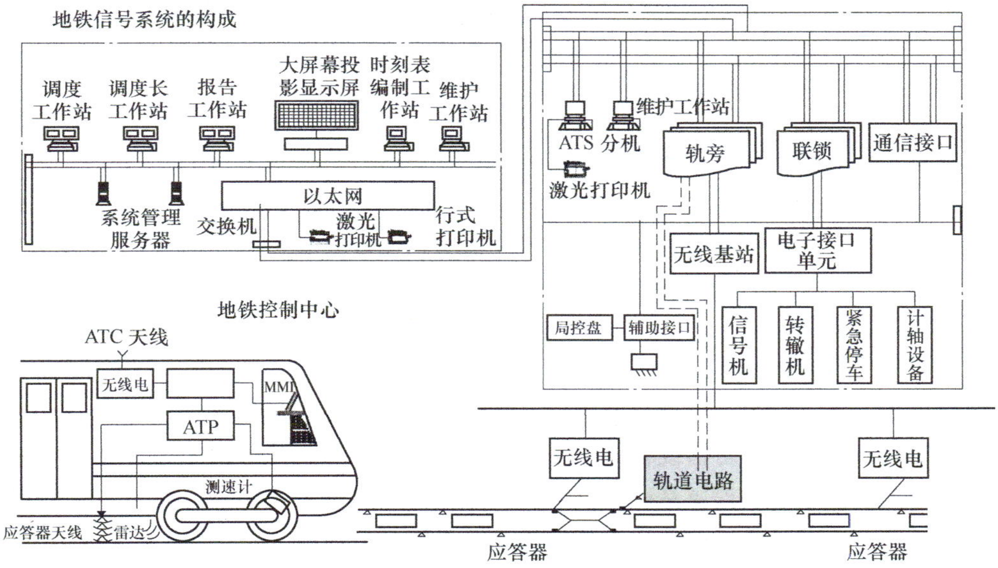

图 1-3 地铁信号设备的构成

1. 车载 ATC 设备

车载设备包括 ATP 和 ATO 两部分，用来接收轨旁设备传送的 ATP/ATO 信息，计算列车运行控制曲线，测量列车运行速度和走行距离，实现列车运行超速自动防护以及列车自动驾驶，保证行车安全并为列车提供最佳运行方式，如图 1-4 所示。

2. 地面设备

（1）控制中心设备 控制中心设备属于 ATS 子系统，主要包括中心计算机系统、综合显示屏、调度员及调度长工作站、运行图工作站、培训/模拟工作站、绘图仪和打印机、维修工作站、不间断电源 UPS（Uninterruptible Power Supply）及蓄电池和网络通信设备等。

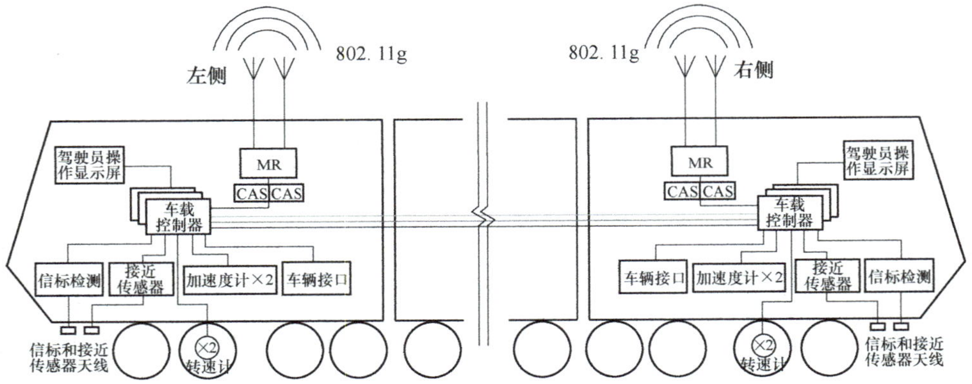

图 1-4 车载设备原理图

（2）车站及轨旁设备 车站又分联锁集中站和非联锁集中站，联锁集中站的设备包括联锁设备、ATS 分机、维护终端、网络通信设备、继电器接口柜、信号机、转辙机、轨道电路（有些站没有）、查询应答器、计轴设备及电源设备等。非联锁集中站一般除联锁设备及继电器接口柜没有外，联锁集中站的其他基础设备一般在非联锁集中站都有，非联锁集中站的设备由辖区内联锁集中站系统控制。

（3）车辆段设备 车辆段信号设备包括 ATS 分机、车辆段终端、联锁设备、维修终端、信号机、转辙机、轨道电路、电源设备等。

（4）试车线设备 试车线上设有若干与正线相同的 ATP/ATO 地面设备，用于对车载 ATC 设备的试验。车辆段信号室内设置有用于改变试车线运行方向和速度的控制台，同时配备一套适合于 ATP/ATO 设备的 UPS，但不设置蓄电池和电源屏。

课题二 信号基础设备概述

信号基础设备一般包括：信号继电器、转辙机、信号机、轨道电路、查询应答器、传感器与计轴设备及接地与防雷设备等。正是这些基础设备的正确运行才为计算机联锁系统及列车运行自动控制系统提供基础的、重要的数据依据。由表 1-1 可以看出，如果把总体构成分成四层，而信号基础设备位于基础第一层也就是最底层，为整个信号系统的正确运行提供重要支持，相当于房屋建筑中的地基和砖瓦、沙子、水泥及钢筋等，处于举足轻重的位置。

表 1-1 信号系统层次构成

层 次	构 成
第四层	综合调度指挥控制中心及维修中心
第三层	通信网络
第二层	联锁系统及列车运行自动控制系统
第一层	转辙机、信号机等信号基础设备

一、信号继电器

继电器是一种电子控制器件，即“电磁开关”，通常应用于自动控制电路中，具有控制系统（又称输入回路）和被控制系统（又称输出回路），它实际上是用较小的电流去控制较大电流的一种“自动开关”。广泛用于航空、航海、轨道交通及工业控制等领域，在电路中起着自动调节、安全保护、转换电路等作用。用于铁路信号系统中的继电器称为信号继电器，种类繁多，如图 1-5 所示的 JYJXC-160/260 型继电器是我国自行研制的广泛应用在高铁客专中的二启动继电器。

二、转辙机

转辙机是重要的信号基础设备，负责道岔的转换和锁闭等功能，是直接关系行车安全的关键设备。它对于保证行车安全，提高运输效率，改善行车人员的劳动强度，起着非常重要的作用，如图 1-6 所示。

图 1-5 JYJXC-160/260 型继电器

图 1-6 转辙机

三、信号机

信号是在城市轨道交通运输系统行车、调车工作中，对行车有关人员指示运行条件而规定的物理特征符号，即是指示列车运行及调车作业的命令，是保证行车安全、提高区间和车站通过能力以及编解能力的手动控制、自动控制及远程控制技术的总称。城市轨道交通的信号机一般采用色灯信号机，以其灯光的颜色、数目和亮灯状态来表示信号，如图1-7所示。

图 1-7 色灯信号机

四、轨道电路

轨道电路是铁路信号的重要基础设备，它的性能好坏直接影响行车安全和运输效率。轨道电路是利用钢轨线路和钢轨绝缘构成的电路。轨道电路用来监督线路的占用情况，以及将列车运行与信号显示等联系起来，即通过轨道电路向列车传递行车信息，如图 1-8 所示。

五、查询应答器

查询应答器最初是用于航天技术以及导航中，到 20 世纪末，查询应答器已经成为轨道交通控制系统中一种不可或缺的设备，轨道交通系统中的查询应答器是基于短程无线技术来完成车地通信的传输装置。查询应答器主要用于车地之间的数据交换，其交换的形式可以是单向的也可以是双向的。现代轨道交通系统中查询应答器可为列车 ATP 提供其所需的各种点式信息，包括进路长度、岔区长度、闭塞分区长度、坡度、曲度等，确保列车在高速运行状态下的安全，如图 1-9 所示。

图 1-8　轨道电路轨旁设备

图 1-9　地面应答器

六、传感器与计轴设备

传感器是指能感受被测量并将它转换成可用信号输出的器件，传感器又称探测器、换能器等。在我们日常生活中，传感器随处可见，如电冰箱、电饭煲、空调、水表、电表、电视机和影碟等设备中存在的各种传感器，又如，城市轨道交通中速度传感器和计轴器等。

1. 速度传感器

如图 1-10 所示为速度传感器，它的基本原理是对车轮旋转计数，因此需在轴承盖上安装信号发生器。车轮每转一周，发生器输出一定数量的脉冲或方波信号，对信号发生器输出的信号计数，测出脉冲或方波的频率即可得出列车运行速度。

2. 计轴传感器

如图 1-11 所示为计轴传感器，计轴技术是以计算机为核心，辅以外部传感器等设备，利用统计车辆通过某一轨道区段的轴数来检测相应轨道区段占用或空闲状态的技术。计轴技术克服了电气化铁路的牵引电流回流对轨道电路的影响，同时也克服了轨道电路的工作状态严重依赖于道床状态的情况。

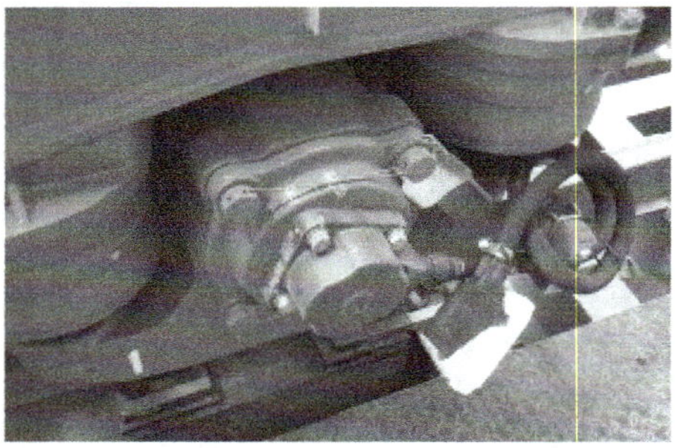

图 1-10　速度传感器

图 1-11　计轴传感器

七、接地与防雷设备

雷电是一种自然现象，由于它的能量极大，极易对设备和人体造成严重损伤。城市轨道交通信号设备多数是低压电气设备或电子设备，它们承受雷害的能力小，易遭雷电袭击；而且信号设备往往与电路或钢轨连接在一起，雷电通过电路、钢轨袭击信号设备造成设备的损坏或误动，影响铁路运输生产，因此必须对雷电进行防护，设置防雷变压器等，如图 1-12a 所示。信号设备应可靠接地，根据需要设置各种地线，不同的信号设备安装不同的地线，有些电子的信号设备必须戴防静电手环或脚环才能对其进行接触维护操作，防静电手环如图 1-12b 所示，防雷装置应设防雷地线，防止和减少雷害，保证安全，进一步提高设备的安全可靠性。

a)

b)

图 1-12　接地与防雷设备

a）防雷变压器　b）防静电手环

课题三　联锁与闭塞技术基础

一、联锁基础

交通运输，安全第一，要保证安全，信号、道岔和进路必须满足一定条件并按照一定程序动作，这种约束关系称为联锁关系，简称联锁。轨道交通上，早期采用 6502 电气集中联锁系统，目前广泛应用计算机联锁系统。

1. 进路信号机开放条件

在车站范围内要保证行驶安全必须保证以下三个条件，且进路在锁闭状态时，防护该进路的信号机才允许开放：

1）确保进路在空闲状态。

2）确保进路上的所有道岔的位置正确并被锁在正确位置。

3）必须确保其他列车或车列不会从正面、侧面和尾部进入而造成撞车事故，即敌对进路没有建立。

2. 敌对进路

所谓敌对进路指建立进路时必须相互照查，不能同时开通的进路，有以下几种情况：

1）同一到发线上对向的列车进路与列车进路。

2）同一到发线上对向的列车进路与调车进路。

3）同一咽喉区内对向重叠的列车进路。

4）同一咽喉区内对向重叠的调车进路。

5）同一咽喉区内对向重叠或顺向重叠的列车进路与调车进路。

6）进站信号机外方，列车制动距离内接车方向为超过6‰的下坡道，而在该下坡道方向的接车线末端未设线路隔开设备时，该下坡道方向的接车进路与对方咽喉的接车进路、非同一到发线顺向的发车进路以及对方咽喉调车进路。

7）防护进路的信号机设在侵入限界的轨道绝缘节处，禁止同时开通的进路。

8）向驼峰推送车列占用的股道与另一端向该股道的接车进路或调车进路。

9）咽喉区内无岔区段上对向的调车进路（到发线上无岔区段应根据具体情况及运营要求另作规定）。

3. 6502 电气集中联锁

车站联锁即为车站信号控制系统，它控制的对象是：道岔、进路和信号机。三者在一处集中控制与监督的车站联锁叫集中联锁，用电气方法进行控制与监督的集中联锁，叫电气集中联锁，简称电气集中，用继电电路实现联锁叫继电式电气集中，6502 电气集中即是其中的一种，而继电器是电气集中设备中实现联锁的基本元件。

4. 继电器组合

将具有相同控制对象的一些继电器组合在一起构成定型电路组合，叫做继电器组合，简称组合。6502 电气集中的定型组合共计 12 种，每一种组合最多不超过 10 台继电器，主要包括：

1）道岔组合（3 种）：单动道岔组合 DD、双动道岔主组合 SDZ、双动道岔辅助组合 SDF。

2）信号组合（6 种）：列车信号主组合 LXZ、列车信号第一辅助组合 1LXF、列车信号第二辅助组合 2LXF、引导信号组合 YX、调车信号组合 DX、调车信号辅助组合 DXF。

3）区段组合（1 种）：Q。

4）方向组合（1 种）：F。

5）电源组合（1 种）：DY。

其中道岔组合、信号组合和区段组合是三种基本组合。为了使不同类型的继电器定型组合在各种车站中通用，根据站场线路可拼贴成站场型网络图，三种基本组合可拼贴站场型网络图，而方向组合和电源组合不参与拼贴。

需要特别指出的是，提速道岔需要专门的道岔组合，具体如下：单动道岔组合 DD 改用提速道岔单动组合 TDD，每组双动道岔主组合 SDZ 改用提速双动道岔主组合 TSD，双动道岔辅助组合则保持不变。

5. 组合侧面端子号

组合柜是安装继电器组合的柜子，一般为 11 层，从下向上顺序编号，其中，第一层为零层，安装电源等，其他层每层最多可安装 10 台继电器，即一个组合，如图 1-13 所示，每一组合都安有组合侧面端子，用于接线、测试用。组合侧面端子早期采用 3×18 柱端子，现在的多数采用万可端子，便于安装测试，占地空间小，分别安装在组合柜侧面继电器组合两边，一边三列，每列 18 组接线端子，每组端子由安装孔、接线孔和测试孔组成。

对于从事信号工作的每一个人员，无论设计、安装配线还是故障处理，最重要的是会识读侧面端子号。侧面端子号由 7 位数字组成，如组合架端子号“32-605-10”含义为：第 3 排第 2 架组合柜第 6 层组合的第 5 个侧面的第 10 号端子。

图 1-13 信号组合柜

二、闭塞技术

1. 间隔

间隔首先指空间间隔，运行列车间必须保持的空间间隔首先是满足制动距离的需要，同时还要考虑适当的安全余量和确认信号的时间内的运行距离。列车运行自动控制系统是依靠控制列车运行速度的方式来保证列车按照空间间隔制运行的。列车间的追踪运行间隔越小，运输能力就越大。

2. 闭塞概念

所谓闭塞，就是为保证列车按照空间间隔制运行，用信号或凭证把空间隔开的技术方法。空间间隔制就是前行列车和追踪列车之间必须保持一定距离的行车方法。

3. 闭塞分类

目前用于城市轨道交通系统的闭塞方式有三种：固定闭塞、准移动闭塞和移动闭塞。

(1) 固定闭塞 固定闭塞以固定的闭塞分区（通常是以地面信号机分隔的固定闭塞区间）为单位作为追踪列车间的安全间隔及正常追踪间隔，由于固定闭塞限制了线路通过能力的提高，现已满足不了城市轨道交通发展的要求。

(2) 准移动闭塞 准移动闭塞方式的列车控制系统采取速度—目标距离控制模式。准移动闭塞的追踪目标点是前行列车所占用闭塞分区的始端，留有一定的安全距离，而后行列车从最高速开始制动的计算点是由目标距离、目标速度及列车本身的性能决定的。目标点相对固定，在同一闭塞分区内不依前行列车的走行而变化，而制动的起始点是随线路参数和列车本身性能的不同而变化的。空间间隔的长度是不固定的，由于要与移动闭塞相区别，所以称为准移动闭塞。显然其追踪运行间隔要比固定闭塞小一些。一般情况下，闭塞分区是用轨道电路或计轴装置来划分的，它具有列车定位和占用轨道的检查功能。

(3) 移动闭塞 移动闭塞方式的列车控制系统也采用速度—目标距离控制模式。移动闭塞的追踪目标点是前行列车的尾部，留有一定的安全距离。后行列车从最高速开始制动的计算点与准移动闭塞相同。目标点与前行列车的走行和速度有关，是随时变化的，而制动的起始点是随线路参数和列车本身性能的不同而变化的。空间间隔的长度是不固定的，其追踪运行间隔要比准移动闭塞更小一些，移动闭塞可采用无线通信和无线定位技术来实现，也可用有线方式来实现。

4. 移动闭塞基本原理

移动闭塞是实现 CTCS、CBTC 的关键技术之一。移动闭塞与固定闭塞相比，最显著的特点是取消了以地面信号机分隔的固定闭塞区间。列车间的最小运行间隔由列车在线路上的实际运行位置和运行状态来确定，闭塞区间随着列车的行驶不断地移动和调整，故称为移动闭塞。

（1）列车定位 列车定位是移动闭塞技术的基础。要实现闭塞区间的动态移动，首先必须实时、准确地掌握列车的位置信息，确定列车间的相对距离。系统不断地将该距离与所要求的运行间隔距离相比较，确定列车的安全运行速度。列车定位由地面设备和车载设备共同完成。通常是由车轮脉冲传感器来确定列车的运行方向和距离，进而可以精确地计算出列车在线路上的实际位置。由于车载定位设备存在着测量误差，特别是列车经过长距离运行后，这个误差会不断地积累，直接影响列车定位的精度。所以，在线路上每隔一段固定距离就需要安装一个地面定位设备。当列车经过这些地面定位设备时，由车载传感设备检测到该定位点，获知列车的确切位置，从而消除车载定位设备所产生的累积定位误差。

（2）移动闭塞车—地双向数据传输 移动闭塞系统中列车和轨旁设备必须保持连续的双向通信。列车不间断地向轨旁控制器传输其标志、位置、方向和速度，轨旁控制器根据来自列车的信息计算来确定列车的安全行车间隔，并将相关信息（如先行列车位置、移动授权等）传递给列车，控制列车运行。

移动闭塞列车自动控制系统，地铁中一般采用交叉感应电缆环线、漏泄电缆或者裂缝波导管以及无线电台的方式实现车—地双向数据传输；而铁路上一般通过 GSM-R、轨道电路、查询应答器、综合无线车载台 CIR 等实现，检测列车位置，使地面信号设备可以实时地得到每一列车的连续位置信息和其他有关信息，并据此计算出每一列车的运行权限，动态更新，并发送给列车。列车根据接收到的运行权限和自身运行状态计算出列车运行的速度曲线，车载设备保证列车在该速度曲线下运行，在列车自动防护（ATP）子系统的保护下，列车自动驾驶（ATO）子系统控制列车的牵引、巡航、惰行及制动。追踪列车之间实时保持着一个安全的追踪距离。列车安全间隔距离是根据最大允许车速、当前停车点位置、线路等信息计算出来的，信息被循环更新，以保证列车不间断地收到即时信息。

可见，移动闭塞技术与传统的固定闭塞比较，有很多优点：可实现大量、双向、连续信息的交换；进一步缩短行车间隔，提高运行速度，节能，成本低（建造、维护、扩容），可靠性高等。

5. 车速测量控制技术

为了更好地控制列车，需要检测列车的速度，并由即时速度测算出列车位置，将这些信息汇集到控制中心，控制中心根据线路上列车流量的情况，生成对车流中各列车和地面设备的控制命令；地面设备接收到控制命令后完成相应的操作；列车根据控制命令，结合列车的速度信息、位置信息、线路地理及列车状况等信息，对列车上的各种设备进行具体的控制。所以几乎所有列车运行控制功能的实现都需要获取列车的速度信息。

（1）车速的测量方法 常用的测速方法有发电机测速、速度传感器测速、雷达测速等，地铁列车速度的测量多是采用速度传感器来实现的，下面分别加以描述。

1）发电机测速。测速发电机安装在车轮外侧，发电机产生的交流电压的频率与列车速度（主轮的转速）成正比。经过频率—电压的变换，把列车实际运行的速度变换为电压。

2）速度传感器测速。速度传感器测速的基本原理是对车轮旋转计数，因此需在轴承盖上安装信号发生器。车轮每转一周，发生器输出一定数量的脉冲或方波信号，对信号发生器输出信号计数，测出脉冲或方波的频率即可得出列车的运行速度。速度传感器如图1-10所示，工作原理在传感器与计轴器项目中有详细的讲解。

3）多普勒雷达测速。利用多普勒效应测量列车的运行速度的原理为：在车头位置安装多普勒雷达，雷达向地面发送一定频率的信号，并检测反射回来的信号。由于列车的运动会产生多普勒效应，所以检测的信号频率与发射的信号频率是不完全相同的。如果列车在前进状态，反射的信号频率高于发射信号频率；反之，则低于发射信号频率。而且，列车的运行速度越快，两个信号之间的频率差越大。通过测量两个信号之间的频率差就可以获取列车的运行方向和即时运行速度。

（2）速度的控制方式　在轨道交通领域中，列车运行自动控制系统主要是依靠控制列车运行速度来实现的。其特点是列车从地面获取信息和命令，控制列车运行，确保在安全的前提下实现最小的列车运行间隔。从列车速度控制方式的角度，列车运行自动控制系统可分为分级速度控制和速度—目标距离曲线（图1-14）控制两种。

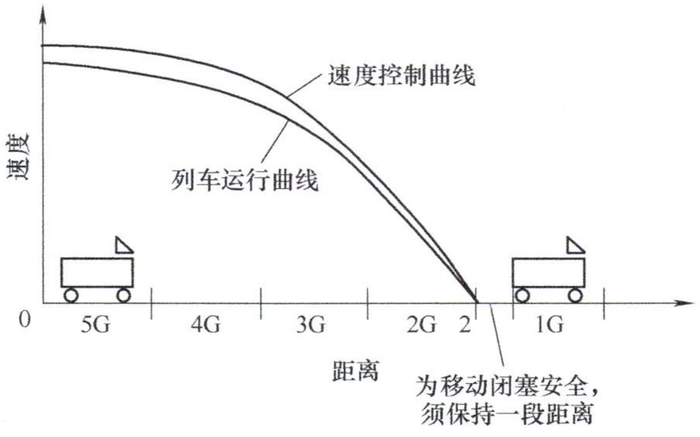

图1-14　速度—目标距离曲线

1）分级速度控制。分级速度控制是以一个闭塞分区为单位，根据列车运行的速度分级，对列车运行进行速度控制。分级速度控制系统的列车追踪间隔主要与闭塞分区的划分、列车的性能和速度有关，而闭塞分区的长度以最坏性能的列车为依据并结合线路参数来确定。分级速度控制又可分为阶梯式和分段曲线式。

2）速度—目标距离曲线。速度—目标距离曲线控制采取的制动方式为连续式一次制动速度控制的方式，根据目标距离、目标速度及列车本身的性能来确定列车制动曲线，不设定每个闭塞分区速度等级。连续式一次速度控制模式若以前方列车占用的闭塞分区入口为追踪目标点，则为准移动闭塞；若以前方列车的尾部为追踪目标点，则为移动闭塞。

【项目实施】

任务一　走进信号实训（验）室

一、器材工具

信号工常用工具、万用表等常用仪器仪表、仿真沙盘、信号基础设备、计算机联锁设备、信号智能电源屏等。

二、实施步骤

切记“安全用电，人人有责”。

信号基础设备实训室是进行理实一体化教学、提高学生实践技能的教学实习场所，通过理论联系实际，进一步深刻理解和巩固专业理论知识，增强实际操作技能，提高动手能力。下面就实验室操作规范、常用信号工工具及仪器仪表的使用加以探讨。

1. 熟悉信号基础设备实训室的操作规范

进入实训室，首先映入眼帘的是《实训室操作规程》，在实训过程中应严格遵守纪律，安全第一，预防为主。一般规定如下：

1）学生应自觉严格遵守操作规程，按时上下课，注意保持实训室的卫生，共同维持良好的实训秩序。

2）操作前，应明确操作要求、操作顺序和所用设备的性能指标。

3）严格按照信号设备运行现场的要求做实验。

4）确保人身安全。信号设备用的电源电压多数是220V或380V，均非安全电压，同时，有些设备在实验中需要运行旋转、拆装，如有不慎，就有可能发生触电、受伤和损坏仪器、设备的严重事故。因此，在实训过程中要求切实遵守实训室的各项安全操作规程，严肃认真、细致踏实，确保实验的顺利完成。实训过程中应注意下列几点：①不擅自接通电源，当接通电源或起动运转类设备时，应先告知全组同学。②通电后，不允许人体触及任何带电部位。严格遵守“先接线后通电”“先断电后拆线”的操作顺序。严格禁止带电操作，以防发生触电事故。③实训前应检查各种设备是否完好，当设备旋转时，要防止人体碰到旋转部分。要当心衣角、围巾、辫子等不要被旋转部分绞入。不要用手或脚去直接制动设备，如道岔转换过程中，禁止用手或脚阻挡尖轨移动，以免发生危险。当攀爬高柱信号机梯子时，严格遵守纪律，注意安全。

5）保障仪器设备安全。应做到“爱护公物，人人有责”！①实训前认真听取指导教师讲解仪器仪表的使用方法及注意事项，对实训设备加倍爱护。阅读有关说明书，熟悉使用方法，做到规范操作。这样既能保证实训课的正常开设，也培养了个人爱护公共财产的品德。②实训过程中仪器设备要轻拿轻放，按说明书规范使用。电气设备应按铭牌上规定的额定值使用，在使用仪表时应选择适当的量程。在实训过程中应注意仪器设备的运行情况，随时注意有无异常现象。例如短路、过热、绝缘烧焦发出异味、声音不正常、电源熔丝熔断发出响声或合上电源而不工作等。当出现上述情况时不要惊慌失措，应立即拉开电源开关，防止事故扩大，保持现场，报告实训老师共同分析原因，排除故障。如果实训仪器和设备损坏，应如实填写事故报告单，以便处理。不得脚踏或坐在设备上，不得用笔在仪表和实训设备上写字，不得将导线和工具乱扔乱抛，也不要擅自取用其他实训设备上的实训模块和仪器设备。导线、工具及其他仪器设备不要靠近运动物体，如工作中的电动机、道岔转换过程中运动中的尖轨等，以免发生意外。③实训结束，设备仪器、仪表整理归位复原，加封、加锁完整。

2. 识记信号基础设备实训课的要求

严格按照国家职业技能鉴定标准进行，一般实训课分为课前准备、进行实训和课后完成实训报告三个阶段，各个阶段的要求如下：

（1）课前准备

1）阅读实训指导书，明确实训目的、实训任务与要求，了解完成实训的方法和步骤；结合实训原理复习相关的理论知识、完成必要的理论估算；设计好实训数据的记录表格，认真思考并解答预习思考题。

2）理解并牢记指导书中提出的注意事项，了解信号工常用工具等仪器仪表的使用方法，防止实训过程中损坏设备。

3）完成报告中预习部分，应有实训目的、所用仪器设备、原理图及数据记录表格，课前交指导老师检查后才能进行实训。

（2）进行实训　切记，整个实训过程严格按照信号基础设备现场使用要求进行，按照职业技能鉴定标准进行，即按照事故处理程序进行处理，如了解、登记、处理、试验、销点、汇报、从室内到室外逐级判断等。

1）先检查仪器、设备是否齐全、完好。实训者应按预先安排好的顺序到相应的实训设备区进行。了解仪器、设备的规格、量程和性能等，如发现问题应及时提出。

2）合理布局，正确使用仪器仪表等工具。合理安排仪器、仪表的位置，使之符合“安全、方便、整齐”的原则。还要连线清晰、调节顺手、读数方便，尤其注意试验台物品摆放整齐、保持干净。

3）在进行焊配线实训时，可以根据图纸按照“先上后下”“从左到右”的原则焊好线路；接电源的时候应该将电源开关处于断开状态，并将可调设备的旋钮、手柄、触头等置于最安全或者要求放至的位置。还应该注意正确连接电子仪器的接地线。整个实训线路要求走线整齐，绑扎美观，线路松紧适当，接线点不要过于集中于一点，每处最多不超过两个接线点。

4）实训进行中要胆大心细，一丝不苟。对实训中出现的现象和所得数据应做好记录。随时分析、研究实验结果的合理性，如果发现异常现象，应及时查找原因，如遇到事故发生，应立即切断电源，并报告指导老师。

5）为了测取准确的数据，在选择测试点时应注意使其分布合理。如曲线的弯曲段应多取几个测试点；读数前要认清仪表量程值与标尺刻度值，合理选择量程。读数时要眼、针、影成一线；记录的数据应是依所选量程经换算后的值，应合理地读取有效数据（最末一位数为估计的存疑数）。每测试完一项任务，暂不要拆线，分析判断一下数据是否正确，若有错误可重新进行测试。要求对测量的数据，测前有预见，测后有分析判断。

6）故障查找过程中需要拆卸设备原有焊配线时，需征得指导老师同意后，方可进行，并及时复原。

7）实训内容全部完成后，原始记录经教师审查后方可拆除实训线路。拆线前应先切断电源，拆完线后将工具仪器设备复归原位，加封、加锁完好，清理好现场，经教师验收后才可离去。

（3）编写实训报告　编写实训报告是将实训结果进行归纳总结、分析与提高的阶段。实训报告内容应充实具体、文理通顺，简明扼要、字迹端正、图表清晰、分析与论证得当，具有说服力。写实训报告应采用统一的实训报告纸。实训报告应包括以下内容：实训目的、实训仪器设备、实训原理图、实训内容及过程、实训总结。

3. 识读信号工的安全相关职业规范，逐步培养职业素养和职业道德

明确信号工职业资格的基本安全制度和作业纪律。现场电务工作人员必须执行“三不动”“三不离”“四不放过”和“三级施工安全措施”，学生须牢记这些基本安全制度。

（1）三不动 ①未登记未联系好，不动。②对设备性能、状态不清楚，不动。③正在使用中的设备（指已办理好进路或闭塞的设备），不动。

（2）三不离 ①工作结束，不彻底试验良好，不离。②影响正常使用的设备未修好前，不离。③当发现设备有异状时，未查清原因，不离。

（3）四不放过 ①事故原因分析不清不放过。②没有防范措施不放过。③事故责任者和职工没有受到教育不放过。④有关人员未受到处理不放过。

（4）三级施工安全措施 电务段、车间、工区三级组织的施工均应制定施工安全措施。安全措施的基本内容应包括：施工前的准备措施，施工中的单项作业措施、安全卡控措施及安全防护措施，施工后的检查试验措施，以及发生故障时的应急措施等。

（5）电务工作人员必须严格执行以下作业纪律

1）严禁甩开联锁条件，借用电源动作设备，人为沟通道岔假表示。

2）严禁采用封连线或其他手段封连各种信号设备的电气接点。

3）严禁在轨道电路上拉临时线沟通电路造成死区间，严禁盲目用提高轨道电路送电端压力的方法处理故障。

4）严禁在色灯信号机灯光灭灯时，用其他光源代替。

5）严禁未登记要点使用手摇把转换道岔。

6）严禁代替行车人员按压按钮、转换道岔、检查进路、办理闭塞和开放信号。

4. 认识信号工常用工具及仪器仪表

（1）信号工常用工具 信号工常用工具指的是一般的信号工岗位都要使用的工具，有试电笔、偏口钳、尖嘴钳、剥线钳、断线钳、电工刀、螺钉旋具、活扳手、钢丝钳、号角、手台及安全帽等。

1）钢丝钳。钢丝钳可用来夹持或切断金属丝、金属薄片。常用规格有 150mm、175mm、和 200mm，如图 1-15 所示。

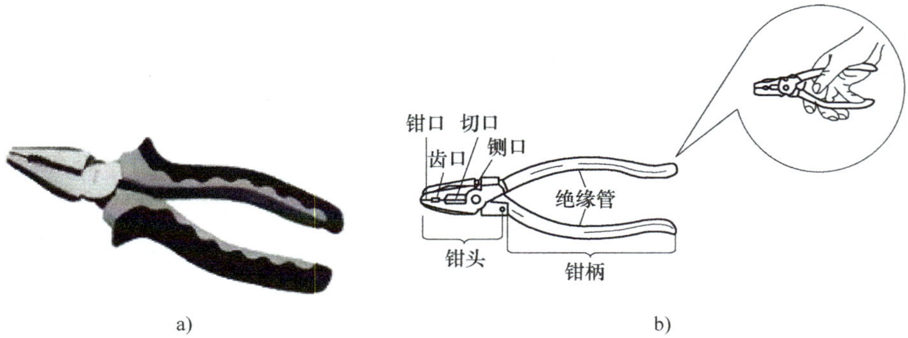

图 1-15 钢丝钳

a）钢丝钳实物图 b）钢丝钳结构及其使用方法

2）尖嘴钳。尖嘴钳头部尖细，适用于在狭小的工作空间操作。常用规格有 130mm、160mm、和 180mm 三种，如图 1-16 所示。

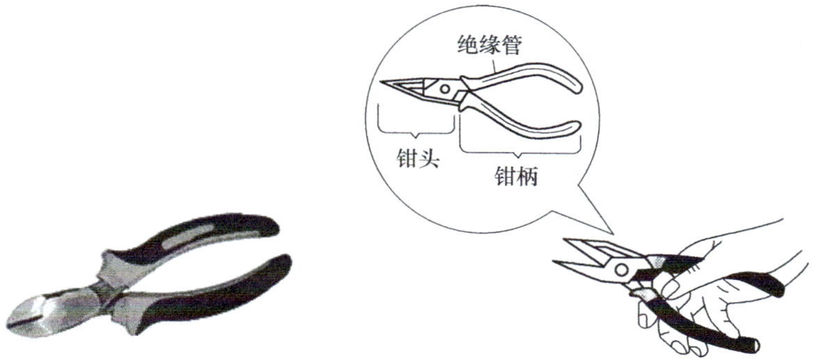

a) b)

图 1-16 尖嘴钳

a）尖嘴钳实物图 b）尖嘴钳结构及其使用方法

3）断线钳。断线钳又称斜口钳，主要用于剪切较细的金属丝、导线，夹持较小的垫圈、螺钉、导线或将导线弯曲成所需形状等。

4）电工刀。电工刀主要用于剖削导线绝缘层、导线线头、削制木槽及切割木台缺口，如图 1-17 所示。

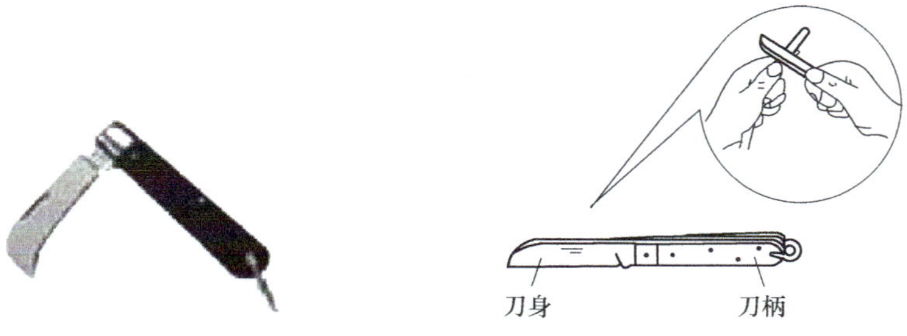

a) b)

图 1-17 电工刀

a）电工刀实物图 b）电工刀结构及其使用方法

5）剥线钳。剥线钳主要用于剥落小直径导线绝缘层，钳口部分有几个咬口，用于剥落不同线径导线的绝缘层，如图 1-18 所示。

6）旋具。常用的旋具是螺钉旋具，螺钉旋具主要用于紧固或拆卸螺钉，如图 1-19 所示。

7）活扳手。活扳手主要用于紧固或松动螺母，如图 1-20 所示。

8）试电笔。试电笔主要用于检查低压电气设备和导线是否带电，是信号工的“眼睛”，有旋具式和钢笔式两种，如图 1-21 所示。

（2）常用仪器仪表 这里，常用仪器仪表是指信号工在电气特性测量时经常用到的，主要指万用表、钳形电流表、电压表、电流表、绝缘电阻表（又称兆欧表，俗称摇表）、轨道电路故障测试仪、电桥和电缆故障测试仪等。

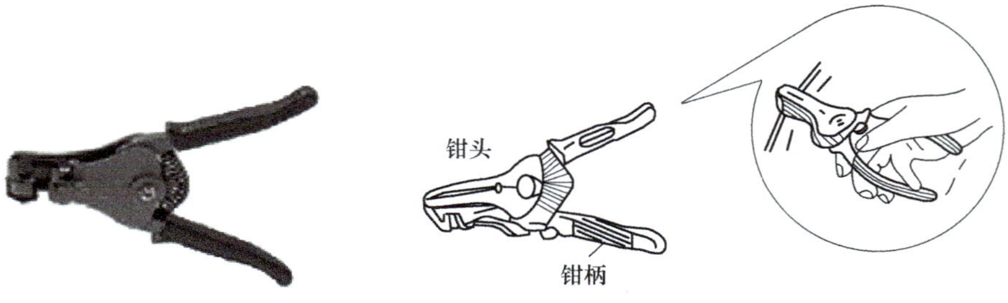

a)　　b)

图 1-18　剥线钳

a）剥线钳实物图　b）剥线钳结构及其使用方法

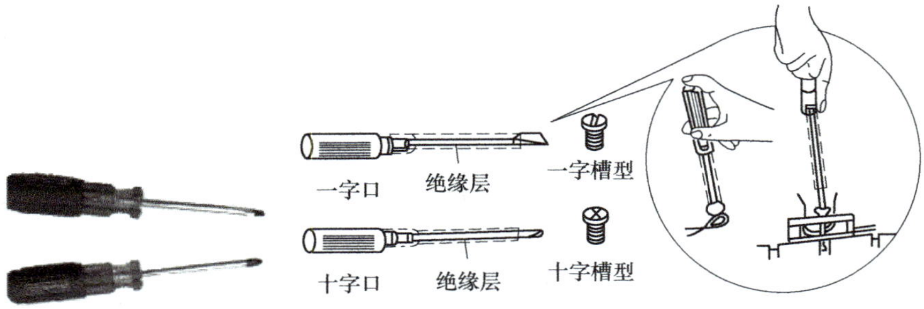

a)　　b)

图 1-19　螺钉旋具

a）螺钉旋具实物图　b）螺钉旋具结构及其使用方法

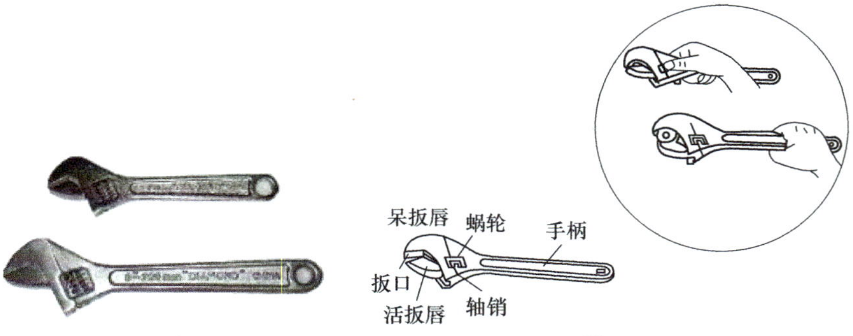

a)　　b)

图 1-20　活扳手

a）活扳手实物图　b）活扳手结构及其使用方法

1）数字万用表的使用。如图 1-22 和图 1-23 所示，以 DT-830 型数字万用表为例，阐述其测量范围和使用方法。

[测量范围]

直流电压分为五挡：200mV、2V、20V、200V、1000V。

交流电压分为五挡：200mV、2V、20V、200V、750V。

直流电流分为五挡：200uA、2mA、20mA、200mA、10A。

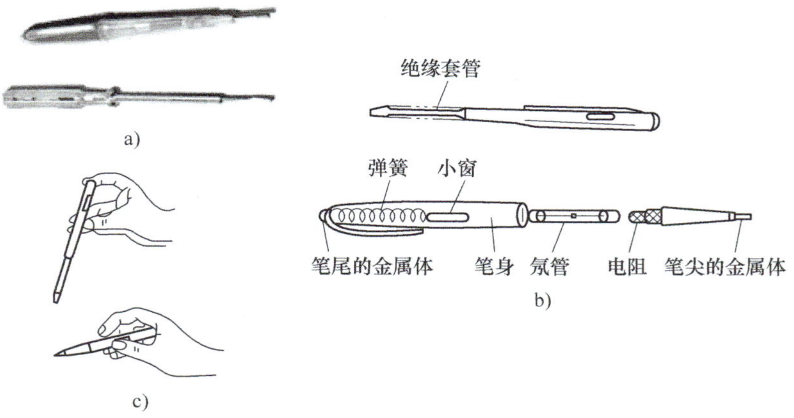

图 1-21　试电笔

a）试电笔实物图　b）试电笔结构　c）试电笔的使用方法

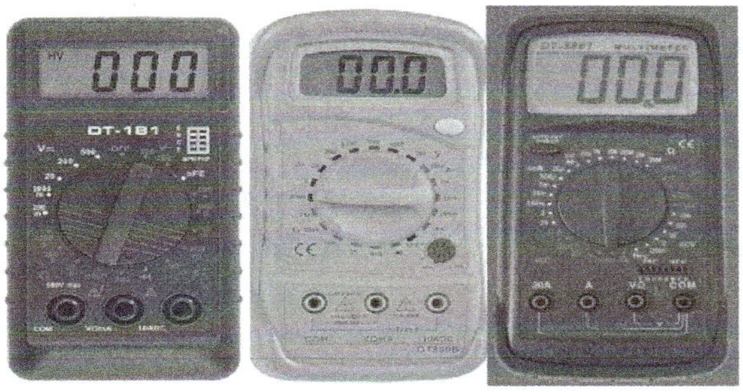

图 1-22　数字万用表实物图

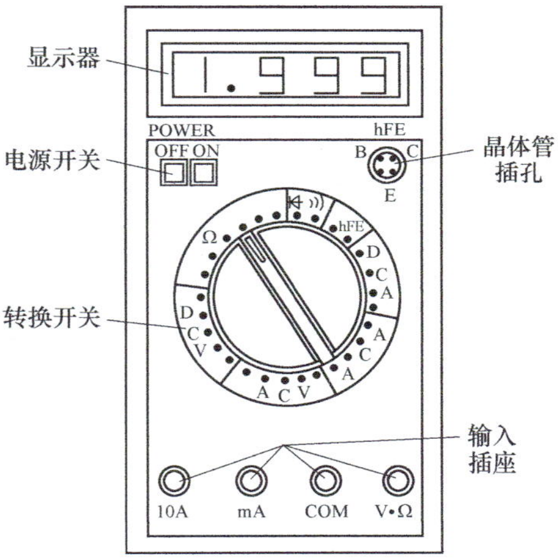

DT-830 型万用表的面板图

图 1-23　数字万用表面板图

交流电流分为五挡：200uA、2mA、20mA、200mA、10A。

电阻分为六挡：200Ω、2kΩ、20kΩ、200kΩ、2MΩ、20MΩ。

[面板说明]

显示器：显示四位数字，最高位只能显示 1 或不显示数字，算半位，故称三位半。最大指示为 1999 或 -1999。当被测量超过最大指示值时，显示“1”或“-1”。

电源开关：使用时将开关置于“ON”位置，使用完毕置于“OFF”位置。

转换开关：用以选择功能和量程。根据被测的电量（电压、电流、电阻等）选择相应的功能位；按被测量程的大小选择合适的量程。

输入插座：将黑色测试笔插入“COM”的插座。红色测试笔有如下三种插法：测量电压和电阻时插入“V·Ω”插座；测量小于 200mA 的电流时插入“mA”插座；测量大于 200mA 的电流时插入“10A”插座。

[注意事项] 当测电路中电阻时必须断开电源并对电解电容放电，不许带电测量电阻，测量时还必须断开电阻的一端。当测大电流、高电压时，禁止带电转换量程开关；测量结束，转换开关位置置于电压最高挡或关闭电源，若长期不用取出电池。

2）兆欧表的使用。兆欧表用于检查电动机、电器及线路的绝缘情况和测量高值电阻，如图 1-24 所示。

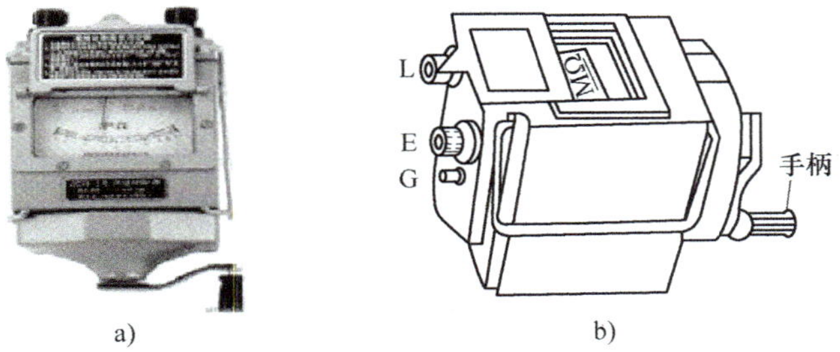

图 1-24 兆欧表

a）兆欧表实物图 b）兆欧表示意图

[使用前准备] 如图 1-25 所示，必须平稳放置，做开路及短路实验。

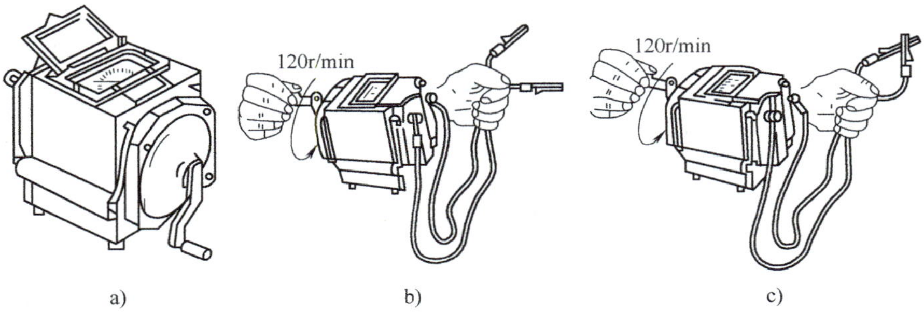

图 1-25 兆欧表使用前准备工作

a）平稳放置 b）开路试验 c）短路试验

[使用] 将被测绝缘电阻接 L、E 两个接线柱之间，如图 1-26 和图 1-27 所示；按顺时针方向以 120r/min 的速度摇动手柄（由慢至快），约 1min 后从表盘上读取数值。

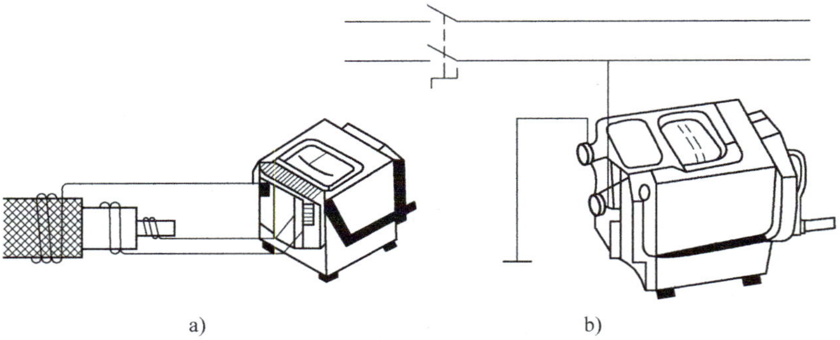

图 1-26 兆欧表测量线缆的绝缘电阻

a）兆欧表测量电缆绝缘电阻 b）测量照明与动力线路的绝缘电阻

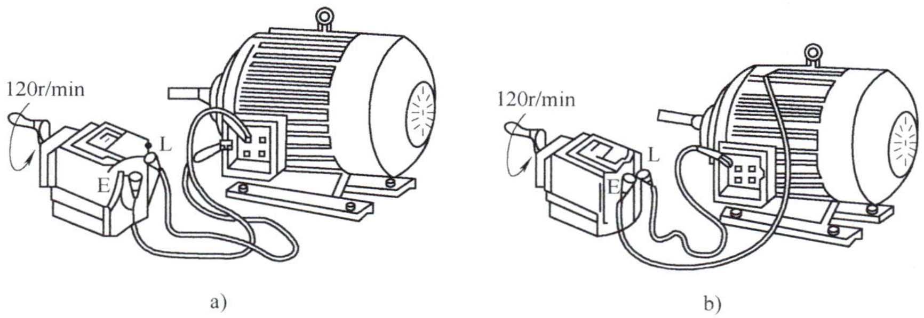

图 1-27　兆欧表测量电动机的绝缘电阻

a）测量电动机绕组的相间绝缘电阻　b）测量电动机绕组对地绝缘电阻

［注意事项］　测量线选用绝缘良好的导线，两线不能绞在一起；测量前，必须将被测线路或电气设备电源全部断开并接地放电，测量完毕后，将摇表两根导线放在一起放电。放电前不可用，以免触电，放电方法如图 1-28 所示。

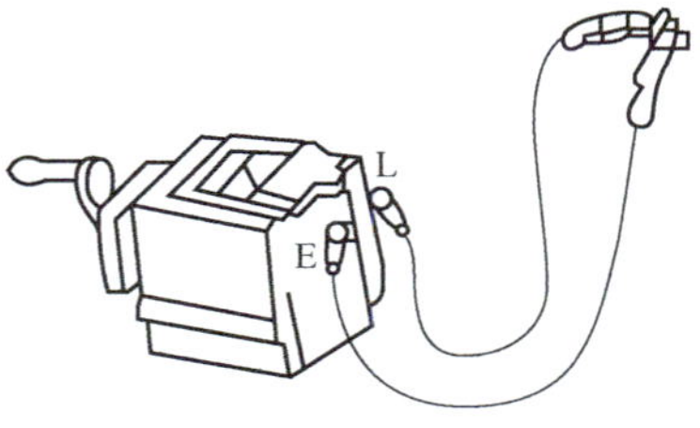

图 1-28　兆欧表放电操作

3）钳形表的使用。钳形表准确度较低，通常为 2.5°或 5°，但它不需切断电路即能测量，如图 1-29 所示。

［量程选择］　注意选择合适的量程。

［测量］　被测载流导线应放在钳口内的中心位置，利用钳形表查漏电或三相电是否平衡。

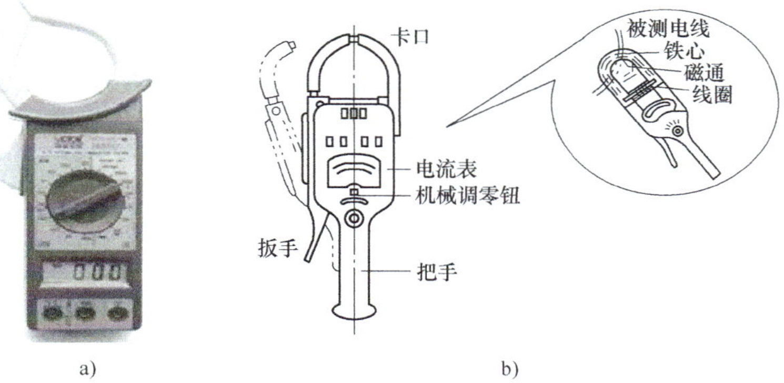

图 1-29　钳形表

a）钳形电流表实物图　b）钳形电流表示意图

5. 测量信号基础设备的电阻、电流及电压

1）用万用表测量轨道电路的限流电阻阻值、两端的电压。

［注意事项］　首先要注意安全：看表针是否在“0”位，钳口是否对正、清洁；在无电情况下转换其量程测量电阻可以利用万用表的欧姆挡直接测量轨道电路限流电阻元件的电阻值，但测量过程中应将电阻元件与原电路断开，防止其他电路与电阻构成通路而影响

测量结果，测量时应切断电源，以免损坏万用表。也可以利用电压表、电流表测量该限流电阻两端电压和流过电阻的电流，部分电路再应用欧姆定律 $R = U/I$ 计算电阻值。

当测量轨道电路限流电阻元件两端电压时，应将万用表旋钮置于合适的电压挡位，并将测试棒并联在电阻元件两端；当测量通过电阻元件电流时，应先将电流表旋钮置于合适的电流挡位，再将电流表串接在电阻元件所在的电路中。

2）用万用表电阻挡分别测量中继变压器箱中的限流电阻 R_1、信号楼里的 JZXC—480 型轨道继电器的线圈电阻；再用电压挡分别测量轨道变压器 BG_1—50 和中继变压器 BZ_4 一次侧及二次侧的电压（注意选择合适量程）。

3）用钳形电流表测轨道变压器二次电流。

三、注意事项

使用万用表前必须把测量项目及测量范围的选择开关旋到与被测电量相应的位置，如果不能估计被测量的大小，应先用较大量程进行试测，然后再确定合适的量程。当测量电压时，一定不能把选择开关置于电流或电阻挡，否则仪表被烧坏。

测量直流电压，表笔必须并接于待测电路两端。注意表笔的极性（“+”表笔接高电位，“-”表笔接低电位），选量程应使表针偏转到满刻度的三分之二以上较为精确。当测量电阻时，应先将表笔短接“调零”，并且每变换一个量程，都要重新“调零”。被测电阻必须独立，不得与其他电阻连接。严禁在电阻通电时，测量其阻值。所选量程应使表针偏转于全刻度的20%～80%，读数较精确。

使用后，将选择开关置于交流电压高量程挡（≥250V），防止下次盲目测量损坏仪表。

任务二　参观设备现场

根据具体情况，选择当地铁路、轻轨或地铁车站电务控制室、机械室、维修车间等进行参观，进一步了解熟悉信号系统、信号设备概况，逐渐培养职业素养。

【任务评价】

任务评价单见附录。

【复习与思考】

1. 城市轨道交通系统包括哪些子系统呢？信号系统有什么作用？
2. 解释 CBTC 概念，列车自动控制系统包括哪些部分？
3. 按照设备安装地点划分，信号基础设备一般包括哪些设备？
4. 现场电务工作人员必须执行“三不动”“三不离”“四不放过”都是指什么？
5. 信号工常用仪器仪表有哪些，分别测量哪些物理量？万用表使用过程中有哪些注意事项？

项目二

继　电　器

【问题导入】

在以前的课程学习中，我们了解了一些常用低压电器的相关知识，对于继电器的名称并不陌生，它用于自动控制的低压控制电路中，起到接通或断开电路的多路自动开关等作用。城市轨道交通控制系统中更少不了继电器的应用。城市轨道交通控制系统都有哪些类型的继电器，这些继电器具体应用在哪里，作用如何，这是本单元要解决的问题。

【学习目标】

1. 知识目标：

（1）掌握信号继电器的结构、分类及作用。

（2）掌握直流无极继电器的结构特点及工作原理。

（3）了解整流继电器、有极继电器、偏极继电器、交流二元继电器的结构及工作原理。

（4）了解故障—安全原则。

2. 能力目标：

（1）能识别简单继电器电路图。

（2）能对继电器进行简单地测试维修。

（3）能说出各种常用信号继电器的工作原理。

3. 情感目标：

（1）培养安全第一、严谨的工作作风。

（2）培养学生理论联系实际的能力。

（3）激发学生浓厚的学习兴趣，培养良好的职业道德。

【教学建议】

1. 教学场地：在教室、互联网多媒体教室及城市轨道交通系统信号实训室中授课，课后可实地参观。

2. 设备要求：至少具有能连接互联网的多媒体教室一个，常用信号继电器、继电电路、组合柜等，或能放视频投影的设备及课件、视频介绍一套。

3. 教学重点、难点：

（1）各种继电器的结构原理及符号意义。

（2）常用继电器的应用与维护。

4. 课时要求：共 12 课时，其中课堂讲授 6 课时，实际操作 6 课时。

【理论知识】

课题一　继电器概述

一、概述

继电器是一种电子控制器件，即“电磁开关”，它实际上是用较小的电流去控制较大电流的一种“自动开关”，广泛应用于电力保护、自动化、运动、遥控、测量、通信和自动控制电路等装置中，它通常由控制系统（又称输入回路）和被控制系统（又称输出回路）两部分组成，故在电路中起自动调节、安全保护、转换电路等作用。

铁路信号技术中广泛采用的继电器，称为信号继电器，简称继电器，是铁路信号系统中的重要部件。实物如图 2-1 所示，继电器现场应用实例如图 2-2 和图 2-3 所示。

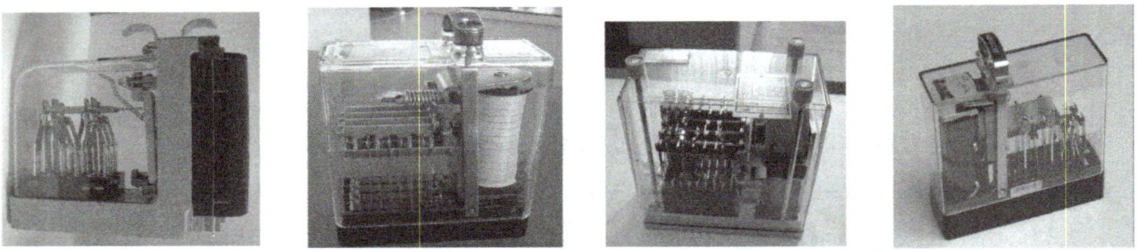

a)　b)　c)　d)

图 2-1　部分继电器实物图

a）美国 USS 公司 PN-150B 型继电器　b）英国西屋公司 NQ1 继电器　c）韩国维庆公司铁路信号继电器

d）中国 JYJXC-160/260 高铁客专继电器

伴随铁路信号技术的发展，信号继电器是从无到有，品种由少到多，体积由大到小逐步发展的“故障—安全”产品。按照发展的先后，世界上主要代表产品有座式继电器、大插入式继电器、AX 安全型系列继电器等，前两种由于安全性、体积等因素先后被淘汰，现在城市轨道交通现场广泛使用 AX 安全型系列继电器。

图 2-2　组合柜中继电器

二、结构组成

继电器的类型很多，结构形式也多样，但基本由两大系统组成：电磁系统和接点系统，继电器结构简图如图 2-4 所示。其中，电磁系统由线圈（图 2-5）、固定的铁心、轭铁及可动的衔铁组成；接点系统（图 2-6）由动接点（又称中接点）和静接点（包括前接点和后接点）等组成。

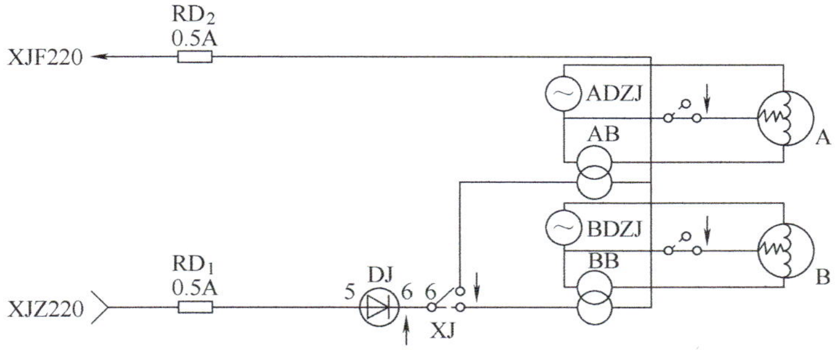

图 2-3　继电器在调车信号机电路中的应用

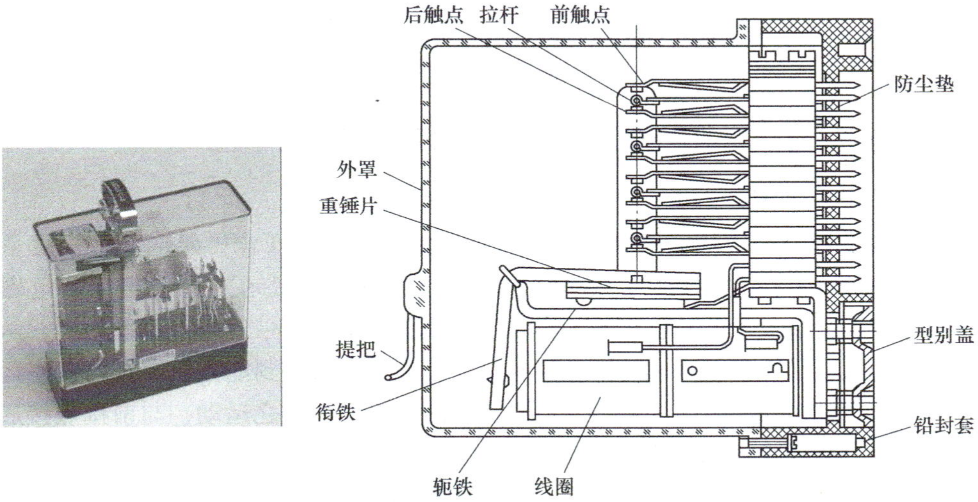

a)　　b)

图 2-4　AX 安全型继电器

a）实物图　b）结构图

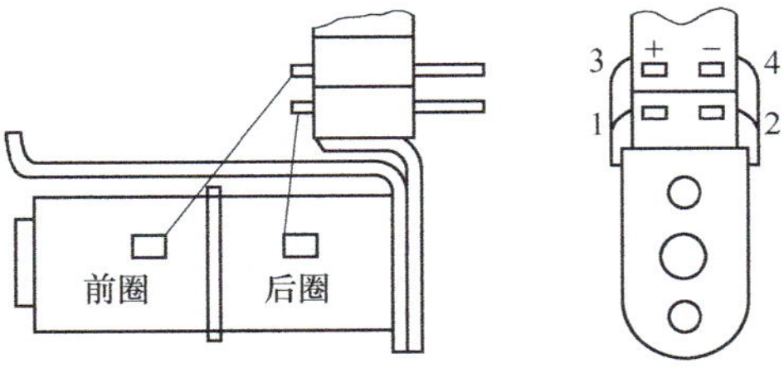

图 2-5　继电器线圈结构图

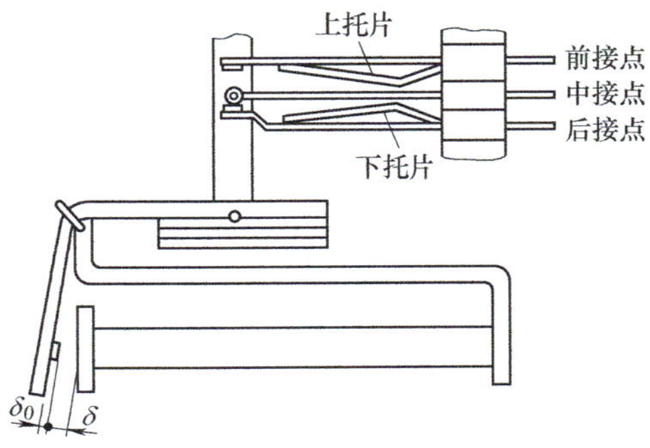

图 2-6　继电器接点结构图

三、基本工作原理

1. 电磁继电器的工作过程

如图2-7所示，电流通过线圈，在磁路中产生磁通，磁通在衔铁气隙中产生电磁力，此力吸引衔铁带动接点动作，以完成电路接通、断开任务。

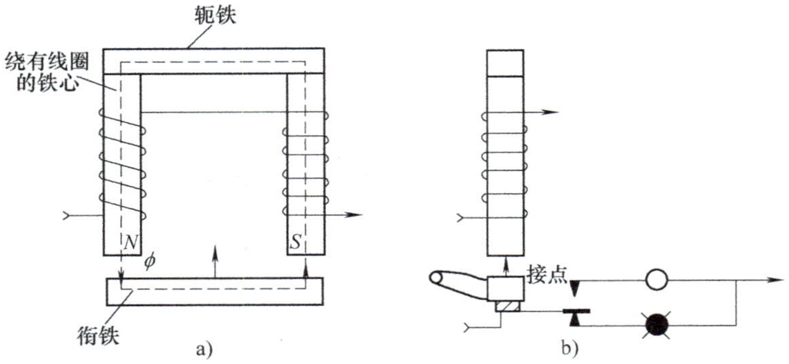

图2-7 电磁继电器的基本工作原理图

2. 基本工作原理

(1) 励磁吸起状态 当线圈中通一定数值的电流后，由于电磁感应产生一定量的磁通，该磁通经铁心、衔铁、轭铁和气隙形成一个闭合磁路，铁心对衔铁产生了电磁吸引力，吸引力的大小取决于所通电流的大小，吸引衔铁，由衔铁带动接点系统动作，从而反映输入电流的大小属性等。当电流增大到一定值，吸引力增大到能克服衔铁向铁心运动的阻抗力时，衔铁就被铁心吸引过来，由衔铁带动的动接点也随之运动，与前接点接通，此状态为继电器励磁吸起状态，简称吸起状态。

(2) 失磁落下状态 当线圈中电流减少时，吸引力也跟着减少，当吸引力减少到不足以克服衔铁重力时，衔铁靠重力落下，衔铁带动动接点与前接点断开、与后接点接通，此状态称为继电器失磁落下状态，简称落下状态。

由上面分析可知，把继电器的前接点、后接点接入控制和表示电路中，通过接点动作接通或断开电路，从而实现对设备的控制，如图2-7b所示。

四、继电器的分类

在输入量（如电压、电流、温度等）达到规定值时，能控制输出电路的导通或断开，继电器种类繁多，可分为电量（如电流、电压、频率、功率等）继电器及非电量（如温度、压力、速度等）继电器两大类，信号继电器具体分类如下。

1. 按动作原理分类

(1) 电磁继电器 电磁继电器是通过继电器线圈中的电流在磁路的气隙（铁心与衔铁间）中产生电磁力，吸引衔铁，带动接点动作。信号系统中广泛使用的继电器大多是这种类型的。

(2) 感应继电器 感应继电器利用电流产生的交变磁场与另一交变磁场在翼板中所感应的电流相互作用而产生电磁力，使翼板转动从而带动继电器接点动作，如相敏轨道电路所使用的交流二元二位继电器。

2. 按动作电流分类

（1）直流继电器 直流继电器是由直流电源供电的。它按所通电流的极性，又可分为无极、偏极和有极继电器。直流继电器都是电磁继电器。

（2）交流继电器 交流继电器是由交流电源供电的。它按动作原理，可分为电磁继电器和感应继电器。

注意：整流式继电器虽然用于交流电路中，但它通过整流元件将交流电整流为直流电，所以其实质上是直流继电器。

3. 按输入量的物理性质分类

（1）电流继电器 电流继电器反映电流的变化，它的线圈必须串联在所反映的电路中。

（2）电压继电器 电压继电器反映电压的变化，它的线圈励磁电路单独构成。

4. 按动作速度分类

（1）正常动作继电器 继电器通电到接点闭合的时间为0.1～0.3s。大部分信号继电器属于此类，一般无需加此称呼。

（2）缓动继电器 继电器通电到接点闭合的时间大于0.3s的继电器称为缓动继电器，又分为缓吸、缓放两种类型。信号继电器中缓放特性是利用短路铜环产生磁通使之缓动，如时间继电器是缓吸型，它的缓吸功能是利用脉冲延时电路或软件设定来实现。

5. 按接点结构分类

（1）普通接点继电器 普通接点继电器具有开断功率较小的接点的能力，以满足一般信号电路的要求，多数继电器为普通接点继电器。

（2）加强接点继电器 加强接点继电器具有开断功率较大的接点的能力，以满足电压较高、电流较大的信号电路的要求。

6. 按工作可靠程度分类

（1）安全型继电器 安全型继电器又称N型继电器，主要依靠衔铁自身重力释放，故又称重力式继电器。它无须借助于其他继电器，也无须对其接点在电路中的工作状态进行监督检查，其自身结构即能满足一切安全条件的继电器，其特点是当线圈断电时，衔铁可借助于自身重量释放，从而使前接点可靠断开。

（2）非安全型继电器 非安全型继电器又称C型继电器，主要依靠弹簧弹力释放衔铁，故又称弹力式继电器。非安全型继电器是必须监督检查接点在电路中的工作状态，以保证安全条件的继电器。

（3）Q系列继电器 Q系列继电器是符合UIC标准及欧洲铁路标准的信号继电器。该继电器的特点是：重弹力混合式继电器，具有很高的抗震性能；接点采用高含碳量的银石墨触头材料，具有很高的抗熔焊性；不采用转换接点形式，零件加工采用精细化方式，提高器材的安全性。如图2-1b所示为英国西屋公司NQ1继电器就是一种Q系列继电器。

五、继电器在轨道交通信号系统中的应用

1. 核心部件

信号继电器用在以继电器为核心部件构成的电气集中联锁系统中实现信号联锁控制，

如继电集中联锁、继电半自动闭塞等，这些系统现场仍然在使用。

2. 接口部件

信号继电器在以电子元件和微型计算机构成的系统中，如计算机联锁、多信息自动闭塞、通用机车信号、驼峰自动化等系统中，作为其接口部件，将系统主机与信号机、轨道电路、转辙机等执行部件结合起来。

六、继电器的特性

继电器的特性用来表征继电器的性能，如电气特性、时间特性、机械特性等，是使用和检修继电器的重要依据。

1. 电气特性

(1) 额定值 额定值是满足继电器安全系数所必须接入的电压或电流值。除了作为轨道继电器、灯丝继电器、道岔起动继电器时，AX 系列继电器的额定电压通常为直流 24V。

(2) 充磁值 为了测试继电器的释放值或转极值，预先使继电器磁系统磁化，向其线圈通以 4 倍的工作值或转极值，称为充磁值。

(3) 释放值 向继电器通以规定的充磁值，然后逐渐降低电压或电流，至全部前接点断开时的最大电压或电流值，称为释放值。

(4) 工作值 给继电器线圈通电，直到衔铁止片与铁心接触、全部前接点闭合，并满足规定接点压力时所需要的最小电压或电流值，称为工作值。

(5) 反向工作值 给继电器线圈反向通电，直到衔铁止片与铁心接触、全部前接点闭合，并满足接点压力时所需要的最小电压或电流值，称为反向工作值。

(6) 转极值 转极值是使有极继电器衔铁转极的最小电压或电流值，分为正向转极值和反向转极值。

(7) 反向不工作值 向偏极继电器线圈反向通电，继电器不动作的最大电压值，称为反向不工作值。

2. 时间特性

(1) 吸合时间和返回时间 当线圈通电到衔铁动作，带动后接点断开、前接点接通，需要一定的时间。当线圈断电到衔铁动作，带动前接点断开、后接点接通，也需要一定的时间，称为时间特性，如图 2-8 所示。其中，吸合时间指向继电器通入额定值起至全部前接点闭合所需的时间；返回时间指向继电器通入额定值，从线圈断电时至后接点闭合所需的时间。

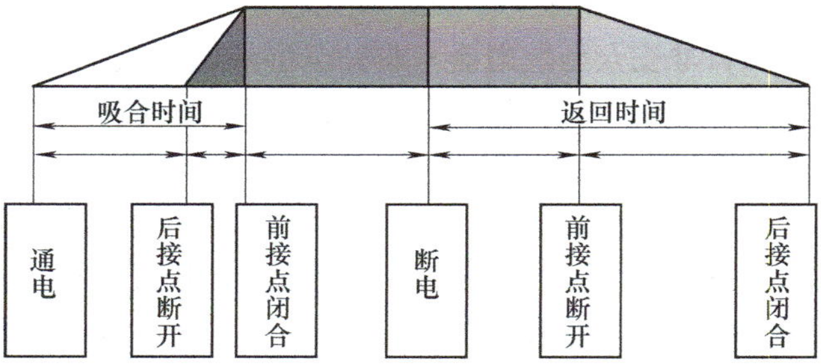

图 2-8 继电器时间特性示意图

(2) 改变继电器时间特性的方法 改变继电器的结构或通过电路可以改变继电器的时间特性。

改变继电器结构方法如下：改变衔铁与铁心间止片的厚度，来改变继电器的返回时间；选用电阻率较高的铁磁材料，以缩短继电器的动作时间；增大线圈导线的线径来减小继电器的吸合时间；铁心上套短路铜环使继电器缓动，构成缓放型继电器。

用电路改变继电器的时间特性方法如下：提高继电器端电压使其快吸；在继电器线圈两端并联电阻或二极管使其缓放；短路继电器一个线圈使其缓放；在继电器线圈两端并联RC串联电路，使继电器缓吸或缓放。

3. 机械特性

电磁继电器的工作过程即电流通过线圈在磁路中产生磁通，磁通在衔铁气隙中产生电磁力，此力吸引衔铁带动接点动作，以完成电路接通、断开任务。从继电器衔铁动作过程不难看出，衔铁上受到两种作用力：牵引力（即电磁吸力）和机械力，二者互为反作用力。机械力对于安全性继电器来说是由接点簧片的弹性力和衔铁上的重锤片重力等机械反作用力所组成，所以称它为机械力。

（1）机械特性曲线　如图2-9所示，继电器的机械力 F_j 是随着衔铁与铁心间的气隙 δ 的变化而变化，这种变化关系称为继电器的机械特性，表示为 $F_j=f(\delta)$，这种变化关系的曲线，称为继电器的机械特性曲线。由于不同类型的继电器的结构不同，所以它们的机械特性曲线也就不同。纵轴表示衔铁运动时所克服的机械力 F_j（单位为N），横轴表示衔铁与铁心磁极间的工作气隙 δ（单位为mm），横轴上线段 $0a$ 代表整个气隙值，线段 $0b$ 代表止片厚度，$0d$ 线段代表衔铁的动程值。如果继电器的电磁吸力能克服机械反作用力，则该继电器就能工作，所以继电器机械特性曲线上的两个折点 c、e 中的一个点一般作为确定电磁吸力（牵引力）所需安匝值的依据，这个点称为临界点。

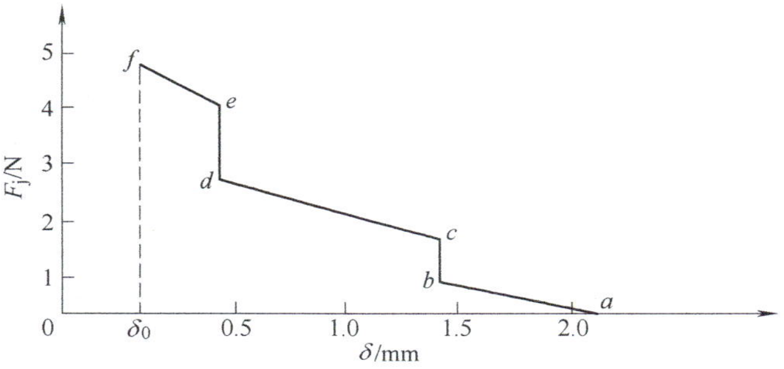

图2-9　继电器触点机械特性曲线图

δ_0—止片产生的空气隙

δ 的大小要根据机械力的大小来确定，而机械力的大小取决于以下几个因素：接点片的多少、重锤片数目及衔铁的动程；衔铁在整个运动过程中所受的机械力不是固定不变的，而是在一个很大的范围内变化。

机械特性曲线可以根据材料力学计算求得，也可以通过实验等方法求得。

（2）牵引特性曲线　当直流无极电磁继电器线圈加上直流电源后，在铁心中就产生磁通，磁通经过铁心磁极与衔铁间工作气隙 δ 时，对衔铁产生电磁吸力，这种吸力称为继电器的牵引力 F_q，当 F_q 大到足以克服机械力 F_j 时，衔铁吸合，使后接点分离、前接点闭合。经过推导得出，在给定直流无极电磁继电器结构的情况下，如图2-10所示，牵引力 F_q 与所加安匝（此处用IW表示）及气隙 δ 大小有如下关系：当气隙 δ 一定时，可知牵引力大小与安匝的二次方成

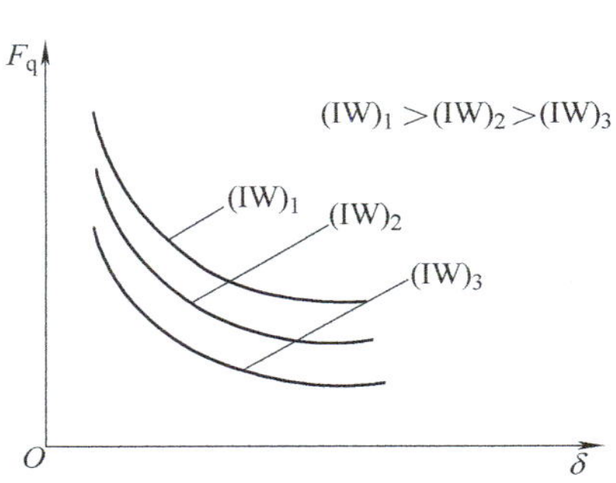

图2-10　牵引特性曲线

正比；当安匝一定时，可知牵引力大小与气隙 δ 的二次方成反比。

这种牵引力 F_q 随工作气隙 δ 成双曲线规律的变化而变化，即 F_q 随工作气隙 δ 变化的关系 $F_q=f(\delta)$ 称为牵引特性，这种变化关系的曲线称为牵引特性曲线。

七、优缺点

随着电子技术的迅速发展，电子器件尤其是微型计算机以其速度快、体积小、容量大、功能强等技术优势，在很大程度上逐渐取代继电器，构成自动控制和远程控制系统，使技术水平大大提高。虽然国内已出现全电子化的计算机联锁系统，但要全部取消继电器仍然需要相当长的时间。继电器与电子器件相比，具有开关性能好（闭合时阻抗小、断开时阻抗大）、有故障—安全（发生故障时导向安全）性能、具有继电特性、抗雷击性能强、无噪声、不受周围温度影响等优点。

课题二　安全型继电器

一、常用安全型继电器一览

轨道交通信号系统大多使用安全型继电器，多数是我国自行设计和制造的。经过几十年的使用，已经成为定型产品。安全型继电器一般为电磁继电器，可采用直流 24V 供电也可采用交流供电，其典型结构为直流无极继电器，其他各型继电器基本是由无极继电器派生的，详见表 2-1。

表 2-1　安全型继电器的基本情况一览表

品种序号	规格序号	继电器名称	型　　号	接点组数	鉴别销号码	线圈连接	电源片连接 连接	电源片连接 使用
1	1	无极继电器	JWXC-1000	8QH	11、52	串联	2、3	1、4
	2		JWXC-7		11、55			
	3		JWXC-1700		11、51			
	4		JWXC-2.3	4QH	11、54			
	5		JWXC-2000	2QH	12、55			
	6		JWXC-370/480	2QH、2Q	22、52	单独	—	1、2 3、4
	7	无极加强接点继电器	JWJXC-480	QH	15、51	串联	2、3	1、4
	8		JWJXC-160	QH	11、52			
	9		JWJXC-135/135	QH	21、53	单独	—	1、2 3、4
	10		JWJXC-300/370	QH	22、52			
	11	无极缓动继电器	JWXC-H310	8QH	23、54			1、4
	12	无极缓放继电器	JWXC-H850	4QH	11、52			
	13		JWXC-H340	8QH	12、52	串联	2、3	1、4
	14		JWXC-H600		12、51			
	15		JWXC-H1200		14、42			

（续）

品种序号	规格序号	继电器名称	型　　号	接点组数	鉴别销号码	线圈连接	电源片连接	
							连接	使用
1	16		JWXC-500/H300		12、53	单独	—	1、2 3、4
	17	无极缓放加强触点	JWJXC-H125/0.44	2QH、2QJ、2H	15、55			
	18		JWJXC-H125/0.13		15、43			
	19		JWJXC-H125/0.80		31、52			
	20		JWJXC-H80/0.06		12、22			
	21		JWJXC-H120/0.17		15、55			
2	22	整流式继电器	JZXC-480	4QH、2Q	13、55	串联	1、4	7、8
	23		JZXC-H156		22、53	并联	2、4 1、3	
	24		JZXC-0.14	4QH	13、54	串联	1、4	5、6
	25		JZXC-H62		13、53			
	26		JZXC-H18					
	27		JZXC-H142					
	28		JZXC-H138					
	29		JZXC-H60					
	30		JZXC-H0.14/0.14	2QH、2H	22、53	单独	—	32、42 53、63
	31		JZXC-16/16	4QH	13、53			1、2
	32		JZXC-H18F					5、6
	33		JZXC-H18F1					1、2
	34		JZXC-480F	4QH、2Q				71、81
3	35	有极继电器	JYXC-660	6DF	15、52	串联	2、3	1、4
	36		JYXC-270	4DF	15、53			
	37	有极加强接点继电器	JYJXC-135/220	2DF、2DFJ	15、54	单独	—	1、2 3、4
	38		JYJXC-X135/220		12、23			
	39		JYJXC-220/220		15、54			
	40		JYJXC-3000	2F、2DFJ	13、51	串联	2、3	1、4
	41		JYJXC-J3000					
4	42	偏极继电器	JPXC-1000	8QH	14、51			
5	43	单闭磁继电器	JDBXC-550/550		13、52	单独	—	1、2 3、4
	44		JDBXC-A550/550	4QH	13、42			
	45		JDBXC-1500					

二、安全型继电器结构

从结构上来看，安全型继电器通常有插入式和非插入式两种。插入式带有透明性能很好地由聚甲基丙烯酸甲酯或聚碳酸酯制成的防尘外罩密封防尘，安装于酚醛塑料制成的胶木底座上。插入式为单独使用，现场比较常见。非插入式常用于有防尘外壳的组匣中。插入式的外形尺寸为163mm×48.5mm×160mm，重量为1.2～1.8kg；非插入式的外形尺寸为（131～149）mm×35mm×（105～140）mm，重量为1.0～1.6kg。

三、继电器插座

插入式安全型继电器需要安装在插座上，插座接点编号示意图如图2-11所示，结构图如图2-12所示。其中，插座插孔旁所注接点编号系无极继电器的接点编号，安全型继电器有多种类型，为防止不同类型的继电器错误插接，插座上有鉴别销进行鉴别。根据规定的鉴别孔逐个钻成，以便于鉴别，不同类型的继电器由型别盖上的鉴别销孔进行鉴别。如图2-13所示，型别盖是用来验证和区别继电器或其他单一器材型号的一种板型零件，它是通过鉴别销孔的位置不同来区分型号的。

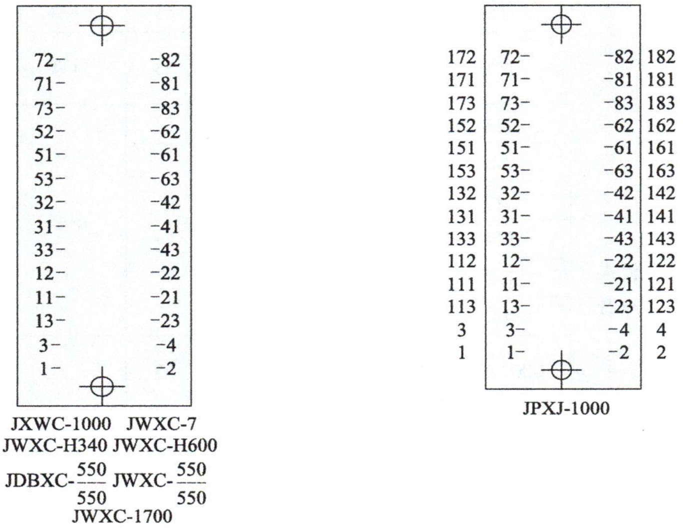

图2-11　插座接点编号

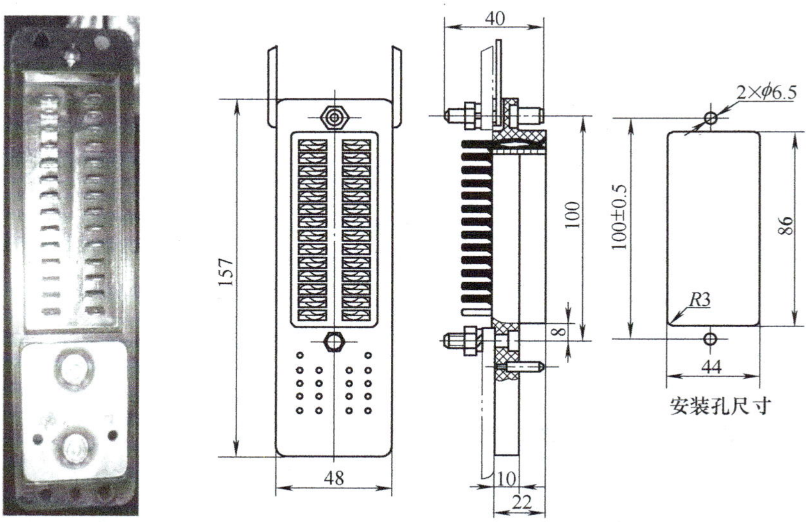

图2-12　插座接点编号对照及尺寸

四、安全型继电器的结构特点

为达到故障导向安全要求，铁路等轨道交通中用的安全继电器在结构上有以下特点：

1）磁路系统采用剩磁极小的铁磁性材料制成，并为防止衔铁落下时剩磁吸力将衔铁吸住而不能可靠落下，在衔铁和极靴之间设有一定厚度的非磁性止片。

2）衔铁不因机械故障而卡在吸起状态。

3）加重垂片等增加衔铁重量，采用“重力恒定原理”在线圈断电时强制将前接点断开。

4）前接点材料选用熔点高、不会因融化而使前接点粘连的导电性能良好的材料制成。

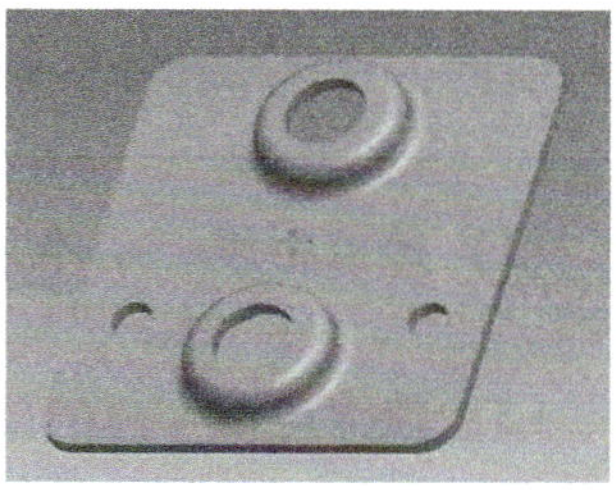

图 2-13 型别盖

在铁路信号系统中，凡是涉及行车安全的继电电路都必须采用安全型继电器。它是一种故障不对称器件，也就是说，一般情况下使前接点闭合的概率远小于后接点闭合的概率。这样，就可以用前接点代表“危险侧”信息，用后接点代表“安全侧”信息。

五、继电器型号表示方法

安全型继电器型号用拼音、字母和数字表示，其中，字母表示继电器种类，数字表示线圈的电阻值，单位为欧姆，常用字母意义见表 2-2。

表 2-2 继电器代号意义表

代号	含义		代号	含义	
	安全型	其他类型		安全型	其他类型
A		安全	R		二元
B		半导体	S		时间、灯丝、双门
C	插入	插入、传输、差动	T		通用、弹力
D		单门、动态	W	无极	
DB	单闭磁		X	信号	信号、小型
H	缓放	缓放	Y	有极	
J	继电器、加强接点	继电器、加强接点、交流	Z	整流	整流、转换
P	偏极				

六、安全型继电器的使用寿命

安全型继电器的使用寿命多指接点的使用寿命，包括机械寿命和电气特性寿命，机械寿命一般为 10×10^6 次，电气特性寿命一般普通的接点为 2×10^6 次，加强接点为 2×10^5 次，有极继电器的加强定位、反位接点为接通 1×10^5 次，断开 1×10^3 次。

七、安全型继电器的接点特性

继电器作为电磁开关，通过继电器接点来反映继电器的状态，进行电路的控制，接点是继电器的执行机构，接点质量好坏直接影响系统的安全性、可靠性，所以对于继电器接点无论从接点材质到接点结构、接点组数到接点容量都有较高的要求，对频繁通断大电流的接点，还必须采取灭火花措施，保障开关特性良好。

1. 对接点系统的要求

当接点闭合时，接触可靠，接触电阻小而且稳定；当接点断开时，要可靠分开，接点间电阻为无穷大，即有一定的间隙；接点在闭合和断开过程中没有颤动；不发生熔接；耐各种腐蚀；导热率和导电率要高；使用寿命长等。

2. 接点参数

(1) 接点材质 基本要求是机械强度高、导电率和导热率高、耐腐蚀、熔点较高等。

(2) 接点电阻 总的要求是尽量减小接点电阻，以避免过高的接点温升与电压降，因此对接点电阻均要提出不允许超过的电阻值。

(3) 接点压力 接触点之间的压力和材质，在一定程度上决定了接点电阻的大小，接点压力有明确的最低值。

(4) 接点齐度 继电器各组接点同时接触的误差称为接点不齐度，要求其越小越好。

(5) 接点间隙 要求接点间有足够大的间隙。

(6) 接点滑程 接点表面的腐蚀、氧化和灰尘等对接触电阻有很大影响，为了保证接点的可靠工作，当接点开始接触后，要求接点之间有一定的位移，该位移叫接点滑程。

3. 接点容量

继电器接点所允许通过的最大电流称为接点容量，为了保证各类接点动作次数的寿命，继电器使用时严禁超出接点允许的容量。普通接点通常为1A，有极加强接点最高达15A。

4. 接点材料

一般继电器要求接点材料的电阻系数小、抗压强度低，而且选用不易氧化或其氧化物电阻率小的材料，通常为银氧化镉。

5. 接点接触形式

接点的接触形式，有面接触、线接触和点接触三种，如图2-14所示。例如，JWXC型无极继电器的接点采用点接触方式；JYJXC-135/220型加强接点有极继电器，为满足通断较大电流的需要，除了加强接点片厚度外，接点采用面接触方式。

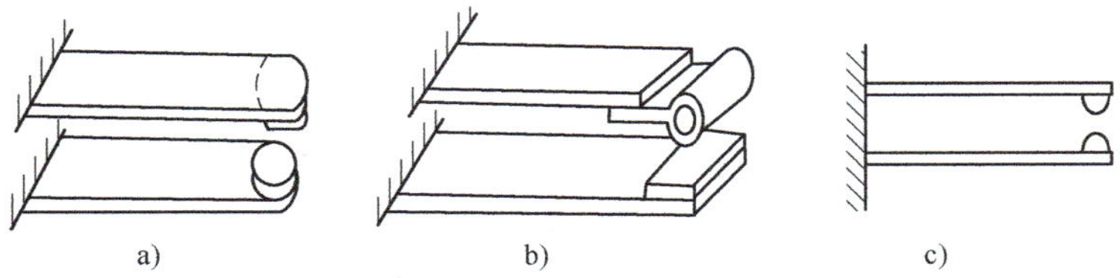

图2-14 接点的接触形式

a）面接触式 b）线接触式 c）点接触式

6. 接点灭火花电路

接点灭火花电路采用灭火花电阻与接点并联是最常用的方法，在接点断开瞬间，电感负载所产生的感应电流流经并联在接点上的电容和电阻的串联电路，使接点上的电压降至击穿空气间隙电压之下，避免发生火花。此时，磁场能量消耗在回路电阻上。

7. 熄灭接点电弧

当电路中电流较大（大于产生电弧的临界电流）时，在接点断开过程中，由于在强大电场作用下从负极发出的电子具有足够大的能量使气体电子发生强烈游离，就在接点间产生电弧，电弧温度很高，会引起接点材料的蒸发与喷溅，更增加了接点的电腐蚀，同时还引起接点的表面氧化，这是很危险的，必须设法熄灭接点电弧。最常用的方法是磁吹弧，如图 2-15 所示，这种方法是利用磁场的电磁力把电弧拉长，起到增大接点间距离的作用。使电弧拉长到加在接点间的电压不足以维持电弧燃烧所需的电压从而使其自行熄灭。

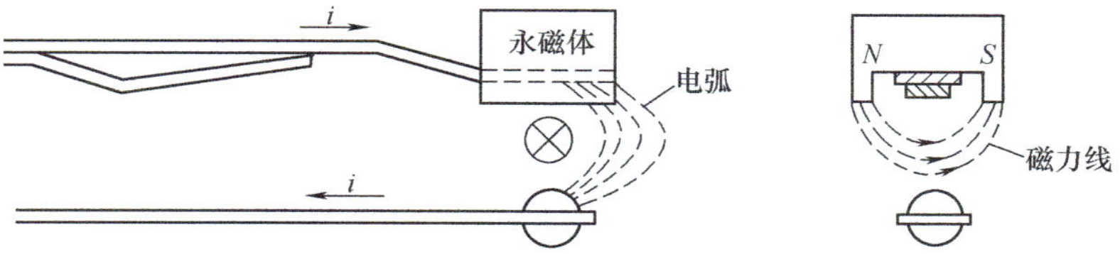

图 2-15　磁吹弧

磁吹弧的方向根据左手定则确定，如图 2-16 所示，此时要求通过接点电流的方向，应符合使接点间电弧向外吹的原则。否则，向内吹弧非但不会熄灭电弧，还会造成接点的损伤。加强接点上用磁吹弧的继电器都规定了接点的正负极性，使用中要注意其方向。

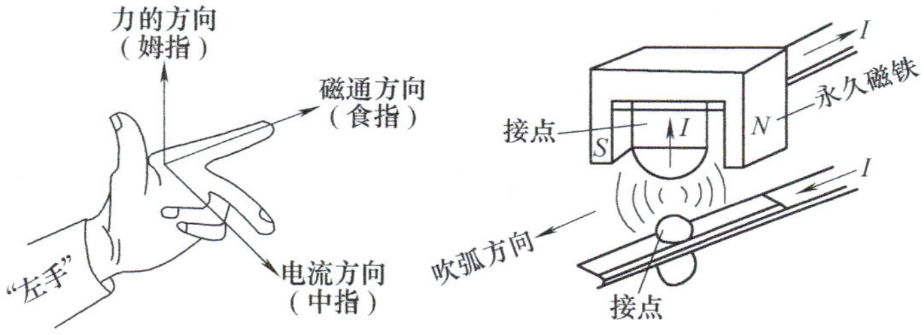

图 2-16　磁吹弧方向示意图

课题三　常用继电器

一、无极继电器

表 2-1 中类型序号 1 中的 JWXC-7、JWXC-1700、JWXC-H340、JWJXC-H125/0.44 等为典型直流无极继电器。以 JWXC-1700 型（图 2-4）为例，直流无极继电器由两部分组成：电磁系统（包括线圈、铁心、轭铁和衔铁等）和接点系统（包括前接点、后接点、中间接点及拉杆等），不同的继电器有些差别，其他常用的继电器后面会讲解。

1. 电磁系统

无极继电器磁系统结构简图如图 2-17 所示。

（1）线圈　线圈由高强度漆包线绕在由酚醛树脂做成的线圈架上，抽头焊有引接线，线圈水平安装在铁心上，分为前圈和后圈。如图 2-18 所示，之所以采用双线圈，主要是为了增强控制电路的适应性和灵活性，可根据电路需要单线圈控制、双线圈串联或双线圈并联控制。

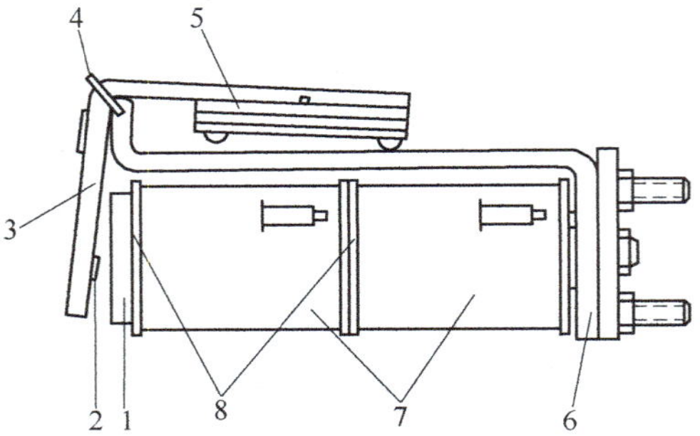

图 2-17　磁系统

1—铁心　2—止片　3—衔铁　4—钢丝卡　5—重锤片

6—轭铁　7—前后线圈　8—前后线圈架

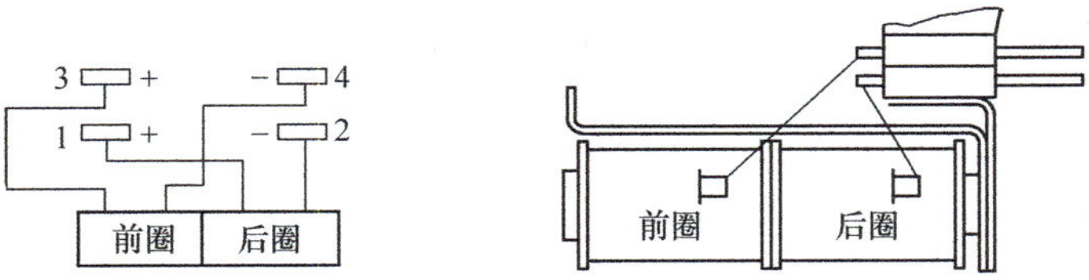

图 2-18　线圈及其电源片的连接

（2）铁心　为利于继电器工作，铁心由软磁材料制成，具有较高的磁通密度和较小的剩磁，外层镀锌防护。为便于拆装，在铁心头部装有正面钻两个圆孔的极靴。

（3）衔铁　如图 2-19，角形衔铁由纯铁加工制成，靠蝶形钢丝卡固定在轭铁的刀刃上。

（4）轭铁　L 形轭铁是由外表镀有多层铬金属防护的纯铁加工制成，如图 2-20 所示。

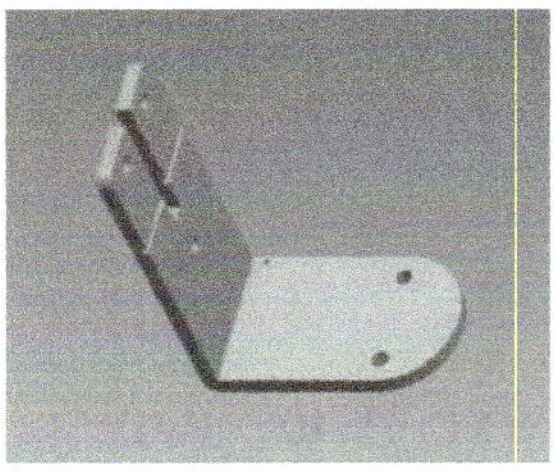

图 2-19　衔铁实物图

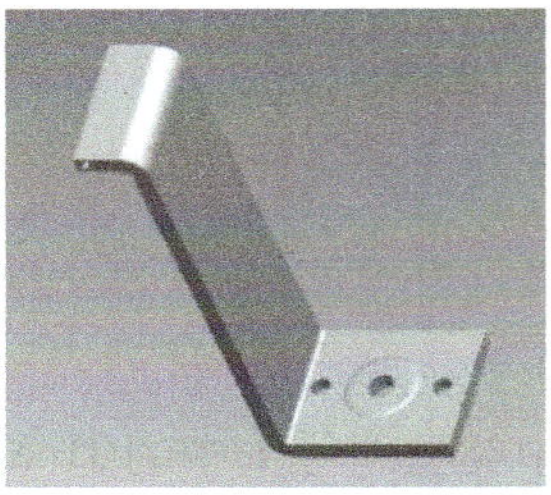

图 2-20　轭铁实物图

（5）重锤片　衔铁上铆有重锤片，重锤片由薄钢板制成，其片数由接点组的多少决定，以保证衔铁靠重力返回。使衔铁的重量基本上满足后接点压力的需要。一般 8 组后接点用三片、6 组用两片、4 组用一片，两组不用。

（6）止片　衔铁上有由黄铜制成的止片，安装在衔铁与铁心闭合处。用以增大继电器在吸起状态的磁阻，减小剩磁影响。

2. 接点系统

接点系统处于电磁系统上方，其结构如图 2-21 所示。无极继电器接点系统采用两排纵列式联动结构，通过接点架、螺钉紧固在轭铁上，两者成为一整体。用螺钉将下止片、电源片单元、银接点单元、动接点单元以及压片按顺序组装在接点架上。在紧固螺钉前，应将拉杆、绝缘轴、动接点轴与动接点组装好。

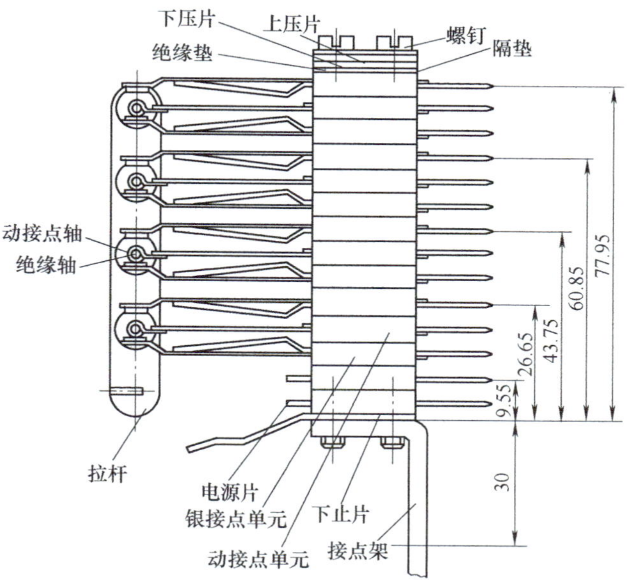

图 2-21 无极继电器的接点系统

(1) 拉杆 拉杆有铁制的和塑料制的，固定在衔铁上，衔铁通过拉杆带动接点组，传动中心线与接点中心线一致，以减少不必要的传动损失。

(2) 银接点单元 在接点簧片的端部焊有银接点，银接点由锡磷青铜带制成的接点片与由黄铜制成的托片，两组对称地压制在胶木内。

(3) 托片 接点接触时碰撞会产生颤动，颤动将形成电弧，对接点有较大的破坏作用，为消除这种颤动必须设置托片。在调整继电器时，可在接点片和托片间加一个初压力，保证接点刚接触即可。

(4) 动接点单元 动接点单元由锡磷青铜带制成的动接点簧片与黄铜板制成的补助片压制在酚醛塑料胶木内。动接点簧片端部焊有动接点。动接点由银氧化镉制成。

(5) 电源片单元 电源片单元由黄铜制成的电源片压在胶木内。

(6) 绝缘轴 绝缘轴由冻石瓷料（一种新型陶瓷材料）制成，抗冲击强度足够。动接点轴由锡磷青铜线制成。

(7) 压片 压片由弹簧钢板冲压成弓形，分上、下两片，其作用是保证接点组的稳固性。

(8) 下止片 下止片由锡磷青铜板制成，外层镀镍，在衔铁落下时起限位作用。

(9) 接点架 接点架由钢板制成，用螺钉与轭铁固定，保证接点架不变位。

师生互动：现场所谓“五大片”，指哪五片？“五大片”是指银接点片、动接点片、补助片、托片、电源片，分别如图 2-22a、b、c、d、e 所示。

二、有极继电器

表 2-1 中 JYJXC-135/220、JYJXC-220/220、JYJXC-3000、JYJXC-J3000 为有极继电器。有极继电器在无极继电器磁系统中增加了永久磁钢。当线圈中通以规定极性的电流时，继电器吸起，断电后仍保持在吸起位置；当通以反方向电流时，继电器跌落，断电后保持在跌落位置。有极继电器与无极继电器的磁路结构基本相同，不同的只是用一块端部呈刃形的长条形永久磁钢代替无极继电器的部分轭铁，如图 2-23 所示。有极继电器与无极继电器的接点系统相同，根据需要有的有些改进。

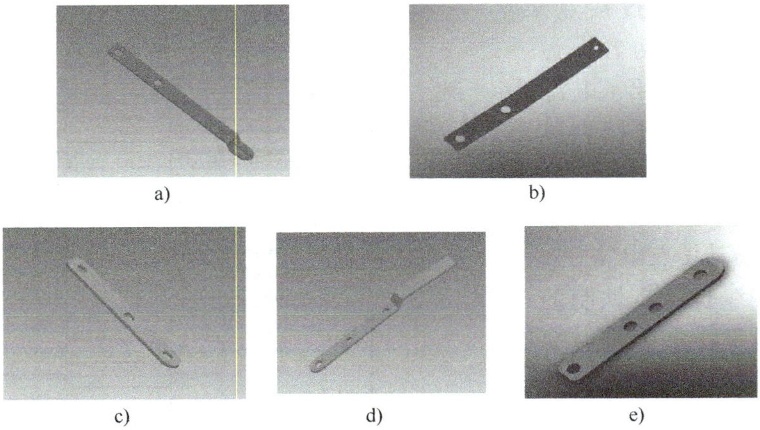

图 2-22　无极继电器的接点系统“五大片”

a）银接点片　b）动接点片　c）补助片　d）托片　e）电源片

有极继电器根据线圈中电流极性的不同而具有定位和反位两种稳定状态，这两种稳定状态在线圈中的电流消失后，仍能继续保持，故又称“极性保持继电器”。

一般规定，衔铁吸起状态的位置为定位，此时闭合的接点为定位接点，用符号 D 表示，相当于前接点；相反衔铁跌落状态的位置为反位，此时闭合的接点为反位接点，用符号 F 表示，相当于后接点。

三、偏极继电器

偏极继电器中，JPXC-1000 型现场应用较为典型，其具体参数见表 2-1。

在有些信号电路中，需要鉴别电流极性，为了满足此要求，设计了偏极继电器。

如图 2-23 所示，在电磁系统中，除衔铁和铁心间的工作气隙 δ_1 外，在轭铁刀口处尚有第二工作气隙 δ_2，以提高继电器的灵敏度。

偏极继电器的磁路如图 2-24 所示，方形极靴与铁心焊成整体，永久磁钢上部为 N 极，下部为 S 极。永久磁钢与衔铁间增加空气隙 δ_3，两线圈串联使用，接线方式同无极继电器，接点系统与无极继电器的完全相同，即采用 8QH 接点组。

偏极继电器的衔铁的吸起与线圈中电流的极性有关，只有通过规定方向的电流时，衔铁才吸起，当电流方向相反时，衔铁不动作。偏极继电器只有一种稳态，即断电后落下状态。

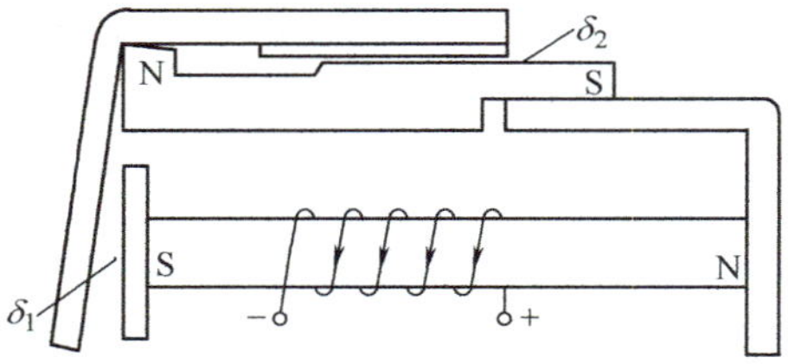

图 2-23　有极继电器的磁路

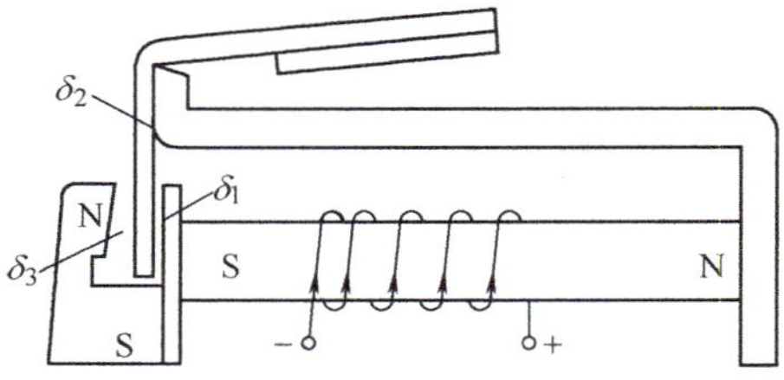

图 2-24　偏极继电器的磁路

四、整流式继电器

JZXC-480、JZXC-H156、JZXC-0.14、JZXC-H62、JZXC-H18、JZXC-H142、JZXC-

H0.14/0.14、JZXC-16/16、JZXC-H18F1、JZXC-480F 等均属于整流式继电器。

1. 特性状态

整流式继电器用于交流电路中，其工作原理与无极继电器相同，它是通过内部的半波或全波整流电路将交流电变为直流电而动作的继电器。

2. 结构特点

整流式继电器与无极继电器的电磁系统相同，只是磁路结构参数有所不同，最大的区别是在接点组上方安装由二极管组成的半波或全波整流电路。整流式继电器与无极继电器的接点系统结构相同，零部件全部通用，只是接点的编号有区别。

JZXC-H18 为具有缓放特性的整流式继电器。其采用铜线圈架，完成缓放功能。接点系统为 4QH 接点组。在接点组上方，安装由二极管 2CP25 组成的桥式全波整流电路。JZXC-H18F 是 JZXC-H18 的派生型号，具有防雷性能，以保护整流二极管不被击穿。ZXC-H142 型、JZXC-H138 型和 JZXC-H60 型整流式继电器，用于以 LED 为光源的信号点灯电路中。整流式继电器的线圈、整流器与电源片连接如图 2-25 所示。

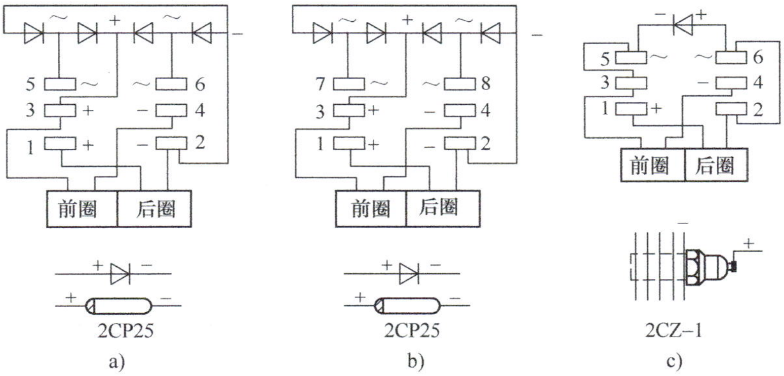

图 2-25　整流式继电器的线圈、整流器与电源片连接

a）JZXC-H156 及 JZXC-H18 型　b）JZXC-480 型　c）JZXC-0.14 型

整流式继电器与无极继电器的动作原理相同，但由于交流电源通过整流后动作继电器，在线圈上加上的是全波或半波的脉动直流电，其中存在交变成分，使电磁吸引力产生脉动，对继电器正常工作带来不利影响，所以，有时走进机械室会听见脉动的咔嗒声。

五、二元二位继电器

交流二元二位继电器中“二元”指有两个相互独立而又相互作用的交变电磁系统，“二位”指继电器有吸起和落下两种状态。根据频率的不同，二元二位继电器有 25Hz 和 50Hz 两种。作为轨道继电器，JRJC1-70/240 用于交流电化区段 25Hz 相敏轨道电路中，如图 2-26 所示。它由专设的 25Hz 铁磁分频器供电，具有可靠的频率和相位的选择性，对于轨端绝缘破损和不平衡造成的 50Hz 的干扰能可靠地防护；另外还有动作灵活的翼板转动系统、坚固的整体结构，经久耐用、维护方便。

1. 结构特点

（1）电磁系统　电磁系统分为局部电磁系统（由局部铁心和局部线圈组成）和轨道

电磁系统（由轨道铁心和轨道线圈组成）。

(2) 翼板 翼板是将电磁系统的能量转换为机械能的关键部件，由 1.2mm 厚的铝板冲裁而成。在翼板一侧的主轴上还安装一块由钢板制成的厚 2.0mm 的止挡片，与轴成一整体，使翼板转至上下极端位置时受到限制。

(3) 接点组 具有常开和常闭各两组接点。

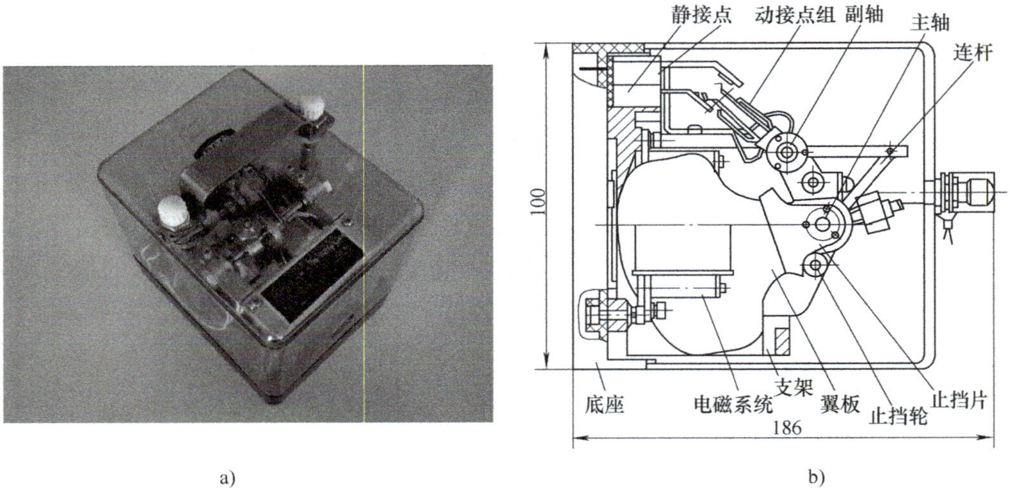

图 2-26 JRJC1-70/240 型继电器

a）实物图 b）结构图

2. 工作原理

(1) 相位的选择性 当局部线圈和轨道线圈中输入一定相位差的交流电时，线圈中产生磁通，形成涡流，当局部电压相位超前轨道电压相位 90°时，在翼板中才产生正方向的转矩，带动接点闭合。

(2) 频率的选择性 当牵引电流不平衡时，可能会有 50Hz 的电压加在轨道线圈上，此时，它产生的转矩在一个周期内的平均值为零。因此，在干扰电流混入与 25Hz 的局部线圈时，不会使继电器误动作。由于其具有良好的频率选择性，便于实现站内电码化。

总之，交流二元继电器与前面介绍的继电器工作原理完全不同，只有在其局部线圈和轨道线圈中输入电流频率相同、局部线圈中电流相位超前轨道线圈中电流相位 90°时，翼板中才产生正方向的转矩，接通前接点。其他情况，翼板不产生转矩，继电器保持原来的位置而不动作。

3. 特性及应用

由于交流二元继电器具有频率选择性和相位选择性，用于相敏轨道电路中，这种故障安全特性不仅能解决轨道电路轨端绝缘破损的防护问题，还能防止电化区段牵引电流及其他频率的干扰。经研究计算得知，当轨道线圈的电流频率为局部线圈电流频率的 N 倍 ($N \neq 0$) 时，不论电压多高，翼板均不产生转矩而导致继电器误动。

随着我国城市轨道交通技术的迅猛发展，并逐渐和国外先进技术接轨，不断引进新产品、新技术，在引进的国外信号设备中同时配套了一定数量的继电器，如美国 USSI 公司生产的工频50Hz的PF轨道电路中的RGJ二元二位轨道继电器，与国内相关继电器工作原理基本一致，在此不再赘述。

六、动态继电器

动态继电器的“动态”是指继电器的控制驱动信号是计算机输出的动态脉冲信号，动态继电器主要用于计算机联锁系统的接口电路中，动态继电器还使计算机联锁主机与控制对象之间做到安全隔离。不同型号的联锁采用不同类型的动态继电器，目前主要有两大类，分别是中国铁道科学研究院生产的JAC-1000、JARC-1000型和北京全路通信信号研究设计院生产的JSDXC2-1700、JSDPC-820型动态继电器。下面以JARC-1000型动态继电器为例加以阐述。

1. 结构特点

JARC-1000型是双门驱动的动态继电器，以满足双机热备冗余方式的计算机联锁的使用要求。鉴别销12、43，四组接点4QH，电源片连接方式是连接1、4，使用2、3，额定值27V，释放值不小于1.4V，工作值为10～12.5V。

2. 工作原理

动态继电器电路如图2-27所示。一般规定73、83端口由联锁机（或执表机）A驱动，72、82端口由联锁机（或执表机）B驱动，而联锁机A、B的控制权是由局部电源52、62端的电源极性来决定的，具体分析如下：

1）当局部电源52为正、62为负时，A口控制有效，此时73、83分别接信号正、负极。

2）当局部电源52为负、62为正时，B口控制有效，此时72、82分别接信号正、负极。

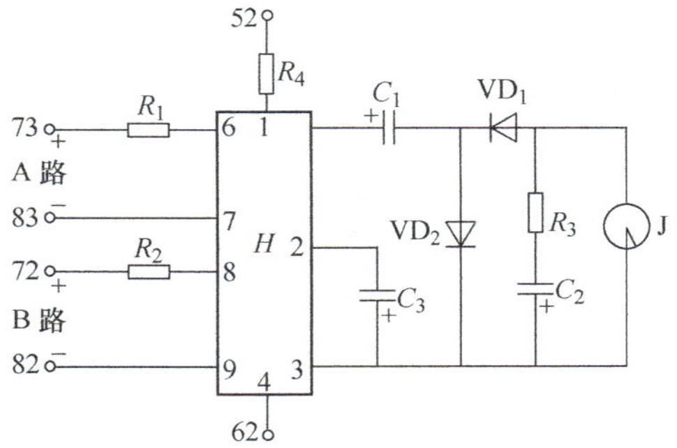

图2-27 JARC-1000型动态继电器工作原理图

所以，当A路或B路有序列脉冲的控制信号时，固态继电器H随控制信号高低电平的变化而不断地导通和截止，电容器C_1、C_2不断地充放电，使继电器J可靠吸起。

由上面分析可知，52、62、72、73、82、83接点不是连接电源就是连接计算机驱动接口电路，为了使继电器带动更多组接点，减少复示继电器数量，现在市场上双机热备计算机联锁更多的是把驱动电路与继电器分开，采用动态组合或动态驱动板，逐渐取代动态继电器。

七、时间继电器

时间继电器JSBXC-850和JSBXC1-850是一种缓吸继电器，含有时间控制单元的印制电路板安装在接点组的上方，借助电子电路，获得180s、30s、13s和3s四种不同延时。

1. JSBXC-850型半导体时间继电器

JSBXC-850型号中“S”表示时间，“B”代表是半导体，850是370和480之和。其核心是由单结晶体管等组成的 RC 脉冲延时电路。延时时间通过改变电路中电阻的阻值来实现。但在使用中由于电容器老化和环境温度变化，延时时间有漂移，需定期检修和调整其时间常数。

2. JSBXC1-850 型可编程时间继电器

JSBXC1-850 是新一代的时间继电器，采用微电子技术，通过单片机软件设定不同的延时时间。延时精度通常为 ±5%，基本不需要调整，电路安全可靠，它不改变原继电器的内部配线，可以和电路中原 JSBXC-850 型半导体时间继电器方便更换。

该电路由四部分组成，分别为输入电路、控制电路、电源电路和动态输出电路。

JSBXC1-850 接点编号与无极继电器相同，除 73、62 端子外时间控制单元的端子号与继电器接点完全相同。除 73 接电源正极、62 接电源负极以及所需时间连接对应接点外，继电器内部还需要进行相应连接，具体为：1 连接 81、2 连接 13、3 连接 71、4 连接 23、11 连接 51、12 连接 53。因此可供使用的接点减少，很显然只有第三、第四两组接点组，还有第二组前接点可以对外连接电路。继电器线圈接电方法为 1、3 端接电源正极，2、4 端接电源负极。

八、其他继电器

1. 灯丝转换继电器

(1) 作用 在信号点灯电路中，为保证点灯电路的安全，当信号灯泡的主灯丝断丝时，通过灯丝转换继电器自动转换到副灯丝，点亮信号灯，并通过其接点构成报警电路。

(2) 结构 有几种类型的灯丝转换继电器，如 JZCJ 型、JZSJC 型、JZCJ-0.16 型等。下面以 JZSJC 型灯丝转换继电器为例，加以描述。

JZSJC 型灯丝继电器也是弹力式继电器，它是插入式结构，便于现场维修更换。其结构如图 2-28 所示。电磁系统为 Ⅱ 型拍合式结构，铁心和线圈是方形的，可防止线圈转动。轭铁上端的衔铁支架用来固定衔铁，再加上锁片挡住衔铁，较牢固。衔铁支架可串动，以调整衔铁与轭铁接触处的间隙。在衔铁上端和轭铁上的衔铁架上挂有反力弹簧。短路铜环采用长方形，是为配套铁心而设计的。线圈的线径较粗，以减小交流阻抗。接点系统有两组接点，接点引线片和线圈引线片固定在底座上，当继电器发生故障时可迅速更换。

2. 电源屏用继电器

(1) 作用 电源屏用继电器是专门为信号电源屏而设计的继电器，用来取代交流接触器和中间继电器，为保证电源设备的安全可靠性，在电源屏中起转换、表示和监督作用。

(2) 分类 按供电电源分为交流 24V、交流 220V、直流 24V 和直流 220V。

按类型可分为无极型（如 JWJXC-6800）、整流型（如 JZJXC-7200）和交流型（如 JJC）。

(3) 结构 电源屏用继电器通常采用插入式结构，安装方式与 AX 安全型系列继电器相同，采用专用插座，其上端有锁住装置，当继电器插入后，可以用锁住装置把继电器锁住，保证与背板可靠接触，插座接点位置如图 2-29 所示。

(4) 电源屏用继电器的特性 详见表 2-3。

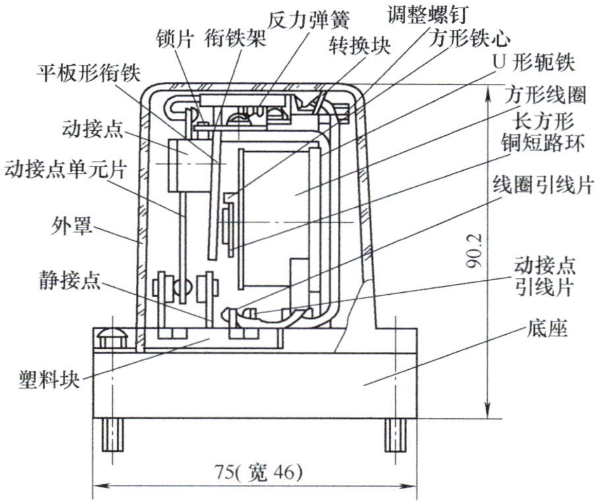

图 2-28　JZSJC 型灯丝继电器结构

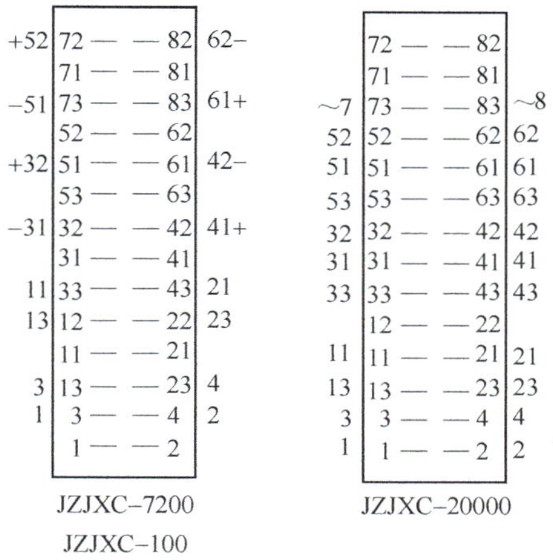

图 2-29　电源屏用整流式继电器电源片与接点位置

表 2-3　电源屏用继电器电气特性和时间特性

序号	继电器型号	电气特性			额定值时间特性	
		额定值/V	工作值不大于/V	释放值不小于/V	吸起不大于/s	释放不大于/s
1	JWJXC-6800	DC 220	DC 100	30	0.1	0.1
2	JWJXC-7200	DC 220	DC 85	30	0.1	0.1
3	JWJXC-100	DC 24	DC 10	3.5	0.1	0.1
4	JWJXC-440	DC 24	DC 16	3.5	0.15	0.15
5	JZJXC-7200	AC 220	AC 90	AC 35	0.1	0.1
6	JZJXC-100	AC 24	AC 11	AC 4	0.1	0.1
7	JZXC-20000	AC 220	AC 105	AC 35	0.1	0.1
8	JJJC	AC 24	AC 18	AC 5.5	0.05	0.05
9	$JJJC_1$	AC 220	AC 180	AC 54	0.05	0.05
10	$JJJC_3$	AC 220	AC 175	AC 70	0.05	0.05
11	$JJJC_4$	AC 220	AC 180	AC 70	0.04	0.08
12	$JJJC_5$	AC 24	AC 18	AC 8	0.04	0.08
13	JJC	AC 220	AC 180	AC 54	0.05	0.05

(5) 电源屏用继电器的基本情况　详见表 2-4。

表 2-4　电源屏用继电器基本情况

序号	继电器型号	接点组数	接点容量		线圈电阻	线圈连接	鉴别销号码	电源片连接方式		用途
			加强接点	普通接点				使用	连接	
1	JWJXC-6800	2QHJ、2QH	220V　10A	24V　1A	3400 * 2	串联	15、42	1、4	2、3	小站电动转辙机电源监督
2	JWJXC-7200	4HJ、2H	220V　10A	24V　1A	3600 * 2	串联	14、55	1、4	2、3	大站电动转辙机电源监督
3	JWJXC-100	4HJ、2H	220V　10A	24V　1A	50 * 2	串联	22、54	1、4	2、3	电源转换与监督
4	JWJXC-440	2Q、4HJ	220V　10A	24V　1A	220 * 2	串联	23、51	1、4	2、3	断相监督
5	JZJXC-7200	4QJ、2H	AC220V　10A	24V　1.5A	3600 * 2	串联	12、54	1、4	2、3	可逆电动机控制
6	JZJXC-100	4QJ、2H	AC220V　10A	24V　1.5A	50 * 2	串联	22、32	1、4	2、3	表示灯电源监督
7	JZXC-20000	6QH	—	24V　1.5A	10000 * 2	串联	23、55	7、8	1、4	信号、道岔、轨道电源监督、主备屏转换
8	JJJC	4QJ、2H	AC24V　30A	24V　1.5A	3.5	单独	22、32	1、2		表示灯电源监督
9	$JJJC_1$	4QJ、2H	AC220V　10A	24V　1.5A	190	单独	12、54	1、2		可逆电动机控制
10	$JJJC_3$	2QJ、2QH	AC220V　20A	24V　1.5A	185	单独	31、43	1、2		小站电源屏电源控制
11	$JJJC_4$	2QHJ、2QH	AC220V　5A	24V　1.5A	150	单独	14、43	1、2		小站电源屏信号、轨道电源控制
12	$JJJC_5$	2QHJ、2QH	AC24V　5A	24V　1.5A	3.2	单独	13、43	1、2		小站电源屏表示灯电源监督
13	JJC	4QH、2Q	—	24V　1.5A	400	单独	22、55	1、2		信号、道岔、轨道电源监督、主备屏转换

课题四 继电器的应用

研究继电器的目的是把继电器应用到各种控制、表示电路中，这种应用继电器构成的各种控制、表示电路，统称继电电路，那么如何选择及使用继电器呢？下面探讨相关问题。

一、继电器表示方法

电路中选择继电器的一般原则为：

1）继电器的类型、线圈电阻，应满足各种电路的基本要求。

2）在电路中串联使用继电器时，串联继电器的数量满足电压的要求。

3）继电器接点通过的电流不应小于电路的工作电流，必要时采用并联方式。

4）当继电器接点数量不够时（或不能满足电路要求），设置复示继电器反映主继电器工作状态。

5）当电路中串联继电器接点时，接点的接触电阻应满足电路要求（不影响电路正常工作）。

1. 继电器的名称符号

一个复杂的控制、表示电路，可能用到很多种继电器，同一继电器也会有不同的线圈和接点，每一继电器都有根据用途和功能来取的名字。如按钮继电器为 AJ，信号继电器为 XJ 等。对于同一功能和作用的继电器不止一个时，名称必须加以区别。如：XLAJ（其中“X”表示下行、“L”表示进站信号机的列车进路、“A”表示按钮、“J”表示继电器），SLAJ（“S”表示上行，其他同 XLAJ）等。

对于同一继电器的不同接点分别用两位数字 XY 来区分，以防重复使用。其中“X”代表第 X 接点组，“Y”代表中间（动）接点、前接点或后接点，如 11、12、13 分别表示第一接点组的中间（动）接点、前接点、后接点，21、22、23 分别表示第二接点组的中间（动）接点、前接点、后接点。

2. 继电器的定位

继电器有两个状态：吸起状态和落下状态。在电路图中只能表达这两种状态中的一种，电路图中继电器呈现的状态称为通常状态（简称常态），或称为定位状态。在铁路信号系统中遵循以下原则来规定定位状态：

1）继电器的定位状态必须和设备的定位状态一致。如：信号机以关闭为定位状态；道岔以开通定位（通常为开通直股方向）为定位状态，轨道电路以空闲为定位状态。

2）继电器的落下状态必须与设备的安全侧相一致，满足故障—安全原则。如：信号继电器落下状态与信号机的关闭相一致，轨道继电器落下状态与轨道电路被占用相一致。另外，在电路中还规定：凡是以吸起为定位状态的继电器，其接点和线圈均以“↑”符号表示，凡是以落下为定位状态的继电器，其接点和线圈以“↓”表示。

3. 继电器的图形符号

对于线圈必须注明其定位状态箭头和线圈端子号。对于其接点只需标出其接点组号，而不必详细标明动接点、前接点、后接点的接点号，但必须标出箭头方向，如图 2-30

所示。

而对于有极继电器，因无法用箭头表示其状态，所以必须表明其接点号，如111—112表示定位接点，111—113表示反位接点，百位上的1是为了区别于其他继电器而增加的。具体见表2-5和表2-6。

总体原则：当继电器吸起时（动）中接点与前接点闭合、与后接点断开；当继电器落下时（动）中接点与前接点断开、与后接点闭合。

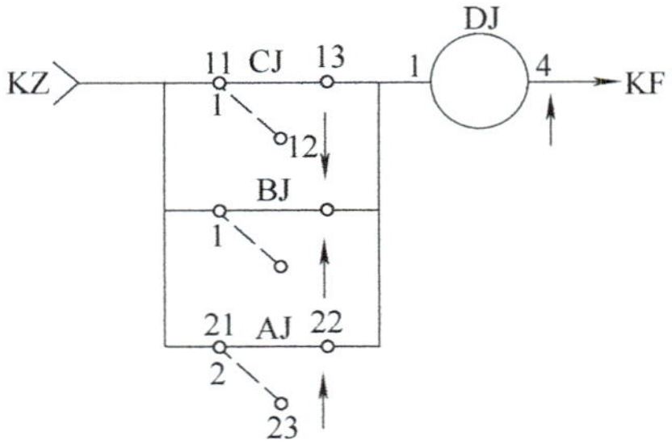

图2-30　简单继电电路

表2-5　继电器线圈的图形符号

序号	符　号	名　称	序号	符　号	名　称
1		无极继电器	6		有极加强继电器
2	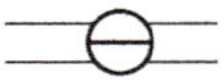	无极继电器（两线圈分接）	7		偏极继电器
3		无极缓放继电器	8		整流式继电器
4		无极加强继电器	9		交流继电器
5		有极继电器	10		交流二元继电器

表2-6　继电器接点的图形符号

序号	符　号		名　称	说　明
	标准图形	简化图形		
1	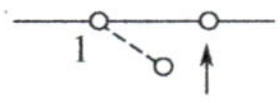		前接点闭合	
2	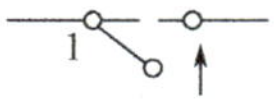	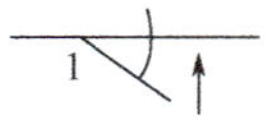	后接点断开	
3	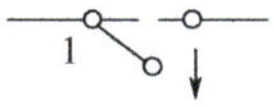		前接点断开	
4	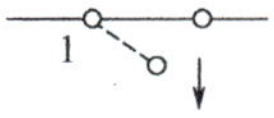		后接点闭合	
5	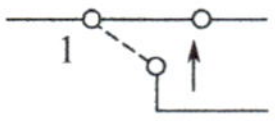	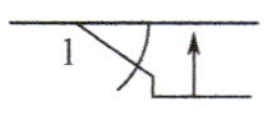	前、后接点组	前接点闭合 后接点断开
	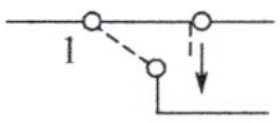	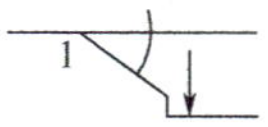		前接点断开 后接点闭合
6	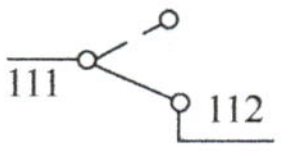	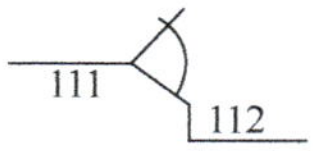	极性定位接点闭合	
7	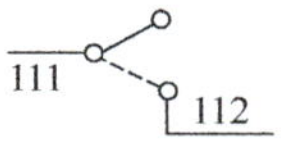	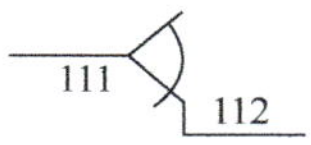	极性定位接点断开	

（续）

序号	符 号		名 称	说 明
	标准图形	简化图形		
8	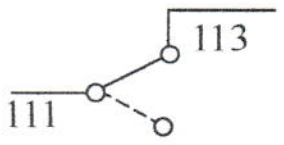	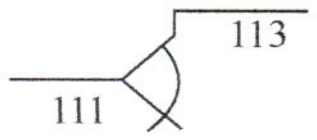	极性反位接点闭合	
9	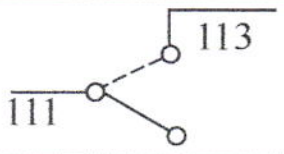	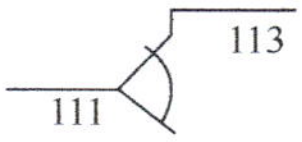	极性反位接点断开	
10	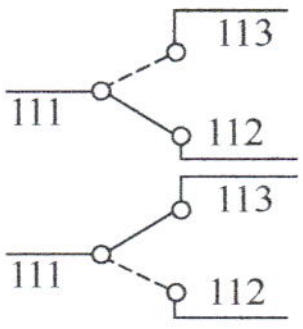	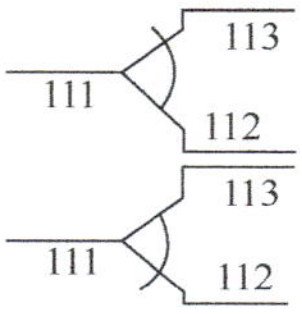	极性定、反位接点组	定位接点闭合 反位接点断开 定位接点断开 反位接点闭合

二、继电器基本电路的分析基础

1. 继电器线圈使用的总体原则

无论线圈单独使用、并联使用还是串联使用，必须满足继电器的工作安匝和释放安匝。

2. 工作安匝和释放安匝的计算

以 JWXC-1000 型继电器为例，它的前后线圈均为 8000 匝，线圈电阻均为 500Ω，则：

1）当两个线圈串联使用时，工作电压不大于 14.4V，故工作电流不大于

$$14.4\text{V}/1000\Omega = 0.0144\text{A}$$

工作安匝不大于

$$2 \times 8000 \times 0.0144 = 230.4 \text{ 安匝}$$

2）当两线圈并联时，为获得同样的安匝，所需工作电压为

$$\frac{230.4}{2 \times 8000} \times 2 \times 250\text{V} = 7.2\text{V}$$

3）当单线圈使用时，为了得到同样的安匝，加在两线圈的工作电压应为

$$\frac{230.4}{8000} \times 500\text{V} = 14.4\text{V}$$

4）释放安匝的计算方法一样，不再赘述。

3. 继电器采用两线圈串联的使用范围

由以上计算得出以下结论：当单线圈使用时，为了保证得到与两线圈串联使用同样的工作安匝，通过线圈的电流必须比串联时大一倍，所消耗功率也大一倍。此时，电源容量要大，线圈易发热。因此，继电器大都采用两线圈串联使用的方法。但当电路需要时，也采用分线圈使用的方法。当两线圈并联使用时，所需电压比串联低一半，一般使用在较低电压的电路中。

4. 继电器基本电路

（1）串联电路 如图 2-31 所示，串联电路可以实现“与”的功能。注意：逻辑上串接顺序任意，但工程上要考虑接点有效使用。

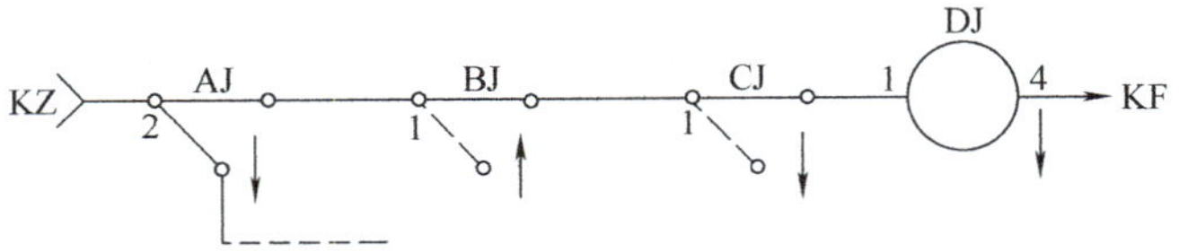

图 2-31　串联电路实现"与"功能

（2）并联电路　如图 2-32 所示，并联电路可以实现"或"的功能，工程上应考虑接点有效使用。

（3）串并联电路　在现场工程图纸中，更多是串并联混合电路，如图 2-33 所示。

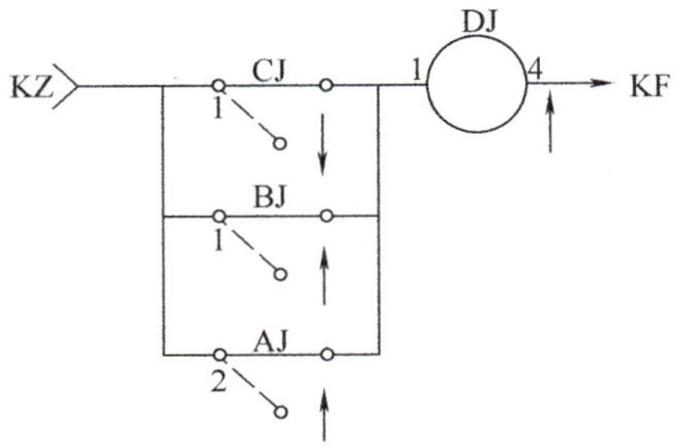

图 2-32　并联电路

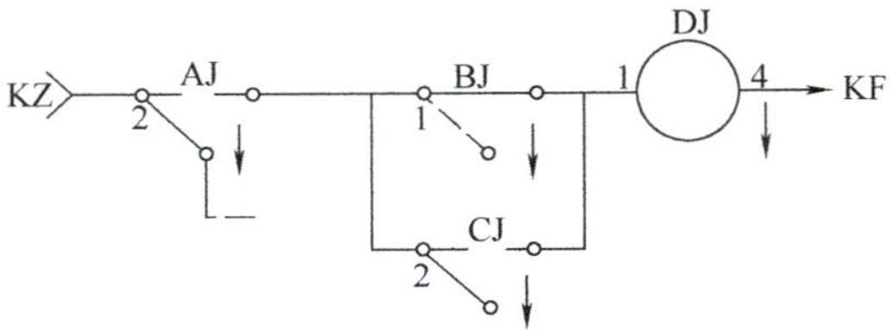

图 2-33　串并联电路

（4）自闭电路　如图 2-34 所示，当继电器吸合后，由自身前接点构成自闭电路，用来继续保持继电器励磁导通的电路。所以利用自闭电路特性完成记忆功能。

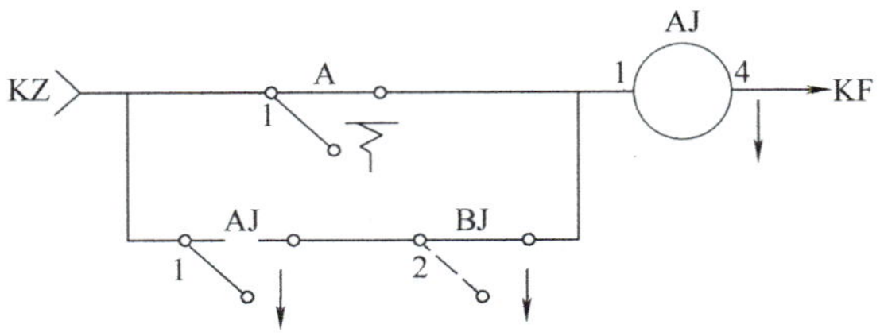

图 2-34　自闭电路

（5）互切电路　在励磁电路中串联另一继电器的后接点。6502 电气集中联锁中有很多互切电路的应用。

三、继电器电路的分析法

为便于认识和掌握电路的逻辑功能、继电器动作时机和继电器动作顺序，在设计和分析继电电路时，通常采用一些简单的分析方法：如动作程序法、时间图解法和接通径路法。

1. 动作程序法

动作程序表示继电器的动作过程，反映继电器电路的时序因果关系，并不严格表达逻辑功能。

2. 时间图解法

有些电路的时间特性要求较严格，通常含有缓动继电器，这时可用时间图解法较准确的分析整个电路的动作过程，相当于电影中的慢镜头，把继电器的整个动作过程都在时间轴上表示出来，包括：

线圈通电→后接点断开→前界点闭合；线圈断电→前接点断开→后接点闭合。

3. 接通经路法（又称跑电路法或接通公式法）

接通经路法在分析继电电路时经常使用，仅仅表达的是继电电路的导通路径，而不能反映电路的逻辑功能。例如，如图 2-35 所示为脉动偶电路，其励磁电路导通路径如下：

KZ—K11-12—BJ11-13—AJ1-4—KF

KZ—K11-12—AJ11-13—BJ1-4—KF

为了便于对电路的分析和理解，我们通常就以上三种方法配合使用。

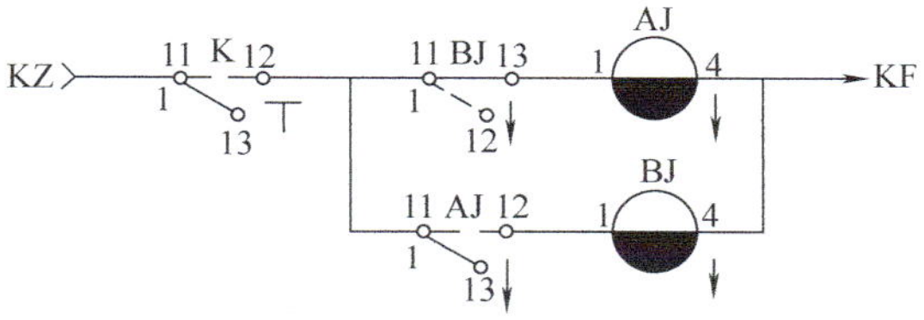

图 2-35 脉动偶电路

四、电气集中组合柜

继电器产品发展多年，在铁路信号系统中，多作为定型产品使用，完成某一功能块，如继电器组合，而继电器组合通常放在组合柜里，完成继电联锁或计算机联锁接口功能，如图 2-36 所示。

电气集中组合柜作为传统产品，是车站电气集中联锁通用器材，安装在车站信号楼内，完成各种自动控制、联锁等功能。常用有四种机柜，有钣金结构半封闭式组合柜、钣金结构全封闭式组合柜、铝合金框架半封闭式组合柜和铝合金框架全封闭式组合柜。

图 2-36 电气集中组合柜

1. 一般配置

一般配置中，零层中四柱端子、18 柱端子均为传统端子，熔断器采用传统保险管式熔断器；组合中侧面端子为传统的 3 × 18 焊接端子，熔断器采用传统保险管式熔断器；分线端子均为传统的六柱端子或 18 柱端子。

2. 高配置

高配置中，零层中四柱端子、18 柱端子均采用 WAGO 端子（或其他同等端子），熔断器采用液压断路器；组合中侧面端子为 WAGO726 系列 54 柱插接端子，熔断器采用液压断路器；分线端子均采用 WAGO 端子（或其他同等端子）。

【项目实施】

任务一 继电器的认识与安装

一、器材工具

常用继电器及其插座、继电器安装调试工具及测试专用平台、继电器、开关、电源、导线、灯泡、变压器、熔断器等。

二、任务实施

1. 登记要点等准备工作

2. 继电器及插座识读

1）继电器触点识读。信号继电器插座参见图 2-11 和图 2-12。

2）继电器名称中字母含义和实物图比较。结合前面所学知识可以通过继电器的名称简单判断其作用。

3）继电器的鉴别孔与继电器插座的鉴别销识读。

3. 组装继电器

AX 继电器组装过程：铆接动接点→长度分选→焊接电源片→组装接点→检验接点组→稳定处理→组装衔铁→组装磁路→接点与磁路合成→挂衔铁→上绝缘座→检验，如图 2-37 所示。

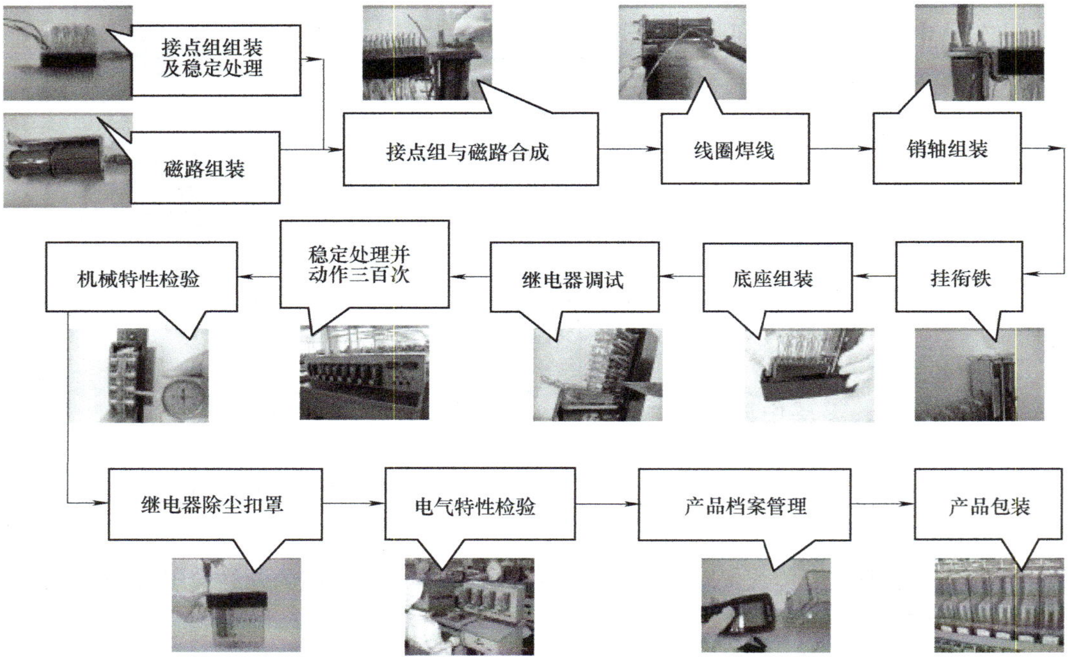

图 2-37　继电器组装、调整及测试流程

4. 继电器的调整测试

（1）调整　先调磁路，后调接点。AX 继电器调整测试主要包括调试机械特性和电气特性，机械特性主要包括接点间隙、接点压力、托片间隙、绝对间隙和接点齐度；电气特性主要包括工作值、释放值、反向工作值和时间特性等。当信号继电器工作时，电磁系统和接点系统互相制约，电磁系统始终处于主动牵引状态，而接点系统则处于被动状态。

（2）恒温处理　整机调整合格后，进行 90℃、4 小时的恒温稳定处理，可以排除线圈内部潮气，消除因调整带来的接点片内应力，不使其有过多的内应力变形，保证调整效果。

(3) 连续动作测试　动作二百到三百次可检验继电器有无机械卡阻现象，检验动作是否灵活，动作后的继电器有无电气、机械特性的明显变化，从而进一步保证调整质量。

(4) 继电器检修　包括机械、电气和时间特性检修，流程为：稳定处理→通电动作→机械检验→清洁扣罩→接点电阻检验→电气（时间）特性检验→绝缘耐压→质量检验→上封签。

5. 总结

小组讨论，总结实践收获，评估。

三、注意事项

1）注意选取合适的工具，能够正确使用。

2）注意设备及人身安全。

任务二　继电电路常见故障的处理

一、器材工具

常见继电电路，继电器、开关、电源、导线、灯泡、变压器、熔断器、信号工常用工具、电烙铁、焊锡丝等。

二、任务实施

1. 登记要点等准备工作

2. 分别模拟开路及短路故障并查找原因

继电电路常见的故障有熔断器熔断、断线、脱焊、螺钉松脱、线圈烧坏、接点接触不良、线路混入电源等，但总结为以下两类：电路开路（断线故障），也就是使继电器错误落下，或不能吸起；电路短路（短路故障），也就是使继电器错误吸起，或不能落下。

1）两小组作为挑战双方，分别模拟开路及短路故障，让对方查找故障并设计防护方法。

2）时间继电器常见故障处理：①如继电器缓吸时间出现误差，应考虑更换控制电路中的单片机或晶振。②如继电器通电后工作正常，但发光二极管不亮，可更换发光二极管。③如继电器通电后不吸起，分两种情况：如发光二极管每秒闪一次，应检查动态输出电路中的元件是否损坏；如发光二极管不闪，应分别对四部分电路进行检查，必要时更换电路板。

3. 提出处理意见

分别针对开路及短路故障参考以下方法，提出处理意见。

继电电路的安全防护措施有断线防护电路和混线防护电路（图 2-38a），其中断线防护电路相对简单，一般采用双路由，但避免迂回路由；混线防护有下列方法：

(1) 位置法　将继电器和电源分别设在可能混线位置的两侧。

(2) 极性法　室外电路混入电源而采取的措施（图 2-38b）。

(3) 双断法　在电路的去线和回线上都接入同样的控制接点。

(4) 独立电源法　电源隔离法，设立专用变压器。

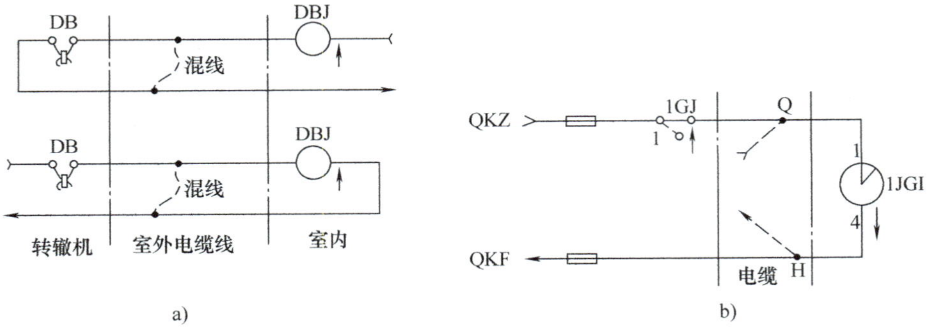

图 2-38　混环线防护电路与极性法防护电路

a）混环线防护电路　b）极性法防护电路

三、注意事项

1）注意选取合适的工具，能够正确使用。

2）模拟故障时注意安全。

【任务评价】

任务评价单见附录。

【复习与思考】

1. 信号继电器如何分类，简述继电器的基本工作原理。
2. 识读表 2-1 中的安全型继电器型号、表 2-2 中继电器表示方法。
3. 简述无极继电器的结构和工作原理，由哪些主要部件组成，各起什么作用？
4. 整流式继电器结构上有哪些特点，其与无极继电器有何异同？
5. 安全型继电器的电气特性主要包括哪些，各有什么含义？
6. 交流二元继电器的结构有何特点，简述它的工作原理。
7. 识读各种继电器的名称和图形符号。
8. 如何对继电器进行拆装及调试？
9. 继电电路的安全防护措施有哪些？

项目三

信　号　机

【问题导入】

我们每天出行路过十字路口时，根据什么指示穿越十字路口呢？很简单要看路口的信号灯显示通行；铁路也如此，要等信号显示允许通行后才可以继续前行。那么，如何分辨城市轨道交通信号显示、信号机系统由哪些设备组成的，又是如何安装及维护的，这些是本单元要探讨的相关问题。

【学习目标】

1. 知识目标：

（1）理解信号的概念、原理及分类。

（2）掌握各种信号显示的意义和设置。

（3）掌握色灯信号机的安装调试过程及方法。

（4）掌握信号机检修作业标准。

2. 能力目标：

（1）能说出各种信号机名称、作用及显示的意义。

（2）会布置简单站场信号机。

（3）能安装调试色灯信号机，会对信号机进行日常维护及检修调整。

3. 情感目标：

（1）培养学生吃苦耐劳、不怕脏、不怕累的习惯。

（2）培养学生爱岗敬业的职业道德。

（3）激发学生浓厚的学习兴趣，培养理论联系实际的学习习惯和严谨的工作作风。

【教学建议】

1. 教学场地：在教室、互联网多媒体教室及信号实训室中进行，课后可实地参观。

2. 设备要求：至少具有能连接互联网的多媒体教室一个，透镜式、组合式色灯信号机及 LED 组合式色灯信号机至少各一套，或能放视频投影的设备及课件、视频介绍一套。

3. 教学重点、难点

（1）进站、出站、调车信号机的结构、设置和显示意义。

（2）信号机的安装、调整和维护。

4. 课时要求：共 16 课时，其中课堂讲授 8 课时，模拟操作 8 课时。

【理论知识】

课题一 信号概述

信号是城市轨道交通运输系统中保证行车安全、提高区间和车站通过能力以及编解能力的手动控制、自动控制及远程控制技术的总称，是在行车、调车工作中对行车有关人员指示运行条件而规定的物理特征符号，即指示列车运行及调车作业的命令。行车有关的人员必须熟知信号显示方式。信号显示方式及其使用，必须严格按《铁路技术管理规程》（以下简称《技规》）的规定执行。

一、信号分类

1. 听觉信号和视觉信号

听觉信号是以声音的强度、长短等方式来表示信号的意义，如机车鸣笛等。视觉信号是以信号灯的颜色、显示数目及灯光状态等方式来表示信号的意义，如地面信号、手信号旗（基本不再使用）及信号牌等。

2. 移动信号和固定信号

移动信号是根据需要临时设置的信号装置，一般施工、维修临时使用。固定信号是固定设置在规定位置的信号装置，平时说的信号一般专指固定信号。

铁路电务部门负责维护的信号只是固定信号，包括地面固定信号和车载固定信号。

3. 地面信号和车载信号

地面信号是设于车站或区间固定地点的信号机或表示器，防护站内进路以及闭塞分区。车载信号设于机车驾驶室内，逐步成为主体信号使用。

4. 信号机和信号表示器

信号机用来防护站内进路、区间、危险地点，具有严格的防护意义。信号表示器是对行车人员传达行车或调车意图，或对某些补充说明所用的器具，没有防护意义，如地铁站台的发车表示器。

5. 高柱和矮型

进站、正线出站、通过、预告信号机一般为高柱信号机。图 3-1 所示为高柱进站信号机；侧线出站、调车信号机一般为矮型信号机，如图 3-2 所示。

城市轨道交通地面采用的信号机在结构上与铁路上的基本相同，但设置要求和显示意义及距离有一定区别，除了车辆段和有道岔的正线车站外，其他地方一般不设置地面信号机。相反车载信号逐渐成为主体信号，因为城市轨道交通自动化程度较高，尤其是现在随着基于无线通信的列车控制系统 CBTC 的广泛应用，列车运行速度的提高、运行间隔的缩短要求列车的运行速度不取决于地面信号的显示，地面信号只起到辅助作用或处于备用状态。

图 3-1 高柱信号机

图 3-2 矮型信号机

二、颜色及其表示意义

我国城市轨道交通视觉信号分基本颜色和辅助颜色。

1. 基本颜色

（1）红色 停车信号，禁止越过该信号机运行。

（2）黄色 限制允许信号，但要求列车注意或减速运行。

（3）绿色 允许信号，信号处于正常开放状态，列车按规定速度通过该信号机运行。

2. 辅助颜色

（1）蓝色 用于调车信号，表示禁止越过该信号机调车；有些城市轨道交通公司也作为 CBTC 运行模式下的地面允许信号。

（2）月白色 有两种显示意义。

1）当用于指挥调车作业时，表示允许越过该信号机调车。

2）当用于指挥列车作业时，同时另外还有一个红色信号，构成引导信号。当有故障等特殊情况时，开放引导信号，即红色信号灯和月白信号灯同时点亮，表示准许列车越过显示红白双灯显示的信号机运行（一般速度不超过 25km/h），并随时准备停车。需要指出的是：我国城市轨道交通信号系统还没有对信号显示方式及意义进行统一规定，作为引导信号，有些城市轨道交通公司采用一个红色灯光和一个黄色灯光构成引导信号。

信号机上同时点亮的基本灯光，原则上不能超过两个。

三、信号显示的基本要求

1. 按《技规》规定的要求

（1）信号机的定位 信号机经常保持的显示状态作为信号机的定位，一般要考虑保证行车的安全和提高运输效率或信号显示的自动化。常见信号机的定位分别如下：

进站、进路、出站信号机定位为红灯；调车信号机的定位为蓝灯；区间通过信号机的定位为绿灯；进站前方第一架信号机的定位为黄灯；进站前方第二架信号机的定位为绿黄；线路所通过信号机的定位为红灯；遮断、复示信号机的定位为灭灯；预告信号机的定位为黄灯。

（2）信号机的关闭时机 不同类型信号机关闭时机不同，分别如下：

1）进站、进路、出站信号机及自动闭塞区段的通过信号机：当列车第一轮对越过该信号机时，该信号机自动关闭。

2）引导信号机：当列车全部越过该信号机时，人工及时关闭。

3）调车信号机：调车车列全部越过该信号机后自动关闭。

（3）视作停车信号 当进站、出站、进路和通过信号机的灯光熄灭、显示不明或不正确时视作停车信号。

（4）无效信号 未使用和应拆未拆除的信号机。

2. 信号机、表示器显示的距离

城市轨道交通信号机显示没有规定具体数据，以下是比照铁路标准：

1）进站、通过、接近、遮断信号机，不得小于1000m。

2）高柱出站、高柱进路信号机，不得小于800m。

3）预告、驼峰、驼峰辅助信号机，不得小于400m。

4）调车、矮型进站、矮型出站、矮型进路、复示信号机，容许、引导信号及各种表示器，不得小于200m。

5）在地形、地物影响视线的地方，进站、通过、接近、预告、遮断信号机的显示距离，在最坏条件下，不得小于200m。

3. 信号灯图形符号

不同的信号灯在信号平面示意图中所用的表示符号也不同，具体表示的图形见表3-1。

表3-1 信号灯图形对照表

名　　称	符　　号	名　　称	符　　号
红色灯光		空灯位	
黄色灯光		稳定绿灯	
绿色灯光		稳定红灯	
蓝色灯光		高柱信号	
月白色灯光		矮型信号	

四、信号机的设置

1. 原则

（1）一般设于线路右侧 城市轨道交通一般采用右侧行车制，特殊情况可以经相关部门的批准设在线路的左侧。地面信号机地下部分一般装在隧道壁上，地上部分如果两线路之间不足以装设信号机时，可采用信号托架和信号桥（设于左侧或中心上方）。

（2）信号机柱的选择 为了提高通过能力，以及运输效率，进站、正线出站、通过、预告信号机采用高柱；站内或车辆段调车、侧线出站采用矮型。

（3）信号机设备限界 信号机的设备限界是用以限制设备安装的轮廓线，信号机不得侵入该限界。例如，车辆轮廓线是限制列车横截面最大容许尺寸的轮廓，将其扩大一定尺寸后，构成车辆限界。对于正线信号机，限界所属轨道中心至信号机突出边缘距离为2440mm，在曲线线路上，应按有关规定进行加宽。

（4）交流电力牵引区段的信号机设置 当进站信号机与接触网支柱同侧设置时，信号显示距离不应受接触网影响，如影响显示时，信号机安装方式可做适当调整。

2. 信号机的设置

铁路车站信号布置相对复杂，如图3-3所示，城市轨道交通车站有的只有两条正线，有的车站设有道岔，因此应根据各站设备及站场具体情况设置信号机。城市轨道交通正线上设置相对简单，车辆段相对复杂，不同的城市轨道交通信号机设置稍有不同，某地铁正线某车站的信号机布置如图3-4（附彩图）所示。

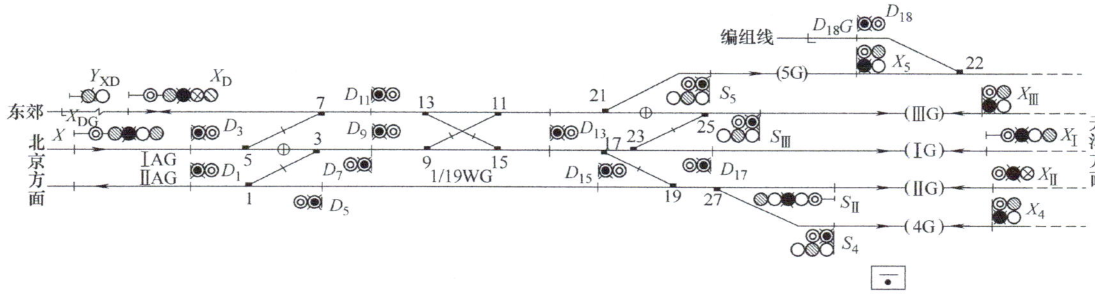

图3-3 典型铁路车站信号平面布置图

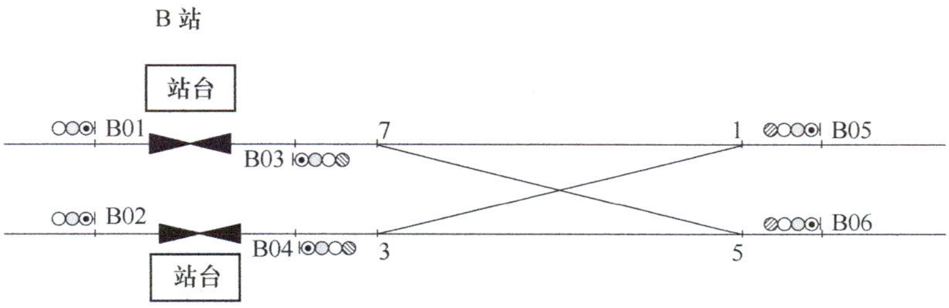

图3-4 某地铁正线某车站信号机布置简图

3. 信号显示

（1）正线信号显示基本原则 目前地铁还没有统一的标准，基本参照铁路标准，下面是某地铁公司的信号显示原则。装备有全套车载设备并在CBTC控制模式下运行的列车，定义为CBTC列车。故障的CBTC列车或是没有装备车载设备的列车，定义为非CBTC列车。非CBTC列车按照地面信号机的显示行车。

如果仅有CBTC列车在一段区域运行，那么位于这两个CBTC列车间的信号机均为蓝灯。对于CBTC列车与非CBTC列车混跑的情况，对于非CBTC列车地面信号机为“点灯”（除蓝灯），对于CBTC列车地面信号机为蓝灯。

所有CBTC列车前方要接近的信号机，信号机为“蓝灯”。所有非CBTC列车前方要接近的信号机，信号机为“点灯”（除蓝灯）。对于显示“蓝灯”的信号机，非CBTC列车不允许越过该架信号机。

（2）正线信号显示 地面信号机显示由主显示（红、绿和黄）和辅助显示（蓝色）组成；其中主显示用于非 CBTC 列车，辅助显示用于 CBTC 列车。当非 CBTC 列车接近地面信号机时，区域控制器发出一个安全的信息给联锁让信号机不显示蓝灯。辅助显示（蓝灯）对于非 CBTC 列车为禁止信号。

1）道岔防护信号机。道岔防护信号机防护道岔开通位置，直向位置还是侧向位置，设置在正线道岔岔前或岔后适当地位置，每个道岔防护信号机有四个 LED 灯位，这些 LED 信号有五种显示方式。

绿灯：进路排列至下一架信号机，进路中的所有道岔都在直向且电锁闭，允许列车在线路限速条件下运行。

黄灯：进路开放至下一架信号机，进路上至少有一个道岔在侧向且电锁闭，允许列车在道岔开通方向按规定的限速条件运行。

黄灯+红灯：引导信号，运行限速为 25km/h，并随时准备停车。列车安全由人工保证。

红灯：绝对停止信号，不允许列车越过此信号机。

蓝灯：CBTC 列车可越过该架信号机，非 CBTC 列车不允许越过该信号机。

2）出站信号机。出站信号机防护区间，作为列车占用区间的凭证，指示列车能否进入区间；与发车进路以及敌对进路相联锁，指示站内停车位置。发车线端部必须设置出站信号机。出站信号机位于站台终端，设置在列车由车站向区间发车处前方，即车站出口，警冲标外方 3.5～4m 处，每个出站信号机有绿灯、红灯和蓝灯三个 LED 灯位，有三种显示方式，其表示的意义分别与道岔防护信号机的绿灯、红灯和蓝灯相同。

3）道岔防护兼出站信号机。道岔防护兼出站信号机防护道岔开通直向位置还是侧向位置，设置在正线道岔岔前或岔后适当地位置兼作出站信号机使用。每个道岔防护兼出站信号机有四个 LED 灯位，共有五种显示，其表示的意义同道岔防护信号机。

4）阻挡信号机。阻挡信号机位于线路上的折返位置，有绿灯、红灯和蓝灯三种显示方式。

5）终端信号机。终端信号机设置在线路的终端。每个终端信号机有一个红灯显示。所有列车在此信号机前方必须停车。对接近的 CBTC 列车不灭灯。

6）发车表示器。向驾驶人表示能否关闭车门及发车时间，车站可设置在正线出站方向站台一侧、列车停车位置前方适当地点，单显示白灯。

灭灯：平时不亮灯，列车停靠后表示不能关车门、发车。

白色闪光：表示距离发车时间还有 5s。

稳定白光：表示可以发车。

7）通过信号机。通过信号机防护闭塞分区，指示列车能否进入运行前方的闭塞分区；设置在每个闭塞分区的入口处。不设在启动困难的上坡处，确实装设则加装容许信号，上下行尽量并设。采用三显示机构，自上而下灯位为黄、绿、红。

红灯：表示不允许列车越过该信号机。

绿灯：表示允许列车按规定速度通过该信号机。

黄灯：表示允许列车按规定速度（减速）通过该信号机。

注意：在采用 ATC 或 CBTC 系统的城市轨道交通中，自动闭塞通过信号机已失去了主体信号的作用，在区间一般不设通过信号机，而采用车载 ATP 信号来防护，但当 ATP 系统设备发生故障时，作为备用信号，按需要设置通过信号机，以便于驾驶人控制列车运行；另外，在有些采用 CBTC 控制系统的城市轨道交通中，也取消了进站信号机。

(3) 车辆段（车场）信号显示

1）进段信号机。防护车场，指示列车的运行条件，保证车场接车进路的正确和安全可靠，装设在车场的入口处，三灯位，三显示。

绿灯：允许进段。

红灯：禁止列车越过该信号机。

黄灯 + 红灯：引导进段。

2）三显示列车阻挡兼调车信号机（绿灯封闭）。三灯位，二显示。

红灯：禁止越过该信号机。

月白灯：允许调车。

3）二显示调车信号机。二显示调车信号机用于指示站内各种调车作业。设置在有调车作业的集中联锁的车场、车辆段，主要有四种，分别为单置调车信号机、并置调车信号机、差置调车信号机和尽头线调车信号机（阻挡、折返、阻挡兼折返信号机）。二灯位，二显示。

蓝灯：表示禁止越过该信号机调车。

月白灯：表示允许越过该信号机调车。

4）信号机设置一般调车比较多，也有防护停车场的进场和阻挡信号机。二灯位，二显示。

红灯：禁止调车或越过该信号机。

月白灯：允许越过该信号机进段或调车。

5）在车辆段停车场尽头设有终端信号机，每个终端信号机有一个红灯显示。

4. 信号机及信号表示器命名

对于城市轨道交通系统，信号机及信号表示器命名暂没有技术规范，有些城市轨道交通公司，把车站从一个方向按顺序编号，信号机编号就在车站编号的后面加上 01、02 等表示该车站的第一架、第二架信号机，如信号机“1203”表示第 12 个车站的第 3 架信号机。有些沿用铁路规范，如下：

(1) 进（出）站信号机 进（出）站信号机命名是按列车运行方向进行的，右下角加股道号。如“X_{I}”表示“下行 I 股道进（出）站信号机”，S_{II} 表示“上行 II 股道进（出）站信号机”。

(2) 调车信号机 调车信号机以 D 表示，在其右下角缀以顺序号，从列车到达方向顺序编号，上行咽喉用双数，下行咽喉用单数。如：D_2，D_9。

(3) 通过信号机 自动闭塞区段的通过信号机以该信号机所在地点坐标公里数和百米数命名，上行为双数，下行为单数。如：在 100km + 350m 处的并置通过信号机，下行方向的编号为 1003、上行方向的编号为 1004。

(4) 防护信号机 防护信号机用 X（信号）、F（防护）等命名，以数字序号作为下标，下行咽喉标为单号，上行咽喉标为双号，从站外向站内顺序编号。

(5) 发车表示器 发车表示器以 B 表示，加在所属出站信号机的前面，如 BS_{I} 表示上行 I 股道出站信号机的发车表示器。

课题二 透镜式色灯信号机

城市轨道交通的信号机一般采用色灯信号机，色灯信号机以其灯光的颜色、数目和亮灯状态来表示信号。按照显示方式和结构的不同，可分为以下三种：透镜式色灯信号机、组合式色灯信号机及 LED 组合式色灯信号机。

现场多采用透镜式色灯信号机，其具有结构简单、控制电路所需电缆芯线少，使用方便、安全可靠等优点。在曲线上，为了提高显示距离，采用组合式色灯信号机。近几年，LED 信号显示系统作为节能、免维护的新型光源被成功应用到城市轨道交通信号系统中。

透镜式色灯信号机采用透镜组将光源发出的光束聚成平行光束，故称为透镜式。

一、透镜式色灯信号机的分类

1. 按高矮分

(1) 高柱透镜式色灯信号机 高柱透镜式色灯信号机安装在钢筋混凝土信号机柱上，由机柱、机构、托架和梯子组成。

(2) 矮型透镜式色灯信号机 矮型透镜式色灯信号机安装在信号机水泥基础上，如图 3-2所示。

2. 按机构数量分

(1) 单机构透镜式色灯信号机 只有一个机构，可构成单显示、双显示和三显示三种，其中双显示和三显示机构分别划分为两个和三个灯室，灯室之间用隔板分开，防止相互串光。例如，单显示信号机构用于阻挡信号机，发车表示器等；双显示和三显示机构可以单独使用，也可以几种显示组合使用，再按灯光配列规定配置颜色，并对不使用的灯位予以封闭。对信号灯位颜色，要求安装有色内透镜来实现。

(2) 双机构透镜式色灯信号机 有两个机构，可构成四显示、五显示，还可以带引导信号和进路表示器。

二、透镜式色灯信号机机构

1. 组成

如图 3-5 所示，每个灯位由灯泡、灯座、透镜组（外透镜和内透镜）、遮檐及背板等组成，分别描述如下：

(1) 灯泡 灯泡是色灯信号机的光源，采用直丝、双丝铁路信号灯泡，多采用 12V、25W 的灯泡。

(2) 灯座 灯座用于安放灯泡，现多采用定焦盘式灯座，调好透镜组焦点后固定灯座，更换灯泡时无需再调，如图 3-6 所示。

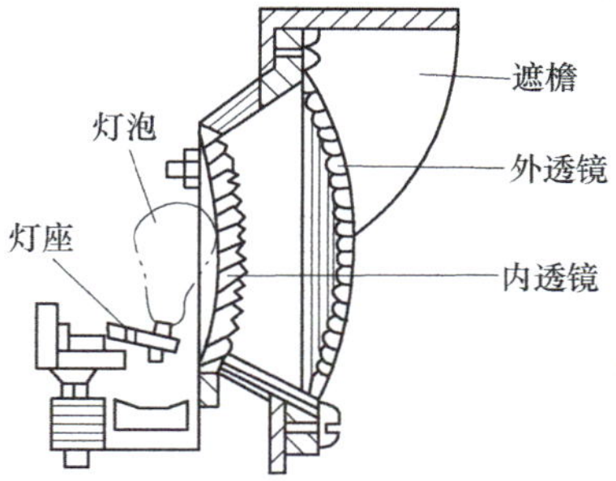

图 3-5 透镜式色灯信号机机构

图 3-6 定焦盘式灯座实物图

(3) 透镜组 透镜组装在镜架框上，由两块带棱凸透镜组成，其中内侧为有色的，外侧为无色的，均为带棱凸透镜。使用带棱透镜是因为它比不带棱透镜质量轻且较薄，球面相差小，光线通过时损失少；使用两块透镜是因为这种结构从光学原理上可以缩短焦距，提高光源利用率，增加射出平行光的强度。信号机显示颜色可根据需要选择有色透镜，如图 3-7a 所示，光学图如图 3-7b 所示。

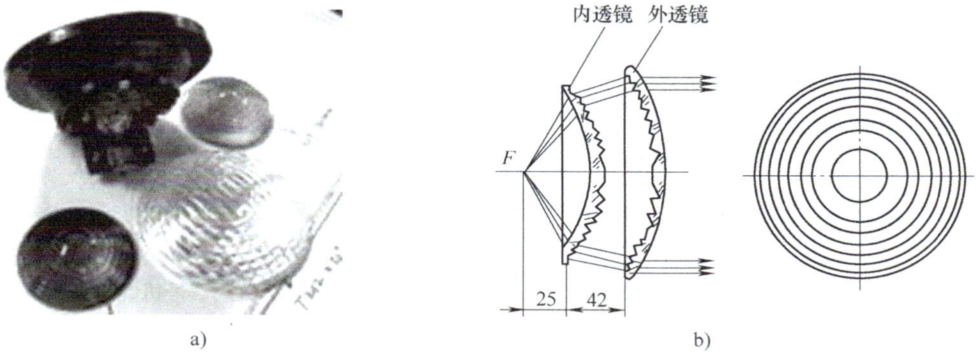

图 3-7 透镜式色灯信号机的光学系统

a）有色玻璃透镜实物图 b）有色玻璃透镜光学图

(4) 遮檐 遮檐是防止阳光等光线直射时产生错误的幻影显示而设置的。

(5) 背板 背板为黑色，目的是使背景暗更有利于衬托信号灯光亮度，改善瞭望条件等。

2. 信号机机构的含义

以 XSG-HL 为例，各意义如下：“X”表示信号机构、“S”表示色灯、“G”表示高柱（“A”表示矮柱）、“HL”表示红绿，另外，“B”表示白灯、“A”表示蓝灯、“U”表示黄灯。

3. 透镜式色灯信号机的光系统

灯泡置于透镜组的焦点处，使灯泡发出的光线集中平行射出，照射远。

课题三 组合式色灯信号机

一、组合式色灯信号机构成及工作原理

1. 结构组成

组合式色灯信号机只有一个灯室，由光系统、机构壳体（硅铝合金，表面涂有无光黑

漆，防止光反射）、遮檐及瞄准镜插孔等组成，使用时根据信号显示要求可以分别组装成单显示、双显示及三显示机构，故称为组合式色灯信号机。

2. 分类

1）按非球面透镜的直径分，可分为 XSZ-135 型、XSZ-150 型和 XSZ-200 型，其中应用最早、最多的是 XSZ-135 型。

2）按使用不同的偏散镜分，可分为 1 型、2 型、3 型、4 型四种类型。

3. 工作原理

如图 3-8 所示，组合式色灯信号机的光系统由反光镜、灯泡、色片、非球面镜、偏散镜及前表面玻璃组成。其中灯泡发出的光通过红、黄、绿、蓝、月白五种颜色之一的色片后变成色光，此色光再经非球面镜汇聚成带有指定颜色的平行光，这束平行光再经过偏散镜进行折射偏散，将一部分光保持原方向射出，称为主光；另一部分光按一定的偏散角度射出称为偏光。如图 3-9 所示，主光主要用于远距离显示，其光的强度较高，而偏光主要用于弯路曲线显示，这样在弯路上就可以连续准确地看到信号显示。

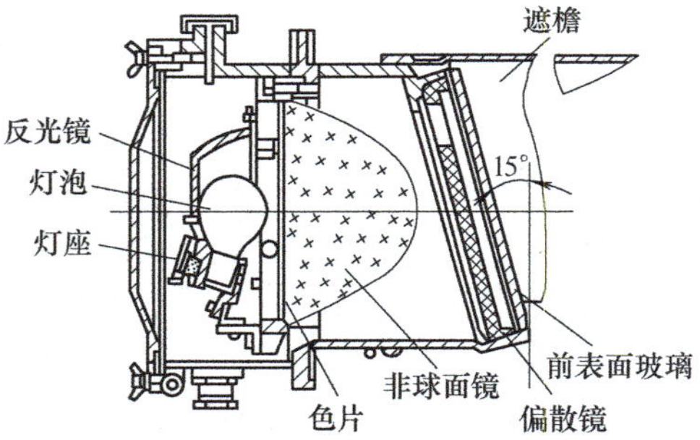

图 3-8　组合式色等信号机结构图

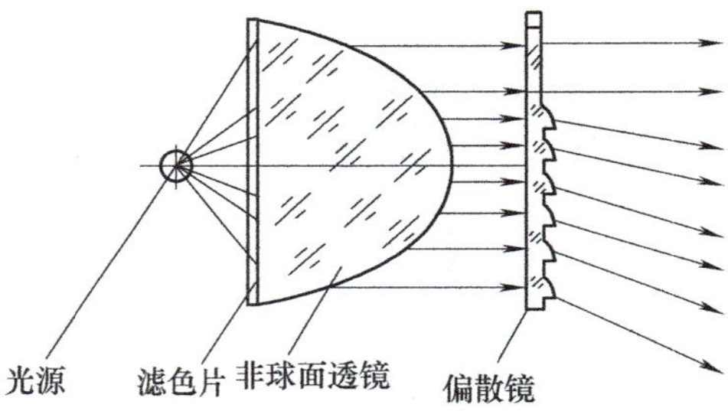

图 3-9　组合式信号机的光学原理

偏散镜又称偏散透镜，由多个棱镜及曲面镜组成，使部分按所需方向偏散一定角度的光学元件，其作用除了以上所讲的为保证连续显示，根据弯路曲线特点选用相应种类的偏散镜外，另外一个功能就是增强部分近距离可见度，保证在距离信号机 5m 处也能看到信号显示。

从图 3-8 中我们可以看到表面玻璃向上倾斜 15°，这是因为，表面玻璃图片外面各个方向的光照到玻璃表面上会产生很强的反射光，这些反射光容易造成假显示，误导驾驶人等，表面玻璃向上倾斜 15°可将外来光反射到遮檐上被散射和吸收，避免由于反光造成假显示导致误认信号的情况发生。

二、信号光源

1. 信号灯泡和灯座

（1）直丝信号灯泡　如图 3-10 所示，信号灯泡是色灯信号机和信号表示器的光源。目前，均采用直丝信号灯泡。其灯丝为双螺旋直丝。主灯丝和副灯丝呈直线状且平行。以 TX—12-25/12-25 为例，其中“T”表示铁路；“X”表示信号；“12-25/12-25”表示双丝灯泡，均为 12V/25W，当平时点亮的主灯丝断丝时，能够通过外接的灯丝转换设备自动切换到副灯丝电路上，点亮副灯丝，保证指挥行车的信号不间断显示。

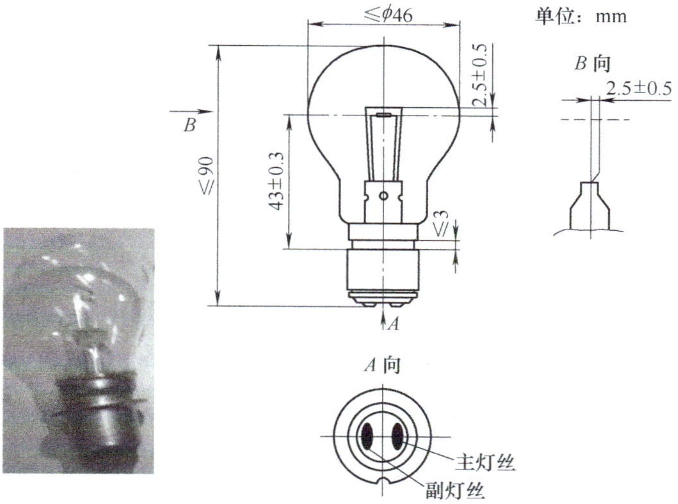

图 3-10 TX—12-25/12-25 型信号灯泡

(2) 定焦盘式信号灯座 如图 3-11 所示，定焦盘式信号灯座三维（上下、前后、左右）可调，可以调整光源位置，使主灯丝位于透镜组的焦点上，获得最佳显示效果。

图 3-11 定焦盘式信号灯座实物图

2. 信号点灯和灯丝转换装置

一般由信号变压器和灯丝转换继电器组成，现广泛使用点灯和灯丝转换结合为一体的 XDZ 型多功能信号点灯装置和 DDXL-34 型点灯单元。

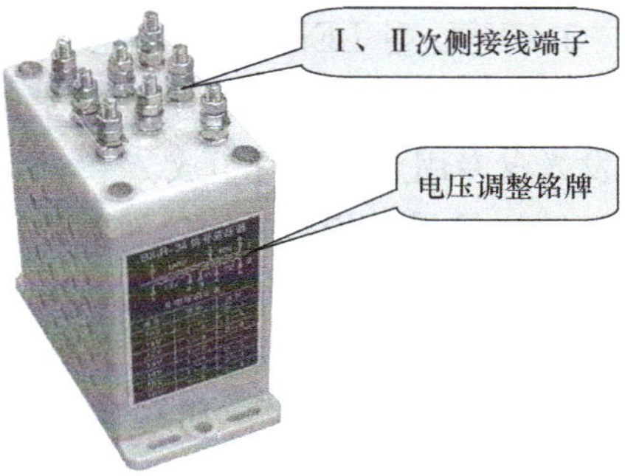

图 3-12 BX_1R-34 型信号变压器

(1) 信号变压器 如图 3-12 所示，信号变压器用于色灯信号机的点灯电源，设于信号机处的变压器箱内，用以将 220V 交流电降压为 12V 等。目前使用的信号变压器有 BX-40、BX-30、BX_1-30、BX_1-34 以及 BYD-60 型远程点灯信号变压器，其中使用较多的是 BX_1-34 型。

(2) XDZ 型多功能信号点灯装置 将信号灯泡的点灯和灯丝的转换结合成为一体，取代了变压器和灯丝转换继电器。采用软启动方式，延长灯泡使用寿命。

(3) DDXL-34 型点灯单元 点灯变压器采用防雷装置，灯丝继电器采用 JZSJC 型。

课题四 LED 组合式色灯信号机

一、LED 组合式色灯信号机概述

LED 组合式色灯信号机（图 3-13）与透镜式色灯信号机大小相同，分为高柱和矮柱两种，每种又分别包括二灯位或三灯位机构，一般由铝合金机构、发光盘、点灯装置及报警单元组成。信号点灯单元由发光二极管 LED 构成。LED 组合式色灯信号机构及控制系统，与现有点灯控制电路兼容，LED 信号显示系统作为一种节能、免维护的新型光源被成功运用。特点如下：

图 3-13 LED 组合式色灯信号机

1）LED 组合式色灯信号机构采用轻便、耐腐蚀的单灯铝合金机构，组合灵活、安装简单，LED 信号机构重量大大减少，便于施工安装，密封条件好。显示距离超过 1.5km 且清晰可辨，使用寿命可达 10^5h，安全可靠。

2）通过监测控制系统的电流，可监督信号显示系统的工作状态、预警异常情况，有助于准确判断故障点，便于及时处理。

3）用 LED 取代传统的双丝信号灯泡和透镜组，从而彻底消除灯泡断丝这一多发性的信号故障，可以做到免维护，结束了普通信号机定期更换信号灯泡的维修方式，减少维修工作量，节省维修费用。

另外，与上述两种信号机相比，LED 信号机还具可靠性高、寿命长、节省能源、聚焦稳定、光度性好、无冲击电流等显著优点。

二、工作原理

现使用的 LED 铁路色灯信号机构有 XSLE 型、XLL 型、XSZ（G、A）型、XLG（A、Y）型和 XSL 型等，下面分别以 XSL 和 XSLE 型 LED 组合式色灯信号机为例加以描述。

1. XSL 型 LED 组合式色灯信号机

XSL 型 LED 组合式色灯信号机由铝合金信号机构、PFL-I 型铁路 LED 发光盘和 FDZ 型发光盘专用点灯装置组成。

(1) 信号机构 机构分为矮型机构（图 3-13）和高柱机构两种。

1）高柱信号机构由背板总成、箱体总成、遮檐和悬挂装置四部分组成。

背板总成。背板总成带有背板，并用来安装箱体总成。背板总成分为二灯位背板总成（设有两个灯位安装孔）和三灯位背板总成（设有三个灯位安装孔）。两种背板总成的高度不同。

箱体总成。把每个灯位组装成一个整体称为箱体总成。箱体总成也分为二灯位箱体总成（XSLG2 型）和三灯位箱体总成（XSLG3 型）两种。两种机构除背板总成不同外，其余均相同。用两个灯位箱体总成分别固定在二灯位背板总成上，即构成二灯位高柱信号机构。用三个箱体总成分别固定在三灯位背板总成上，即构成三灯位高柱信号机构。箱体总成的玻璃卡圈换上透镜组用双丝信号灯泡点灯，也能作为色灯信号机用。

遮檐。遮檐用 M5 ×10 的螺钉装在机构箱体上的玻璃卡圈上。

悬挂装置。悬挂装置将背板总成固定在信号机水泥机柱上。悬挂装置采用现有的上部托架、下部托架等设备并经特殊的喷涂表面处理，以增强其抗锈蚀能力。机柱上的机柱管接头用 $\phi5$ 蛇管接出并引至背板总成下方的配线盒内，并用两个 U 形螺栓固定。然后，由配线盒底板上的蛇管接头分两路或三路经 $\phi13$ 蛇管引至高柱箱体总成侧面的蛇管接头上，电线穿在蛇管内。

2）矮型机构分为二灯位矮型机构（XSI，A2 型）和三灯位矮型机构（XSI，A3 型）两种，如图 3-14所示。其安装方法与透镜式信号机构的相同，厂家出厂时已经组装成一个整体。

（2）PFL-1 型 LED 发光盘　PFL-1 型铁路 LED 发光盘（以下简称发光盘）是采用发光二极管制成的铁路信号灯的新光源。发光盘的型号由汉语拼音字母和罗马数字组成：

如，PFLG-H-1，其中，“PF”表示发光盘；“L”表示 LED；“G”表示高柱型（A 矮柱型，B 表示表示器）；“H”表示红色（U 表示黄色，L 表示绿色，A 表示蓝色，B 表示月白色）；“1”表示 12V PDZ 型发光盘专用信号点灯装置直流稳压供电。

1）发光盘的分类。发光盘分为高柱发光盘、矮型发光盘和表示器发光盘。发光盘的结构和与多种传统信号机构兼容。其中高柱发光盘适用于高柱透镜式色灯信号机构、遮断信号机构和高柱复示信号机构；矮型发光盘适用于矮型透镜式色灯信号机构、引导信号机构、容许信号机构、矮型复示信号机构和发车线路表示器机构；表示器发光盘适用于表示器机构、高柱进路表示器机构、矮型进路表示器机构和棚下发车表示器机构，如图 3-15所示。

图 3-14　LED 信号矮型机构

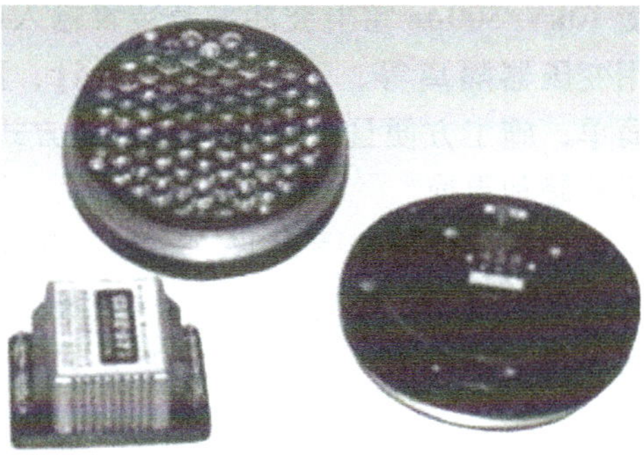

图 3-15　LED 发光盘

2）发光盘的结构。发光盘为圆形盘状结构，其上安装众多发光二极管。发光盘后面有一个凸起的防雷盒。发光盘前罩上有鉴别销，以确认该灯位的颜色。只有发光盘的灯光颜色与该灯位灯箱玻璃卡圈上的鉴别槽相吻合，才能安装。发光盘前罩上有三个突出的卡销，用来在安装时对准灯箱玻璃卡圈上的三个卡槽，以安装牢固。

为满足曲线轨道的信号显示，可根据现场实际需要在需要偏散的高柱发光盘的前面安装偏散镜叠装片，偏散镜片有三种，其规格型号与偏散角度为：GS-176-10 型偏散角 10°，GS-176-20 型偏散角 20°，GS-176-15 型偏散角 15°。

3）发光盘的电气参数。额定电压：DC 12V；额定电流：DC 700mA；发光盘的驱动电源有与其配套的 FDZ 型发光盘专用信号点灯装置。

电气特性应符合表 3-2、表 3-3 所列的要求。抗感应电压能力为在 AC 235V（50Hz）输入电压时，串接 94mF/300V 电容，测量输出电压应小于 0.5V。

表 3-2　FDZ 型发光盘专用点灯装置电气特性

工作电压 AC/V	工作电流 AC/mA	输出电压 DC/V	额定负载电流/mA	空载电流/mA
176～235	70～140	12±0.5	700	≤16

表 3-3　ZXD-J1 型多功能智能交流点灯单元电气特性

额度容量/（V·A）	额定负载	额定电压		满载电流/A	空载电流/mA	输入输出端子对地绝缘/MΩ
		一次侧/V	二次侧/V			
34	12V、25W 双丝灯泡	220	10～16	2.1	≤16	≥25

（3）FDZ 型发光盘专用点灯装置　FDZ 型发光盘专用点灯装置是为配合 PFL-1 型 LED 发光盘而研发的新一代信号点灯装置，它只能与 PFL-1 型发光盘配套使用。该装置输出的是稳定的 12V 直流电压，不仅性能稳定可靠，能适用于电压波动较大的区段，而且使用方便，现场不需要调整，其具有可靠性高、抗干扰能力强、警告功能完备、输入端一侧接 FDL-1 型防雷模块可承受 10kV/300μs 雷电波冲击及装置输入端采用变压器隔离等、采用一体化设计，配线简单，施工方便且采用插入式安装方式，便于检修和更换。

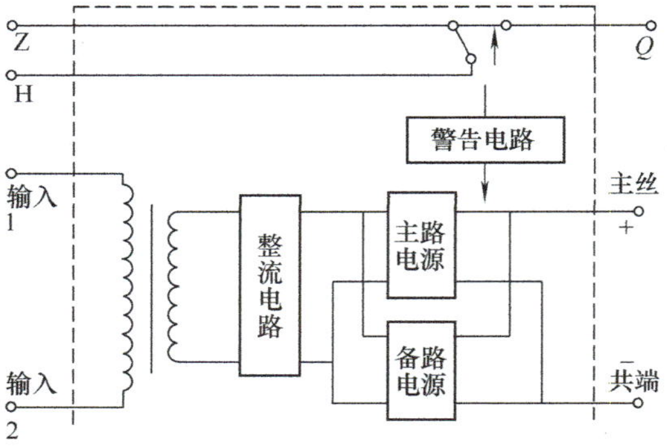

图 3-16　FDZ 型发光盘专用点灯装置原理框图

装置原理框图如图 3-16 所示，由隔离变压器、整流电路、稳压电路和警告电路构成。输入电源经变压、整流后，由两路稳压电路进行稳压，两路稳压电路热备，以保证输出稳定的 12V 直流电压。警告电路对发光盘和两路稳压电路进行监督，当发生故障时发出警告。

2. XSLE 型 LED 组合式色灯信号机

XSLE 型 LED 组合式色灯信号机可作为铁路站场、区间的进站、出站、进路、防护、预告、调车、驼峰、复示、遮断、通过及引导等地面灯光信号用，并具有结构紧凑、能耗低、寿命长、无需调焦等特点，是新一代用于铁路运输线上的色灯信号机。

（1）主要技术参数

1）信号机的正常工作条件。大气压力不低于70kPa（海拔高度不超过3000m）；周围空气温度 -40～70℃；空气相对湿度不大于95%（当周围空气温度为25℃时）；振动频率10～200Hz，加速度幅值 $10m/s^2$（1g）；周围无引起爆炸危险的有害气体。

2）信号机输入电压范围为 AC 85～110V（50Hz），电源波动范围为 ±5%。

3）LED 发光管额定工作电流：20mA ±1mA。

4）绝缘电阻 >100MΩ。

5）显示距离≥200m。

6）光谱符合 TB 2081—1989 铁路灯光信号颜色规定标准。

7）电快速瞬变脉冲群抗扰度 3 级、静电放电抗扰度 3 级。

8）门限电压：60V。当信号机输入电压（干扰信号）小于门限电压时 LED 应灭灯，当信号机输入点灯电压大于门限电压时 LED 应点亮（注：门限电压允许误差范围 ±5%）。

9）单灯重量：矮型 5kg、高柱 7.5kg。

10）防护等级 IP53。

11）设计使用寿命：10^5h。

12）接地要求（包括工作接地、安全接地和电磁兼容接地）：接地电阻小于 10Ω。

13）安装尺寸及基础座要求：矮型信号机两孔距离 185mm，螺栓 M16 ×2。

14）信号机点灯控制回路采用 JZXC-H18 型继电器；电缆线路最大允许压降为 25V。

15）在 LED 正常工作时，灯丝继电器电流为 126～135mA（不同的距离，调整室外点灯变压器的不同输出电压），保证 JZXC-H18 型继电器可靠吸起。

16）当 LED 光源灭灯时，灯丝继电器回路电流小于 40mA，保证 JZXC-H18 型继电器可靠落下，为联锁电路提供断丝条件。

（2）结构和特点

1）机构为组合式，由灯箱壳、灯箱盖、镜框、底座、挡圈等零件采用硅铝合金材料浇铸或压铸而成。销轴和标准件均采用不锈钢材料。零件表面采用电泳或喷塑处理，确保在使用期内恶劣环境中使用无维修。机构具有强度高、重量轻、组合灵活、安装方便、外形美观等优点。

2）光源为整体透镜组，由电源、超高亮度发光二极管矩阵、光学透镜、钢化玻璃前置镜、固定框架等组成。电源变压器采用高效的 R 型铁心变压器，所有元器件均经过严格的筛选，确保其可靠性。

（3）卡板

1）光源板。光源板是信号机的发光主体，通过光学聚焦原理由高亮度 LED 发光二极管阵列组成。光源板最大的优点是不需要像老式信号灯泡一样进行调焦。

2）整流电阻板。如图 3-17 所示，整流电阻板由限流电阻、整流电路、门限电路三部分组成。门限电路是为了防止在电缆线路上的感应电压可能对 LED 信号光源产生干扰而设计的，在 LED 信号光源内专门设计了抗干扰电路。

3）门限电路。只要电缆线路上的电压不高于门限值，（门限电压为 AC 60V，出厂时已调好），则门限处于关闭状态，相应的信号灯处于关闭状态，从而避免因干扰而发生乱显示的情况，提高了设备抗干扰性能。当信号机输入点灯电压小于 60V 时，LED 应灭灯。

调节整流电阻板上的电位器，使光源处于闪烁状态，此时的电压值即为门限电压。

4）点灯变压器。由电源屏直接输出 AC 110V（可以不设室内隔离调整变压器）通过 DJ（JZXC-H18）和室外电缆到达信号机点灯变压器上，经降压后由点灯单元点亮 LED。点灯变压器的电路板如图 3-18 所示。

图 3-17 整流电阻板

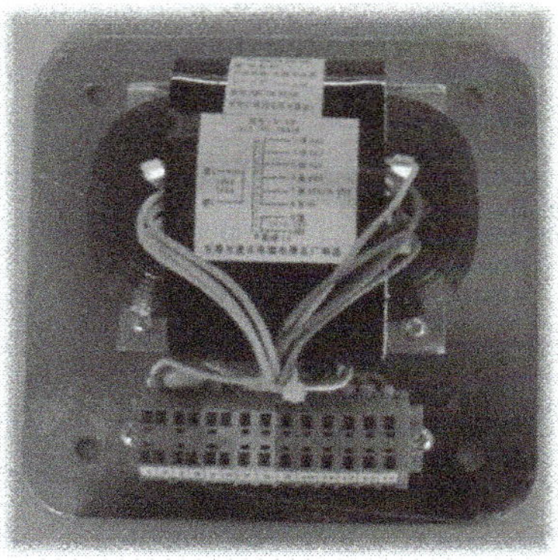

图 3-18 点灯变压器电路板

3. 技术要求

1）灯光颜色在寿命期内符合 TB 2081—1989《铁路灯光信号颜色》的规定。

2）机构光轴方向的发光强度应不低于表 3-4 所列数据的 90%。

表 3-4 LED 色灯信号光轴方向的发光强度

灯光颜色	光强度/cd（坎德拉）		灯光颜色	光强度/cd（坎德拉）	
	高柱信号机	矮型、引导、允许信号机、表示器		高柱信号机	矮型、引导、允许信号机、表示器
红	2100	1600	蓝	400	250
黄	3900	3200	白	3200	2800
绿	2800	2200			

3）机构水平方向光束散角应不小于 2°12′，垂直方向光束散角应不小于 1°10′。

4）带有偏散功能的机构光强度不能低于表 3-5 的要求。

表 3-5 光强度

灯光颜色	光强度/cd（坎德拉）		
	10°偏散	20°偏散	±15°偏散
红	800	450	300
黄	2100	1200	800
绿	1200	700	400
蓝	200	120	100
月白	2000	1000	600

5）高柱信号机构的发光面直径为180mm，灯间距为300mm，矮型机构的发光面直径为125mm，灯间距为215mm。

6）高柱信号机构安装后，应能在左右各90°、前俯5°的范围内任意调整，矮型机构的仰角为3°～5°。

7）机构不能改变现有信号点灯电路；机构灯室之间不串光，机构门盖开启灵活。机构的正常绝缘电阻应不小于50MΩ。

8）当遇强光、雷电、电磁干扰时，不能导致信号错误显示和发光盘损坏。

9）当机构发光二极管损坏数量达到30%时，不能影响信号显示的规定距离并及时报警。

10）发光盘发光管的数量及其使用寿命。不同型号的LED信号机发光盘特性见表3-6。

表3-6　发光盘发光管数量、使用寿命

型　号	规　格	发光面直径/mm	发光盘正面LED数量/个	发光盘背面LED数量/个	使用寿命/年
XSLE	高柱	180	55	1	≥10
	矮型	125	55	1	
XLL	高柱	180	91		
	矮型	125	61		
XSZ（G、A）	高柱	180	126		
	矮型	125	62		
XLG（A、Y）	高柱	180	55		
	矮型	125	55		
XSL	高柱	180	55		
	矮型	125	55		

【项目实施】

任务一　信号机的认识及机构的拆装

一、器材工具

信号机基础、机构、机柱等；万用表等信号工常用工具；其他作业工具等。

二、任务实施

1. 登记要点等准备工作

2. 识读设备

结合实物图理解正线进、出站信号机、通过信号机、调车信号机等设备。

3. 拆卸信号机构设备

（1）透镜式色灯信号机构的拆卸

1）如涉及运行中的设备，必须进行要点登记并做好准备工作。

2）拆装机构前先断开信号机的供电电源，打开信号机构锁头，如图 3-19a 所示；掀开机构后盖，如图 3-19b 所示。

3）用一字螺钉旋具拧下固定灯座的两个螺钉，卸下灯座，如图 3-19c。

4）继续用一字螺钉旋具拧下固定玻璃透镜的互成 120°的三个螺钉，可拆下有色玻璃，如图 3-19d 所示，拆下遮檐，拧松前表面螺钉，卸下无色透镜玻璃，如图 3-19e 所示。

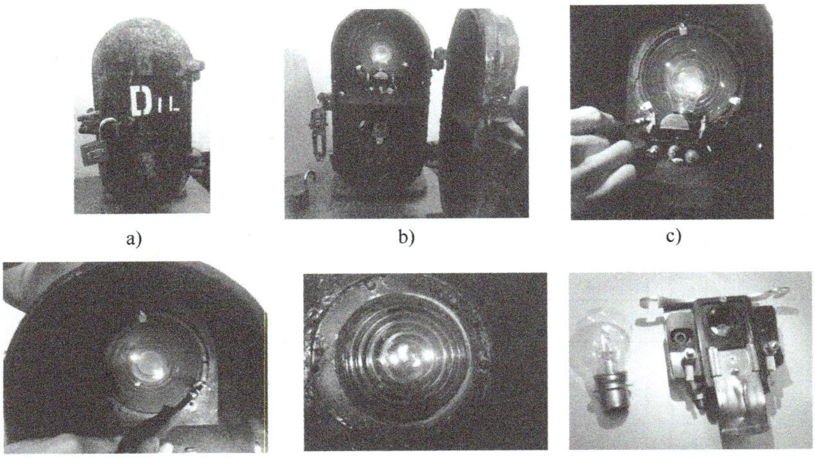

a) b) c)

d) e) f)

图 3-19　透镜式色灯信号机构拆卸图

5）拉开灯座上的金属片，可以卸下灯泡，重新固定灯泡时注意按压金属片下的卡簧，才能把灯泡安装牢固，如图 3-19f 所示。

6）放入新灯泡，检查主、副丝转换是否良好。

7）测试新灯泡电压并记录，同时记录灯泡编号。

8）对设备进行复查，关闭机构门，按规定进行加锁。

（2）LED 色灯信号机构的拆卸

1）拆去遮檐后，再拆去前面的四个螺钉，如图 3-20a 所示。

2）拆去玻璃压板，取下玻璃，如图 3-20b 所示。

3）从灯箱后面取出光源，如图 3-20c、d 所示。

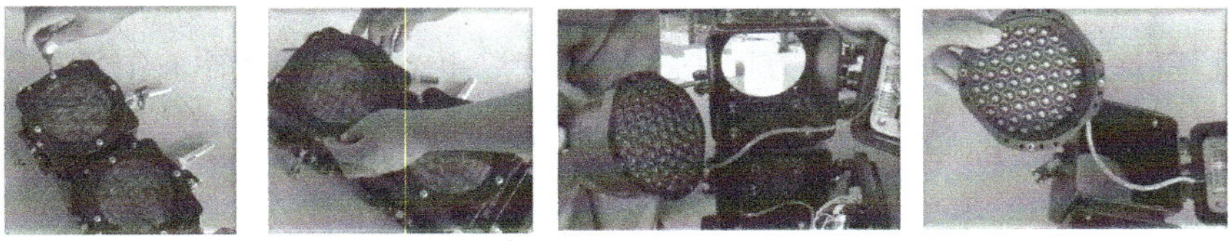

a) b) c) d)

图 3-20　LED 色灯信号机构拆卸图

4. 销记汇报

1）作业完毕，作业人员按照作业前的《工具、材料检查登记表》进行销记，确认无工具、材料遗漏。

2）室外作业人员向驻站联络员汇报作业完毕，由驻站联络员会同车站值班员确认设备良好后，通知工作人员撤离。

3）驻站联络员在确认工作人员撤离到安全地点后，办理销记。

4）作业完毕，工长组织召开碰头会，作业人员汇报任务完成情况和设备质量情况，工长填写《工作日志》，并安排待修缺点的克服计划。

三、注意事项

1）注意选取合适的工具，能够正确使用。

2）注意设备及人身安全。

任务二 信号机的安装

一、器材工具

信号机基础、信号机构、机柱、信号工及钳工常用工具、大绳、木方、撬棍、绞车、手推车或单轨车、铁锹等，必要时携带相应标准及图纸。

二、任务实施

1. 要点登记等准备工作

2. 相关信号机安装标准识读

各种基础或支持物无影响强度的裂纹，安设稳固，其倾斜限度不得超过10mm，高柱信号机机柱的倾斜限度不超过36mm，测量方法如图3-21所示。

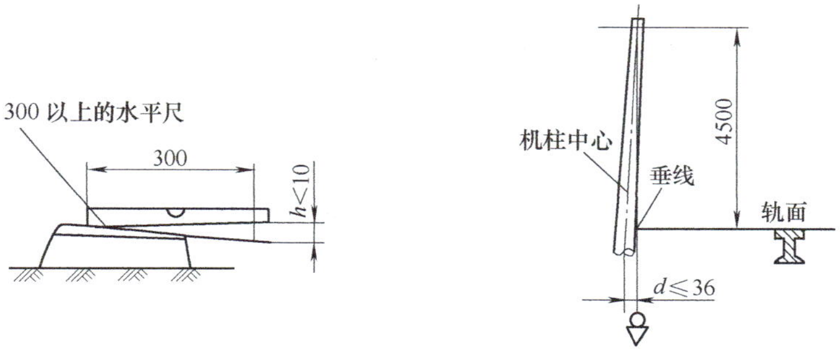

图3-21 信号机机柱倾斜度测量方法

各种信号设备的安装、装配及机械部分，均应符合下列要求：

1）材料、配件的规格、材质、强度应符合规定标准，安装牢固，零件齐全无裂纹、破损，铆钉不活动，焊口无开焊。当力学性能达不到规定标准时，不得继续使用。

2）螺钉不滑扣，螺母须拧固，螺杆应伸出螺母外，最少与螺母平，不锈蚀，弹簧垫圈等防松配件能起到应有的作用；开口销劈开角度应大于60°，两臂劈开角度应基本一致。

3）机械活动部分动作灵活互不卡阻，旷动量不超限，弹簧弹力要适当，并起到应有的作用。

4）各种连接杆整体、局部锈蚀或磨耗，不得影响力学性能，锈蚀或磨耗减少量不得

超过 $\frac{1}{10}$。

5）轴孔、销子孔、摩擦滑动面及调整用螺纹等，应保持清洁、油润（用铅粉作润滑者除外）、无锈。

6）各种冷、热压零件及机件中的键不得活动和窜出。

3. 信号机施工作业过程及要求

（1）水泥机柱及基础的搬运和检查 按《铁路信号维护规则 技术标准》的要求，水泥信号机柱不得有裂通圆周的裂纹，裂纹超过半周的应采取加固措施；钢筋不得外露。机柱顶端须封闭不进雨雪。

（2）组装机构及涂油

1）机构组装前，先将遮檐、背板等零部件涂以黑色、无光泽油漆，同时透镜组通过激光检查合格后方可组装。

2）机构组装时，先安装遮檐再安装背板，方法是将背板凸面朝前方，上下沿对齐，背板要求面平并与显示方向垂直，没有弯曲现象，各部螺母应紧固，按使用部位将有色玻璃调整好，如图 3-22 所示。

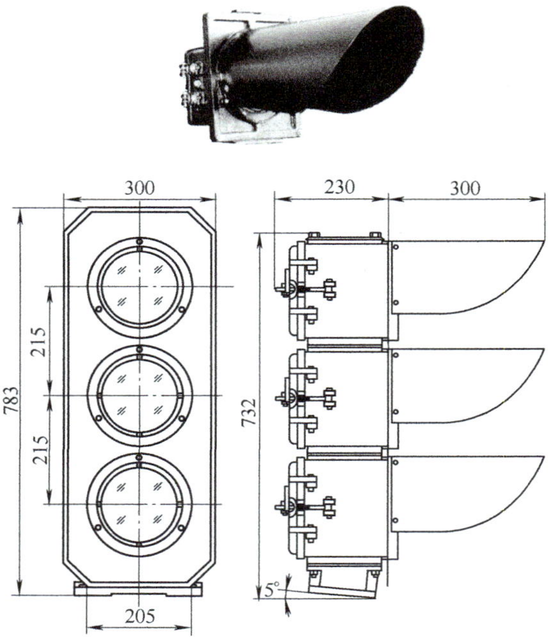

图 3-22 信号机机构组装图

3）机构涂以黑色、无光泽油漆，涂油前应将机构上的灰尘擦干净，有螺纹、活动和镀铸的地方不准涂油，油漆涂的均匀避免成堆，不准涂在玻璃上，涂完前面再涂后面。

（3）挖信号机柱坑

1）挖坑前，核对坑的坐标位置、限界要求正确后再挖坑。

2）挖信号机基础坑。坑中心应正对所属线路绝缘节中心，但轨道变压器箱与信号机设在同侧时，应将信号机向其显示方向移动 1m，坑应挖的方正底平。矮柱信号机基础坑的大小为：深度，从钢轨顶面算起，单基础坑深度为 850mm ± 50mm，双机构坑为 750mm ± 50mm；长和宽应根据基础尺寸适当增大，以便于安装。

3）水泥信号机柱的埋设深度为柱长的 20%，但不得大于 2m。

（4）立起信号机柱

1）立柱前准备工作如下：再次检查机柱质量，符合规定才可下坑安装；核对机柱坑的位置和深度是否符合要求；把底盘置于坑内放平；在适当的位置将绞车固定牢固，把大绳绑在机柱头部的适当位置；固定好叉杆；人员分工明确并随时听从指挥。

2）开始立柱，指挥者站在坑边，手把住滑板，指挥其他人员摇绞车、扶叉杆、拽大绳等，如图3-23所示。

3）机柱立起后，应旋转机柱，检查并调整机柱上的电线引入孔方向。在机柱拨正并垂直地面后，向信号机础坑内添土，并分层夯实。并按规定安装卡盘，继续回填土并捣固，卡盘的埋深应符合安装标准和设计要求。机柱周围应夯实，并硬面化。符合规定后再拆绳，并注意测量机柱倾斜度应满足要求。

（5）立梯子

1）准备工作。将组装好的梯子对着机柱放好，并分开放置卡箍，分别将两条大绳绑在梯子上部横筋处，大绳沿卡箍分开旋转，一边一条。

2）开始立梯子。指挥人员站在机柱前指挥，两人扶好梯子，两边拽大绳；当梯子立起成45°角时，一人踩住梯子座不让梯子移动，在梯子立起靠住机柱后，先紧固好下部第一个长箍，然后从下到上依次将长箍按尺寸固定好，然后拆下大绳。

3）信号机梯子中心线与机柱中心线应一致，梯子无过甚弯曲，支架应水平安装。

设在路堤边坡的信号机，如有影响信号机稳固的因素时，应以砌石或围桩加固。当用片石、水泥砂浆砌围时，砌围边缘距信号机柱边缘不小于800mm。

（6）吊装信号机构

1）按照安装图纸将托架自上而下吊装起来。首先将机构各零部件吊上机柱（通过在支柱顶部支三角吊架并安上滑轮实现），各托架均朝着信号显示方向安装，且中心线应一致对齐，托架与线路所成夹角一般为30°，如图3-24所示。

图3-23 信号机立柱图

图3-24 吊装信号机构图

2）自上而下吊装信号机构。用绳索绕机械灯箱绑牢吊装机构，然后将上部固定用的大螺杆穿入圆盘中央孔中，注意机构吊起后不要和机柱相碰，在吊装信号机构时，两个机构上下应成一直线，显示方向要正，不能前后倾斜；同一根信号机柱上安装的信号机构同方向时，各灯位中心应在同一垂线上，固定机构的托架应水平安装；且吊上去后先固定下部的螺钉，再固定下部的螺钉，最后解去大绳。

4. 销记汇报

销记汇报内容同任务一，不再赘述。后面均同。

三、注意事项

1）注意选取合适的工具，能够正确使用。

2）注意设备及人身安全。

任务三　信号机的测试调整

一、器材工具

组合式色灯信号机、透镜式信号机、信号变压器、摇表、万用表及信号工常用工具等。

二、任务实施

1. 要点登记等准备工作

2. 电压及绝缘电阻测试

（1）信号点灯变压器的输入电压测量　用万用表交流250V挡，测量信号变压器一次侧电压即信号点灯变压器的输入电压（I_1、I_2、I_3 的其中两个端子），变压器一次侧、二次侧端子位置如图3-25所示。

（2）信号点灯变压器的输出电压测量　用万用表交流25V挡，测量信号变压器二次侧电压即信号点灯变压器的输出电压，把两只表笔分别接在二次侧有电源引接线的两端子上（图3-25 II_1、II_2、II_3、II_4 其中的两个端子）。

（3）灯泡端电压测量　如图3-26所示，用万用表交流25V挡，必须在信号点灯状态下进行测量，并注意与室内联系配合，开放各种信号显示，依次测量各灯泡的主灯丝电压；人为断开主灯丝回路，切换到副灯丝，重复以上动作，依次测量各灯泡的副灯丝电压，并填入表3-7中。

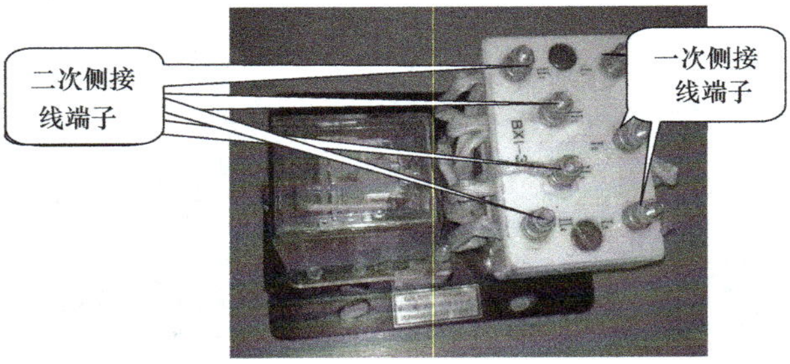

图3-25　信号变压器接线端子

图3-26　灯丝电压测试

表3-7　色灯信号机测量数据表

<table>
<tr><th colspan="2" rowspan="2">测试项目名称</th><th colspan="2">变　压　器</th><th colspan="2">信号灯灯丝</th><th rowspan="2">机构
绝缘电阻</th></tr>
<tr><th>一次侧电压</th><th>二次侧电压</th><th>主灯丝电压</th><th>副灯丝电压</th></tr>
<tr><td rowspan="5">信号机</td><td>红灯</td><td></td><td></td><td></td><td></td><td rowspan="5"></td></tr>
<tr><td>绿灯</td><td></td><td></td><td></td><td></td></tr>
<tr><td>黄灯1</td><td></td><td></td><td></td><td></td></tr>
<tr><td>白</td><td></td><td></td><td></td><td></td></tr>
<tr><td>黄灯2</td><td></td><td></td><td></td><td></td></tr>
</table>

（4）机构绝缘电阻测试　用摇表测试机构绝缘电阻，方法参照项目一中摇表的使用方法。

（5）测试灯丝转换及报警功能　人为断开主灯丝回路，察看能否自动切换到副灯丝回路；人为切断主副灯丝回路，与室内联系配合监督报警信息。

3. 调整灯泡端电压

（1）调整标准　列车色灯信号机灯泡端电压工作范围为额定电压值的 85% ~95%，调车信号机灯泡端电压工作范围为额定电压值的 75% ~85%，容许信号机灯泡端电压工作范围为额定电压值的 65% ~85%。对于不在此工作范围的电压要及时调整。

（2）调整方法　调整信号点灯变压器的二次侧电压即为输出电压，使其符合标准。以 XSLE 型 LED 信号机 R40—105/46 变压器为例，结合输出电压调整表和室外点灯变压器输出电压调整表见表 3-8，出厂时光源接在点灯变压器的 46V 挡。地铁高柱、地铁矮型信号机的 R40 变压器都安装在信号机构的后盖上。

表 3-8　输出电压调整表

输出电压/V	42	43	44	45	46	47	48	49	50	51	52	53	54	55	56
连接端子	79		7－8	7－10		7－8	7－11		7－8	7－12		7－8	7－13		7－8
使用端子	6－8	8－9	6－9	6－8	8－10	6－10	6－8	8－11	6－11	6－8	8－12	6－12	6－8	8－13	6－13

如图 3-27 所示，在信号机点灯变压器输入电源的脚 1 和脚 4 处，用万用表测量其点灯变压器一次侧交流电流，数字应为 128 ~ 135mA，如果信号机距离远使电流偏低应调节点灯变压器的输出电压（出厂时接在 46V 挡）。比如到达信号机脚 1 和脚 4 的电压为 100V，如果输出电压还接在 46V 挡，那么点灯电流偏低，此时应把点灯变压器的输出电压接在 47V 挡，才能确保点灯回路的电流保持在 128 ~ 135mA。

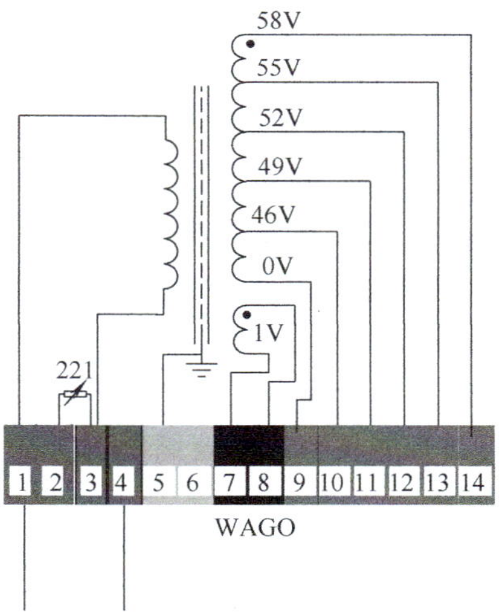

图 3-27　室外点灯变压器 R40-105/46 接线图

三、注意事项

1）注意选取合适的万用表挡位，并能够正确使用，注意摇表的使用。

2）由于各个点灯回路电气特性有差异，所以在测量其他灯泡电压时，不可向红灯的信号变压器一次侧或二次侧借用电源。

3）注意设备及人身安全。

任务四　信号机的日常维护及检修

一、器材工具

色灯信号机、信号变压器、万用表、信号工常用工具及其他作业工具等。

二、任务实施

信号机维护检修包括日常维护和紧急故障处理，其中日常维护包括日常养护和集中检修。现场信号机日常养护一般每月一次，集中检修一般列车每月一次、调车每 3 个月一次，雨后加测。检修作业包括室内测试和室外测试，室外信号机检修又包括外观检查、内部检查及功能测试。当进行集中检修时，当次日常养护取消。

1. 严格按照作业程序，提前做好准备

影响设备的检修必须在天窗修内进行，必要时可提供施工作业计划；且检修前先与车站值班员联系要点、登记；等待调度员下达调度命令后才可进行，且准备工作不能影响设备使用；检修工作结束后，要进行必要的检查试验，设备工作正常后方可离开。

2. 日常养护作业的主要内容

1）信号机构、基础、箱盒外观检查，基础牢固且外观无损伤。

2）检查紧固件及信号锁有无腐蚀，对各部件加油。

3）清扫机构内部、透镜玻璃，如图 3-28 所示。

4）检查设备有无受外界干扰，箱盒有无破损、漏水，加锁是否良好。

5）检查显示情况是否良好。

6）清扫设备环境，保持环境清洁。

3. 集中检修作业内容及标准

（1）室内检修内容 室内信号机电路中继电器的电气特性测试。注意，此为天窗外测试但不影响设备使用。

JZXC-H18：交流电压为 3.2 ~5V；直流电压为 1.5 ~3.5V；电流为 105 ~180mA。

JZXC-H18F、JZXC-H18F1、JJXC-15、JZXC-16/16：电流为 145 ~180mA。

JZXC-H142：电流为 50 ~80mA。

（2）室外检修内容 室外设备长期处于运行工作状态，受天气、雷害等环境因素影响大，相对来说故障率较大，所以检修工作尤为重要。注意，此为天窗外测试但不影响设备使用。

1）检查信号机构、基础、箱盒基础牢固且外观无损伤。

2）清扫机构、透镜玻璃保持干净无污染，清扫机构内部、箱盒，显示良好，显示距离满足要求。

3）清扫周围环境，加锁是否良好，无腐蚀。

4）正线试验主、副灯丝转换及报警，转换正常，报警良好，如图 3-29 所示。

图 3-28 清扫机构内部、透镜玻璃

图 3-29 主、副灯丝转换实验

5）正线试验引导信号，能正常开放。

（3）检修作业标准

1）外观检查。①信号显示距离应符合《技规》第61条规定，同一灯位上的信号机构应保证各灯位显示方向一致。②信号基础无裂纹，没被腐蚀，基础倾斜限度不超10mm，信号机柱倾斜限度不超36mm，信号机号码牌清晰。③信号基础露出地面不超过100mm。④信号机柱引入蛇管无破损，防护作用良好。⑤限界符合规定。⑥基座螺钉紧固，螺栓至少与螺钉平齐。⑦透镜清洁光亮不活动，无进水现象。

2）机构内部检查。如图3-30所示，①机构安装牢固、平直，遮檐紧固、合适，作用良好。②各废孔堵塞严密，不进水，透镜组完好严密，不透尘土。③机构门、盘根密封，作用良好。④接线无磨卡、无破皮，断股数不超过三分之一。⑤端子不松动，双帽、垫圈齐全。⑥灯泡无裂纹、断丝、弯曲、开焊等情况，灯口不旷动，接触良好。⑦灯泡端电压应保持在额定电压。⑧灯丝转换及报警功能良好。

图3-30　检修中的变压器箱

3）检查电缆和外部。①基础完整、无裂纹，无腐蚀，倾斜不超10mm。②盒盖严密，有防尘措施，防尘良好。③端子安装牢固，螺钉、垫圈紧固齐全。④配线不破皮，不卡线，连接良好。⑤电气化区段梯子地线安装牢固。

三、注意事项

1）注意选取合适的工具，并能够正确使用。

2）注意设备及人身安全。

【任务评价】

任务评价单见附录。

【复习与思考】

1. 透镜式色灯信号机由哪几部分组成，各起什么作用？
2. 信号机设置有哪些原则要求？
3. 简述各种信号机的显示意义。
4. LED色灯信号机与传统色灯信号机相比有哪些优点，组成如何？
5. 如何对信号机进行日常维护？
6. 信号机检修作业标准有哪些？
7. XSLE型LED色灯信号机主要技术参数有哪些？
8. 室内信号机电路中继电器的电气特性测试内容及指标？
9. 如何拆卸色灯信号机构？
10. 如何调整灯泡端电压及调整标准是什么？

项目四

转　辙　机

【问题导入】

运行在钢轨上的火车遇见线路出现岔道时要选择直行或拐弯，尤其在车站和区间连接的进、出站区域岔道更多，在铁路钢轨线路分岔处设有可转换的道岔，道岔根据控制中心的控制命令开通直股或弯股，具体谁来执行搬动道岔的艰巨任务，又是谁把道岔搬没搬到正确位置、开通直股还是弯股等信息通知给远方控制中心，这些是本单元来探讨的相关问题。

【学习目标】

1. 知识目标：

（1）理解转辙机的概念及作用。

（2）了解转辙机的基本要求及分类。

（3）掌握 ZD6-A、ZD（J）9、S700K 及 ZYJ7 型转辙机的工作原理、工作参数。

（4）掌握常用转辙机的巡检与检修方法及常见故障处理方法。

2. 能力目标：

（1）会手摇道岔。

（2）能对转辙机进行养护。

（3）会安装、维修常用转辙机。

3. 情感目标：

（1）培养创新意识、培养安全第一的工作作风。

（2）培养学生理论联系实际的良好习惯。

（3）激发学生浓厚的学习兴趣，培养良好的学习习惯和严谨的工作作风及良好的职业道德。

【教学建议】

1. 教学场地：在教室、互联网多媒体教室及信号转辙机实训室中进行，课后可实地参观。

2. 设备要求：至少具有能连接互联网的多媒体教室一个，常用型号信号转辙机及安装装置，至少一套单开道岔，或能放视频投影的设备及课件、视频介绍一套。

3. 教学重点、难点

（1）ZD6 系列转辙机的结构、工作原理及主要部件的作用。

（2）ZD（J）9型、S700K型、ZYJ7型系列转辙机的机构、工作原理及各部件的工作参数。

（3）转辙机的养护及维修。

4. 课时要求：共22课时，其中课堂讲授10课时，模拟操作12课时。

【理论知识】

课题一　道岔转辙设备概述

道岔转辙设备是重要的信号基础设备，负责道岔的转换和锁闭等，是直接关系行车安全的关键设备，对于保证行车安全，提高运输效率，改善行车人员的劳动强度，起着非常重要的作用。这里主要介绍道岔和转辙机。

一、道岔

道岔是轨道的重要组成部分，是机车车辆从一个股道转入或越过另一股道的线路设备。

1. 结构组成

道岔由三部分组成：转辙部分、连接导轨部分和辙叉及护轨部分，如图4-1所示。

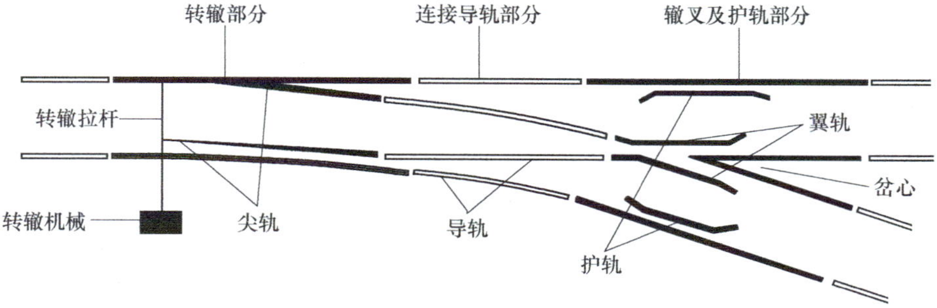

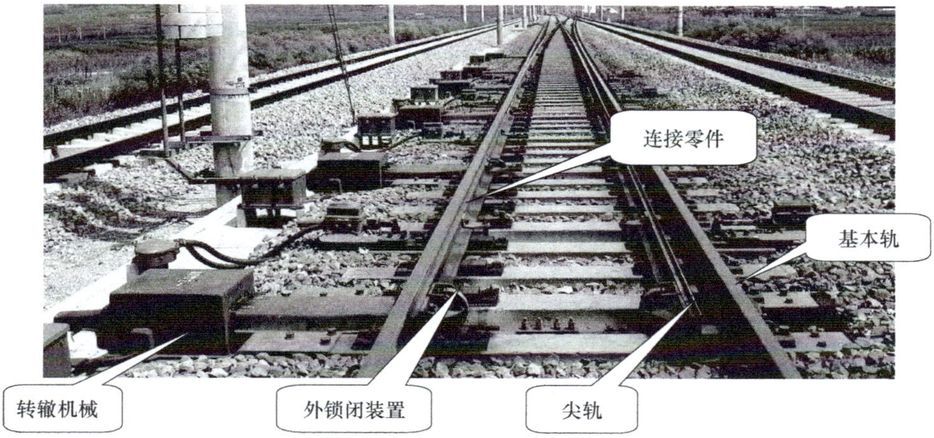

图4-1　道岔结构图

(1) 转辙部分 转辙部分由尖轨、基本轨、连接零件及转辙机械（即转辙机及外锁闭装置等）组成，其中连接零件包括连接杆、滑床板、垫板、轨撑、顶铁、尖轨根端结构等。

(2) 连接导轨部分 连接部分由导轨、基本轨组成，负责连接转辙部分和辙叉部分。

(3) 辙岔及护轨部分 辙岔部分由辙岔心、翼轨和护轨等组成。

2. 分类

(1) 按用途和平面形状分 单开道岔、对称道岔、三开道岔及交叉道岔（图 4-2）四种。其中，单开道岔现场应用较多，它是将一条线路分为两条，如图 4-1 所示，主线为直线方向，侧线由主线向左（右）侧岔出。三开及交叉道岔多用于线路多、站场较复杂的地方。

图 4-2 交叉道岔

(2) 按道岔号数分 7 号、9 号、12 号、18 号及 30 号道岔甚至更大号码的道岔等。

道岔号数又叫辙叉号码，是道岔辙叉角的余切（cot）值，具体地铁线路上哪些位置采用什么型号的道岔，取决于线路的侧向通过最高速度。据此，一般正线上及车辆折返线上采用 9 号道岔，允许线路的侧向通过最高速度为 30 公里/小时；车辆段内一般为 7 号道岔，允许线路的侧向通过最高速度为 25 公里/小时；受地理条件限制等特殊情况下用 12 号、18 号及 30 号道岔，12 号道岔尖轨弹性可弯，允许线路的侧向通过最高速度为 50 公里/小时。

3. 道岔的操纵

有两种方式可以操纵道岔，分别为手动、电动方式。

(1) 手动方式 作业人员通过道岔握柄在现场直接操纵道岔的转换与锁闭，这种方式效率低，劳动强度大。转辙机故障、停电及有关轨道电路故障时用此方法转换与锁闭道岔。用手摇把手摇转辙机，具体方法是，先用钥匙打开遮断器盖，露出手摇把插孔，插入手摇把开始摇动，摇到使道岔转换到所需位置为止，即听到“咔嚓”的落槽声后停止，然后抽出手摇把，此时转辙机电路并没有完全恢复，需由专业电务维修人员打开转辙机机盖，合上安全触点，转辙机电路才恢复正常，多台转辙机牵引的道岔或多动道岔，必须一一摇动各台转辙机使道岔转到所需位置，最后向车站控制室汇报道岔开通位置正确。

(2) 电动方式 电动方式由各类转辙机转换和锁闭道岔，又分为进路操纵和单独操纵两种方式，易于集中操纵，实现自动化。

二、转辙机概述

图 4-3 轨旁转辙机

转辙机是道岔转辙设备的核心和主体，如图 4-3 所示，除转辙机本身外，还包括外锁闭装置（内锁式方式没有）和各类杆件、安装装置，它们共同完成道岔的转换、锁闭和反映道岔所在的位置等功能，是实现车站自动控制及远程控制必不可少的设备。

1. 转辙机的作用

在集中联锁系统中，转辙机接收到命令后带动道岔转换，具体作用如下：

1）根据需要转换道岔的位置至定位或反位。

2）道岔转至所需位置而且密贴后，实现锁闭，防止外力转换道岔。

3）正确地反映道岔的实际位置，道岔的尖轨密贴于基本轨后，给出相应的表示。

4）道岔被挤或因故处于“四开”位置时，及时给出报警及表示。

2. 对转辙机的基本要求

转辙机直接关系到交通运输的安全，因此转辙机的功能和质量必须满足以下基本要求：

1）作为转换装置，应具有足够大的拉力，以带动尖轨作直线往返运动；当尖轨受阻不能运动到底时，应随时通过操纵使尖轨回复原位。

2）作为锁闭装置，当尖轨和基本轨不密贴时，不应进行锁闭；一旦锁闭，应保证不致因车通过道岔时的震动而错误解锁。

3）作为监督装置，应能正确地反映道岔的状态。

4）道岔被挤后，在未修复前不应再使道岔转换。

3. 转辙机的技术要求

1）转辙机的安装应与道岔成垂直，转辙机外壳纵侧面的两端与基本轨或中分线垂直距离的偏差，不大于10mm（外锁闭道岔，不大于5mm）。

2）道岔转换设备的各种杆件及导管等的螺纹部分的内外调整余量应不小于10mm；表示杆的销孔旷量应不大于0.5mm；其余部位的销孔旷量应不大于1mm。

3）列车运行速度大于120km/h的道岔，应采用外锁闭装置和三相交流转辙机；单开可动心轨道岔应采用外锁闭转换装置。

4）多点（两点及以上）牵引的道岔应采用多机牵引方式；多机牵引道岔使用的不同动程的转辙机，应满足道岔同步转换的要求。

5）当发生挤岔时，转换设备（快速转辙机除外）应可靠切断道岔表示。

6）采用电动、电液、电控转辙机牵引的道岔，道岔尖轨与基本轨、心轨与翼轨应密贴。牵引点（分动外锁闭杆处，联动尖轨牵引点工务连接杆处）及密贴检查位置处，尖轨与基本轨、心轨与翼轨在下列情况下应满足的要求：

① 列车运行速度小于120km/h线路上的道岔，单点牵引及多点牵引的第一牵引点，牵引点处有4mm及以上间隙时，道岔不能锁闭和接通道岔表示；多点牵引密贴段的其余各牵引点处有6mm以上空隙时，道岔不能锁闭和接通道岔表示；两牵引点间有10mm及以上缝隙时，道岔不能接通表示。

② 列车运行速度大于120km/h、小于160km/h线路上的道岔，密贴段牵引点处有4mm及其以上间隙时，道岔不能锁闭和接通道岔表示；两牵引点间有10mm及以上缝隙时，道岔不能接通表示。

③ 列车运行速度大于160km/h线路上的道岔，密贴段牵引点处有4mm及其以上间隙时，道岔不能锁闭和接通道岔表示；两牵引点间有5mm及以上缝隙时，道岔不能接通

表示。

7）用于道岔表示冗余系统的密贴检查装置，在第一牵引点处尖轨与基本轨、心轨与翼轨密贴处有 4mm 及以上间隙时，不得接通道岔表示；当尖轨或心轨从密贴位斥离至 5mm 及以上缝隙时，应断开道岔表示。

8）道岔表示电路中应采用反向电压不小于 500V、正向电流不小于 300mA 的整流元件；三相交流转辙机表示电路中应采用反向电压不小于 500V、正向电流不小于 1A 的整流元件。

9）凡用于尖轨、心轨第一牵引点的转辙机，动作杆和表示杆（锁闭表示杆）必须具备锁闭功能。

10）各种类型的转辙机、转换锁闭器或道岔表示及密贴检查装置应符合下列技术要求：

① 能可靠地转换道岔。在尖轨与基本轨密贴后，将道岔锁闭在规定位置，并给出道岔位置的表示。

② 正常转换道岔时，挤切销或保持联接装置应保证不发生挤切或挤脱。当道岔被挤时，同一组道岔上的转辙机或转换锁闭器、密贴检查装置的表示接点必须断开。

③ 安全接点应接触良好。在插入手摇把或钥匙时，安全接点应可靠断开，非经人工恢复不得接通电路。

④ 齿轮装置的各齿轮啮合良好，传动不磨卡，无过大噪声。

⑤ 各种类型的电液转辙机的油路系统不得出现渗漏和堵塞现象。

⑥ 整机密封性能良好，能有效防水、防尘。手摇把孔和钥匙孔处不漏水、不进尘土，机内无积水、无粉尘及杂物。各种零部件无锈蚀。

⑦ 机内配线的接线片和接线端子的螺母无松脱、虚接和滑扣现象。配线的绝缘层无损伤。

4. 转辙机的分类

（1）按动作能源和传动方式分 可分为电动转辙机（ZD）、电动液压转辙机（ZY）。

1）电动转辙机由电动机提供动力，采用机械传动的方式。现场大量使用的 ZD6 系列转辙机和 S700K 型转辙机都是电动转辙机。

2）电动液压转辙机简称电液转辙机，由电动机提供动力，采用高压液力传动的方式。ZY（J）系列转辙机即为电液转辙机。

（2）按供电电源分 可分为直流转辙机和交流转辙机。

1）直流转辙机采用直流电动机，工作电源是直流电。ZD6 系列、ZY 系列电动转辙机就是直流转辙机，由直流 220V 供电。由于存在换向器和电刷，容易产生接触不良等，所以直流电动机易损坏，故障率较高。

2）交流转辙机采用三相交流电源，由三相异步电动机作为动力源。目前有些地铁公司使用的 S700K 型电动转辙机和 ZDJ9 型转辙机均为交流转辙机，采用交流 380V 供电。交流转辙机采用感应式交流电动机，不存在换向器和电刷，因此故障率低。

（3）按锁闭道岔的方式分 可分为内锁闭转辙机和外锁闭转辙机。

1）内锁闭转辙机锁闭道岔尖轨的锁闭装置在转辙机内部，是间接锁闭的方式。大多数转辙机如 ZD6 系列等均采用内锁闭方式。内锁闭方式，结构相对简单，但锁闭可靠程度较差，列车对转辙机的冲击大。

2）外锁闭转辙机虽然内部也有锁闭装置，但主要依靠转辙机外的外锁闭装置锁闭道岔，将密贴尖轨直接锁于基本轨的固定位置，是直接锁闭的方式。如 S700K 型电动转辙机和 ZYJ7 型电液转辙机均采用外锁闭方式。外锁闭方式锁闭可靠，列车对转辙机几乎无冲击，安全可靠。

（4）按是否可挤分　可分为可挤型和不可挤型转辙机。

可挤型转辙机内设有道岔保护（挤切或挤脱）装置，当道岔被挤时，动作杆解锁，保护整机。而不可挤型转辙机当道岔被挤时，挤坏动作杆与整机的连接结构，应整机更换，电动和电液转辙机都有可挤和不可挤型。

5. 转辙机的设置

一组道岔由一台转辙机牵引的称为单机牵引，由两台转辙机牵引的称为双机牵引，由两台以上转辙机牵引的称为多机牵引。通常一组道岔由一台转辙机牵引，如多数地铁正线采用 9 号 AT 道岔，如沈阳地铁站，用 ZDJ-9 型转辙机牵引。而铁路上的 12 号 AT 道岔，尖轨加长且有弹性，需两台转辙机牵引，可动心轨、道岔心轨需单独设置一台转辙机，有的提速道岔需要设置更多转辙机，如图 4-3 所示为多台转辙机牵引的道岔。

6. 道岔的锁闭

道岔的锁闭是把尖轨或可动心轨等可动部分固定在某个开通位置，当列车通过时不受外力作用而改变，按锁闭方式可分为内锁闭和外锁闭。

（1）道岔的内锁闭　“内锁闭”是当道岔由转辙机带动转换至某个特定位置后，在转辙机内部由锁闭齿轮和齿条块进行锁闭，由转辙机动作杆经外部杆件对道岔实现位置固定。例如 ZD6 系列转辙机就是内锁闭方式，由其内部的锁闭齿轮的圆弧面和齿条块的削尖齿“卡住”实现锁闭的。

内锁闭方式结构简单，便于维护，但当列车通过道岔产生冲击时，其冲击力经过杆件将直接作用于转辙机内部，使转辙机部件易于受损，挤切销折断，移位接触器跳开等，危及行车安全，满足不了安全及提速的要求，必须采用外锁闭。

（2）道岔的分动外锁闭

1）分动外锁闭概念。“分动”是指分别动作。当道岔由转辙机带动转换至某个特定位置后，通过本身所依附的锁闭装置，直接把尖轨与基本轨或心轨与翼轨密贴夹紧并固定，称为道岔的外锁闭，即道岔的锁闭主要不是依靠转辙机内部的锁闭装置，而是依靠转辙机外部的锁闭装置实现的。由于外锁闭道岔的两根尖轨之间没有连接杆，在道岔转换过程中，两根尖轨是分别动作的，所以称为分动外锁闭道岔（见图 4-1）。

2）分动外锁闭优点。分动外锁闭两尖轨之间没有连接杆连接，在转换时，一根先动，另一根后动，降低了转换时的起动力矩；外锁闭尖轨与基本轨密贴处实行锁闭，力量大，安全系数高；外锁闭装置一旦进入锁闭状态，当车辆经过道岔时，轮对对尖轨和心轨产生的侧向冲击力基本上不传到转辙机上，即具有隔力作用，有利于延长转辙机及各类转换部件的使用寿命。所以，外锁闭道岔转换设备消除了内锁闭方式的缺陷，满足了列车提速的要求。

7. 钩锁式外锁闭装置

在道岔内锁闭转换设备已经不能适应提速需要的时候，分动外锁闭道岔转换设备应运而生。分动外锁闭安装装置能可靠地锁闭道岔尖轨和基本轨，确保4mm不锁闭功能。在锁闭状态下能牢牢地把尖轨与基本轨锁闭在一起，即使连杆折断，外锁闭仍起锁闭作用。

外锁闭装置先后出现了燕尾式和钩式两种。燕尾式外锁闭装置故障率高，逐渐被淘汰。钩锁式外锁闭装置属于垂直锁闭方式，钩式外锁闭装置受力结构合理，能有效适应道岔尖轨的不良状态，锁闭可靠，安装调整方便。下面探讨钩锁式外锁闭装置。

（1）分类 钩式外锁闭装置分为尖轨用外锁闭装置和可动心轨用外锁闭装置两种。

1）尖轨用外锁闭装置。尖轨用外锁闭装置由锁闭杆、锁钩、锁闭框、尖轨连接铁、锁闭铁、固定螺栓、导向销、调整片及销轴等组成。如图4-4所示，两根尖轨分别动作，密贴尖轨由外锁闭锁住，斥离尖轨的位置被转辙机内部装置锁住，如果转辙机未锁闭，当列车通过时斥离尖轨将会向基本轨方向移动，当移动到一定量时，原密贴尖轨开始解锁，所以在外锁闭装置和转辙机连接并作用良好时，只要将斥离轨固定并锁死，该道岔将无法解锁。

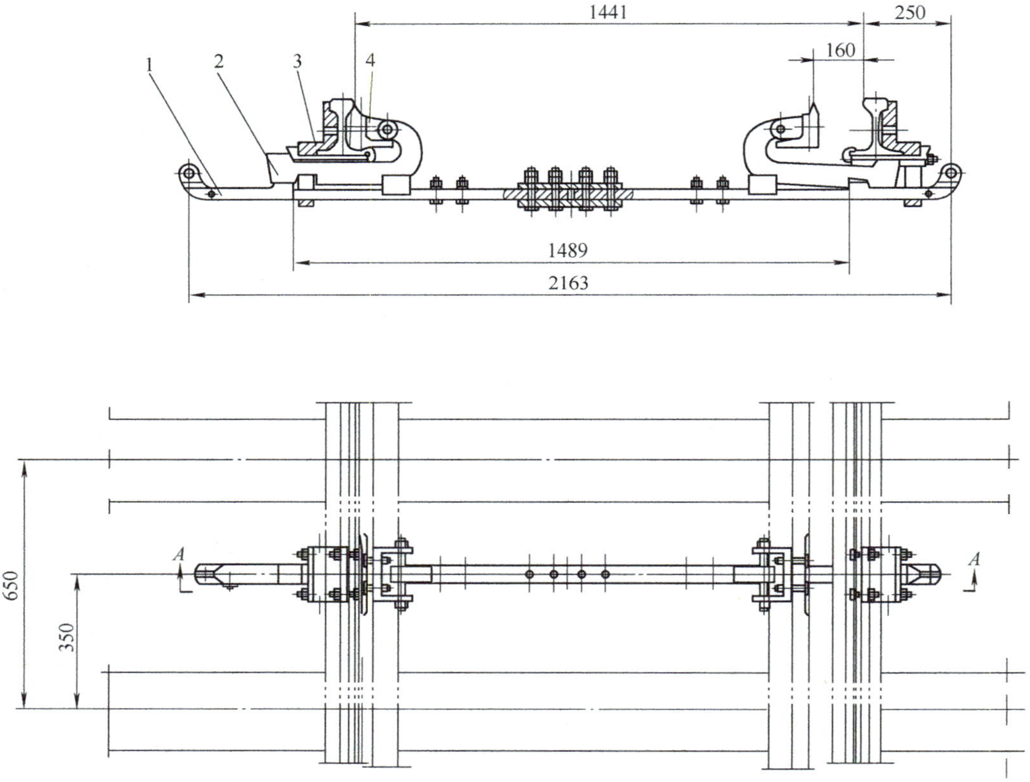

图4-4 钩型外锁闭尖轨部分示意图

1—锁闭杆 2—锁钩 3—锁闭框 4—尖轨连接铁

2）心轨用外锁闭装置。心轨用钩型外锁闭装置包括锁闭杆、左/右锁闭框、锁闭铁、锁钩和插件及紧固件。钩型外锁闭装置心轨部分动作关系如图4-5所示。以第一牵引点为例，钩型外锁闭装置开始转换前，右侧处于锁闭状态，右侧锁闭杆钩的凸合与锁钩有不小于35mm的锁闭量，尖轨与左侧翼轨的开程为101±5mm，如图4-5a所示，开始转换后，在转辙机的带动下，锁闭杆钩向左移动，锁闭杆钩右端的锁闭凸合沿锁钩向左移动，锁闭量逐渐减小，如图4-5b；当锁闭杆钩左端锁闭凸合移动到锁钩的槽内时，道岔处于解锁状态，如图4-5c所示；图4-5d所示为左侧处于锁闭状态。

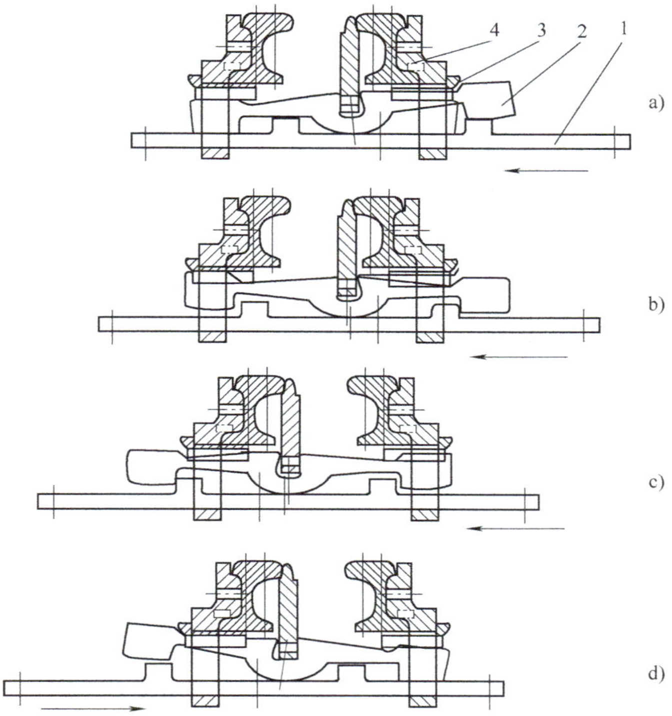

图4-5 钩型外锁闭装置心轨部分动作关系

1—锁闭杆 2—锁钩 3—锁闭铁 4—右锁闭框

（2）分动外锁闭道岔的安装装置 分动外锁闭道岔的安装装置是连接和安装转辙机与表示杆、转辙机与外锁闭装置的器件。包括转辙机托板、动作连接杆、短表示杆、长表示杆、转辙机垫板、下橡胶垫和固定螺栓等，如图4-6所示。

（3）分动外锁闭工作原理 外锁闭装置工作过程分为解锁、转换、锁闭三个阶段。

如图4-7（附彩图）所示，图4-7a为初始状态，以尖轨第一点为例，钩型外锁闭装置开始转换前，左侧处于锁闭状态，开始转换后，在转辙机的带动下，锁闭杆向右移动，锁闭杆左端的锁闭凸合带动锁钩向右移动，锁闭量逐渐减小；锁闭杆右端的锁闭凸合带动锁钩向右移动，道岔开程逐渐减小，如图4-7b所示，当锁闭杆左端锁闭凸合移动至锁钩的槽内时，道岔处于解锁状态，如图4-7c所示。锁闭杆开始带动两尖轨同时向右移动，如图4-7d所示，移动到右侧尖轨与基本轨密贴后，锁闭杆右端的锁闭凸合从锁钩的槽中滑出，并抬起锁钩的尾部，使其沿锁闭块的斜面上移，开始锁闭动作，如图4-7e所示，继续向右移动至右侧有足够的锁闭量，左侧有足够的开程，转辙机转换结束，如图4-7f所示。

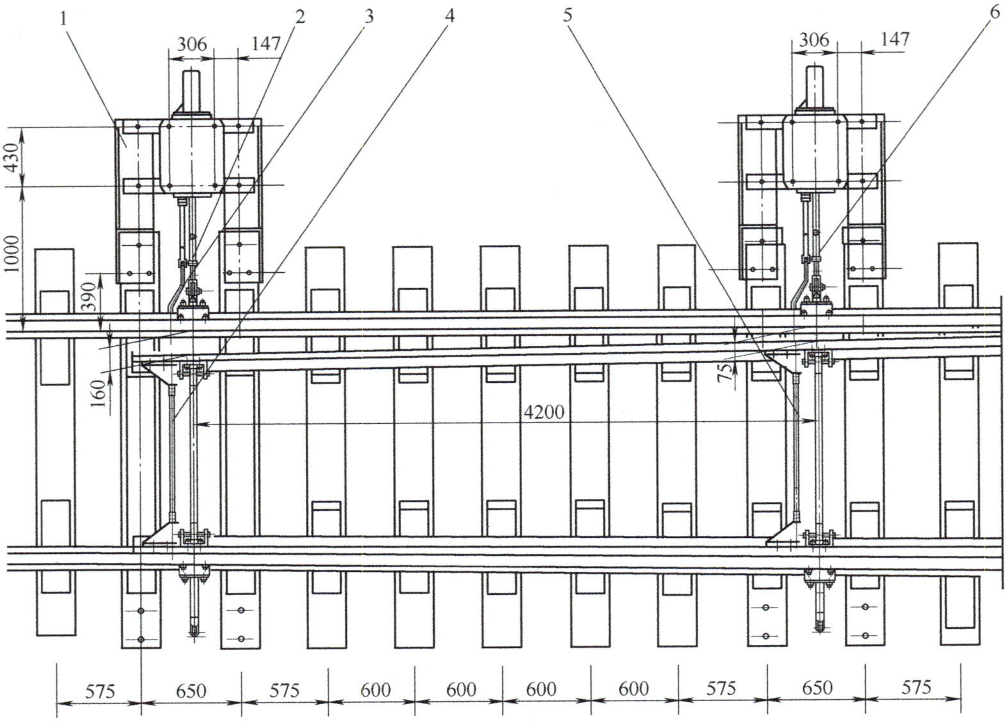

图 4-6　分动外锁闭道岔的安装装置

1—转辙机托板　2、6—动作连接杆　3—短表示杆　4、5—长表示杆

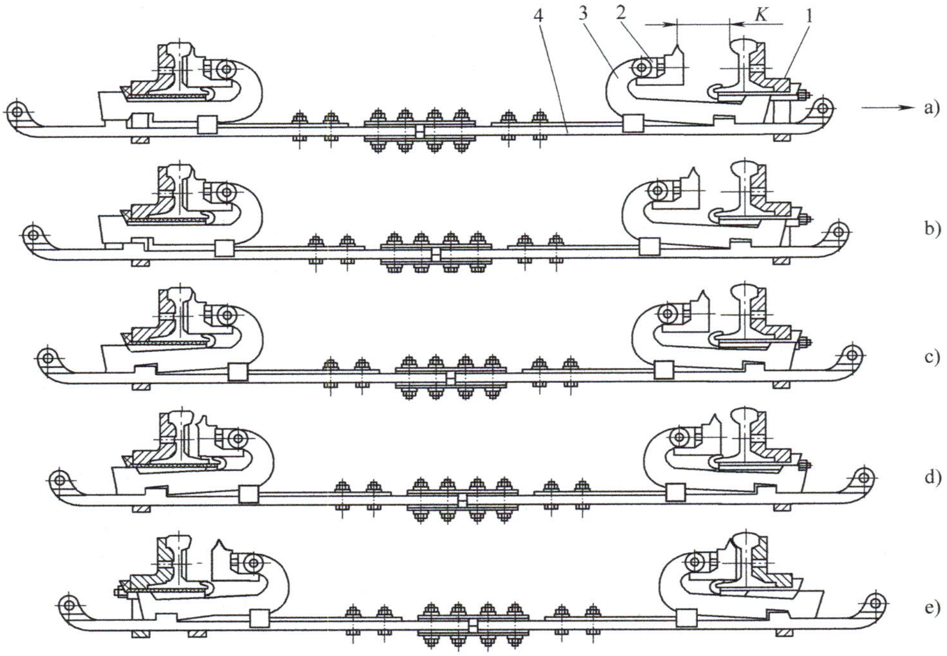

图 4-7　钩型外锁闭装置工作原理图

1—锁闭框　2—尖轨连接铁　3—锁钩　4—锁闭杆　*K*—道岔开程

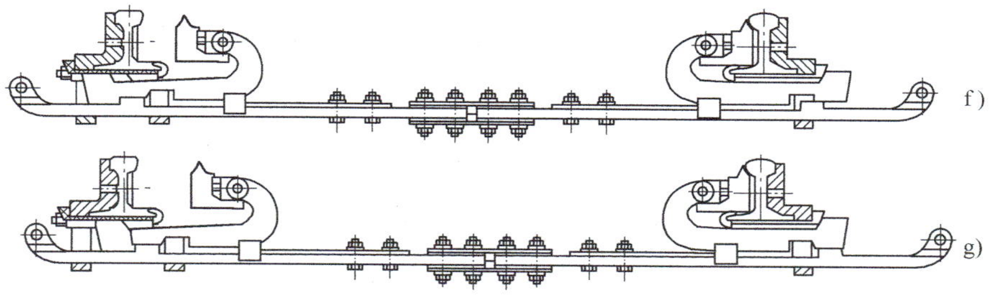

图 4-7　钩型外锁闭装置工作原理图（续）

1—锁闭框　2—尖轨连接铁　3—锁钩　4—锁闭杆　*K*—道岔开程

具体工作过程分解如下：

初始状态，如图 4-8 所示，左侧密贴尖轨处于锁闭状态，右侧斥离尖轨与基本轨保持要求的开口，此时左侧锁闭杆与锁钩有不小于 35mm 的锁闭量，右侧的尖轨与基本轨的开程为 160 ± 5mm，密贴尖轨锁钩同时被锁闭铁和锁闭杆卡住不能落下，斥离尖轨锁钩的缺口卡在锁闭杆的凸起处不能移动，从而保持斥离尖轨与基本轨的开口基本不变。

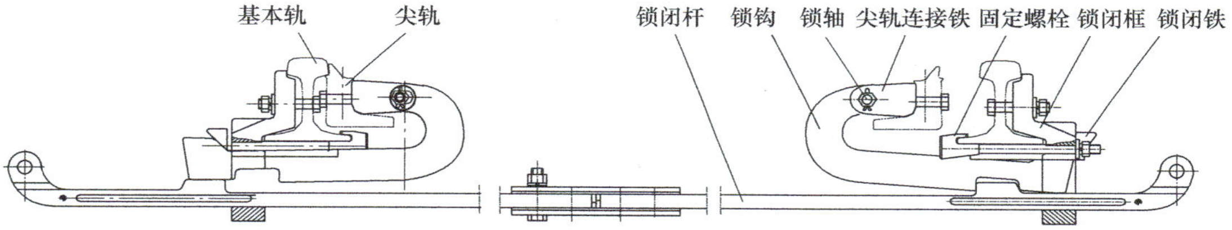

图 4-8　外锁闭装置初始锁闭状态

解锁状态，如图 4-9 所示，锁闭杆向右移动，斥离尖轨向密贴位移动，同时密贴尖轨处锁闭杆相对锁钩移动，当锁闭杆凸起与密贴尖轨锁钩缺口对齐时，锁钩落下卡在锁闭杆凸起内，尖轨与基本轨解锁；锁闭杆继续向右移动，通过锁钩带动斥离尖轨和密贴尖轨同步向右移动。

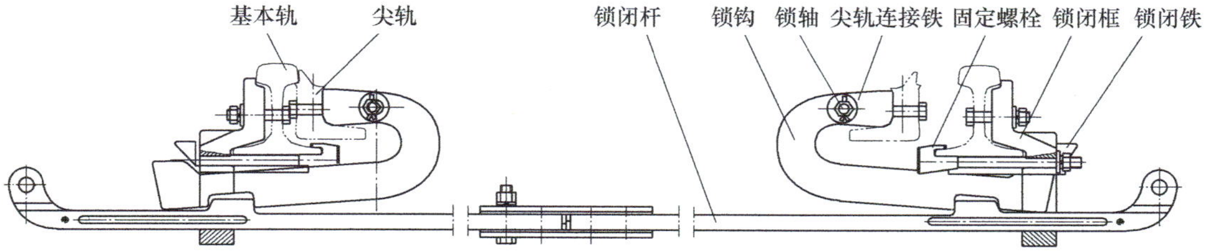

图 4-9　外锁闭装置初始解锁状态

锁闭过程，当锁闭杆带动道岔转换至右侧尖轨与基本轨密贴时（图 4-10），开始进入锁闭过程；锁闭杆继续向右移动，右侧锁钩沿锁闭杆斜面向上爬起，当锁钩升至锁闭杆凸起顶面时，进入锁闭状态（图 4-11），锁闭状态时，同时左侧尖轨继续向右移动至要求开口，完成转换过程，实现锁闭。

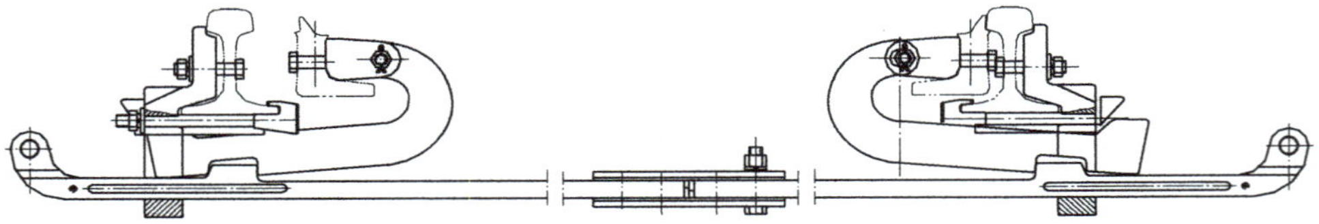

图 4-10　外锁闭装置转换过程

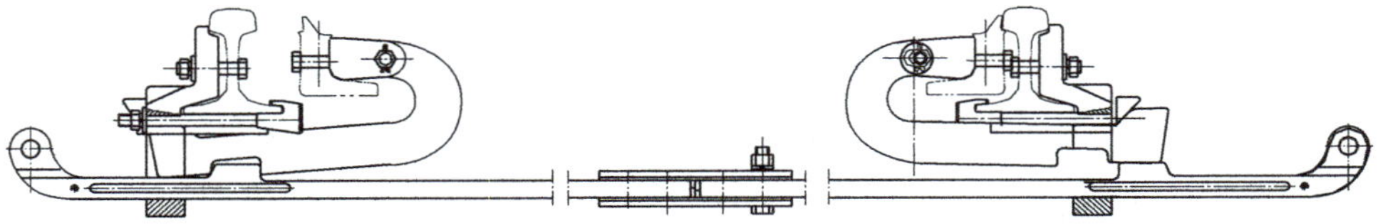

图 4-11　外锁闭装置转换完成锁闭状态

（4）分动外锁闭道岔转换设备的特点

1）改变了传统的框架式结构，使尖轨的整体刚性大幅度下降。

2）尖轨分动后，转换起动力小，而且一根尖轨的变形不影响另一根尖轨，由此造成的反弹、抗劲等转换阻力均减小很多。

3）两根分动尖轨在外锁闭装置作用下，无论是在起动解锁，还是密贴锁闭过程中，所需的转换力均较小，避开了两根尖轨最大反弹力的叠加时刻。

4）同时承担两根尖轨弹性力的过程是在密贴尖轨解锁以后到斥离尖轨锁闭以前这一较短的时间内，而此时正是电动机功率输出的最佳时刻，使电气特性和机械特性得到良好的匹配。

5）外锁闭装置一旦进入锁闭状态，当车辆通过道岔时，轮对对尖轨和心轨产生的侧向冲击力基本上不传到转辙机上，即有隔力作用，有利于延长转辙机及各类转换部件的使用寿命。

6）由于两根尖轨间无连接杆，所以密贴尖轨很难在外力作用下与基本轨分离，非常安全。

7）由于密贴尖轨与基本轨之间由外锁闭装置固定，克服了内锁闭道岔靠杆件推力或拉力使尖轨与基本轨密贴易造成4mm失效的较大缺陷。

8）分动外锁闭道岔尖轨转换采用分动方式，设多个牵引点（9号和12号提速道岔两个牵引点，18号提速道岔三个牵引点，30号和38号道岔六个牵引点），做到尖轨全程密贴，以防止尖轨反弹。还做到多点检查尖轨密贴情况。可动心轨也采用多点牵引（12号、18号两点牵引，30号、38号三点牵引）。

其结构简单，安装方便，动作灵活，4mm不锁闭容易实现；取消了道岔Y形接头拉板，解决了拉板松动的问题；心轨可以在锁钩槽内自由伸缩，使心轨的爬行不影响外锁闭装置的锁闭，但锁钩较长，对生产工艺要求较高。

课题二　ZD6 系列电动转辙机

ZD6系列是我国城市轨道交通中使用最广泛的电动转辙机，已经形成系列，包括A、

B、C、D、E、F、G、H、J、K 等派生型号（B、C 型已不生产），ZD6 系列电动转辙机采用内锁闭方式，适用于牵引 43kg/m、50kg/m、50kg/m AT 单开道岔，43kg/m 9 号对称道岔。

一、ZD6-A 型转辙机

ZD6-A 型是 ZD6 系列转辙机的基本型，其他型号 ZD6 系列转辙机都是 ZD6-A 型的派生型。故以 ZD6-A 型转辙机为例进行介绍，如图 4-12 所示。

a)　　b)

图 4-12　ZD6-A 型转辙机实物图

a）安装现场的带防护罩的转辙机　b）转辙机内部图

1. 命名规则

ZD6 系列电动转辙机命名规则如下：

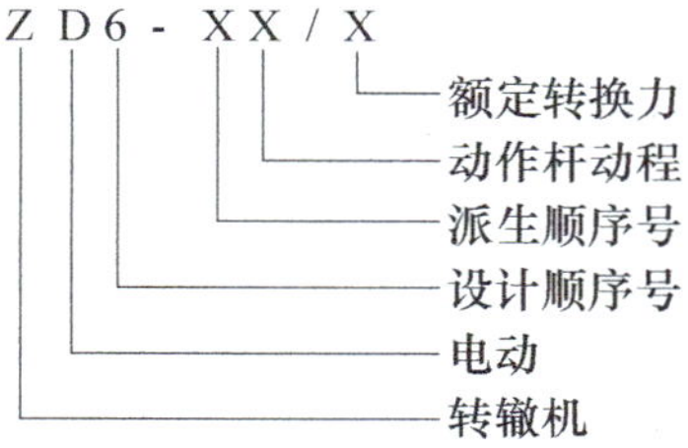

2. 工作环境

大气压力不低于 70kPa（海拔高度不超过 3000m）；周围空气温度为 -40 ~ 70℃；周围空气相对湿度不大于 90%（25℃）；周围环境无可能引起爆炸危险的有害气体、粉尘，或腐蚀金属的有害气体，或破坏电气绝缘的有害气体、粉尘等。

3. 构成

ZD6-A 型转辙机由电动机、减速器、自动开闭器、主轴、动作杆、表示杆（或锁闭杆）、移位接触器（ZD6-E 型目前不配）、底壳、机盖等九大部分组成，这些部件都可单独拆卸，互不影响，这样非常有利于检修，如图 4-13 所示，具体如下：

（1）电动机　电动机为转辙机提供动力，采用直流串励电动机。

（2）减速器　减速器降低转速以换取足够的转矩，并完成传动，由第一级齿轮、第二级行星传动式减速器组成。

（3）摩擦联接器　摩擦联接器用弹簧和摩擦制动板组成输出轴与主轴之间的摩擦联接，以防止道岔转换过程中尖轨受阻时损坏机件，能够保护电动机，如图 4-14 所示。

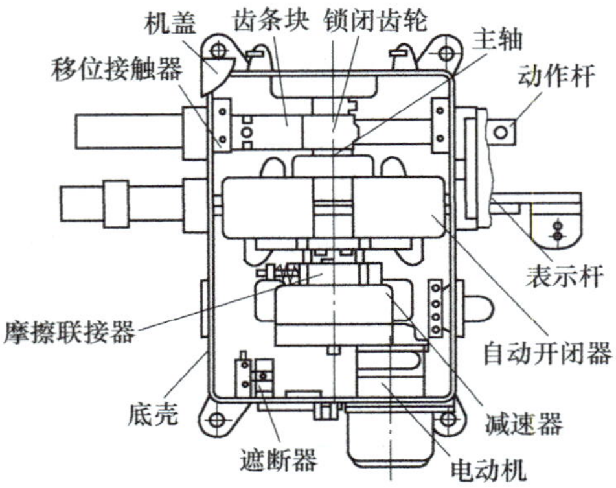

图 4-13　ZD6-A 型电动转辙机结构图

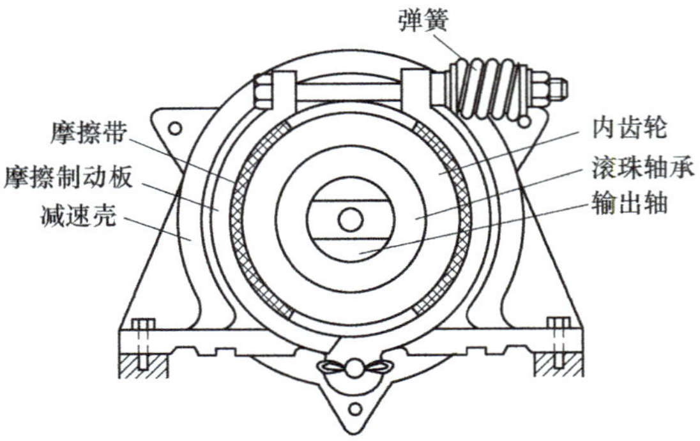

图 4-14　摩擦联接器结构图

(4) 主轴组　主轴上装有锁闭齿轮、止挡栓、主轴套等零件及轴承、挡圈等标准件，它通过起动片与减速器输出轴相连接，又通过其上花键与锁闭齿轮及止挡栓相连接。这样锁闭齿轮及止挡栓随主轴一同转动，锁闭齿轮与齿条块啮合，完成机械的解锁、转换、锁闭，止挡栓限制锁闭齿轮的惯性转动，防止锁闭结束后锁闭齿轮继续转动。主轴组实物图如图 4-15 所示。

图 4-15　主轴组实物图

(5) 齿条块与动作杆　如图 4-16 所示，动作杆穿在齿条块组中，通过挤切销相连，主轴上的转矩通过锁闭齿轮及齿条块的啮合转化为直向的拉力矩、推力矩。当动作杆受力超过预定值时，挤切销发生塑性变形，直至断裂，动作杆与齿条块分离，避免机件损坏。动作杆上加工有 90°的锥孔，齿条块上的顶杆在弹簧压力下置于锥孔内，当动作杆和齿条块有相对位移时，顶杆会在齿条块中向上移动相同距离。

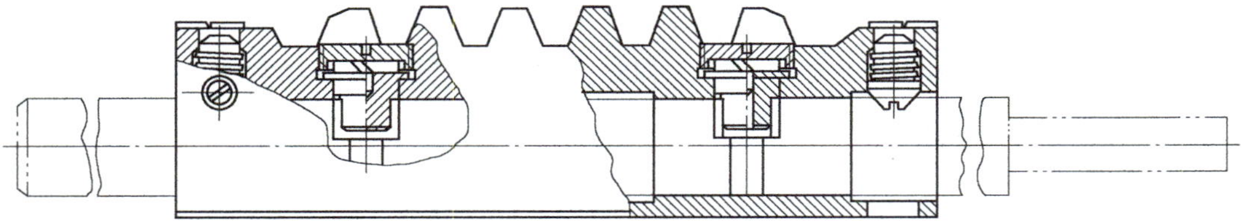

图 4-16　齿条块与动作杆

(6) 表示杆　表示杆由前、后（或上、下层）表示杆以及两个检查块组成。随着尖轨移动，只有当尖轨与基本轨密贴且锁闭后，自动开闭器的检查柱才能落入表示杆的缺口之中，接通表示电路。当道岔发生挤岔故障时，表示杆被推动，顶起检查柱，从而断开表示电路。

(7) 移位接触器　如图 4-17 所示，移位接触器是一个安全装置，它的接点串联在表示电路中，当发生挤岔时用于切断表示电路。

(8) 自动开闭器 自动开闭器由动接点、静接点、速动爪、检查柱组成，通过表示杆与尖轨连接，表示杆随尖轨移动，只有当尖轨与基本轨密贴且锁闭后，才能接通道岔表示电路，断开道岔转换电路，所以自动开闭器也用来表示道岔尖轨所在的位置。

(9) 安全接点 安全接点又叫遮断开关，位于电动机的一侧，在遮断器内，手摇道岔时先断开安全接点，转辙机电路才被断开，用来保证维修安全。

(10) 外壳 外壳用于固定各部件，防止内部器件受机械损坏和雨水、尘土等的侵入。

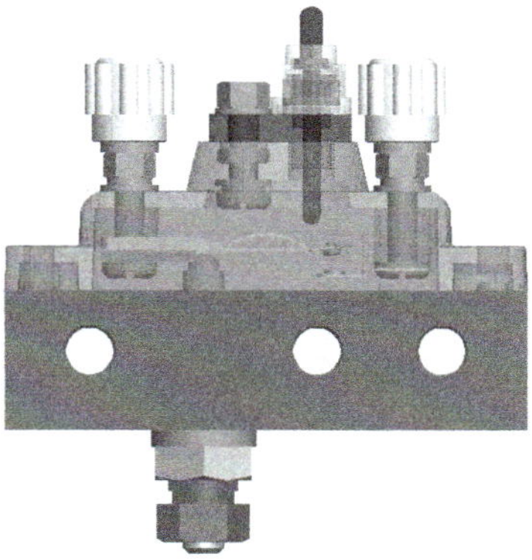

图 4-17 移位接触器

(11) 堵孔板组 ZD6 底壳上设有摇把孔及钥匙孔，堵孔板组用于防护该孔，同时起安全作用。堵孔板组通过开关轴装于底壳上，当扳动时开关轴要转动，开关轴上安装的动接点也转过一定角度断开接点。接点断开后拨扣落下并卡住，只有提起拨扣后堵孔板才可转回。堵孔板上有橡胶密封塞，用于密封钥匙孔和手摇把孔。

另外，设有防尘板用于防护动作杆、表示杆部分，设 20 位插接组用于机内外电缆连接。

4. 各主要部件作用及传动原理

(1) 电动机 如图 4-18 所示，电动机是转辙机动力源，对电动机有如下要求：

1）为获得必要的转矩和转速，要求具有足够的功率。额定转矩为 0.88N·m，转速大于 2350r/min。维护中要注意电刷处的清洁。在额定电压、额定负载下换向器不产生有害火花。电机各部分应注意干燥及绝缘。

2）电动机要有较大的起动转矩，以克服尖轨与滑床板之间的静摩擦。

3）道岔需要定、反位转换，要求电动机能够逆转。通过改变定子绕组或电枢（转子）中的电流方向来实现。两个定子绕组通过公共端子分别与转子的绕组串联。

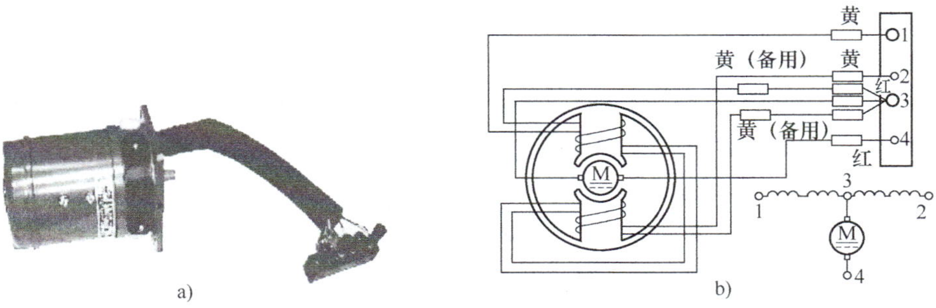

图 4-18 电动机

a）实物图 b）接线图

4）额定电压为 160V；额定电流为 2.0A，摩擦电流为 2.3～2.9A；额定转速为 2400r/min；额定转矩为 0.8826N·m，单定子工作电阻为（2.85±0.14）×2Ω，刷间总电阻为 4.9±0.245Ω。

（2）减速器

1）作用。为了得到足够的转矩来转换道岔，必须经过减速，要求将电动机的旋转速度由一般的每分钟2000转以上降到符合要求的转速。

2）组成。行星减速器如图4-19所示，内齿轮里装有外齿轮，行星减速器中内齿轮靠摩擦联接器的摩擦作用“固定”在减速器壳内。外齿轮通过滚动的轴承装在偏心的轴套上。偏心轴套用键又固定在输入轴上。外齿轮上有八个圆孔，每孔插入一根套有滚套的滚棒。八根滚棒固定在输出轴的输出圆盘上，其由两级组成：第一级小齿轮带动大齿轮，减速比为103∶27，第二级为行星传动式，减速比为41∶1，总的减速比为156.4∶1。

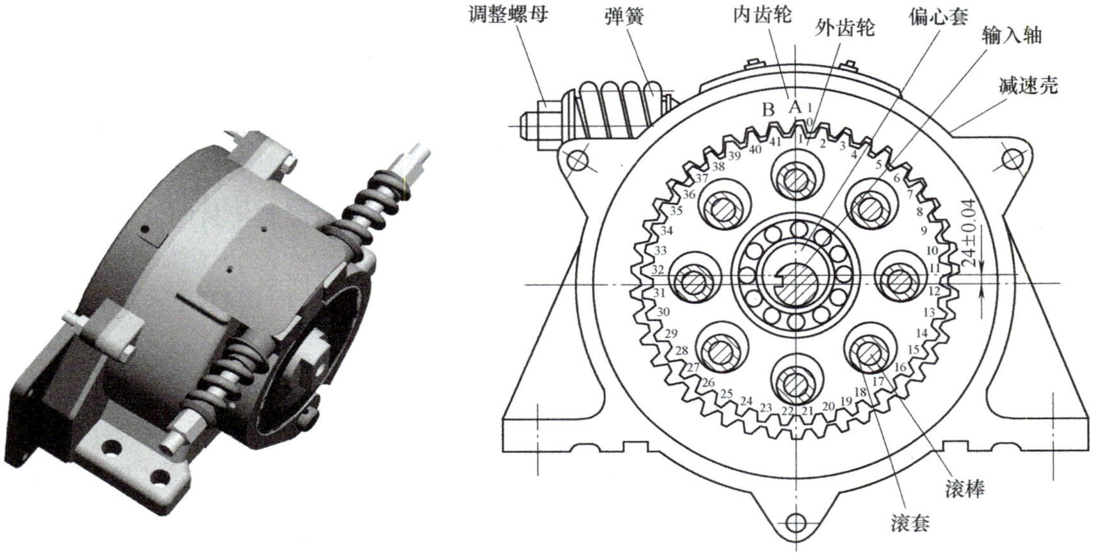

图4-19 行星传动式减速

a）实物图 b）原理图

3）动作原理。第一级是以小齿轮带动大齿轮，与常见的自行车动作原理类似。这里重点介绍第二级行星减速器动作原理。当外齿轮作摆式旋转时，输出轴就随着旋转。当输入轴随第一级减速齿轮顺时针旋转时，偏心轴套也顺时针旋转，使外齿轮在内齿轮里沿内齿圈作逐齿咬合的偏心运动。外齿轮41齿，内齿轮42齿，两者相差1齿。因此，外齿轮做一周偏心运动时，外齿轮的齿在内齿轮里错位一齿。正常情况下，内齿轮静止不动，迫使外齿轮在一周的偏心运动中反方向旋转一齿的角度。即输入轴顺时针方向旋转41周，外齿轮逆时针方向旋转一周，带动输出轴逆时针方向旋转一周，以达到减速目的。

可见，外齿轮既在输入轴的作用下作偏心运动，又与内齿轮作用下作旋转运动，既有公转，又有自转，类似于地球等行星运动。行星齿轮减速器由于它所占空间小，尽管传动效率低，但电动转辙机多采用此种减速器。

（3）传动装置 传动装置包括减速齿轮、输入轴、减速器、输出轴、起动片、主轴，前面已经介绍过的这里不再赘述。

1）起动片、速动片。起动片是介于减速器与主轴间的传动媒介，它连接输出轴与主轴，利用其正反两面相互垂直成“十”字形的沟槽，在旋转时补偿两轴不同心的误差；同时，还能够对自动开闭器起到控制作用，连接减速器、主轴、自动开闭器的动作。当转辙机动作时起动片与减速器输出轴同时转动，将速动爪抬起，断开表示电路，接通反向工作电路。

起动片转过一定角度且速动爪完全抬起后，起动片上的拨片钉将速动片带动共同转动，转换完成并锁闭后，此时速动爪迅速落入速动片缺口，表示接点迅速接通，转辙机一次动作完成。

2）主轴。主轴带动锁闭齿轮，通过与齿条块配合完成转换和锁闭道岔。需要指出的是，齿轮啮合不良或缺油，减速器在运转中会出现过大噪声或“突突”响声，应及时更换或上油。

（4）转换锁闭装置 转换锁闭装置由锁闭齿轮、齿条块组成。转换锁闭装置将旋转运动变为直线运动，通过动作杆带动道岔的尖轨位移，转换到位后完成内部锁闭。

1）道岔的锁闭。当道岔在定位或反位、尖轨与基本轨密贴时，锁闭齿轮的圆弧正好与齿条块的削尖齿弧面重合，如图4-20所示，这时如果尖轨受到外力要使之移动，或列车经过道岔使齿条块受到水平作用力，这些力只能沿锁闭圆弧的半径方向传给锁闭齿轮，它不会转动，齿条块及固定在其圆孔中的动作杆也不能移动，这样就实现了对道岔的锁闭。

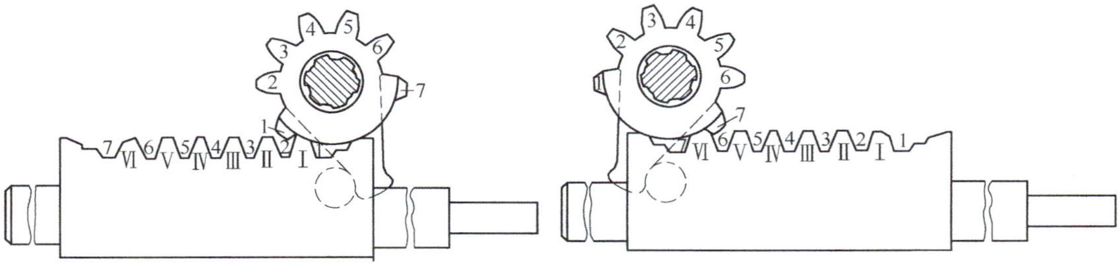

图4-20 转辙机的内锁闭

a）定位锁闭状态 b）反位锁闭状态

2）转辙机的转换。电动转辙机每转换一次，都必须经过严格的动作顺序：切断原表示接点→转辙机解锁→转辙机转换→转辙机锁闭→接通新的表示接点。主要有三个过程，即解锁、转换、锁闭。如图4-20a所示为定位锁闭状态，若要将道岔转至反位具体动作如下：

解锁：电动机必须逆时针旋转，输入轴顺时针旋转，使输出轴逆时针旋转，通过起动片带动主轴及锁闭齿轮做逆时针转动。此时，锁闭齿轮的锁闭圆弧面首先在齿条块的削尖齿上滑退，锁闭齿轮上的起动小齿1从削尖齿Ⅰ旁经过。当主轴旋转32.9°时，锁闭圆弧面全部从削尖齿上滑开，起动小齿1与齿条块齿槽1的右侧接触，解锁动作完成。

转换：随着主轴的运动，起动小齿拨动齿条块，锁闭齿轮带动齿条块移动，即将转动转换为平动。当锁闭齿轮转至306.1°时，齿条块及动作杆向右移动了165mm，使原斥离尖轨转换到位与另一基本轨密贴，由定位转到反位。

锁闭：道岔转换完毕必须进行锁闭，否则齿条块及动作杆在外力作用下（如列车经过时）可倒退，尖轨不能与任一基本轨密贴，造成“四开”，道岔转换完毕后，锁闭齿轮继续转到339°，锁闭齿轮的锁闭小齿7在削尖齿Ⅵ旁经过，锁闭齿轮上的圆弧面与齿条块削尖齿弧面重合，实现了锁闭，此时止挡栓碰到了底壳上的止挡桩，锁闭齿轮停止转动。完成道岔锁闭功能，如图4-20b所示。

3）动作杆。动作杆是转辙机转换道岔的最后执行部件，其一端与道岔的密贴调整杆相连，带动尖轨运动，从而带动道岔定、反位转换。另一端通过挤切削和齿条块联成一体，正常工作时，与它们一起运动。当故障挤岔时，动作杆与齿条块能够迅速脱离联系，保护了机内的部件，其中挤切削分为主销和副销，副销是主销的备件，当由于非挤岔原因主销坏了，副销能代替主销作用。

（5）自动开闭器

1）功能。自动开闭器在电动转辙机中用来反映道岔位置并接通和断开电动机控制电路及表示电路的机构。它在解锁过程中用来切断表示电路，接通准备反向转换的电动机动作电路；在锁闭过程的末了切断电动机的动作电路，检查道岔密贴情况，接通新的表示电路以反映道岔的正确位置。

2）结构组成。自动开闭器由接点部分、动接点块传动部分和控制部分组成。

接点部分：如图4-21所示，接点部分由动接点、静接点、接点座组成。有2排动接点（A、B）、4排静接点（1、2、3、4），站在电动机处观察，编号是自右向左分别为1、2、3、4、5、6排，每排有3组接点（如11和12为一组、13和14为一组、15和16为一组），自上向下顺序编号，例11、12、13、14、15、16。当处于定位状态时，只有第1、3排接点闭合且2、4排接点断开。其中，2、3排接点是表示用，1、4排为动作用。当道岔转换时，先断开表示接点组，最后断开动作接点组。

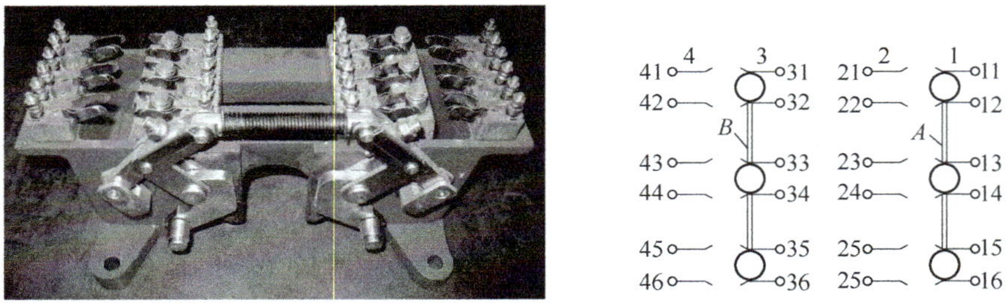

a)　　b)

图4-21　自动开闭器

a）实物图　b）接点组

动接点块传动部分由速动爪、滚轮、接点调整架、连接板、拐轴组成。

控制部分：拉簧、速动片、检查柱在正常转换过程时，对表示杆缺口起到探测作用。道岔不密贴，缺口位置不对，检查柱不会落下，它阻止动接点块的动作，不构成道岔表示电路，挤岔时，检查柱被表示杆顶起，迫使动接点块转向外方，断开表示电路。速动片配合起动片完成解锁和锁闭功能，使速动爪落入其梯形凹槽之中。其中，动接点在静接点片内的接触深度不得小于4mm。动接点与静接点座间隙不小于3mm。

3）动作原理。如图 4-22 所示，自动开闭器接点动作是受起动片和速动片的控制。当输出轴转动时带动起动片转动。速动片由起动片上的拨片钉带动转动。从而将速动爪顶起或到位后落入，带动动接点块的运动。

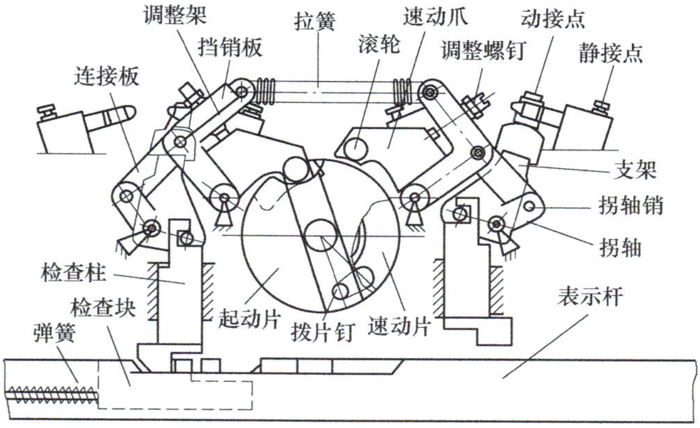

图 4-22　自动开闭器与表示杆的动作关系

(6) 表示杆　如图 4-23 所示，表示杆与道岔的表示连接杆相连，随道岔动作，其主要作用是检查尖轨是否密贴。表示杆在使用前根据道岔实际情况调整好缺口位置及距离，这样，当尖轨不密贴时，自动开闭器中的检查柱不能落入表示杆缺口，接点的转换就不能完成，即新的表示电路不能接通，故障就能得到表示。表示杆由前、后表示杆以及两个检查块组成。前表示杆的前伸端设有连接头，用来和道岔的表示杆相连。后表示杆前端与并紧螺栓相连的是一长孔，所以有 86 ~ 167mm 的调整范围，以满足不同的道岔开程需要。道岔密贴调整杆动作时其空动距离应在 5mm 以上。

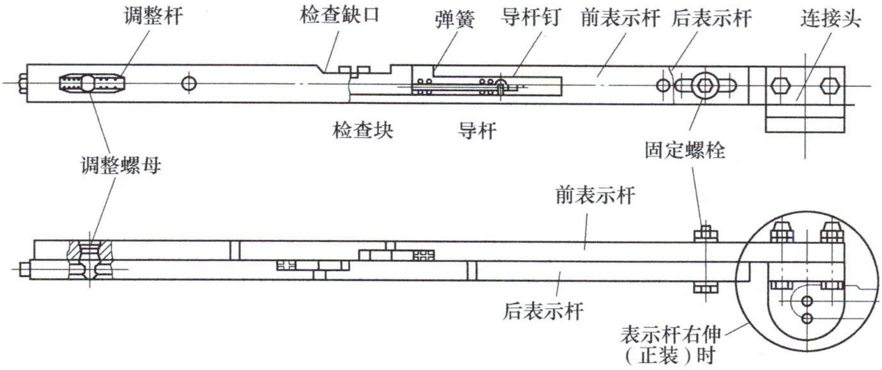

图 4-23　前、后表示杆结构示意图

(7) 摩擦联接器

1）功能。摩擦联接器是保护电动机和吸收转动惯量的联接装置，在正常使用过程中，摩擦联接器可以消耗电动机的惯性，以免内部器件受到撞击或毁坏。在道岔因故转换不到底时，电动机的电路不能断开，或者道岔转换终了，如果电动机突然停转，电动机将会因为电流过大而烧坏，所以通过摩擦联接器，电动机能克服摩擦联接器的压力而空转来调整缓冲。

2）原理。正常情况下，依靠摩擦力，内齿轮反作用于外齿轮，使外齿轮作摆式旋转，带动输出轴转动，使道岔转换。当发生尖轨受阻不能密贴和道岔转换完毕电动机惯性运动的情况时，输出轴不能转动，外齿轮受滚棒阻止而不能自转，但在输入轴的带动下作摆式运动，这样外齿轮对内齿轮产生一个作用力，使内齿轮在摩擦制动板中旋转（摩擦空转），消耗能量，保护电动机和机械传动装置。

摩擦联接器的摩擦力要调整适当，调整过紧会失去摩擦联接作用，损坏电动机和机件，过松则不能正常带动道岔转换。其松紧可以通过调整螺母来实现，调整的标准是，额定摩擦电流应为额定动作电流的 1.3 ~1.5 倍。

(8) 挤切装置 挤切装置包括挤切销和移位接触器，用来进行挤岔保护，并给出挤岔表示。

两挤切销将动作杆与齿条块连成一体。移位接触器是一个安全装置，它的接点串联在表示电路中，当发生挤岔时用于切断表示电路。装配时，顶杆与触头间隙为 1.5mm，挤岔时，若挤岔力大至切断挤切销，则动作杆相对齿条块发生位移，这样道岔与电动转辙机脱离机械连接，使转辙机主要机件和道岔尖轨不致被挤坏；同时，当动作杆与齿条块的位移大于 2.5mm 时，齿条块内的顶杆上升同样距离使移位接触器接点断开，切断表示电路，并且不经人工恢复不会接通电路。移位接触器上的按钮用于排除故障后人工恢复表示电路的。

5. 传动过程

如图 4-24 所示，图中各机件所处的位置是动作杆由右向左移动后的停止状态。为使动作杆向右移动，定位/反位锁闭（初始状态）→解锁→转换→反位/定位锁闭（终止状态），其中手摇圈数 38.6 圈。具体传动过程如下：

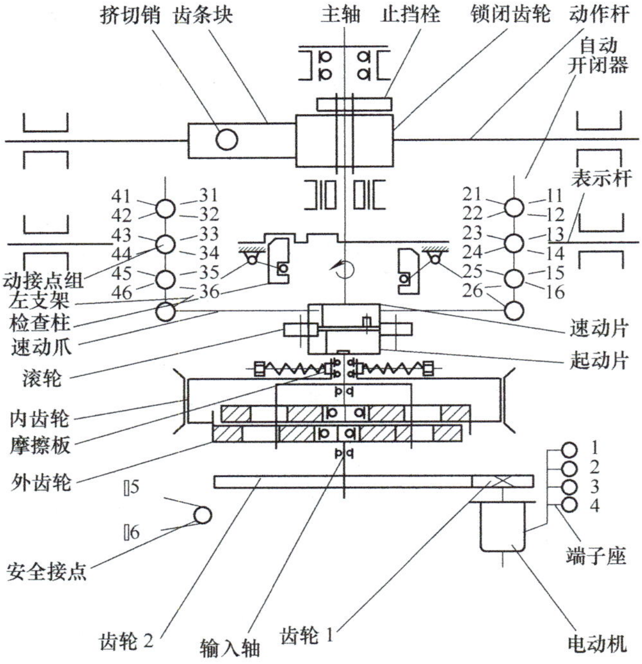

图 4-24 传动原理图

1）来自道岔控制电路的电源，经由自动开闭器的第一排接点接至电动机，从电动机后端看使其按逆时针方向旋转。

2）电动机通过齿轮 1 带动减速器，使输出轴按逆时针方向旋转。

3）输出轴和主轴之间用起动片连接在一起，因此输出轴带动主轴一起旋转。

4）主轴的旋转运动通过锁闭齿轮传给齿条块，变为动作杆的直线运动，实现对道岔的转换和锁闭。

5）自动开闭器支架的摆动，带动自动开闭器的接点转换机构和检查柱，实现对表示电路的控制和道岔的密贴检查。

6）对于可挤型ZD6电动转辙机，当发生挤岔事故时，道岔尖轨向另一侧运动，通过安装装置，推动表示杆、动作杆向与现在所处状态相反的方向运动。表示杆推动检查柱向上运动，切断表示电路；与此同时，动作杆切断挤切销，使顶杆向上运动，顶开移位接触器，也切断表示电路，并实现挤岔报警。

二、ZD6—D型转辙机

为了满足现场重型钢轨和大号道岔的大量上道要求，额定负载2450N的ZD6-A型不能满足要求，于是产生了其他型号的转辙机。A、D、F型可以单机使用，E、J型配套双机使用，其中单机使用时摩擦电流为2.3～2.9A，双机配套使用时摩擦电流为2.0～2.5A。ZD6-D型转辙机结构基本同ZD6-A型，用于牵引50kg/m型、50kg/mAT型、60kg/m型、60kg/mAT型道岔，特点如下：

ZD6-D型转辙机的表示杆对尖轨也有锁闭作用，形成“双锁闭”，具体方法是在表示杆检查块处增加一个副锁闭销，使检查块与表示杆连为一体，随着尖轨的运动当检查块落入缺口时，道岔便被表示杆锁住；当发生挤岔时，副锁闭销被挤断，表示杆挤岔断表示的功能依然存在。

在前表示杆处设有前、中、后三个横穿槽，在前、后表示杆配合时动程可调范围扩大，既能适应普通道岔尖轨动程，又能满足动程需求较大道岔，如可动心轨道岔或复式交分道岔。

三、ZD6系列电动转辙机技术要求

1）道岔尖轨和基本轨间隙与表示缺口间隙之和应不大于7mm。

2）道岔尖轨与基本轨开程普通道岔、AT型道岔及复式交分道岔分别为142～152mm、176～180mm、复式交分道岔心轨开程应大于90mm，可动心轨开程应大于110mm。

3）道岔安装装置中所有开口销角度均大于60°，穿越轨底的各种杆件距离轨底的净距离应大于10mm，距离石碴不小于20mm。

4）ZD6-D、ZD6-J型电动转辙机的主、副挤切销均采用3t挤切销，ZD6-E型电动转辙机主销采用5t挤切销，副销采用9t连接销。ZD6系列电动转辙机的具体情况见表4-1，表中均采用主副杆同时与街头铁连接、双杆同时承担作用力的加强杆表示。

表4-1 ZD6系列电动转辙机的情况

型号	额定电压DC/V	额定转换力/N	动作杆动程/mm	表示杆动程/mm	转换时间/s	工作电流/A	动作杆主、副销抗剪切力/N	表示杆销的抗剪切力/N
ZD6-A165/250	160	2450	165^{+2}_{0}	135～185	≤3.8	≤2.0	主销29420±1961 副销29420±1961	

（续）

型　号	额定电压 DC/V	额定转换力/N	动作杆动程/mm	表示杆动程 /mm	转换时间 /s	工作电流 /A	动作杆主、副销抗剪切力/N	表示杆销的抗剪切力/N
ZD6-D165/350	160	2430	165^{+2}_{0}	135～185	≤5.5	≤2.0	主销 29420±1961 副销 29420±1961	14700～17600
ZD6-E190/600	160	5884	190^{+2}_{0}	140～190	≤9	≤2.0	主销 49033±3266 副销＞88254	固定检查缺口≥2000
ZD6-F130/450	160	4410	130^{+2}_{0}	80～130	≤6.5	≤2.0	主销 29420±1961 副销 49033±3266	14700～17600
ZD6-G165/600	160	5884	165^{+2}_{0}	135～180	≤9	≤2.0	主销 29420±1961 副销 49033±3266	14700～17600
ZD6-H165/350	160	3430	165^{+2}_{0}	80～185	≤5.5	≤2.0	主销 29420±1961 副销 29420±1961	
ZD6-J165/600	160	5884	165^{+2}_{0}	50～130	≤9	≤2.0	主销 29420±1961 副销 29420±1961	
ZD6-K190/350	160	3430	190^{+2}_{0}	80～130	≤7.5	≤2.0	主销 29420±1961 副销 49033±3266	

课题三　ZD（J）9 系列电动转辙机

ZD（J）9 系列电动转辙机是在借鉴国外先进成熟的经验的基础上，结合我国铁路、城轨的实际运行情况优化研制的系列产品，既可以适用于尖轨联动的内锁闭道岔的转换，又可以适用于多点牵引分动外锁闭道岔的转换，目前广泛应用于城市轨道交通信号领域。

一、ZD（J）9 系列电动转辙机的特点

目前，ZD（J）9 系列电动转辙机得到广泛应用，实物如图 4-25 所示。其特点如下：

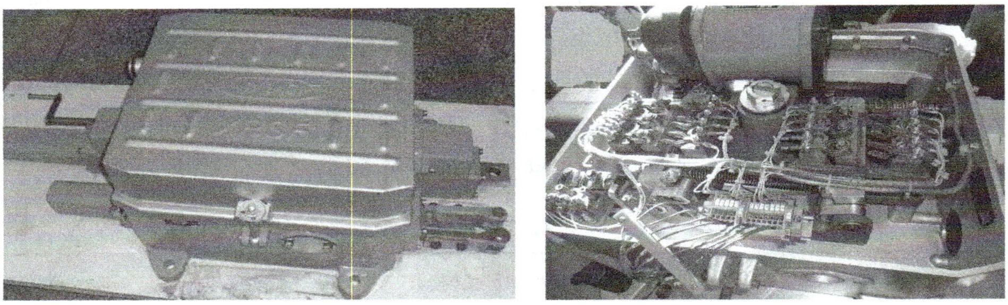

图 4-25　ZD（J）9 型转辙机实物图

1）滚珠丝杠作为驱动传动装置延长其使用寿命，采用滚珠丝杠摩擦力小，减速效率高。

2）交流系列供电电动机采用三相交流380V电动转辙机，故障率低，线路上的电能损失减少，电缆单芯控制距离长。

3）采用铍青铜静接点组和铜钨合金动接点环，接点系统安全可靠。

4）伸出杆件用镀铬防锈，伸出处用聚乙烯堵孔圈和油毛毡防尘圈支撑和防尘。减少维护工作量，转动和滑动面用SF-2复合材料衬套和衬垫。

5）手动操作方法：当故障或停电时，需要手动转动转辙机，具体为先转动手动开关轴，断开安全接点，插入手摇把后手动转动转辙机。

6）既可适用于联动内锁闭道岔，又可适用于分动外锁道岔，既适用于单点牵引，又适用于多点牵引，安装时，既能采用角钢安装，又能采用托板安装。

7）使用环境

ZD（J）9系列电动转辙机的可靠工作条件见表4-2。

表4-2 ZD（J）9系列电动转辙机可靠工作条件

大气压力/kPa	不低于70（海拔高度不超过3000m）
周围空气温度/℃	-40～70
空气相对湿度（%）	不大于90%（25℃）
振动/g	≤21
注意：周围无引起爆炸危险，足以腐蚀金属以及破坏绝缘的有害气体或导电尘埃。	

8）铭牌型号

ZD（J）9系列电动转辙机型号代表的意义如下：

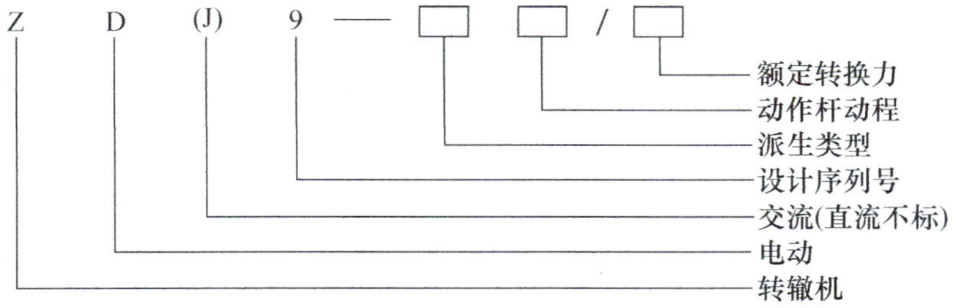

二、ZD（J）9系列电动转辙机的结构

如图4-26和图4-27所示，ZD（J）9型转辙机由底壳、盖、电动机、减速器、摩擦联接器、滚珠丝杠、动作杆、左右锁闭杆、接点组、安全开关组、挤脱器、接线端子等组成。

1. 电动机

（1）交流电动机 采用ZDJ802-4型专用交流电动机，额定输出功率为0.4kW，当电源电压为三相交流380V、单相电阻为54Ω时，额定转矩为2N·m，转速大于或等于1330r/min。

（2）直流电动机 直流电动机的工作参数为，额定电压160V，额定转矩2N·m，转速大于或等于980r/min。

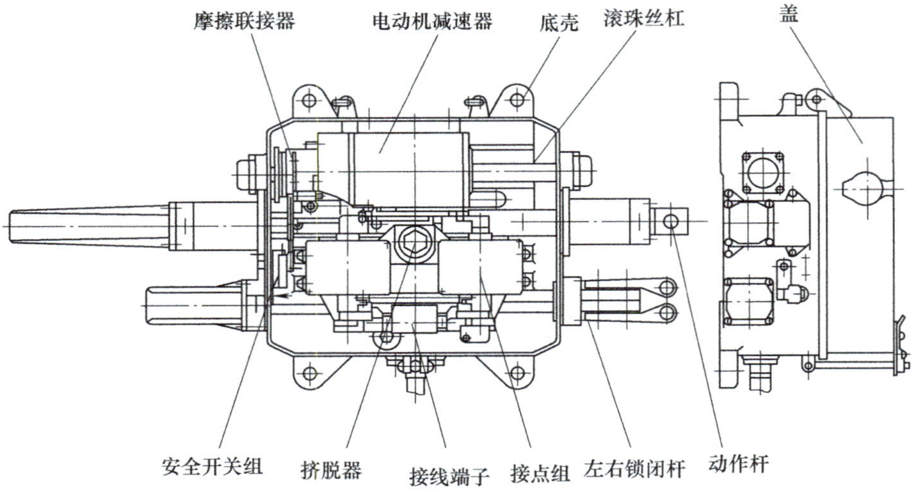

图 4-26　ZD（J）9 系列电动转辙机结构图

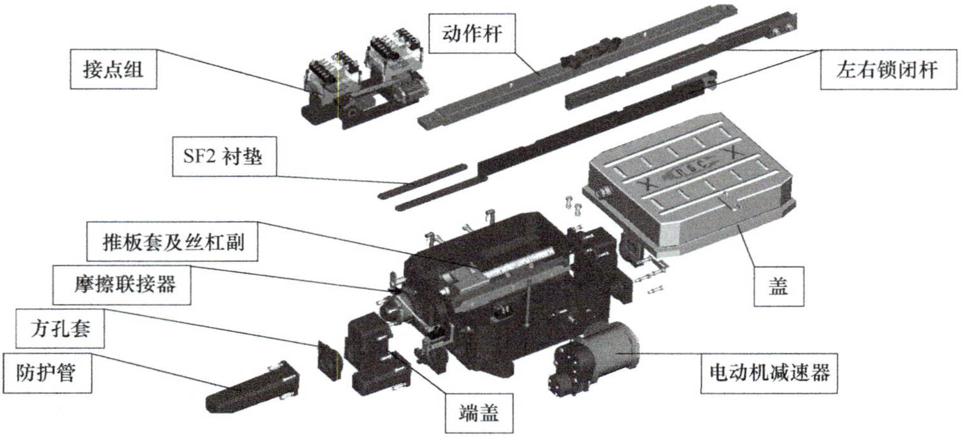

图 4-27　ZD（J）9 系列转辙机分解图

2. 减速器

两级减速，第一级减速器为齿轮减速，第二级减速由滚珠丝杠、螺母和推板套组成，在改变转换力或转换时间时，可以变动减速比，如图 4-28 所示。

1）ZD（J）9-A 型第一级速比为 38∶26，第二级速比为 46∶18，总速比为 3.74∶1。

2）ZD（J）9-B 型第一级速比为 44∶20，第二级速比为 46∶18，总速比 5.63∶1。这是由于双机牵引的道岔要求第二牵引点先动，使得宏观上达到同步，尖轨各牵引点处开程误差要求在 ±3mm 范围内。

3. 滚珠丝杠

滚珠丝杠能将电动机的旋转运动变为直线运动，且起到减速作用，其减速比取决于丝杠的螺距。国产磨削丝杠，直径 32mm、导程 10mm。由于导程大，滚珠也大，故可靠性高，如图 4-29 所示。

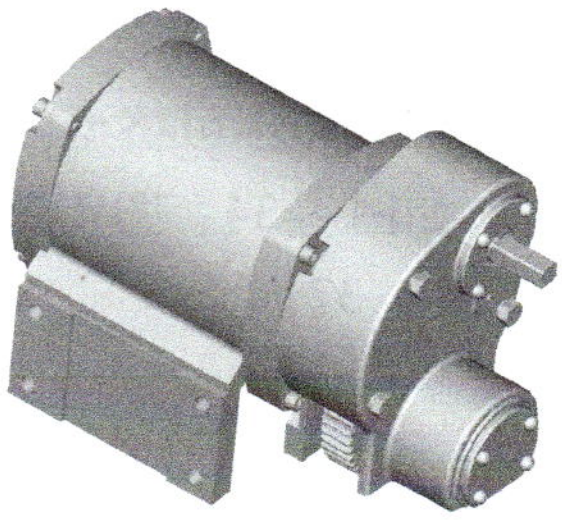

图 4-28 ZD（J）9 型转辙机电动机减速器

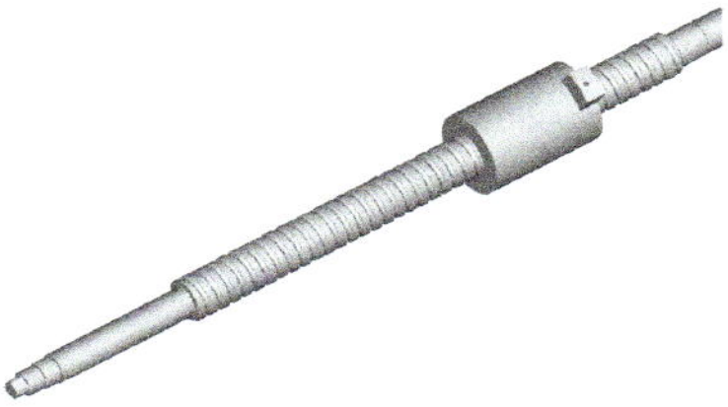

图 4-29 ZD（J）9 型转辙机滚珠丝杠

4. 摩擦联接器

摩擦联接器采用干摩擦，主动片是四片外摩擦片，用钢带加工，被动片为三片内摩擦片，用 12 个弹簧加压，如图 4-30 所示。

5. 自动开闭器

自动开闭器接点组与 ZD6 系列的相同，只是将动接点支架改进成为有两处压嵌连接的结构，因此左右调整板设在同侧，缩小了接点组尺寸，减少了零件品种，如图 4-31 所示。

图 4-30 ZD（J）9 系列转辙机摩擦联接器

图 4-31 ZD（J）9 系列转辙机自动开闭器

6. 安全开关组

采用沙尔特堡开关，安全可靠，如图 4-32 所示。

7. 接线端子

采用德国产 2 线接线端子，由于接线部分没有螺纹联接，使用中无需检查或重新拧紧，能抗振动和冲击，是一种免维护的接线端子，如图 4-33 所示。

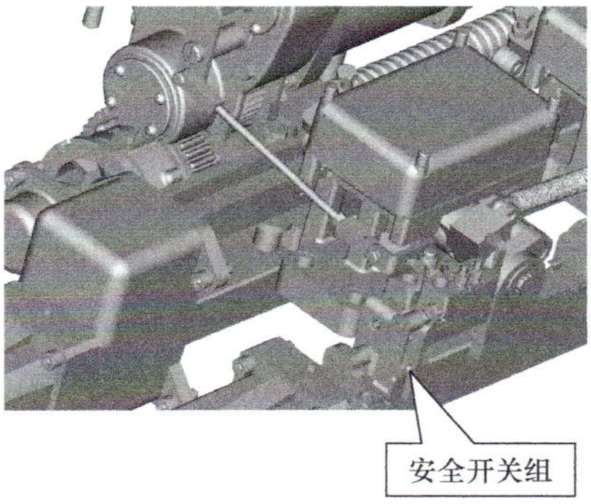

图 4-32 ZD（J）9 型转辙机安全开关组

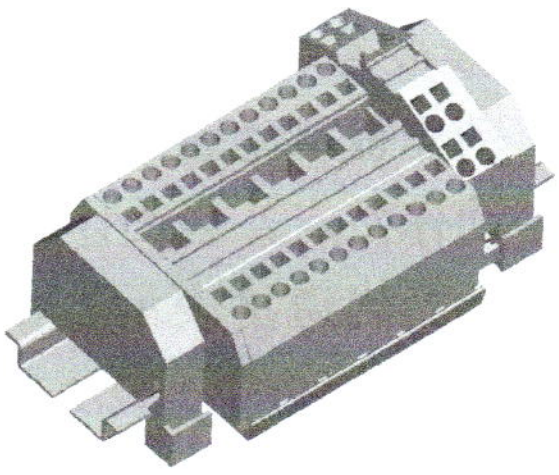

图 4-33 接线端子

8. 锁闭铁

接点座和锁闭铁根据转辙机安装的牵引点位置不同分可挤型和不可挤型，静接点片采用铍青铜片，动接点环为铜钨合金，耐磨损、使用寿命长，如图 4-34、图 4-35 所示。

另外，还有其他零件如锁闭杆（图 4-36）及挤脱器（图 4-37）。

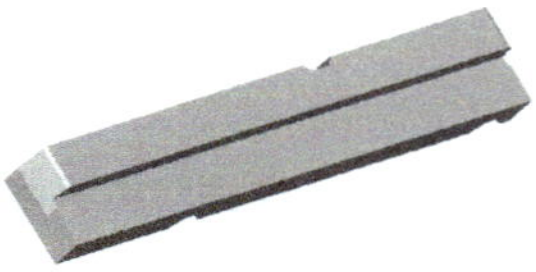

图 4-34　可挤型锁闭铁

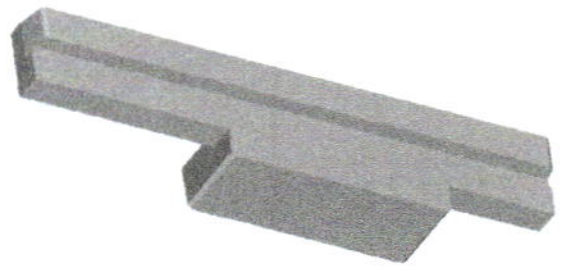

图 4-35　不可挤型锁闭铁

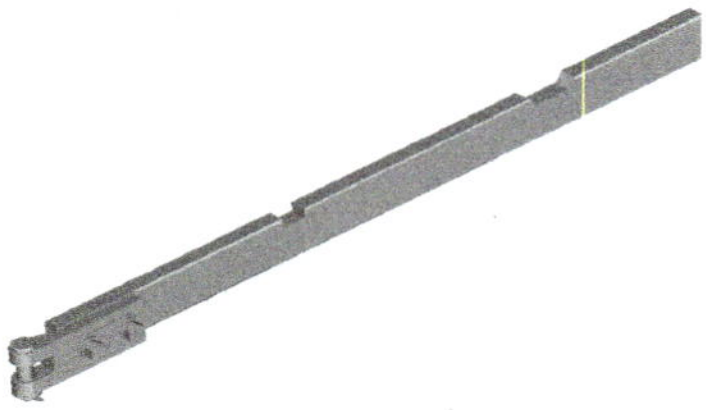

图 4-36　ZD（J）9 左右锁闭杆（表示杆）

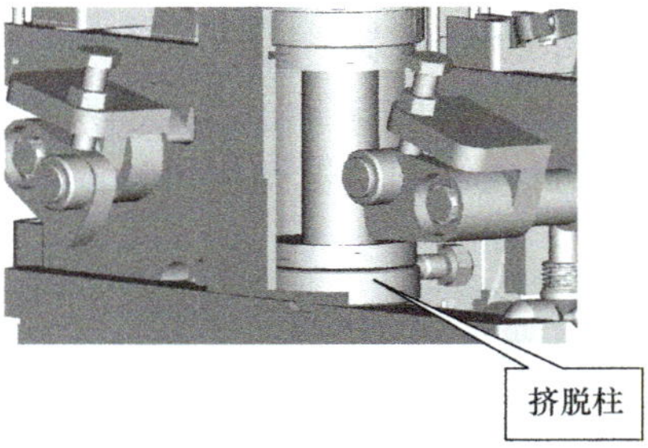

图 4-37　挤脱器

三、ZD（J）9 系列电动转辙机工作原理

1. 动作传动原理

如图 4-38 所示，电动机接通电源后，电动机上的小齿轮通过齿轮箱中的传动齿轮进行两级减速把动力传递到摩擦联接器的齿轮上。电动机上装有减速器，电动机的驱动力矩经减速器减速后传到摩擦联接器；由摩擦联接器的内摩擦片通过传动滚珠丝杠，将转动转化为螺母的平动。滚珠丝杠把传动齿轮的旋转运动转为与丝杠联结的推板套的水平运动；螺母外套有推板套，推板套推动动作杆上的锁块，在锁闭铁作用下，形成了转辙机的锁闭、转换和解锁过程。

2. 表示给出原理

ZD（J）9 系列电动转辙机的表示功能是由动作板、接点座、表示杆共同完成的。如图 4-39，推板套动作的同时，安装在推板套上的动作板随着推板套一起运动；动作板开始运动后，动作板滑动面一端的斜面推动与起动片联结的滚轮，切断表示，同时接通下一转换方向的动作接点；当动作到位时，滚轮从动作板滑动面落下，动作接点断开，同时表示接点接通，给出道岔表示。在这一过程中，滚轮通过左右支架的作用，使锁闭柱（检查柱）抬起或落入锁闭（表示杆）槽内，达到检测道岔状态的作用，如图 4-40 所示。

道岔的尖轨或心轨经外表示杆带动检测锁闭杆。为防止惯性反弹，在推板套与工作杆间加阻尼机构。

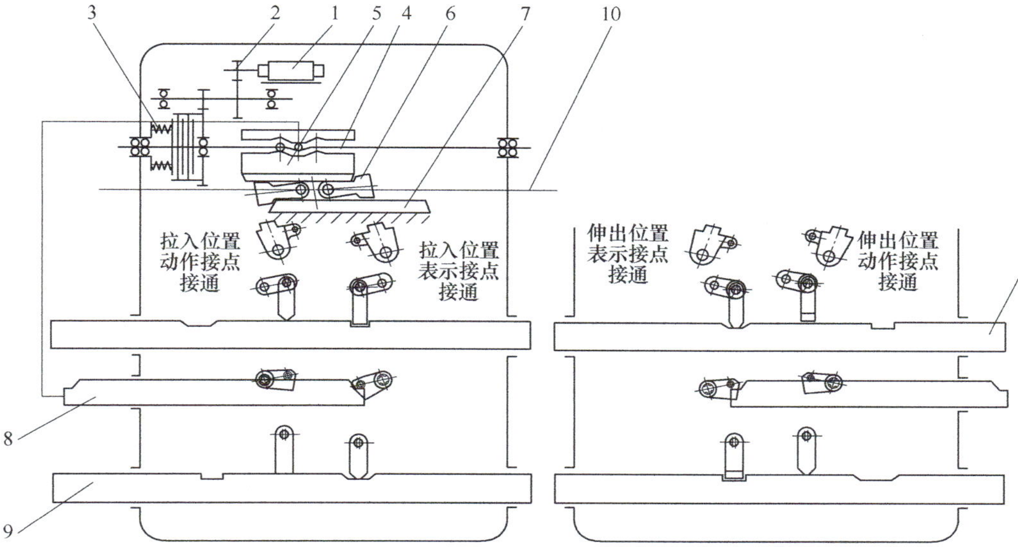

图 4-38 ZD（J）9 系列转辙机传动原理图

1—电动机 2—减速器 3—摩擦联接器 4—滚珠丝杠 5—推板套 6—锁块 7—锁闭铁 8—动作板 9—锁闭杆 10—动作杆 11—锁闭杆

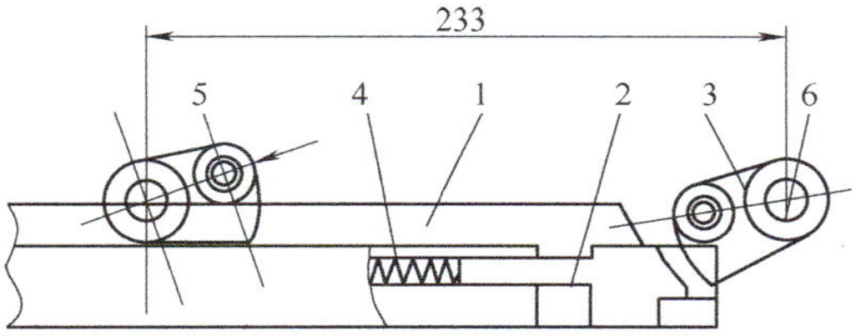

图 4-39 表示原理图

1—动作板 2—速动片 3—起动片 4—压簧 5—滚轮 6—动接点轴

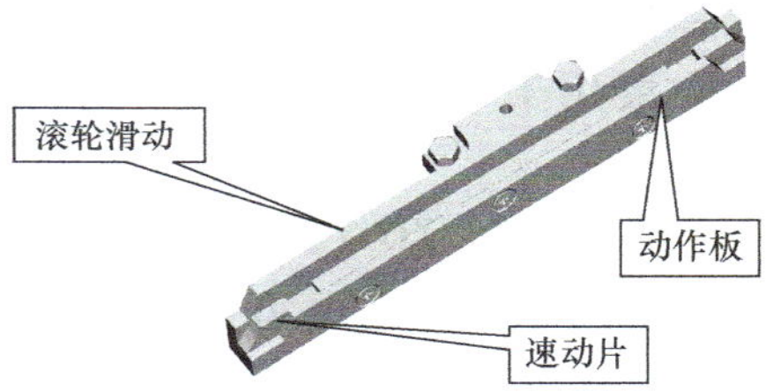

图 4-40 动作板连接关系

3. 挤脱及挤岔表示原理

不可挤机型的 ZD（J）9 系列转辙机锁闭杆与尖轨相连，当一根锁闭杆通过锁闭柱将尖轨锁在机内时，在斥离尖轨上固定的另一根锁闭杆则成为挤岔表示杆。当挤岔时，通过斥离尖轨动作，作为挤岔表示杆的锁闭杆上有斜面的缺口，推动检查柱断开表示接点，给出挤岔表示。而在锁闭位置的锁闭柱不动作，同时，由于两根尖轨用拉杆连接在一起而同时转换，动作杆在超过挤脱力后就解锁，而处于锁闭位置的锁闭杆，由于安装装置的连接，当挤岔时就因变形而损坏。

一根锁闭杆上锁闭用的直缺口和挤岔表示用的斜缺口的距离与尖轨动程有关，只能适用于相应的尖轨动程，当超过此动程范围需另配该动程范围的锁闭杆。对于可挤机型来讲，表示杆装有检查块，挤岔原理与不可挤机型相同，如图 4-41 所示。挤岔时，在动作杆上锁闭块的作用下，挤脱器中的锁闭铁脱开挤脱柱，在锁闭铁上的凹槽推动水平顶杆，水平顶杆推动竖顶杆，竖顶杆推动动接点支架，从而切断表示，非经人工恢复锁闭铁，不可能再接通表示。

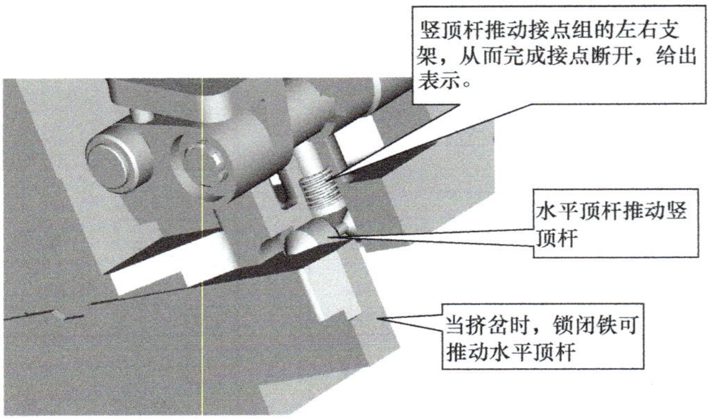

图 4-41　挤脱及挤岔表示原理图

如图 4-42 所示，ZD（J)-A 和 ZD（J)-C 型为两点牵引道岔第一牵引点用的不可挤型转辙机，故没有挤脱器，道岔的挤岔表示由 ZD（J)-B、ZD（J)-D 型转辙机给出。

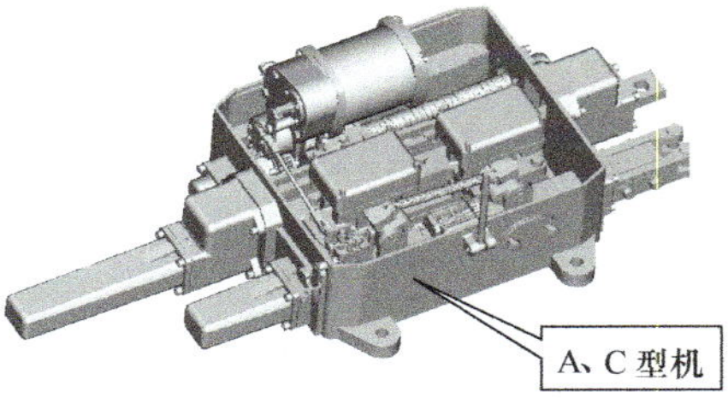

图 4-42　两点牵引道岔第一牵引点用的不可挤型转辙机

如图 4-43 所示，ZD（J)-B、ZD（J)-D 型为两点牵引道岔第二牵引点用的转辙机，表示杆有检查尖轨密贴和挤岔断表示的功能。ZD（J）9-170/4K 主要用于单机牵引道岔，为可挤型，多用于地铁。

一般来讲，ZD（J）9 系列转辙机的 A、C 型带锁闭杆，B、D、170 型带表示杆。

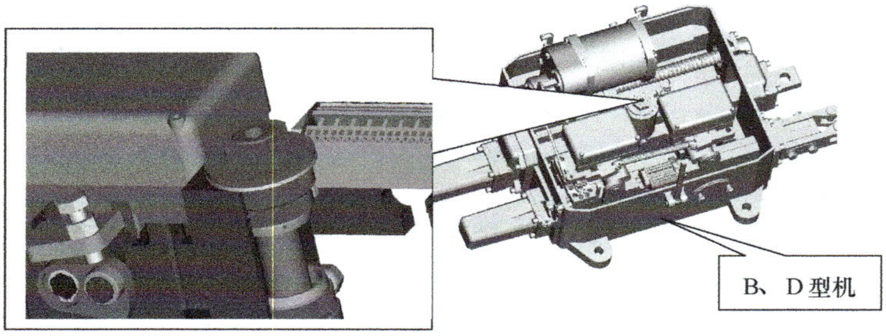

图 4-43　两点牵引道岔第二牵引点用的转辙机

4. 手动原理

ZDJ（9）系列电动转辙机具有手动功能，由于安全开关通过连接杆与电动机轴端的连板相连，因此手动时，必须打开安全开关，手摇把才能插入，如图 4-44 所示。

5. 动作特点

1）ZD（J）9-A 型转辙机采用双杆锁闭，转辙机左右锁闭杆分别与第一牵引点两根分动的尖轨相连，动作杆上的锁块被推板套锁闭在锁闭铁上，与密贴尖轨相连的锁闭杆被锁闭柱锁闭在密贴位置，这样就形成了双杆锁闭。一根锁闭杆上锁闭用的直缺口和挤岔表示用的斜缺口的距离与尖轨动程有关，只能适用于 160mm ±6mm，超过此动程范围须另配锁闭杆。锁闭杆断面为20mm×50mm，其弯曲程度为ZD6系列表示杆的3.7倍，确保第二锁闭安全可靠。

2）ZD（J）9—B型转辙机采用单杆锁闭，转辙机的左右表示杆与第二牵引点的两根分动钢轨相连，表示杆内检查块的结构、密贴程度和挤岔道岔表示断开的原理同ZD6，其仅在动作杆上有锁闭，故称为“单杆锁闭”。挤岔时通过斥离尖轨的动作，使表示杆的斜面推动检查柱，这样表示接点被断开，给出挤岔表示；同时斥离尖轨推动外锁闭杆，外锁闭杆带动动作杆运动，当动作杆上的挤岔力超过挤脱力时，锁闭铁就脱开锁脱柱，动作杆解锁。此时，锁闭铁移动8mm，锁闭铁上凹槽推动水平顶柱，再推动竖顶杆及动接点支架，从而断开表示，此时，要想再接通表示，必须经过人工恢复锁闭铁位置。

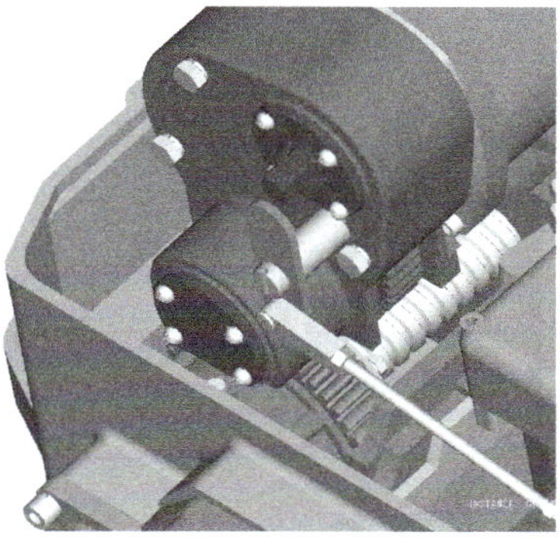
图4-44 手摇电动机实物图

四、ZD（J）9系列电动转辙机分类及技术要求

1. 分类

(1) 按动作电源分类 ZD（J）9系列电动转辙机按动作电源的不同可分为直流系列和交流系列。

1）直流系列：ZD9，直流系列电动转辙机电源电压为直流220V。

2）交流系列：ZDJ9，交流系列电动转辙机电源电压为三相交流380V，它们的工作电流均大于2A。

(2) 按用途分类 按用途的不同，ZD（J）9系列电动转辙机可分为A、B、C、D、E、F不同型号。

1）ZD（J）9-A、ZD（J）9-B为分动外锁闭道岔所用，分别用于第一、第二牵引点。

2）ZD（J）9-C、ZD（J）9-D为联动内锁闭道岔所用，分别用于第一、第二牵引点。

3）ZD（J）9-E用于非提速区段的第二牵引点。

4）ZD（J）9-F用于单机牵引的道岔。

2. 技术要求

ZD（J）9系列电动转辙机主要技术指标见表4-3。

1）动接点在静接点片内的接触深度不小于4mm，用手扳动动接点其摆动量小于或等于3.5mm，动接点与静接点座间隙大于或等于3mm，在锁闭前动接点在静接点内有所窜动时应保证接点接触深度大于或等于2mm。

2）尖轨各牵引点处开程误差要求在±3mm范围内。

3）滚珠丝杠与轴套旷动量不大于0.5mm。

4）不带挤脱器的道岔表示杆缺口调整标准为2mm±0.5mm，带挤脱器的道岔表示杆缺口调整标准为4mm±0.5 mm。

5）密贴检查器调整的标准为4mm接触、5mm断开。

6）心轨辙叉第一牵引点处开口误差要求在±1mm范围内。

表 4-3 ZD(J)9 系列电动转辙机主要技术指标

型号		额定转换力/kN	动程/mm		动作时间≤/s		挤脱力/kN	摩擦力±10%/kN	工作电流≤/A	锁闭方式	摩擦电流/A(仅直流系列)	单线电阻≤/Ω(仅交流系列)	挤切方式	适用范围
交流系列	直流系列		动作杆	锁闭杆	交流	直流								
ZDJ9-170/4k	ZD9-170/4k	4	170±2	152	5.8	8	28±2	6	2.0	双杆内锁	2.2~2.6	54	可挤	尖轨动程
ZDJ9-A220/2.5k	ZD9-A220/2.5k	2.5	220±2	160	5.8	8	—	3.8	2.0	双杆内锁	1.9~2.3	54	不可挤	分动外锁双机牵引第一点、三机牵引第一点、第二点、心轨第一点
ZDJ9-B150/4.5k	ZD9-B150/4.5k	4.5	150±2	75	5.8	8	28±2	6.8	2.0	单杆内锁	2.2~2.6	54	可挤	分动外锁双机牵引第二点、三机牵引第三点、心轨第二点
ZDJ9-C220/2.5k	ZD9-C220/2.5k	2.5	220±2	160	5.8	8	—	3.8	2.0	双杆内锁	1.9~2.3	54	不可挤	分动外锁多机牵引第一牵引点
ZDJ9-D150/4.5k	ZD9-D150/4.5k	4.5	150±2	75	5.8	8	28±2	6.8	2.0	单杆内锁	2.2~2.6	54	可挤	联动内锁第二牵引点

课题四 S700K 型电动转辙机

为了满足提速道岔的控制需要，并且实现可靠的远距离控制，近几年一种新型的 S700K 型电动转辙机诞生了。S700K 型电动转辙机由于内部结构简单，保养维修工作量小，工作可靠，已在国内大铁路的提速道岔上广泛使用，转辙机实物如图 4-45 所示。

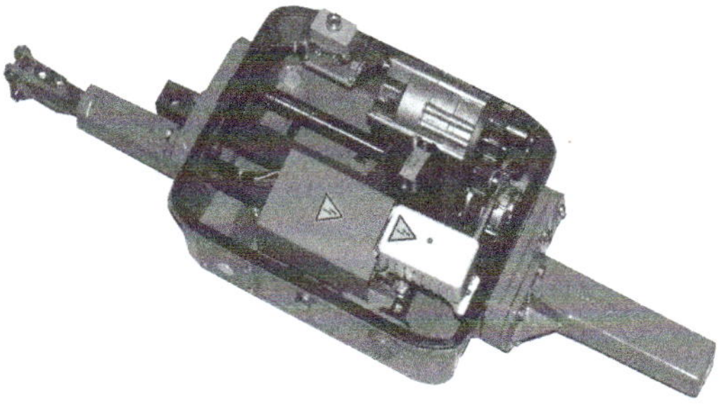

图 4-45 S700K 型电动转辙机实物图

一、S700K 型电动转辙机的特点

1）采用三相 380V 交流电动机控制，使用速动开关组，安全可靠。

2）采用簧式挤脱装置的保持联接器，为干式摩擦联接器，所以摩擦联接器不需要调整。

3）采用直径为 32mm 的滚珠丝杠，滚珠丝杠作为驱动传动装置延长其使用寿命。

二、S700K 型电动转辙机的分类

1. 按安装方式分

按安装方式 S700K 转辙机可分为左装和右装两种。

电动转辙机宜设在线路外侧，如图 4-46 所示，面向岔心观察转辙机，如转辙机在岔心的左部，则为左装，如在右侧，则为右装。左装型号用字母 A + 奇数表示；右装型号用字母 A + 偶数表示。

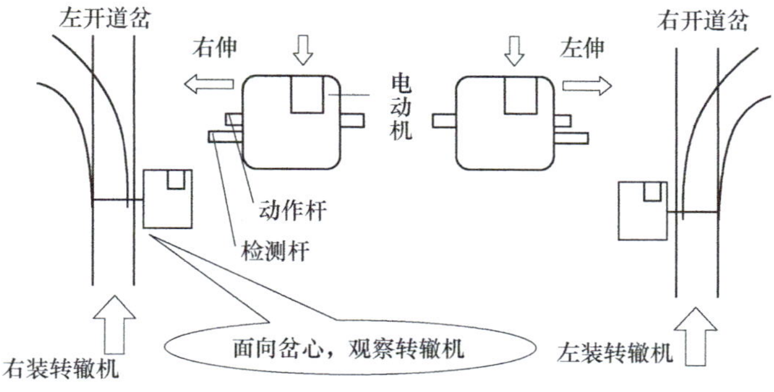

图 4-46 转辙机左装与右装

按安装方式还可以分为正装和反装方式，一般将转辙机的电动机对向岔尖，来看电动转辙机的安装位，即站在转辙机电动机侧看，动作杆向右伸，即为正装，反之，为反装。当正装拉入和反装伸出为定位时，自动开闭器 1、3 排接点接通；当正装伸出和反装拉入为定位时，2、4 排接点闭合。动作杆、表示杆的运动方向与自动开闭器的动接点运动方向相反。

2. 按安装的牵引点分

按安装的牵引点不同，S700K 转辙机可分为尖轨处和可动心轨处。根据不同的使用位置选择不同的型号。

注意：不同型号（种类）的转辙机不能通用。其中，S700K—C 型电动转辙机可用来操纵各种形式和规格的道岔。它的安装简单，无需特别关注即可完成。安装后的总高不超过钢轨平面。它可以安装在道岔的左侧或右侧，停电时可以手摇操作转辙机。转辙机的防尘防水符合 DIN40050 德国工业标准 IP54 级（与 GB4208—2008 中国标准等同）。

三、S700K 型电动转辙机的结构作用

1. S700K 型电动转辙机结构

如图 4-47 所示，S700K 电动转辙机主要由外壳、动力传动机构、检测锁闭机构、安全装置及配线接口等组成。

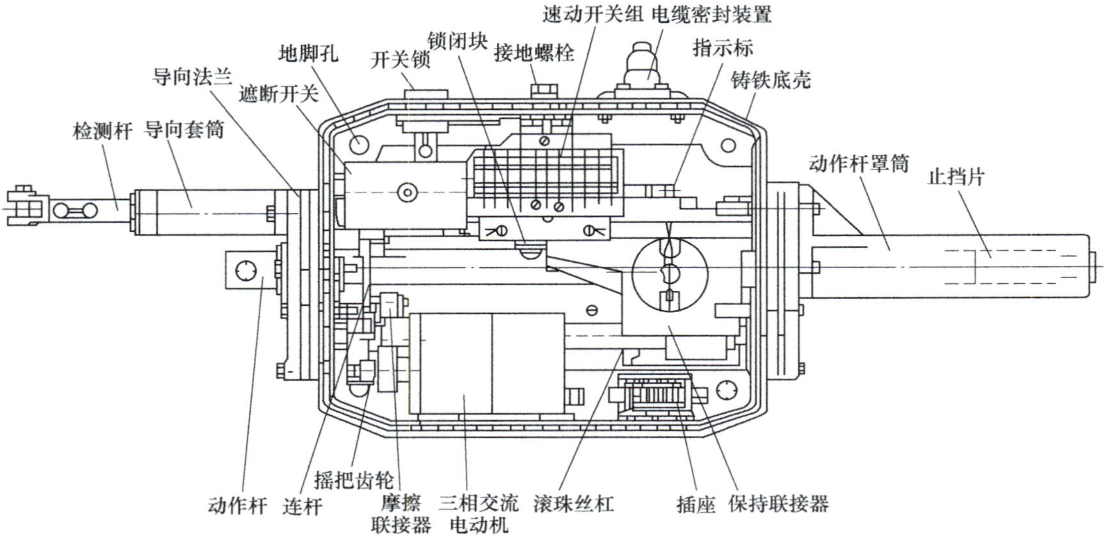

图 4-47　S700K 型电动转辙机结构图

(1) 外壳部分　外壳部分起保护内部机构作用，由铸铁底壳、动作杆套筒、导向套管、导向法兰四个部分组成。

(2) 动力传动机构　动力传动机构把电动机产生的动力传给道岔，动作道岔主要由三相交流电动机、摇把齿轮、摩擦联接器、滚珠丝杠、保持联接器、动作杆六部分组成。

(3) 检测机构　检测机构用于检测传动各个部件动作是否到位，主要由检测杆、叉型接头铁、速动开关组、锁闭块、锁舌、指示标等组成。

(4) 安全装置　安全装置主要是遮断器，用于保护维修维护人员免遭电伤，主要由开关锁、遮断开关、连杆、摇把孔挡板等组成。

2. S700K 电动转辙机主要部件的功能与作用

(1) 三相电动机　三相电动机的三个绕组成星形连接，每相引出线均为单根多股软线。

(2) 齿轮组　齿轮组由电动机齿轮、中间齿轮及摩擦联接器齿轮组成，主要完成以下功能：将电动机旋转的驱动力传递到摩擦联接器上；将电动机的高速旋转降速，增大旋转驱动力力矩；改变减速比，以适应不同动程转辙机的不同转换时间，满足保持道岔各牵引

点的同步动作需要；齿轮组各齿轮共同完成转辙机的一级减速。

（3）摩擦联接器 摩擦联接器主要完成以下功能：将变速齿轮组变速后的旋转力，传递给滚珠丝杠，使电动机的动力正常输出；实现齿轮组与滚珠丝杠间的软连接；当滚珠丝杠的转换阻力大于摩擦联接器结合力时，主备摩擦片之间相对打滑空转，使三相电动机得到保护。摩擦联接器内装有三对主用、备用金属摩擦片，分别固定在外壳和滚珠丝杠上，摩擦片的端面有一压力弹簧，通过调整压力弹簧的压力，可以使主、备摩擦片之间的摩擦力大小发生变化，调整摩擦力大小。值得注意的是，现场维修人员不得随意调整摩擦力大小，另外转辙机出厂时此摩擦力已经调整。

（4）滚珠丝杠 滚珠丝杠的结构类似人们熟悉的螺栓和螺母。滚珠丝杠是螺栓，当滚珠丝杠旋转一周时，螺母变化一个螺距的距离，因此把电动机的旋转运动变为直线运动，同时起到二级减速作用，其减速比取决于滚珠丝杠的螺距。在滚珠丝杠外套有推板套，推动动作杆上的锁块，从而在锁块和锁闭铁的共同作用下，完成转辙机的锁闭、转换和解锁过程。

（5）保持联接器 保持联接器利用弹簧的压力，将滚珠丝杠与动作杆联接在一起。保持联接器顶盖加铅封，不经批准不得随意打开。保持联接器分为可挤型和不可挤型，所谓可挤型指在保持联接器内增设弹簧，当道岔的挤岔力超过弹簧压力时，动作杆滑脱，免遭挤断，这样使整机得到保护，挤切阻力的大小可根据现场需要进行调整，分别可调为9kN、16kN、24kN及30kN；而不可挤型保持联接器内弹簧被硬性连接机构取代，挤切锁定力设为90kN。

（6）速动开关组及检测杆 为了监督道岔的工作状态并及时给出道岔的定反位表示，设置速动开关组（相当于ZD6系列的自动开闭器）及检测杆（相当于ZD6系列的表示杆）。如图4-47所示，检测杆的动程可由缺口指示标检查，当转辙机的动作杆及检测杆动程不符合要求时，不能接通表示接点。当转辙机转换及锁闭时，其接点接通情况如下：锁闭时，哪一侧的锁舌弹出，则这一侧所对应的接点被打下，即断开动作电路，接通该位置的表示电路，这时接点组1/3闭合或1/2闭合，解锁与转换时，由于两个锁舌均在缩进位置，接点组的动接点都在顶上位置，即2/3排接通，1/4排断开，因此不能构成表示电路，只有向定、反位的动作电路。

（7）遮断开关 遮断开关又称“安全接点座”，其作用主要是保证维修过程中的人身安全。

注意：S700K转辙机滚珠丝杠、动作杆、检测杆、齿轮组、锁闭块、操纵板等部位应注润滑脂，保持润滑状态。

四、分动外锁闭装置

道岔的型号不同，尖轨及心轨的牵引点数也不同，各牵引点均安装外锁闭装置。有关于钩式外锁闭装置前面已经讲过，此不赘述。

五、S700K型电动转辙机的动作原理

1. 传动过程

电动机将动力通过减速齿轮组，传递给摩擦联接器，摩擦联接器带动滚珠丝杠转动，

滚珠丝杠的转动带动丝杠上的螺母水平移动，螺母通过保持联接器经动作杆、锁闭杆带动道岔转换，道岔的尖轨或可动心轨经外表示杆带动检测杆移动。

2. 动作过程

电动转辙机的动作大致可分为三个过程：第一为解锁过程，即先断开表示，再机械解锁；第二为转换过程；第三为锁闭道岔及接通表示接点的过程，即先机械锁闭，再接通表示电路。

电动机转动带动减速器齿轮组转动，摩擦联接器传递该转动，带动滚珠丝杠转动，滚珠丝杠上的螺母移动，操纵板的斜面将锁舌顶回，此时切断表示电路，构成返回时的动作电路，锁闭块缩进，转辙机解锁。保持联接器及动作杆移动，推动与之连接的锁闭杆，带动道岔转换，心轨或尖轨随之移动，外表示杆移动，检测杆或机内表示杆移动，移动到位后锁闭块弹出锁闭道岔，并给出该道岔新的位置表示。

六、S700K 型电动转辙机性能指标

(1) 电动机 电动机采用三相交流 380V 电源（设有专门的电源屏）。

(2) 转换力 转换力为 6000N（当外阻力超过该转换力时电动机就会出现空转现象，不能带动尖轨进行转换）。

(3) 保持力 保持力为 90kN（作用到转辙机内部的振动、车轮侧向冲击等外力不能超过此力）。

(4) 转辙机动程 转辙机动程分为 150mm、220mm、240mm 三种（依据其放置的地理位置不同，其转换的动程也不一样，如尖轨处与心轨处）。

(5) 动作时间 动作时间不大于 7.2s（与前面讲的 ZD6 系列转辙机基本一致）。

(6) 动作电流 动作电流不大于 2A。

(7) 单线电阻 单线电阻不大于 54Ω。

(8) 检测杆行程 检测杆行程有 69mm、76mm、87mm、98mm、110mm、117mm、160mm、180mm 等多种（也就是尖轨与基本轨或心轨与翼轨之间的距离）。同样，由于安装位置的不同，其行程也会不同，在尖轨处，第一牵引点的开程为 160mm。

课题五　电液转辙机

电动液压转辙机是采用电动机驱动，传动采用液压方式来动作道岔的一种转换装置，液压传动取消了齿轮传动和减速器，简化了机械结构，降低机械摩擦，提高使用寿命，减少维修工作量，适用于提速道岔，但液压传动对液压介质要求较高，对元件要求也较高，传动效率低，目前铁路上常用的为 ZYJ7 型电动液压转辙机，主要用于提速道岔。

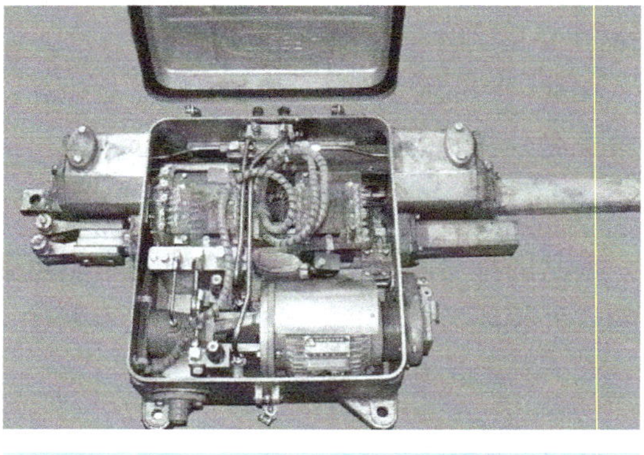

图 4-48　ZYJ7 型电液转辙机实物图

一、ZYJ7 型电液转辙机结构

1. 组成

实物如图 4-48 所示，ZYJ7 型电液转

辙机由主机（用于第一牵引点）和 SH6 型转换锁闭器（称副机，用于第二、第三牵引点）两部分组成，主机与副机共用一套动力系统，两者之间靠油管连接传输动力。ZYJ7 型电液转辙机的结构图如图 4-49 所示，主要包括动力电动机系统、液压系统、油路系统、转换锁闭系统和接点系统。SH6 型转换锁闭器结构如图 4-50 所示。

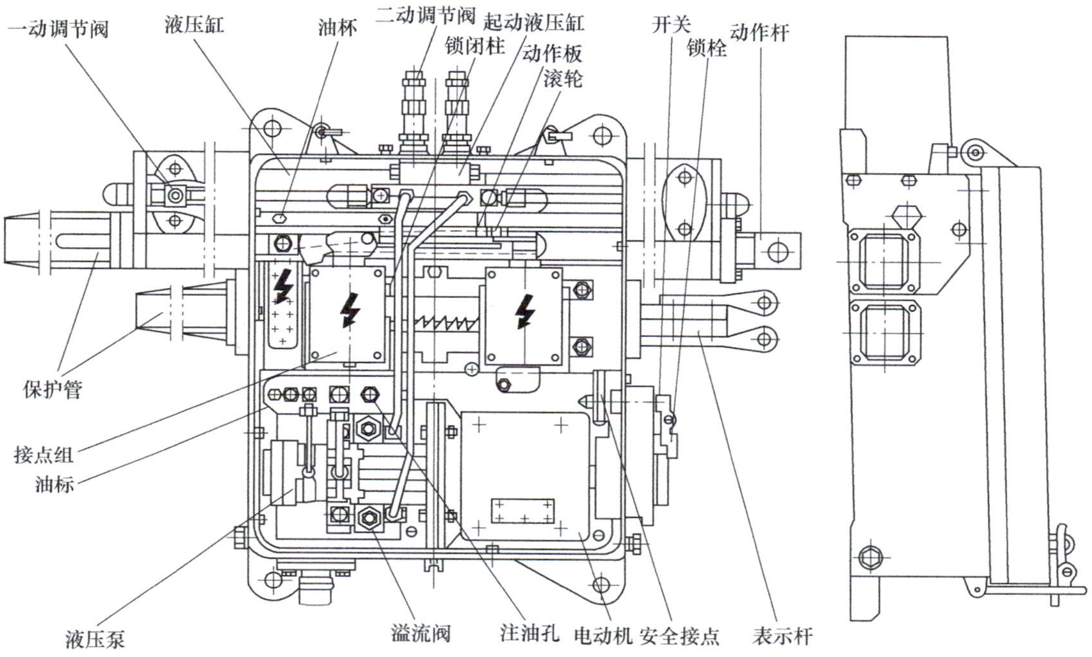

图 4-49　ZYJ7 型电液转辙机结构图

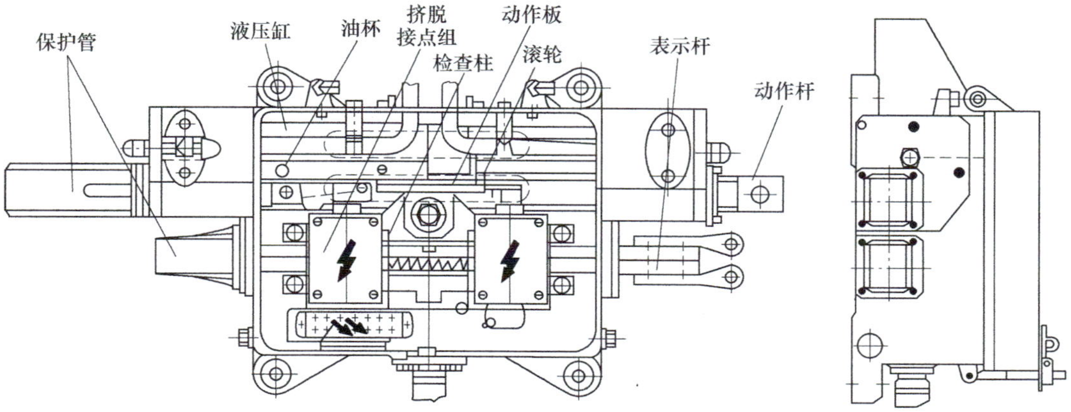

图 4-50　SH6 型转换锁闭器结构图

2. 规格型号

以 ZYJ7-A220 + 150/1810 + 4070 为例，其中，“Z”表示转辙机、“Y”表示液压、“J”表示交流（直流不用标注）、“7”表示设计顺序号、“A”表示派生顺序号、“220”表示第一牵引点额定动程（mm）、“150”表示第二牵引点额定动程（mm）、“1810”表示第一牵引点额定负载、“4070”表示第二牵引点额定负载（N）。

二、ZYJ7 型电液转辙机主要部件的作用

ZYJ7 型电液转辙机主机主要由电动机、液压泵、液压缸、起动液压缸、接点系统、锁闭杆、动作杆等部分组成。SH6 型转换锁闭器（亦称副机）主要由液压缸、挤脱接点、表示杆、动作杆组成。

ZYJ7 电液转辙机油路系统主要由液压泵、液压缸、起动液压缸、溢流阀、单向阀、调节阀、滤油器、油管和油箱等组成。

动作杆外侧通过销子和外锁闭杆连接，内侧通过轴销与锁块连接，作用是带动外锁板并转换尖轨。

当 ZYJ7 电液转辙机牵引 60kg 的 12 号道岔时，主机锁闭柱的缺口间隙标准应为 2mm ± 0.5mm，副机检查柱的缺口间隙标准应为 4mm ± 1.5mm，可动心轨第一牵引的缺口间隙标准应为 2mm ± 0.5mm，第二牵引点无表示杆。

外锁闭杆分为尖轨外锁闭杆和心轨外锁闭杆两种，尖轨外锁闭杆作用为连接两根尖轨带动转换并锁闭尖轨，心轨外锁闭作为带动心轨转换并锁闭心轨。外锁闭杆安装位置又分为尖轨第一、第二、第三牵引点及心轨第一和第二牵引点五种，由于牵引点动程不同，所以其两端的燕尾槽长度也不同，故不能通用。外锁道岔对钢轨轨距有如下要求：尖轨尖端轨距是 1435mm，允许偏差 ± 1mm，直尖轨轨头刨切起点处轨距 1435mm，允许偏差 ± 1mm，其他部分轨距是 1435mm，允许偏差 +3mm 或 -2mm。

三、ZYJ7 型电液转辙机的技术原理

电动机的动能通过液压传动后，机械锁闭道岔。

液压传动是利用液体为工作介质来传送能量的，即借助于处于密闭容器内的液体的压力来传递能量和动力。当液体被容纳于密闭的系统中时，就可以将压力由一处传递到另一处，即传递机械能。液压传动优点是容易获得很大的力和转矩，易于控制；易于实现直线的往复运动，牵引道岔尖轨移动；易于调整调速比；液压泵的外形尺寸仅为同功率电动机的 12%，重量仅为 15%，所以体积小、功率大；易于获得各种复杂动作且传动平稳、均匀、起动时间仅为同功率电动机的 10%；自动润滑，传动寿命长。但容易出现漏油，油的黏度随着温度的变化会引起工作机构的不稳定性，空气渗入液压系统后会引起系统发生振动、爬行等不良现象，元件精度要求高且贵。

1. 电动机

电动机是转辙机的动力源，为转辙机提供动力，将动能转化为机械能，采用三相交流异步电动机，额定电压为 380V，额定电流为 2.2A，转速为 960r/min。

2. 液压泵

液压泵采用双向斜盘轴向柱塞泵，额定压力为 9MPa，排油量为 2.1ml/r，其具有构造简单、工作可靠及使用寿命长等优点。

3. 液压缸

液压缸由活塞杆、缸座、缸桶、缸套、接头体、连接螺栓和密封圈组成，动程为转辙机动程加 50mm，其用于将注入缸内的液压力转换为机械力，来推动尖轨或可动心轨转换。

4. 起动液压缸

起动液压缸由缸体、缸桶、柱塞、垫块、螺堵及O形圈组成，主要用于在电动机刚起动时先给一个小的负载，等到转速提高、力矩增大时再带动负载，以克服交流电动机起动性能的不足。

5. 单向阀

单向阀保证正向的液压油流畅通，反向的液压油流被关闭而不能通过。

6. 溢流阀

溢流阀通过调整弹簧弹力，保证油路中液压油的压力不超过一定的限值，在道岔受阻或转换到位电动机没有及时停转时，灵活调整油液压力，相当于摩擦联接器的作用。

当电动机带动液压泵逆时针方向旋转时，液压泵从液压缸右侧腔内吸出油，泵出的液压油经活塞杆中心圆孔注入液压缸的左腔，即左腔内为高压油，由于活塞杆固定不动，所以高压油推动液压缸向左移动。当液压缸动作到位时，液压泵从右侧的单向阀吸出油，泵出的液压油经左侧滤油器和溢流阀回到油池；当做顺时针旋转时，移动方向刚好相反。

四、应用

转辙机内部电路如图4-51所示，图为ZYJ7型电液转辙机牵引的道岔起动电路电路图。

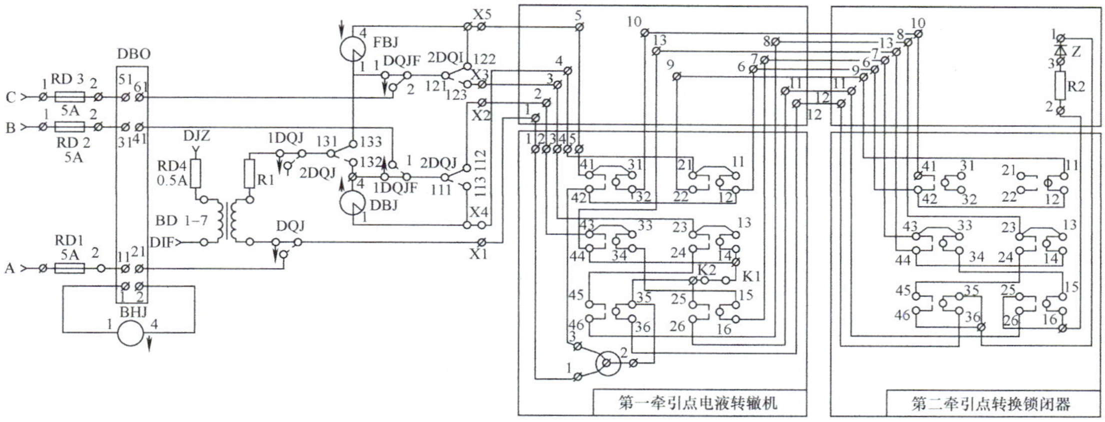

图4-51 ZYJ7型电液转辙机牵引的道岔启动电路电路图

说明：绿线代表反位向定位转换电路的一部分、紫线代表定位向反位转换电路的一部分、红线代表公共部分

五、性能指标

1）液压系统压力提高到9MPa，整机效率提高。

2）密封采用国际先进技术和低摩擦系统的材质，增加单线控制距离，节约了电缆投资。

3）电气接点采用国际封闭式名牌开关，达到接点和整机同寿命，基本做到无维护。

4）产品性能指标达到国际先进水平，试验寿命达到100万次，整机耐候性15年。

5）实现工厂化机内配线。

6）加大了动作杆、锁闭杆断面尺寸、强度增大；动作杆上锁块的销轴，由悬臂梁改为简支梁；增设了惯性轮，以消除电动机转动的惯性；活塞杆上动密封圈，采用开式装配，避免了密封装配损坏及变形；将锁闭杆与表示杆功能集中在一根杆上；采用了胶接密封工艺。

六、国内、外同类技术比较

1. 同类比较

ZYJ7 型电液转辙机主要技术性能与有关转辙机对比表见表 4-4。

表 4-4　ZYJ7 型电液转辙机主要技术性能与有关转辙机对比表

名　　称	ZYJ7 型	ZYJ4 型	德 S700K-C 型	德 L700H 型
电源电压/V	三相 AC380	三相 AC380	三相 AC380	三相 AC380
转换力/N	1810 +4070	1810 +4070	6000	5000
动程/mm	220 +140	220 +135	220	220
工作电流/A	<1.5	<1.5	<2	
转换时间/s	<7.5	<8.5	<6.0	<7.0
最大单向电阻/Ω	54	30	54	45

2. 新型 ZYJ7 型电液转辙机具有以下特点

1）用于铝合金壳体，减轻整机重量，提高整机强度，方便现场施工安装。

2）用于多点牵引道岔时，各牵引点间采用油管连接（现有国内外设备均用导管连接，质量达 300kg，占用空间妨碍工务养路），此传动方式属国际首创。

3）液压缸密封采用组合密封（弹体橡胶、摩擦体聚四氟材料）摩擦系数较橡胶减小 4~5 倍，可达到零值泄漏，提高了机械效率。

4）接点采用了全封闭结构，提高了安全度，减少了清扫调整工作，基本做到了无维护。

5）单线电阻达到 54Ω 以上，指标达到了国际先进水平。

6）采用了新型轴向柱塞泵，较齿轮泵、径向柱塞泵获得较高的效率。

7）机内配线采用了新型材质，适应温度范围广，阻燃性好；配线工艺采用定力压线钳，保证了线环连接质量；线号采用定码套管，有利于现场维护。

【项目实施】

任务一　ZD6 系列转辙机的认识与拆装

一、器材工具

ZD6 系列转辙机及安装装置、由转辙机牵引的道岔、信号工及钳工常用工具。

二、任务实施

1. 要点登记等准备工作

2. 观察道岔动作

随着电动转辙机的动作，观察道岔的两种状态：道岔正常处于“密贴”状态（图4-52），道岔故障处于“四开”状态（图4-53）。

图4-52 “密贴”状态

图4-53 “四开”状态

3. 观察转辙机的内部结构

断电后，打开电动转辙机机盖，观察转辙机的内部结构，结合实物图（图4-12）和结构图（图4-13）理解转辙机各组件间的位置关系以及各组件的功能。

4. 转辙机的拆装

这里仅介绍拆卸，对于安装，则按相反的次序进行，但必须按组装工艺（例如：部件清洗、检查、涂润滑脂等）进行操作，拆装后所有相关指标需重新检测。

（1）电动机的拆卸 取下电机罩，松开电动机接线端子，松开四个电动机紧固螺栓，就可方便地取出电动机，如图4-54所示。

（2）自动开闭器的拆卸 松开自动开闭器底角四个紧固螺栓，手提自动开闭器，两边均匀用力，即可取出自动开闭器，如图4-55所示。

（3）减速器的拆卸 用手摇把摇动减速器，使起动片缺口朝下，退下电动机，松开减速器底角螺栓，即可取出减速器。

（4）主轴组的拆卸 取掉堵轴板，手摇减速器，将止挡栓摇至与底壳上主轴缺口对齐，用卸轴器沿轴向向外卸下主轴组，如图4-56所示。

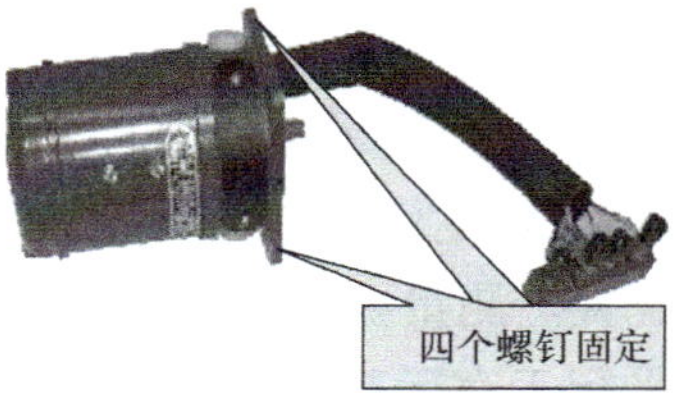

图4-54 电动机拆卸

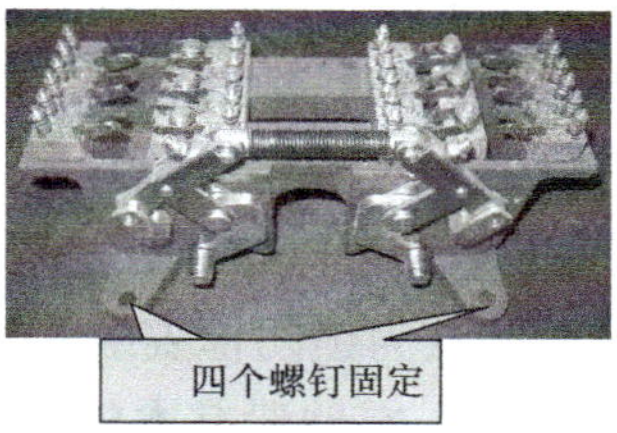

图4-55 自动开闭器的拆卸

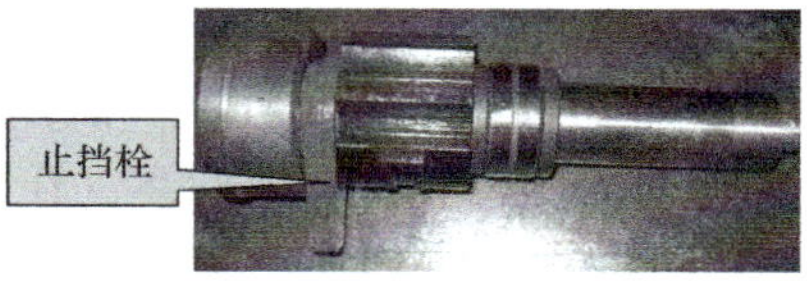

图4-56 主轴组的拆卸

（5）动作杆的拆卸及安装 取下齿条块上的两个挤切销压紧螺母，取出两个挤切销（主、副销），从动作杆头部向外用力即可拔出动作杆。安装时，从转辙机的另一端插入，装上主、副销即可。

(6) 表示杆（锁闭杆）的拆卸及安装 取下自动开闭器接点罩，抬起动接点组，就可将表示杆（锁闭杆）抽出。安装时，从反向插入转辙机，调整到位即可。

(7) 接点组的拆卸 松开配线后再松开动、静接点组固定螺钉，即可拆下动接点组和静接点组。更换开闭器接点组后必须进行调整工作，以保证动接点环打入静接点片的深度适中，静接点片左右压力均衡。

(8) 安装 按照相反顺序安装转辙机。

5. 销记汇报

三、注意事项

1）ZD6 系列电动转辙机当插入手摇把或打开机盖时，遮断器接点断开不小于 2mm。

2）ZD6 系列转辙机的减速器、齿轮齿条、轴承出厂时均有充足的油脂，可在较长时间内不需加油脂而保持高效的工作，外表均涂有耐油、耐脂的油漆，底壳设有排水孔，当转辙机渗水后可卸下排水螺栓进行排水。转辙机在水中浸泡过，需要拆卸电动机减速器、接点组等。

3）注意设备及人身安全。

任务二 S700K 型电动转辙机及分动外锁闭装置的安装与调试

一、器材工具

S700K 型电动转辙机及其安装装置、由转辙机牵引的道岔、信号工及钳工常用工具、Φ21 的钻头、尺子、万用表等相关作业工具。

二、任务实施

1. 登记要点等准备工作

2. 识读 S700K 型电动转辙机与分动外锁闭安装装置的安装和调试流程及安装简图

安装和调试流程和安装简图分别如图 4-57a 和图 4-58 所示。

3. 安装

(1) 钢轨钻孔

1）检查道岔方正，是否达到安装要求。

2）分别对两侧钢轨进行测量 ①首先确定尖轨尖端处混凝土方枕中心位置（固定螺栓孔中心），并标注在轨面上（A 点）。②以 A 点为基准，向岔前方向测量 265mm，在轨面上标注（B 点），此点为前角钢安装孔位置。③以 B 点为基准，向岔后方向测量 1153mm，在轨面上标注（C 点），此点为后角钢安装孔位置。④以 A 点为基准，向岔后向测量 360mm，在轨面上标注（D 点），此点为锁闭框安装中心位置。测量要平行于线路中心线，即在直股基本轨上则顺着钢轨测量；在曲股基本轨上则平行于直股基本轨测量。基准点 A、B、C、D 位置如图 4-57b 所示。

3）用一块角形铁和锁闭框为模板分别在轨腰上标记钻孔的中心位置，并冲一钻孔号眼。

4）用 Φ21 的钻头依次对标记点进行钢轨钻孔。

5）一组道岔所有安装孔钻完后应复检钻孔位置是否符合尺寸。

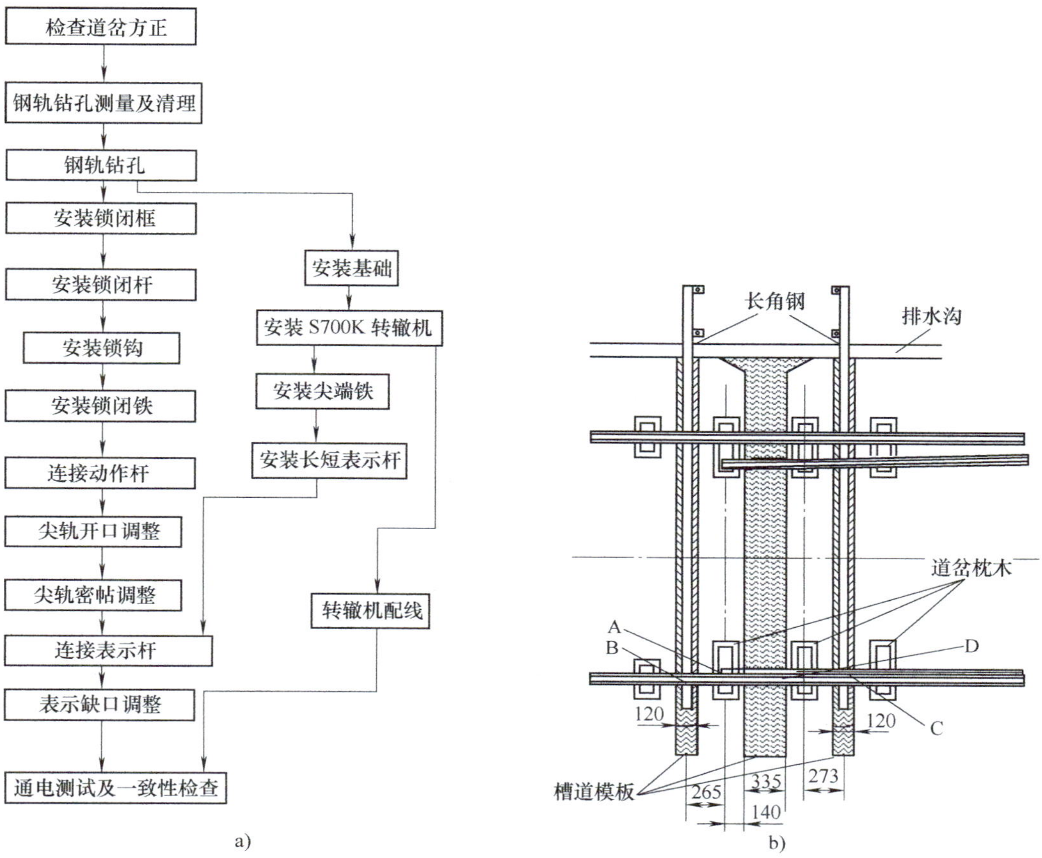

图 4-57 转辙机与分动外锁闭安装装置的安装和调试流程图及道岔安装槽道

a）转辙机与分动外锁闭安装装置的安装和调试流程图 b）道岔安装槽道

（2）转辙机安装

1）材料加工。

螺栓头部加工。由于尖端铁靠近尖轨尖端的安装螺栓头部所处空间（尖轨与基本轨之间缝隙）很小，因此螺栓头部应比标准 10mm 螺栓头部薄，如厂家到货没有进行特殊加工，则施工单位应在施工前将此处螺栓头部做加工处理。

长基础角钢加工。长基础角钢与角形铁的连接孔加工位置应与道岔安装左、右侧（面向岔尖）保持一致，连接孔中心应在角钢安装水平面的中心轴线上，前后左右偏差均不得超过 1mm，由于现场加工条件限制，为保证精度，可在订货时将加工尺寸提供给厂家，由厂家在生产时一并加工，但左、右侧及直线、曲线侧安装的数量必须事先统计清楚。

短基础角钢加工。为了便于调整转辙机与外锁闭各杆件连接平顺、无别卡现象，转辙机应在顺线路方向有一定的调整空间，因此需将短基础角钢上的转辙机安装孔扩成长孔，如图 4-59 所示。

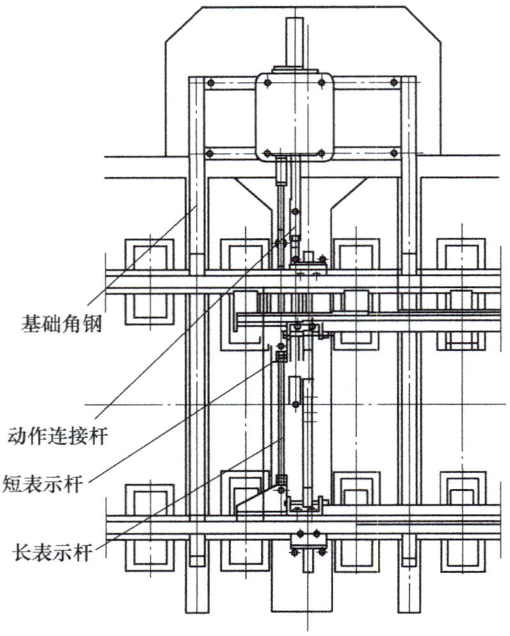

图 4-58　转辙机与分动外锁闭安装装置的安装简图

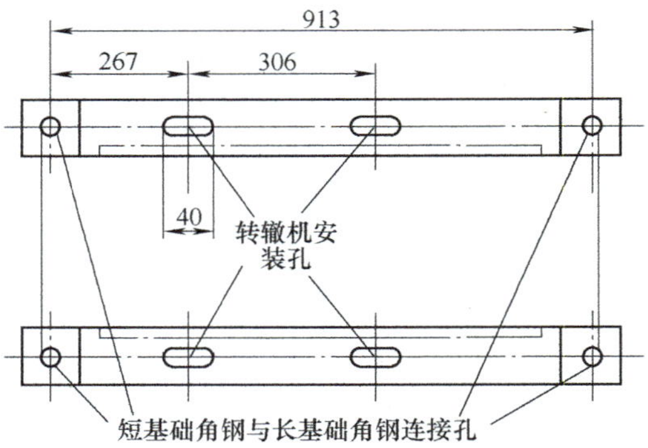

图 4-59　短基础角钢安装孔加工

2）安装。

①清扫整体道床基础角钢安装槽道及转辙机安装坑，无大块杂物。②将前、后长基础角钢穿入槽道内，将 4 块角形铁分别与钢轨连接，暂不拧紧联接螺栓，以便长基础角钢能够与角形铁顺利连接。③将长基础角钢与角形铁连接，中间加入绝缘垫板、绝缘管和钢垫板等，暂不拧紧联接螺栓，以便短基础角钢能够与长基础角钢顺利连接，如图 4-57b 所示。④将短基础角钢与长基础角钢连接，注意转辙机安装孔的方向与转辙机安装左、右侧一致，若短角钢安装后角钢底部至地面的距离小于 S700K 转辙机的四个固定螺栓长度，则应先将固定螺栓由短角钢底部向上穿过短角钢后再将短角钢安装在长角钢上。暂不拧紧联接螺栓。⑤依次序拧紧角形铁与钢轨联接螺栓、长基础角钢与角形铁联接螺栓、短基础角钢与长基础角钢联接螺栓，拧紧角形铁与钢轨联接螺栓时注意角形铁应紧贴轨底上坡面，拧紧长基础角钢与角形铁联接螺栓时应注意各垫板摆放顺序正确和绝缘管应充分套入角钢安装孔内。⑥将转辙机安装在短基础角钢上，此时可进行转辙机配线。⑦安装尖端铁，尖端铁主要用于连接道岔的尖轨与长短表示杆。每组道岔的尖端铁有左、右两个，分别安装在左、右两侧尖轨上。由于尖轨上尖端铁的安装孔已在制造道岔时预制好，因此在道岔铺设完成后即可安装。安装时注意薄、厚头部螺栓的安装位置正确。⑧将长、短表示杆连接到尖端铁上，表示杆另一端暂不连接到转辙机检测杆，可在调试过程中完成连接。⑨动作连接杆在分动外锁闭装置完成安装后将一端连接在锁闭杆上，另一端与转辙机动作杆在调试过程中完成连接。

（3）分动外锁闭装置安装

1）材料加工。由于尖轨连接铁的一颗安装螺栓的头部与位于锁闭框一颗安装螺栓的头部在尖轨与基本轨之间的缝隙中相抵触（图4-60），因此螺栓头部应比标准螺栓头部薄（标准为10mm），如果厂家到货没有进行特殊加工，则施工单位应在施工前将此处螺栓头部做加工处理。

2）安装。①拆除道岔两侧尖轨连接方钢。②将两侧的锁闭框和尖轨连接铁分别安装在两侧的基本轨和尖轨上，如图4-61所示，安装前需将安装侧的尖轨剥离基本轨。锁闭框安装螺栓应大约在锁闭框安装长孔的中心位置，并暂不拧紧，便于随后调整。③将锁闭杆装入锁闭框内。锁闭杆为两段式，中间为绝缘连接，先将两段进行中间连接，再穿入锁闭框内，调整锁闭框使锁闭杆在锁闭框内摆放平顺，不别卡，用500V兆欧表测量绝缘电阻不小于100MΩ。④将尖轨连接铁上销轴事先取出，注意保持销轴表面清洁。将安装锁钩的一侧尖轨剥离基本轨，取掉锁钩挡板最下方的对穿螺栓和套管后，将锁钩放在锁闭杆上，锁闭杆卡在两挡板中间，锁钩缺口卡在锁闭杆的凸起处，恢复挡板最下方的对穿螺栓和套管过程中保持锁钩孔内清洁无异物并润滑均匀。⑤拨动锁闭杆，当锁钩孔对上尖轨连接铁的销轴孔时，穿上销轴，销轴一端带上平垫、弹垫、M20螺母并拧紧，传入开口销，如图4-62所示。⑥将锁闭铁插入锁闭框方孔内，同时将固定螺栓一头钩住基本轨，另一头穿入锁闭框和锁闭铁安装孔内，带上平垫、弹垫和M20螺母使固定螺栓和锁闭铁不松动，暂不拧紧。⑦撬动本侧尖轨使尖轨与基本轨处于密贴状态，另一侧尖轨处于自开状态，用手托起锁钩，拨动锁闭杆至所需位置。⑧按照步骤③、④、⑤安装另一侧锁钩、锁闭铁和固定螺栓。

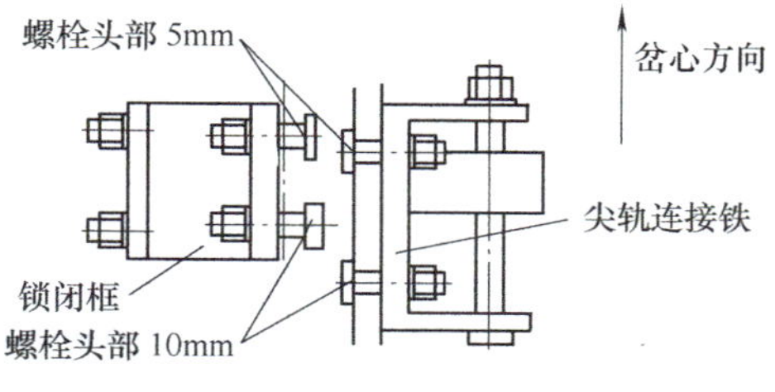

图4-60 锁闭框与尖轨连接铁安装螺栓

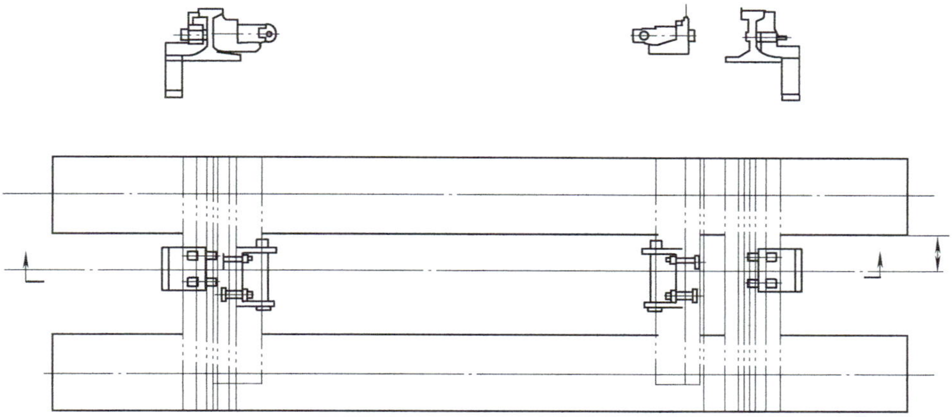

图4-61 锁闭框与尖轨连接铁安装

手摇转辙机使转辙机动作杆状态与道岔状态一致时，通过动作连接杆将锁闭杆与转辙机动作杆连接在一起。调整锁闭框使锁闭杆与转辙机动作杆平行，并且转换过程中锁闭杆平顺不别卡，然后拧紧锁闭框与基本轨的固定螺栓。

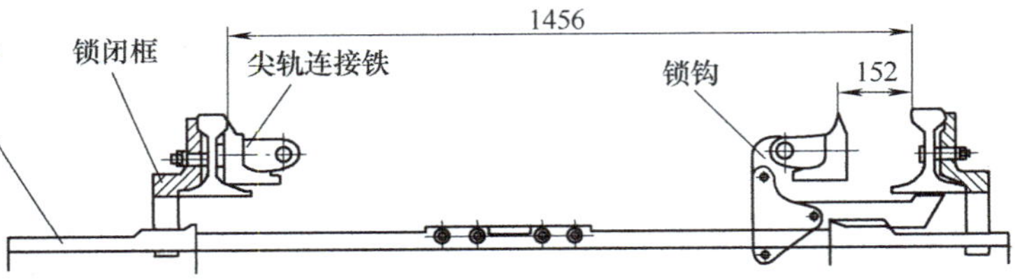

图 4-62　锁钩安装

4. S700K 电动转辙机与分动外锁闭调试

首先使转辙机在手操状态下调整道岔的机械参数应符合要求，包括尖轨开口调整、尖轨密贴调整、转辙机表示缺口调整；然后使转辙机在电操状态下对道岔机械参数进行复检和一致性检查。

(1) 尖轨开口调整　分动外锁闭装置要求尖轨在牵引点（锁闭杆中心轴线）处的动程为 152mm，即道岔锁闭状态时斥离尖轨与基本轨在锁闭杆中心轴线处的开口距离。

首先通过调整动作连接杆与转辙机动作杆连接的活动接头使两侧尖轨在道岔锁闭状态时的开口接近 152mm，并且相差不超过 3mm，然后检查道岔开口是否符合规定要求，若一侧开口大于要求值，可通过增加尖轨连接铁与尖轨间的调整片进行调整，反之则通过减少尖轨连接铁与尖轨间的调整片进行调整，调整片的增减量一般与开口的需调整量相当。当本侧开口调整达到要求，转换道岔，以同样方式进行另一侧开口的调整。两侧开口值在规定范围内应尽量一致。

(2) 尖轨密贴调整　通过逐步增减锁闭铁和锁闭框之间的密贴调整片保证尖轨和基本轨密贴，如图 4-63 所示。若道岔锁闭状态时尖轨与基本轨有明显缝隙，可增加密贴调整片进行调整，若转换过程中尖轨与基本轨已经密贴但道岔无法锁闭或明显感到锁闭很吃力，说明密贴过紧，可减少密贴调整片进行调整。

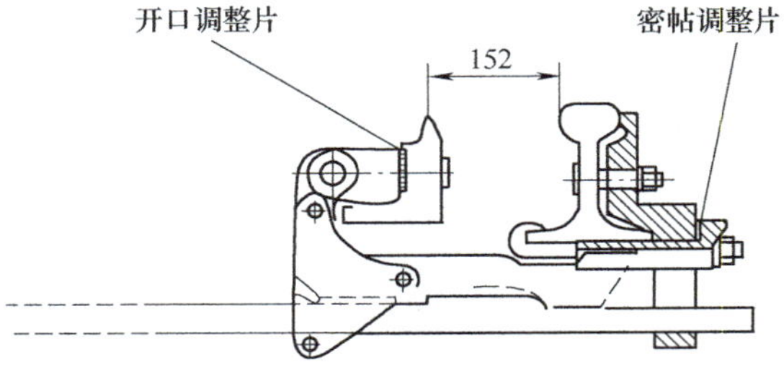

图 4-63　尖轨开口调整、密贴调整简图

(3) 转辙机表示缺口调整　将长、短表示杆连接到转辙机检测杆上，将道岔转换为转辙机在伸出状态并且道岔锁闭时，通过调整长表示杆的伸缩量使转辙机内的指示标对准伸出检测杆的缺口中心（指示标距缺口两边有 1mm 以上空间）；将道岔转换为转辙机在缩入状态并且道岔锁闭时，通过调整短表示杆的伸缩量使转辙机内的指示标对准缩入检测杆的缺口中心。调整完成后观察道岔在解锁和锁闭过程中速动开关组是否动作正常。

(4) 转辙机模拟通电调试及道岔一致性检查

1）模拟电路通电测试。现场信号系统中道岔是由室内计算机联锁系统根据联锁条件检查进行驱动的。在不具备此条件下要对道岔室外部分进行通电调试，根据转辙机驱动原理自制一套模拟驱动电路，如图 4-64 所示，用一转换开关，改变输入到转辙机的三相交流电的相序可使转辙机反复动作。

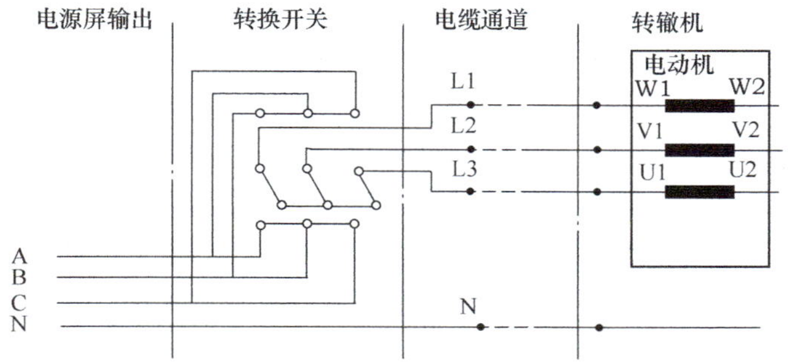

图 4-64 S700K 电动转辙机通电模拟电路

2）调试方法。准备工作。为联系方便，室内外将电话机挂在电话线上；室内将转辙机与室内设备柜电路断开；按照模拟电路将送电装置的三相输出接到每组道岔转辙机相应的三相端子上，其中需要转换的两相必须接在对应 W、V 线圈端子上，N 相与转辙机 N 相直接连接，断开闸刀。

上电测试。图 4-65 所示为道岔起动（本测试已经旁路掉室内部分），室外将转辙机遮断开关合上，接通电操起动电路；做好室内、外准备工作并互相联系确认后，室内将三刀双掷闸刀先向任意一侧合上，若道岔转动，则说明相位正确，转到下一步继续；若道岔不转动，则说明相位不正确，再将三刀双掷闸刀合向另一侧，道岔转动后转到下一步继续；若两侧均不转动，检查配线电路正确与否并重复本步骤。

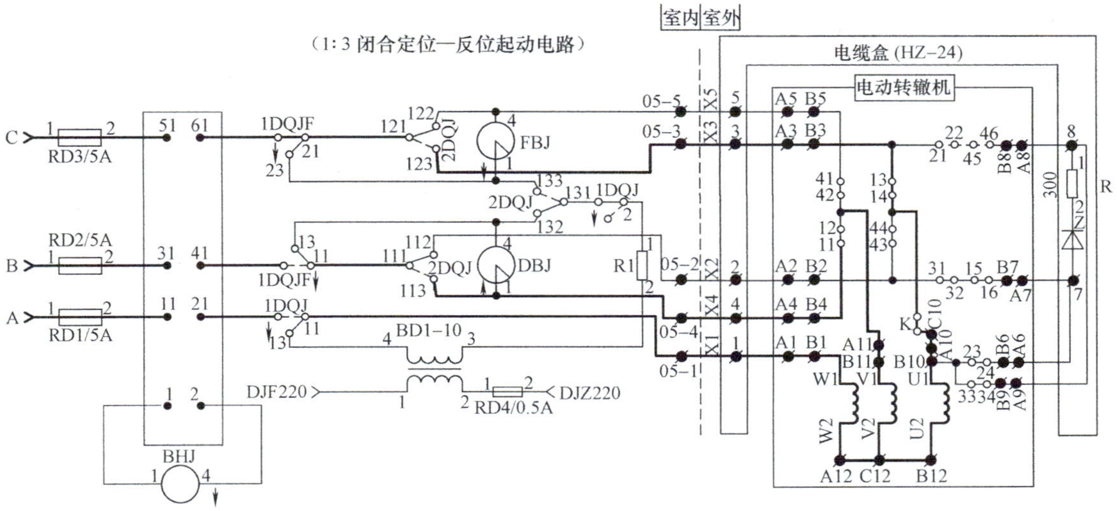

图 4-65 S700K 转辙机 1:3 闭合定位-反位起动电路原理图

道岔调试及检查。室内人员保持与室外人员联系并注意保险及电缆、芯线状态，若有异常情况及时断电，室外道岔若未转换到位进行手摇到位。排除故障后重新进行检查。道岔转换到位后应将三刀双掷闸刀扳到中间双断位置，切断室内与转辙机之间的电源，以便进行下一步的表示一致性检查。

调试及检查内容。道岔转动时室外人员注意检查转辙机的动作、声音是否正常，道岔动作是否正常、是否有吃力卡阻现象，道岔锁闭是否正常等；对道岔进行4mm不锁闭和2mm锁闭检查，即道岔转换过程中，在牵引点处尖轨与基本轨密贴面之间卡入4mm厚隔板，道岔不得锁闭和接通表示；卡入2mm厚隔板，道岔能够锁闭和接通表示。若没有达到要求或多次试验时状态不稳定，则须对道岔密贴进行微调，直至多次试验状态均稳定；道岔解锁及锁闭过程中观察速动开关组是否动作正常，道岔表示回路接通是否正常。通过对表示回路通断的测试，检查道岔室外状态与室内表示的一致性，记录测试结果。

断电复原。调试、检查完成后将室外转辙机切断开关断开，室内将三刀双掷闸刀断开、配线架配线恢复，进行下一组道岔试验。

5. 销记汇报

三、注意事项

1）注意选取合适的工具，能够正确使用。

2）在作业中严格履行以下安全事项，注意设备及人身安全。①严格执行“三不动、三不离、四不放过、七严禁”等电务基本安全制度，严格执行夜间作业劳动安全规定。②严格执行双人作业，安全防护制度，防止发生车辆伤害。③严禁将手和脚放入尖轨与基本轨间的活动部位。④未经联系同意，严禁扳动道岔。⑤作业完毕或每次转移作业地点都必须工完料清。

3）作业中，尤其注意以下事项：①在道岔铺设完成后进行整体道床的混凝土浇筑时，应随时跟踪调查转辙机安装坑及外锁闭和基础角钢安装槽道的预留是否符合信号安装要求，位置见图4-57b）阴影部分。其中长基础角钢槽道的深度为轨底以下120mm，外锁闭槽道深度为轨底以下170mm。②应注意受地铁隧道空间限制，部分道岔长基础角钢穿入轨底时需工务部分配合抬轨。③调试过程中应注意观察道岔轨距是否符合标准，尖轨底部与滑床板是否接触良好、无跳板现象，尖轨在锁闭位置处的上拱高度不得大于5mm，若影响调试须请工务部门协助整治。④道岔安装调试完成后应检查确保接地连接已按照设计要求完成，并确保安装装置中各绝缘连接处绝缘良好。⑤道岔的开口与密贴调整应综合考虑两侧状态的一致性，并且密贴调整完成后应复检开口有无变化，必要时应重复调整。

任务三　ZD6系列转辙机安装装置的安装与调整

一、器材工具

ZD6系列转辙机及安装装置、由转辙机牵引的道岔、信号工及钳工常用工具。

二、任务实施

1. 要点登记等准备工作

2. 电动转辙机安装装置的识读及安装

转辙机安装装置的安装大同小异，下面以ZD6系列转辙机角钢安装为例来讲解。

（1）安装装置及图纸识读　ZD6系列电动转辙机的安装装置由基础角钢、尖端杆、密贴调整杆、连接杆和螺栓、螺母组成。

（2）安装装置的安装　ZD6系列电动转辙机安装装置的安装过程及方法类似任务

S700K 安装装置的安装，所不同的是 ZD6 系列电动转辙机属于内锁闭，不用安装分动外锁闭装置，安装调试相对简单些。

由于 ZD6 系列电动转辙机安装于不等边角钢上，角钢通过角形铁固定在基本轨上，如图 4-66 所示，密贴调整杆通过立式（水平）杆架与道岔的第一连接杆相连，再通过螺栓销与转辙机的动作杆相连。动作杆通过密贴调整杆、第一连接杆带动道岔尖轨转换与锁闭并密贴。通过密贴调整杆的轴套，可调整尖轨的密贴。尖端杆通过尖端铁固定在尖轨上，再通过舌铁与连接杆的接头铁相连，连接杆通过螺栓与电动转辙机的表示杆相连，这样连接好后，尖轨的位置可由表示杆来反映。通过尖端杆上的螺母可调整前表示杆缺口的位置。具体安装过程参照本项目任务二的安装方法，基本类似，这里不再赘述。

a)　　　　b)

图 4-66　转辙机及安装装置安装

a）角钢安装　b）转辙机安装

(3) 转辙机安装　安装方法类似本项目任务二中 S700K 转辙机的安装方法，结合图 4-67 和图 4-68 并参照 S700K 转辙机的安装方法进行安装。

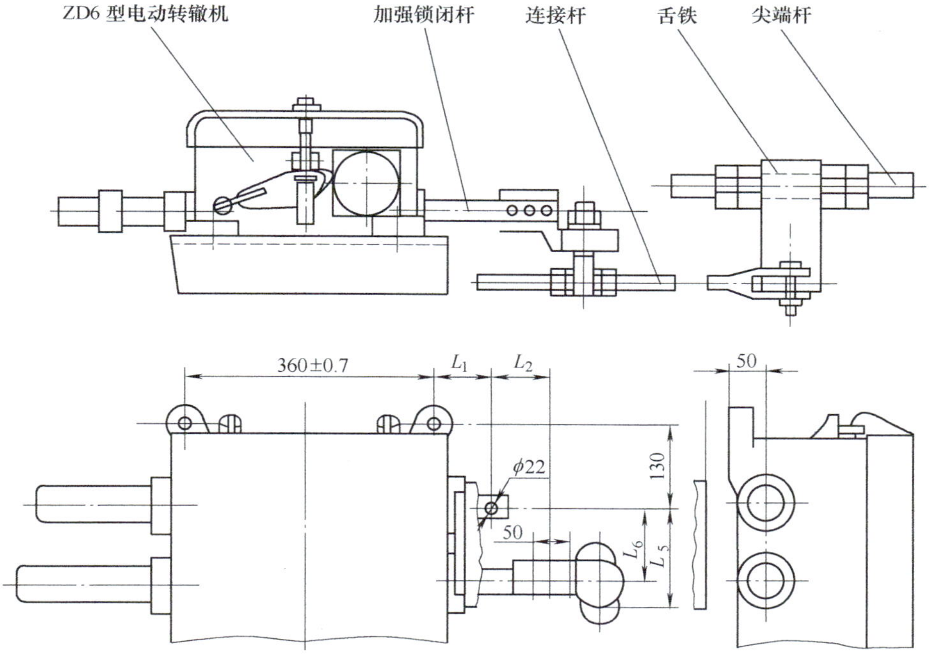

图 4-67　ZD6 转辙机的安装尺寸

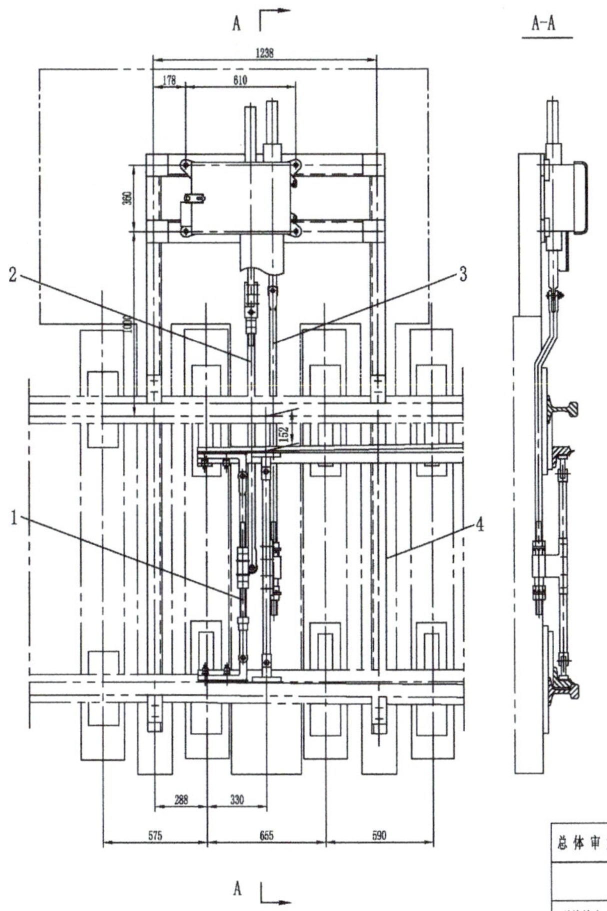

技 术 要 求

1. 本图为ZD6-D型电动转辙机在50kg/m钢轨7号单开道岔上的安装，此道岔基础类型为整体道床方式。转辙机装在道岔直线一侧，若转辙机装在侧线一侧，则按本图对称布置，其零件不变。
2. 安装时要请工务部门配合，将拉杆、轨距、枕木间距和尖轨动程等调整到规定的标准。尖轨爬行量和道岔转换阻力等应不超过规定的标准。
3. 安装装置零件齐全，质量合格，各部绝缘安装正确，不遗漏，不破损。各部螺栓应紧固并达到规定的紧固力矩。丝扣露出螺帽外的余量不小于10mm。开口销齐全，并按标准角度劈开。
4. 基础角钢应垂直于直股基本轨，密贴调整杆，长表示杆，短表示杆应垂直于直股基本轨。
5. 各杆连接要平顺，无别卡现象，螺栓销置入或退出容易，不用手锤强行敲击。
6. 安装完毕应保证尖轨在定位或反位时必须密贴基本轨。在牵引点位置尖轨与基本轨间有4mm及其以上间隙时不得锁闭道岔或接通表示。

序号	代号	名称	数量	材料	重量	备注
4	BJM6 F10-13-03-00-SS-XH-008	基础角钢	1			
3	BJM6 F10-13-03-00-SS-XH-007	GTM型密贴调整杆	1			
2	BJM6 F10-13-03-00-SS-XH-006	GL型连接杆	1			
1	BJM6 F10-13-03-00-SS-XH-005	GA型尖端杆	1			

总体审定				项目名称	
副总体审定	设计		道岔转换设备安装图 50kg/m钢轨7号单开道岔转换设备安装图 转辙器安装总图(整体道床)	工程号	
	校核			阶段	施工设计
	专业负责人			图号	BJM6[-10-13-03-00-SS-XH-004
	审核			日期	2011.05
	院审				

图 4-68　ZD6-A 型转辙机安装总图

(4) 安装装置的调整 调整方法类似本项目任务二中安装装置的调整方法，需要注意的是：①道岔开口及密贴通过GTM密贴调整杆上的轴套来调整。②转辙机表示通过GA尖端杆上舌铁两侧的螺母来调整。③基础角钢应垂直于直股基本轨，角形铁应紧贴轨底上坡面并安装牢固。④密贴调整杆、连接杆、尖端杆应垂直于直股基本轨。⑤转辙机动作杆与密贴调整杆连接要平顺，无别卡现象。

3. 密贴调整

为检查道岔是否密贴，在前后表示杆的腹部空腔内分别设一个检查块。每个检查块上有一个缺口，道岔转换到位并密贴后自动开闭器所带的检查柱落入此缺口，使自动开闭器动作。设两个检查块是为了满足道岔定位和反位检查的需要。若左侧检查柱落在后表示杆缺口中，则右侧检查柱将落在前表示杆缺口中，参见图4-23。

调整方法类似本项目任务二中S700K的密贴调整，道岔转换到位后，自动开闭器上的检查柱就落入表示杆检查块的缺口之中，在密贴调整完成后，才能进行表示的调整。顺口溜是“先伸出，再拉入（图4-69）；先调密贴，再调表示”。具体如下：先调密贴，使尖轨和基本轨的间距为2～4mm；再调锁闭量；最后进行表示杆缺口的调整，具体为先在动作杆伸出位置，调整表示连接杆螺母，使前表示杆上的标记，与窗口标记重合，这时检查柱应落入表示杆缺口并保持每侧有1.5mm±0.5mm的间隙。然后在动作杆拉入位置，道岔密贴后，松开并紧螺栓，调整后表示杆的螺母，使检查柱落入后表示杆的缺口且保持每侧有1.5mm±0.5mm的间隙；最后，再经几次定、反位动作试验，设备工作正常，拧紧并紧螺栓，调整工作即告完毕。

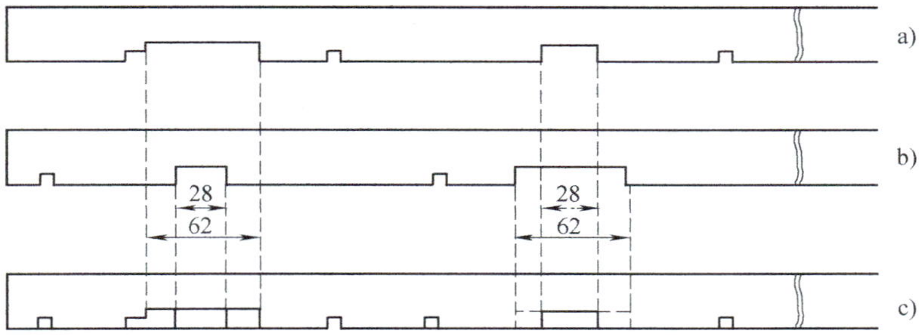

图4-69 表示杆拉入、伸出示意图

a）前表示杆，处于检测拉入位置 b）后表示杆，处于检测伸出位置 c）两杆重叠示意图

检查块轴向有一导杆，上面穿有弹簧和导杆钉，平时靠弹簧弹力顶住检查块，以完成对检查柱的检查。挤岔时，检查块缺口被检查柱占有，挤岔瞬间检查块动不了，挤岔的冲击力使表示杆向检查块运动，弹簧受到压缩，检查块和检查柱并未直接受到挤岔冲击力，不会损坏。另一方面，表示杆被挤，用缺口斜面迫使检查柱抬起，脱离检查块缺口，各部件不致受损。此时由于检查柱的抬起，自动开闭器的动接点立即退出静接点组，断开道岔表示电路。

4. 销记汇报

三、注意事项

1）注意选取合适的工具，能够正确使用；注意设备及人身安全。

2）ZD6 系列电动转辙机在日常调整中应掌握以下经验值：正反向摩擦电流相差应小于 0.3A；ZD6-A、D、F 型应保持在 2.5～2.7A；ZD6-E、J 型应保持在 2.2～2.3A。

任务四　ZD6 系列转辙机的巡检与检修

转辙机的维护检修包括日常维护和紧急故障处理，其中日常维护包括日常养护和集中检修，下面分别加以描述。

一、器材工具

ZD6 系列转辙机、由转辙机牵引的道岔、信号工常用工具、手锤、必要的润滑油及清扫工具等。

二、任务实施

1. 日常养护（一般每月一到两次）

（1）登记要点等准备工作

（2）主要养护作业

1）存储运输。整机的维护，转辙机运输过程中，应小心轻放，避免碰撞和敲击，严禁与酸、碱等腐蚀物品放在一起。转辙机（包括单件电动机）应保存在通风良好、温度为 -4040℃、相对湿度不大于 85%、周围无腐蚀性有害气体的库房中，严禁倒置，严禁淋雨，严禁泡水。

2）现场使用。现场使用中，不要将重物砸伤机盖以免机盖变形，若壳体或机盖漆皮和涂层脱落要及时补漆；动作杆和表示杆（锁闭杆）外露部位要定期涂油脂；减速器要定期从顶部注油孔注可耐温度（-40～70℃）的润滑油或 TR-1 润滑脂；整机的螺栓或螺钉要定期检查紧固；表示杆（锁闭杆）缺口要定期检查（通过目测）以便及时调整；机内除齿条块、锁闭齿轮等涂油外，其他部位应保持干净整洁。

具体养护作业为：①检查道岔尖轨密贴、飞边情况。②检查表示杆缺口标记有无变化。③检查安装装置是否完好，外部安装螺栓是否松动，开口销是否齐全，开口是否标准。④在锁闭杆伸出或拉入位时，用目测方法检查锁闭柱两侧间隙是否合适，或根据现场使用在锁闭杆上刻画标识线，利用转辙机上的移位标进行检查，如不符合要求，则需要调整。⑤检查设备有无受外界干扰，箱盒有无破损、漏水，加锁是否良好。⑥清扫设备环境，保持环境清洁。

2. 集中检修

（1）登记要点　严格按照检修作业程序，提前做好准备等。对于正线常用道岔的集中检修每月一次，正线其他道岔及车辆段内道岔一般检修周期可适当加长，一般 2～3 个月一次，当进行集中检修时，当次日常养护取消。

（2）主要检修作业

1）检查道岔尖轨密贴、飞边情况。

2）检查表示杆缺口标记有无变化。

3）检查安装装置是否完好，外部安装螺栓是否松动，开口销是否齐全，开口是否标准。

4）检查设备有无受外界干扰，箱盒（如图4-70所示的终端盒）有无破损、漏水，加锁是否良好。

5）清扫设备环境，保持环境清洁。

6）开盖检查机内各部件，检查开口销是否齐全，检查转辙机盖功能是否完好，检查表示缺口、电刷盖、换向器表面是否完好。

7）检查电动机工作火花、插件、配线是否正常且完好。

8）检查速动爪与速动片间隙是否正常。

9）检查滚轮在速动片上的滚动状态，检查滚轮落下后状态。

图4-70 终端盒

10）电动机电刷检查调整。将电刷压盖螺钉拧下后抽出电刷，首先检查电刷与换向器是否呈同心弧面接触，接触面积不少于电刷面积的3/4；接着再检查电刷长度不小于使用前长度的3/5，一般电刷使用前的长度是16mm，所以，电刷长度若低于9.6mm时应及时更换。

3. 检修作业标准

检修作业包括：外观检查、内部检查及试验测试。

（1）外观检查

1）各部件完整无破损，加锁良好，道岔密贴，道岔爬行不超过20mm，各部件不存在磨卡现象。

注意：尖轨、基本轨的爬行检查方法一般有两种，第一种方法是用“方尺”检查道岔方钢方正后，分别测量方钢中心线与尖轨尖端的距离并与标准进行比较，若相差大于20mm即为爬行超标；第二种是在道岔方正的情况下，分别测量轨头距道岔尖轨尖端的距离，把测得的结果与标准进行比较，若相差大于20mm即为爬行超标，一般老式普通道岔为2650mm，AT型道岔为2850mm。

2）用手锤从电动转辙机底座开始，顺序对角钢、丁字铁、象鼻铁、调整杆、表示连接杆及尖端杆进行检查，紧固螺母。螺栓不得低于螺母顶面，螺扣调整部分余量不得少于10mm。

3）转辙机摩擦带与内齿轮伸出部分不生锈、不腐蚀、不沾油，保持清洁。

4）密贴调整杆和表示连接杆、尖端杆的连接有开口销，劈开角度为60°~90°。

5）道岔防护盒基础排水良好，倾斜度不超过10mm，盒底距地面不小于150mm。

（2）内部检查

1）静触点压力适当，接触深度不小于4mm，动触点和静触点座间隙不得小于3mm，两侧相差不大于1.5mm，中心线偏差不大于0.5mm，动触点环不得低于动触点片，静触点片不得被动触点座圆柱凸出台撑开，用手扳动自动开闭器动接点，其摆动量不得大于3.5mm。

2）速动爪上的滚轮在转动中应在速动片上滚动，接触面积不少于2mm^2，在解锁和锁闭时，速动片和速动爪不得相碰，在解锁时，速动片无提前转动的可能。

3）当道岔扳至定位或反位时，检查柱落入表示杆缺口两侧间隙为1.5mm±0.5mm。

4）摩擦带与内齿轮伸出部分应清洁无油垢，调整弹簧各圈间隙不少于1.5mm。

5）止挡栓不旷动，移位接触器顶杆与齿条块内触头间隙为1.5mm。

6）道岔各组成部分安装装置的绝缘大于等于200Ω。

（3）试验测试

1）扳动中听有没有过大噪声，减速器内部啮合齿轮啮合不良或缺油，减速器在运转中会出现过大噪声或“突突”响声，应及时更换或上油并检查电动机有无过大火花。上油方法：如图4-71所示，取下减速器顶部的注油螺钉，从注油孔注入可耐温度（-40~70℃）的润滑油或TR-1润滑脂，谨防摩擦带沾油。

图4-71　减速器注油

2）检查道岔密贴状态，在动作杆密贴处插入道岔密贴检查尺，2mm时锁闭、4mm不锁闭；测试ZD6-D型转辙机动作电流应小于2.0A，ZD6-E型、ZD6-J型转辙机动作电流应小于2.2A，ZD6-D型转辙机单机摩擦电流为2.3~2.9A，ZD6-E型、ZD6-J型转辙机双机配套使用时摩擦电流为2.0~2.5A，ZD6-E、ZD6-J型电动转辙机转换时间不大于9s。

3）ZD6-D型转辙机转换时间不大于5.5s，ZD6系列转辙机锁闭电流不得大于动作电流0.3A，正反向摩擦电流相差应小于0.3A。

4. 销记汇报

三、注意事项

1）注意选取合适的工具，能够正确使用。

2）在电动机检修中影响动作电流大小的因素有：①减速器：油脂好坏、内部组装齿轮啮合状态。②尖轨：动作是否灵活、岔根是否有足够的动作空间。③动作杆、表示杆：与齿条块间润滑是否良好。④滑床板：清扫是否及时以免有沙子油泥等影响润滑，涂油是否良好。⑤电动机：线圈局部短路（火花过大）、转子断格（换向器不清洁等）。

3）在转辙机维修和维护中，东北地区推荐使用转辙机专用润滑脂TR-1（或航空润滑脂7008#），该润滑脂通过转辙机的高低温试验（-40~70℃），其在高低温状态下，性能较稳定。

4）在每一次作业后，都应经过多次转换试验来验证转辙机的状态及其转换道岔的准确性和可靠性。

5）注意设备及人身安全。

任务五　ZYJ7型转辙机的巡检与检修

一、器材工具

ZYJ7型转辙机、由转辙机牵引的道岔、信号工及钳工常用工具等。

二、任务实施

1. 要点登记及准备工作

2. 基本维护

（1）接点检查　接点清洁、接触深度良好、压力标准，转动灵活，如图4-72所示。

（2）惰性轮作用检查　别住联轴器，用手转动惰性轮能转动，有一定阻力，但无卡阻。当转不动时适当滴润滑油防止锈蚀，但注意量的控制，不可过多。

（3）油位检查　拧下油标尺，用清洁软布擦拭，将标尺放入油箱再拿出，看油的痕迹，正常应在上下限之间，尽量接近上限。用专用油枪在注油孔加油，加入 YH-10 专用液压油。

（4）压力检查

1）溢流压力检查。用两块压力表同时接入定反位压力表接头，搬动道岔将尖轨基本轨间夹入手锤等工具使道岔受阻时的压力即为溢流压力，不超过 12MPa。

2）转换压力。道岔正常转换过程中压力表的读数即为转换压力，这个压力反映了道岔转换过程的阻力大小，压力大则阻力大，一般道岔转换过程压力不超过 7MPa，阻力大时应查找外锁闭装置是否不方正、是否缺油及是否别劲等，检查滑床板是否缺油、工务道岔是否存在病害等，如图 4-72 所示。

（5）管路、液压缸渗漏检查　检查各油管连接头是否渗漏；液压缸、活塞杆部位是否有油滴，必须注意检查位于外部在防护罩下的连接油管接头，如图 4-73 所示。

（6）液压缸位置检查　在液压缸原理部分已做介绍，这里不再赘述。

（7）缺口检查调整　注意调整缺口必须保证在道岔开程标准（ZYJ7 标准为 2mm ± 0.5mm，SH6 标准为 4mm ± 1.5mm）的前提下调整，锁闭（表示）杆伸出位置设有标尺，在转辙机上设有标记窗对应标尺（图 4-73）。

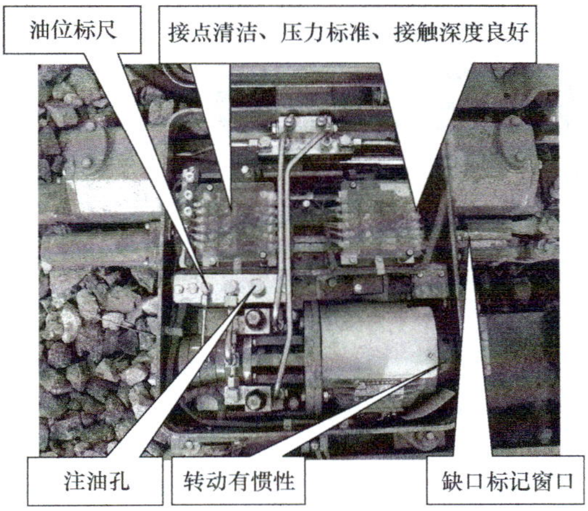

图 4-72　转辙机接点及电动机转动惯性检查

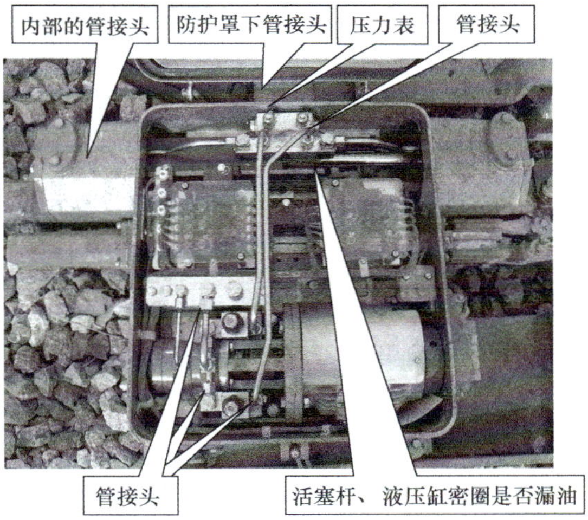

图 4-73　管路、液压缸渗漏检查

（8）注油润滑　（每年一次）用专用油枪从油杯给如图 4-74 和图 4-75 所示部位注专用 TR-1 润滑油脂。注油部位有推板与锁块间、锁块与锁闭铁间（两个位置）、滚轮与动作板和速动片间；液压缸和机壳间、动作杆与底壳间、锁闭柱与检查柱间。

3. 销记汇报

三、注意事项

1）注意选取合适的工具，能够正确使用。

2）在作业中严格履行安全事项，注意设备及人身安全。

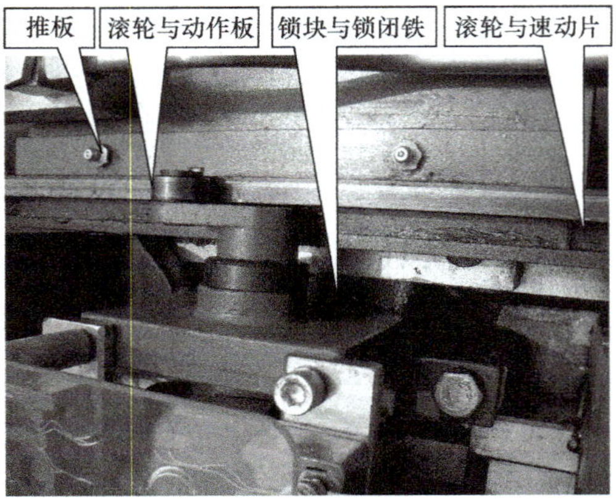

图 4-74 注油部位

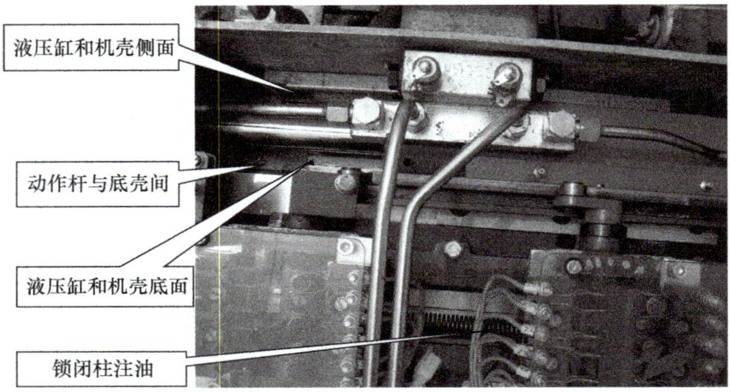

图 4-75 注油部位

【任务评价】

任务评价单见附录。

【复习与思考】

1. 转辙机有何作用，如何分类？
2. 阐述 ZD6 系列电动转辙机的传动原理。
3. ZD（J）9 型电动转辙机有哪些特点？它与 ZD6 相比有何异同？
4. 如何调整道岔密贴？摩擦联接器有何作用？
5. 道岔有几种锁闭方式？比较它们的优缺点。
6. 如何拆装 ZD6 系列转辙机？
7. 转辙机日常维护作业内容包括哪些？
8. 转辙机维护检修作业标准有哪些？
9. 如何进行 S700K 电动转辙机及分动外锁闭装置的安装与调试作业？
10. 如何对 ZD6 系列转辙机安装装置进行安装调整？
11. 如何对 ZYJ7 型电液转辙机进行日常维护？

项目五

轨 道 电 路

【问题导入】

大家都有坐火车出行的经历（教学过程中可以配合动画演示），随着列车徐徐驶出车站，请同学们思考并回答两个问题：(1) 地面车站值班员或控制指挥中心的调度指挥人员如何时时监督茫茫野外列车位置即定位列车？(2) 驾驶人如何获得列车应以多大速度运行，尤其是如何获得前方路况信息？轨道电路能完成定位列车及传递车地信息功能。轨道电路安装于哪里，由哪些设备组成，如何实现功能及如何安装及维护等？本项目将探讨相关问题。

【学习目标】

1. 知识目标：

(1) 理解轨道电路的基本原理、分类。

(2) 掌握各种轨道电路的作用、构成、基本工作原理和工作参数。

2. 能力目标：

(1) 能识别轨道电路各部件，并知道各部件的作用及原理。

(2) 会维护常用轨道电路。

3. 情感目标：

(1) 培养理论联系实际的良好习惯，提高团队合作精神。

(2) 激发学员浓厚的学习兴趣，培养良好的学习习惯和安全第一、严谨的工作作风。

【教学建议】

1. 教学场地：在教室、互联网多媒体教室及信号实训室中进行，课后可实地参观。

2. 设备要求：至少具有能连接互联网的多媒体教室一个，各种常用轨道电路及安装件，至少一组道岔，能放视频投影的设备及课件、视频介绍一套。

3. 教学重点、难点：

(1) 轨道电路的作用、分类及站内轨道电路的划分。

(2) 各种类型轨道电路的工作原理、设备构成、工作状态和参数。

(3) 轨道电路的维护保养。

4. 课时要求：共 14 课时，其中课堂讲授 6 课时，实际操作 8 课时。

【理论知识】

课题一　轨道电路概述

一、轨道电路的组成及作用

轨道电路是利用钢轨线路和钢轨绝缘构成的电路。它用来监督线路的占用情况，以及将列车运行与信号显示等联系起来，即通过轨道电路向列车传递行车信息。轨道电路是铁路信号的重要基础设备，它性能的好坏直接影响行车安全和运输效率。

1. 轨道电路的组成

轨道电路是以铁路线路的钢轨作为导体，两端加以机械绝缘（或电气绝缘），接上送电和受电设备构成的电路。图 5-1 所示为轨道电路部分设备实物图，简单的轨道电路原理图如图 5-2 所示。轨道电路包括发送设备、传输设备（钢轨）和接收设备。

图 5-1　轨道电路部分设备实物图

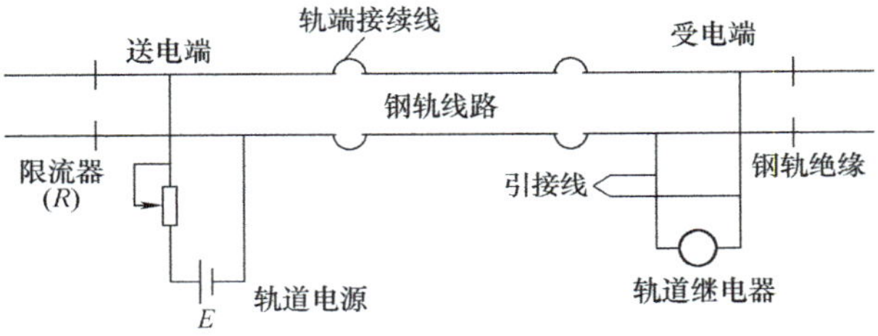

图 5-2　简单的轨道电路原理图

(1) 发送设备　发送设备设在送电端，由轨道电源 E 和限流电阻 R 组成。限流电阻的作用是保护电源不致因过负荷而损坏，同时保证列车占用轨道电路时，轨道继电器可靠落下，提高分路灵敏度。发送设备也可以是能够发送信息的电子设备，通过轨道电路向列车传递行车信息。

(2) 传输设备　即钢轨，是轨道电路的导体，传送电信息。为减小钢轨接头的接触电阻，保持电信息延续，增设了轨端接续线。钢轨绝缘是为分隔相邻轨道电路而装设的，即划分各个轨道区段。两绝缘节之间的钢轨线路，称为轨道电路的长度。

(3) 接收设备　接收设备设在受电端，一般采用继电器，称为轨道继电器，由它来接收轨道电路的信号电流，反映轨道的状况即有车占用、无车占用、钢轨是否完整；或者当轨道电路信息中包含有控制信息时，轨道电路的受电设备也可以是能够接收并鉴别电流特性的电子设备。

送、受电设备一般放在轨道旁的变压器箱或电缆盒内，如图 5-1 所示，轨道继电器设在信号机械室内。送、受电设备由引接线（钢丝绳）直接接向钢轨或通过电缆过轨后由引接线接向钢轨。

2. 轨道电路的作用

轨道电路在城市轨道交通中起着重要作用，体现在以下两个方面：

（1）监督列车的占用 利用轨道电路监督列车在区间或列车和调车列车在站内的占用情况，是监督列车占用最常用的方法。由轨道电路反映该段线路是否空闲，为开放信号、建立进路或构成闭塞提供依据，还利用轨道电路的被占用关闭信号，把信号显示与轨道电路是否被占用结合起来。

（2）传递行车信息 在正线上，根据列车的不同位置，向有关闭塞分区的轨道电路传输不同的控制信息，实现对追踪的列车进行控制，例如数字编码式音频轨道电路传输的行车信息，为 ATP 系统计算列车运行的目标距离、目标速度等直接提供所需前方列车或障碍物位置及路况信息。

二、轨道电路的工作原理及应用

1. 工作原理

（1）调整状态 当轨道电路内设备完好无故障，且没有列车、车辆占用时，轨道电流从电源正极流出，经钢轨、轨道继电器线圈回到负极而构成回路，轨道继电器处于吸起状态，表示轨道电路空闲，此状态称为轨道电路调整状态。调整状态最不利条件是指钢轨阻抗最大、道床电阻最小、送电端电源电压最低、轨道电路为极限长度。

（2）分路状态 当轨道电路内设备完好无故障，且有列车、车辆占用时，它被列车轮对分路，轮对电阻远小于轨道继电器线圈电阻，流经轨道继电器的电流大大减小，不足以使继电器衔铁吸起，轨道继电器落下，表示该轨道电路区段被车占用。此状态称为轨道电路分路状态。分路状态最不利条件是指钢轨阻抗最小、道床电阻最大、送电端电源电压最高。

（3）断轨状态 当轨道电路区段内发生断轨或断线等故障时，流经继电器线圈的电流中断，使继电器失磁落下，此状态称为轨道电路断轨状态。

2. 轨道电路的应用

轨道电路广泛用于铁路和城市轨道交通信号系统中，包括区间和车站轨道电路，通常是与自动闭塞制式相一致的轨道电路，按照自动闭塞通过信号机分区，每个闭塞分区就有其轨道电路。对于机车信号来说，各种制式的区间轨道电路和站内电码化轨道电路，就是其地面发送的设备，也就是信息来源；对于列车超速防护来说，带有编码信息的轨道电路是其车-地之间传输信息的通道之一，监督列车占用、定位列车位置、传递行车信息。

三、轨道电路的分类

1. 按动作电流的特性分

按动作电流的特性，轨道电路分为工频连续式轨道电路和音频轨道电路。

（1）工频连续式轨道电路 当轨道电路的动作电流频率属于低频 300Hz 以下时，传输连续交流电，只能用于监督轨道的占用，不能传输对列车的控制信息。

（2）音频轨道电路 轨道电路的动作电流频率属于音频 300～3000Hz，其中音频轨道电路又分为模拟式轨道电路和数字编码式轨道电路。模拟式轨道电路采用调幅或调频方式，而数字编码式轨道电路采用数字调频方式，数字编码式轨道电路比模拟式轨道电路传输更多的信息，如速度码、线路坡度码、闭塞分区长度码等。音频轨道电路不仅能监督轨道的占用，还能传输对列车的控制信息，如反映列车运行前方几个闭塞分区的占用情况等路况信息。

2. 按分割方式分

按分割方式的不同，轨道电路分为绝缘轨道电路和无绝缘轨道电路（电气隔离式、自然衰耗式、强制衰耗式）。

(1) 有绝缘轨道电路 多用于城市轨道交通车辆段内的轨道电路，利用钢轨绝缘实现相邻轨道电路间的电气隔离。由于钢轨接缝的存在，当列车经过接缝时，乘客会感到不舒适；同时列车运行的冲击力容易造成绝缘破损，所以故障率高。

(2) 无绝缘轨道电路 如图5-3所示，无绝缘轨道电路绝缘节原理图，多用于城市轨道交通正线上轨道电路，如美国AF—904型数字音频轨道电路和我国铁路大量使用的ZPW—2000型系列无绝缘轨道电路。利用电气隔离方式实现相邻轨道电路间的电气隔离，又称谐振式，即轨道电路电源采用不同的信号频率，利用谐振槽路、谐振回路对不同信号频率呈现不同的阻抗，串联谐振电路中总阻抗最小，并联谐振总阻抗最大，从而实现相邻轨道电路的电气隔离。由于没有机械绝缘节，所以列车经过时，乘客会感觉较舒适，而且满足电气化区段要求。

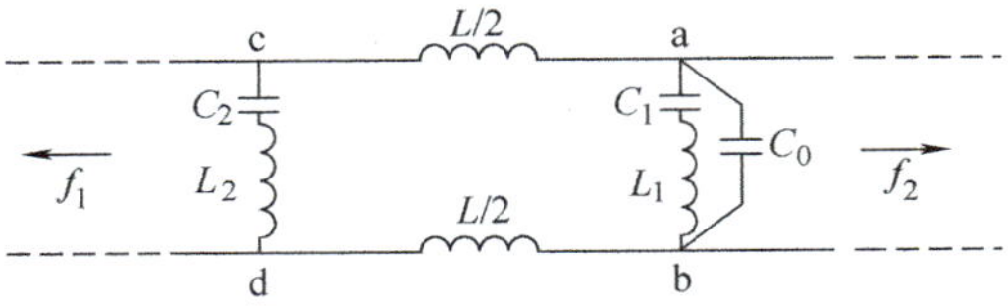

图5-3 无绝缘轨道电路绝缘节原理图

3. 按所处的位置分

按所处的位置分，轨道电路可分为站场内轨道电路和区间轨道电路。

(1) 站场（车辆段）**内轨道电路** 站场（车辆段）内轨道电路轨道区段比较短，一般只有监督轨道空闲的作用，不能传输其他信息。为了使机车信号在站内能连续显示，要对站内轨道电路实行电码化，即在列车占用本区段或占用前一区段时，用预叠加方式转为能发码的轨道电路，俗称“站内电码化”，多见于铁路车站，地铁多采用ATC方式。

(2) 区间轨道电路 区间轨道电路一般用于正线自动闭塞区段，一般轨道区段比较长，结构比较复杂，如后面讲到的ZPW—2000系列轨道电路，不仅能监督轨道空闲情况，还能传输行车有关的信息。

4. 按轨道电路内有无道岔分

按轨道电路内有无道岔，轨道电路可分为无岔区段轨道电路和道岔区段轨道电路。

(1) 无岔区段轨道电路 钢轨没有分支，结构简单，多用于停车线、检车线、尽头线调车信号机接近区段及两个叉置调车信号机之间。

(2) 道岔区段轨道电路 钢轨线路有分支，包含了岔前线路、岔后直向位置线路和岔后侧向位置线路，根据道岔结构要求，不仅相关钢轨、杆件要增加绝缘，还要增加道岔跳线和连接线，当分支超过一定长度时，还要增加受电端，结构复杂。多用于车辆段内有分支线路。

5. 按使用区段分

按使用区段分，轨道电路可分为非电气化区段轨道电路和电气化区段轨道电路。

(1) 非电气化区段轨道电路　没有抗电化干扰的特殊要求，一般的车辆段轨道电路都是非电气化区段轨道电路，多采用工频 50Hz 的轨道电路。

(2) 电气化区段轨道电路　即保证抗电化干扰，又要保证牵引回流的畅通无阻，因钢轨中已流有频率为 50Hz 的牵引电流，所以轨道电路就不能再用频率为 50Hz 的电源，用其他频率，否则发生混频，对于有绝缘节的轨道电路，必须安装扼流变压器，目的是使牵引回流能顺利越过绝缘节。

我国铁路或城市轨道交通车站内多采用频率为 25Hz 的相敏轨道电路，区间多采用无绝缘移频轨道电路。

四、轨道电路的划分和命名

1. 轨道电路的划分

(1) 正线轨道电路的划分原则　正线大多数采用无绝缘轨道电路，每隔一定距离划分一个闭塞分区。

(2) 车辆段轨道电路的划分原则　车辆段大多数采用有绝缘轨道电路，轨道电路之间采用钢轨绝缘将两个轨道电路划分为互不干扰的独立电路单元，即轨道电路区段。划分原则如下：①有信号机的地方必须设置绝缘节。②满足行车、调车作业效率的提高，即为满足平行作业要求，渡线道岔上装设绝缘节。③一个轨道电路区段的道岔不能超过 3 组。④为提高车辆段咽喉区的使用效率，轨道电路区段尽量划短。⑤在车辆段内，停车线一般划为两个轨道电路区段，允许同时停放两辆列车。

2. 轨道电路的命名

如图 5-4 所示，道岔区段和无岔区段采用不同的命名方法。

(1) 道岔区段　根据道岔编号来命名。

1）包含一组道岔的，用该组道岔名称命名如：12DG。

2）包含两组道岔的，用该两组道岔名称，中间加个连字符命名如：14-17DG。

3）包含三组道岔的，用该三组道岔最大和最小道岔号名称、中间加个连字符命名，如道岔区段中包含 15、16、18 号道岔，则命名为 15-18DG。

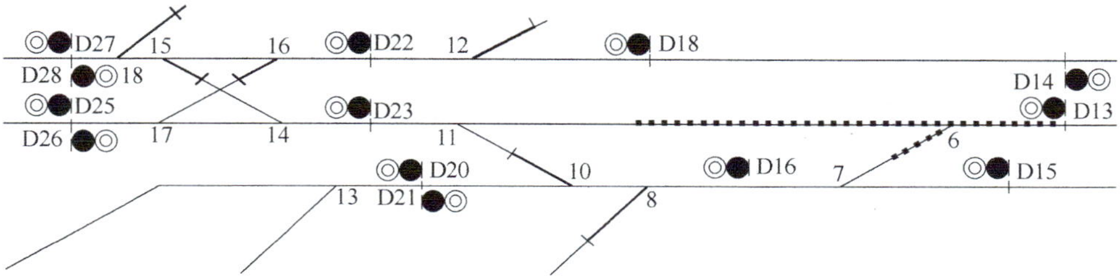

图 5-4　简单站场图

(2) 无岔区段　分以下几种情况，不同情况命名方法不同。

1）进出车辆段口处的无岔区段，根据功能命名，如进出车辆段处的转换轨轨道电路，分别命名为 ZHG1、ZHG2。

2）检车线、牵出线等处调车信号机外方的接近区段，在调车信号机名称后加 G，如牵出线调车信号机前方的轨道电路名称为 D15G。

3）车辆段停车股道的轨道电路，按照股道编号加上字母来命名，同一股道的两个轨道区段分别用 A、B 表示，如 8A、8B，分别表示 8 股道 A 段轨道电路和 8 股道 B 段轨道电路。

4）差置调车信号机之间的无岔区段，以两端道岔编号写成分数形式再加 G 表示，如 D14、D18 之间的无岔区段内含有道岔 12 和 4，则此无岔区段命名为 4/12G。

五、轨道电路的极性交叉

1. 极性交叉

有钢轨绝缘的轨道电路，为了实现对钢轨绝缘破损的防护，要使绝缘节两侧的轨面电压具有不同的极性或相反的相位，这就是轨道电路的极性交叉，如图 5-5 所示，图中粗线表示接电源正极，细线表示接电源负极。

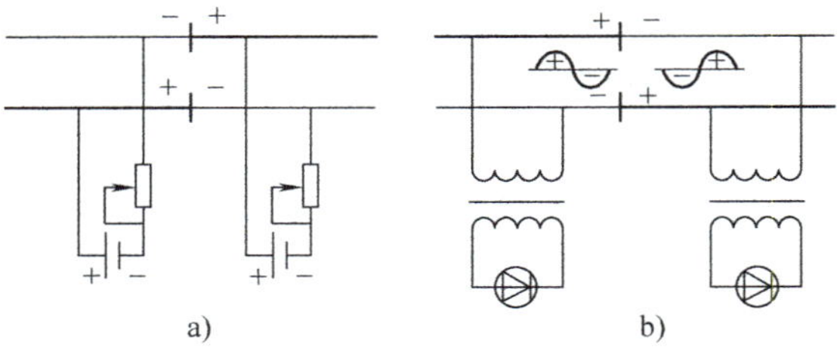

图 5-5　轨道电路的极性交叉原理简图

2. 极性交叉的作用

极性交叉可防止在相邻轨道电路间的绝缘节破损时引起轨道继电器的错误动作。

1）对于直流供电，如图 5-6 所示，1G 和 3G 是两个相邻的轨道电路，它们没有实现极性交叉。当 1G 有车占用而绝缘破损的情况下，流经轨道继电器 1G 的电流等于两个轨道电源所供的电流之和，1G 有可能保持吸起，这危及行车安全。若按极性交叉来配置，绝缘破损时，轨道继电器中的电流就是两者之差，只要调整得当，1G 和 3G 都会落下，从而实现了故障导向安全。

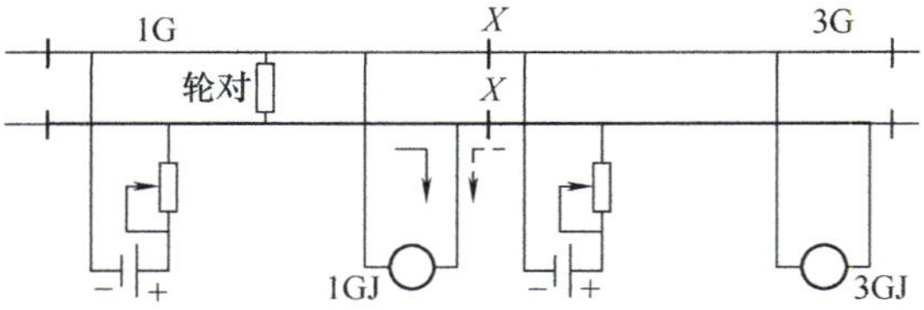

图 5-6　极性交叉的作用分析图

2）对于交流供电，只要两相邻轨道电路电流相位相反，它们的瞬间极性也相反，就可得到极性交叉效果。

3）对于频率电码轨道电路因相邻区段的编码不同，无法实现极性交叉，必须采用频率防护的方法，即相邻区段采用不同的频率。

3. 极性交叉的配置方法

在无分支线路上，极性交叉配置比较容易，只要依次变换轨道电路供电电源的极性。而在有分支线路上，即有道岔处，极性交叉的配置就要复杂一些。因为道岔绝缘节可以设在道岔直股，也可设在弯股，不同的设置将影响整个车站极性交叉的配置。

一般，在一个闭合的回路中，绝缘节的数量必须达到偶数才能实现极性交叉，若为奇数，采用移动绝缘节的方法来实现。当车站内要求正线电码化时，可以将绝缘节移至弯股，并且采用人工极性交叉方式。

六、钢轨绝缘的设置

钢轨绝缘的设置应能满足保证安全、提高作业效率的要求。相邻有绝缘轨道电路间必须设置钢轨绝缘，钢轨绝缘的设置有以下几种情况：

1. 道岔区段警冲标内方的钢轨绝缘的设置

绝缘节距道岔区段警冲标的内方不得小于3.5m，若实在不能满足此要求，则该绝缘节称为侵限绝缘。

在道岔区段，设于警冲标内方的钢轨绝缘，除双动道岔渡线上的绝缘外，其他安装位置距警冲标不得小于3.5m处，如图5-7a所示。这是考虑到车辆最外方的车轴至车钩的最大距离为3.5m，为保证列车进站后，其车钩应进入警冲标内方，否则可能造成侧面冲突。若钢轨绝缘距警冲标不足3.5m，则有可能造成列车未全部进入警冲标内方，道岔区段提前解锁，这很不安全。但若钢轨绝缘距警冲标过远，则影响到发线有效长。当不得已必须装于警冲标内方小于3.5m处，即构成了“侵限绝缘”，如图5-7b所示，将在电路设计图中该绝缘符号外画上圆圈。

要充分考虑“侵限绝缘”的防护问题。侵限绝缘的存在，影响有关道岔、信号及轨道电路的正常联锁关系，有关人员如联锁关系设计人员、车站运行维护人员等应熟悉现场绝缘节的位置，当涉及侵限绝缘作业时，应严格按照行车相关规定执行，避免由于停车位置不当造成行车事故、影响作业效率等。

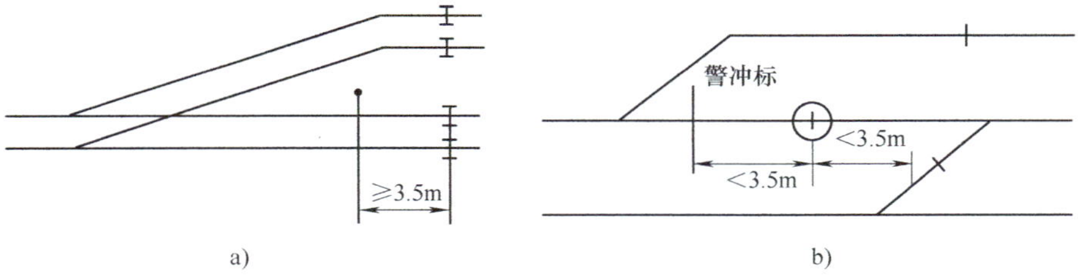

图5-7　钢轨绝缘与警冲标

2. 避免产生死区段的钢轨绝缘的设置

有车占用轨道区段但不能反映出占用来，称为死区段。

为保证安全，轨道电路的两钢轨绝缘应设于同一坐标处，避免产生死区段。死区段多发生在弯道上或道岔区段。当两钢轨绝缘不能设在同一坐标时，其错开的距离（即死区段）应不大于2.5m，如图5-8a所示。即当不得已发生死区段时，应防止由于车辆停留在死区段得不到检查而错误转换道岔，开放信号，导致严重的行车事故。车辆中二轴守车的轴距最小，其最小轴距为2743mm；所以规定死区段不得大于2.5m。

3. 两相邻死区段的钢轨绝缘的设置

1）为了防止两个转向架之间轴距大的车辆跨入两相邻死区段内或一个转向架车轴在相邻轨道电路区段内，而另一个转向架车轴跨入死区段内，出现有车占用不能分路的严重情况，规定轨道电路两相邻死区段或死区段与相邻轨道电路的间隔，一般不小于18m，如

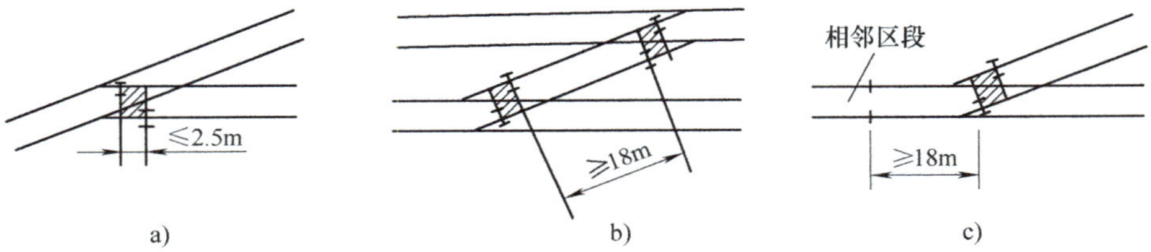

图 5-8　死区段

图 5-8b、c 所示。

2）当死区段长度小于 2.1m 时，其与相邻死区段间的间距或与相邻轨道电路的间隔允许 15～18m。这是考虑死区段间隔或与相邻轨道电路的间隔，必须大于车辆两轴间的最大距离。车辆中以 SRZ 型客车内轴距最大，为 15.2m，留有一定余量，所以规定为 18m。

4. 信号机处的钢轨绝缘的设置

1）设于信号处的钢轨绝缘应与信号机坐标相同。当不可能设于同一坐标时，为避免安装信号机时造成串轨、换轨等，在不影响行车的条件下，允许钢轨绝缘和信号机有一定距离。

2）出站、发车进路信号机处，钢轨绝缘可以设在信号机前方 1m 或后方 6.5m 的范围内。调车信号机处与进站一致，但设在到发线与出站一致。

3）进站、调车信号机处的钢轨绝缘可设在信号机前方 1m 或后方各 1m 的范围内。因车钩至机车车辆最外方车轴有一段距离，因此信号机与钢轨绝缘间的距离必须小于车钩至机车车辆最外方车轴的距离，否则，当车停住时，车钩要越出信号机。若钢轨绝缘设在信号机前方大于 1m 处时，列车虽停在信号机前方，但轮对已分路相邻轨道电路，使信号机不能开放。

七、道岔区段轨道电路

1. 道岔绝缘和道岔跳线

（1）道岔绝缘　道岔区段除了各种杆件、转辙机安装装置等加装绝缘外，还要加装切割绝缘，以防止辙叉将轨道电路短路。道岔绝缘根据需要，可以设在直股，也可以设在弯股。

（2）道岔跳线　为保证信号电流的畅通，道岔区段除轨端接续线外，还需装设道岔跳线。

2. 道岔区段轨道电路的连接方式

车站内道岔区段的轨道电路的连接方式一般有两种，即串联式和并联式连接。

（1）串联式　图 5-9 所示为串联连接，这种轨道电路的电流要流经整个区段的所有轨条，可以检查所有跳线和钢轨的完整性，安全性较高，但结构复杂未被广泛应用。

（2）并联式　并联式一送一受轨道电路因侧线只检查了电压，而没有检查电流，当跳线或连接线折断，列车进入弯股时，因弯股并没有设置继电器，DGJ 仍在吸起状态，这是不足的地方。为了克服此不足，我国在一端与股道相连的道岔区段多采用并联式一送多受轨道电路，如图5-10所示。

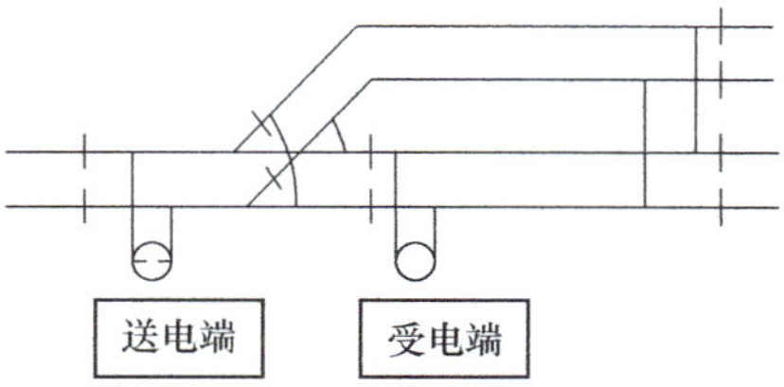

图5-9 道岔区段轨道电路的串联连接图

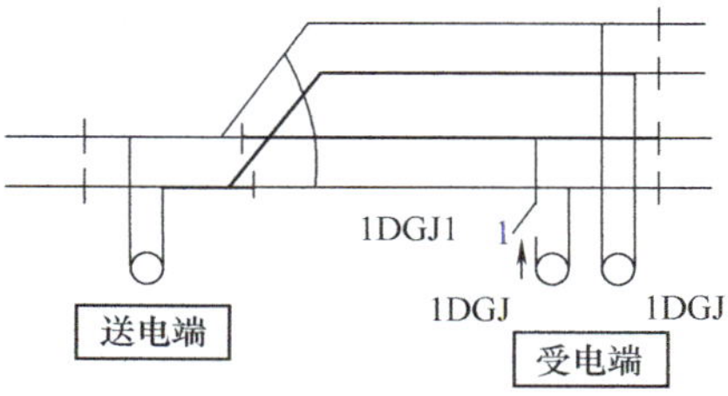

图5-10 并联一送两受轨道电路连接图

3. 一送多受轨道电路

设有一个送电端，在每个分支轨道电路的另一端各设一受电端。各分支受电端轨道继电器的前接点，串联在主轨道继电器电路之中。当任一分支分路时，分支轨道继电器落下，其主轨道继电器也落下。使用时将主轨道继电器的接点用在联锁电路中。

在实际中应注意以下几点：①与到发线相衔接的道岔轨道电路的分支末端，应设受电端。②所有列车进路上的道岔区段，当其分支长度超过65m时，在该分支的末端应设受电端。③一送多受轨道电路最多不应超过三个受电端。④当任一地点有车占用时，必须保证有一个受电端被分路。

课题二 50Hz工频交流轨道电路

50Hz工频轨道电路主要用于非电气化牵引区段，早期应用较多，但抗干扰性差，因其结构简单，现在地铁车辆段多数采用此种轨道电路。只能监督列车占用，不能传递行车信息。

一、组成

50Hz工频轨道电路由送电端、受电端、钢轨绝缘、钢轨引接线、轨端接续线、钢轨等组成，如图5-11所示。送电端有熔断器或熔丝管（使用熔断器时容量为1A、使用熔丝管时为2A）、BG_1-50型轨道变压器、R-2.2/220型变阻器；受电端有BZ_4型中继变压器（发码区段受电端采用BG_1-50型轨道变压器反向连接的方法）、调整电阻、室内的JZXC-480型轨道继电器。

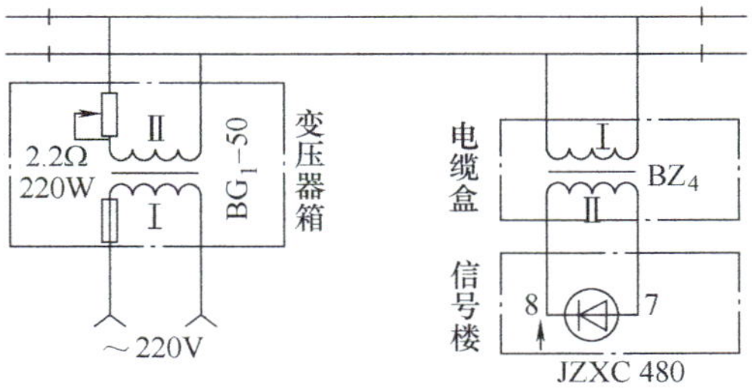

图5-11 工频交流连续式轨道电路

1. 轨道变压器

不同类型的轨道电路有不同的轨道变压器，BG型轨道变压器主要用于轨道电路的供电，其一次电压为220V，二次侧依据所连接的端子不同，可以获得各种不同的电压值0.45~10.80V。BG_1-50型轨道变压器实物图如图5-12所示。

（1）功能 BG_1-50型轨道变压器用于在交流连续式轨道电路中起传递轨道信息和阻

抗匹配之用。

（2）特点 铁心采用 R 型；整体采用灌封技术，减少潮气侵入，提高绝缘性能。

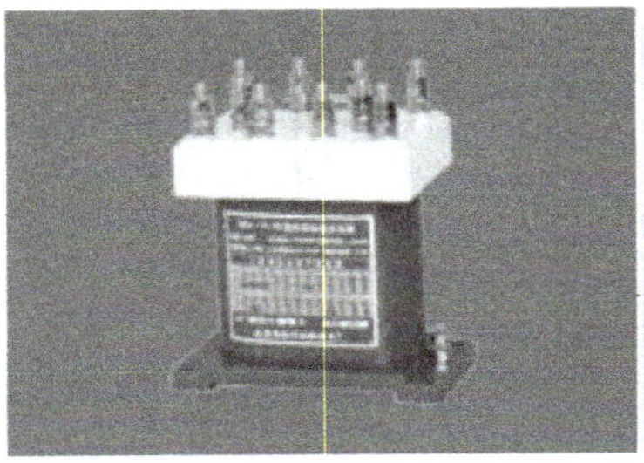

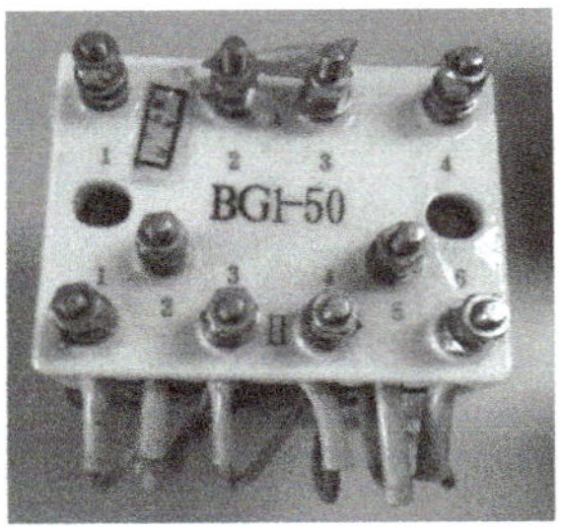

图 5-12 BG1-50 型轨道变压器

（3）主要技术性能指标 ①额定容量：50V · A。②频率：50Hz。③输入电压：220V/110V。④空载电流：≤10mA。⑤输出电压：0.45～10.8V。⑥满载电流：4.5A。

（4）安装要求 ①外形尺寸：136mm×155mm×85mm。②安装尺寸：120mm×60mm。

2. 中继变压器

中继变压器主要用于轨道电路受电端，常用的有 BZ 型系列中继变压器。其中 BZ_4 与 JZXC—480 型轨道继电器配合使用，可使钢轨阻抗和轨道变压器的阻抗相匹配，实物如图 5-13 所示。

图 5-13 BZ_4—A 型中继变压器

（1）特点 BZ_4—A 型中继变压器是在原 BZ_4 基础上改进的，与 BZ_4 相比具有以下优点：①EI 型铁心改为 CD 型铁心，漏磁小、效率高。②容量大、额定电流大、带负载能力强。③一次空载电流范围小，现场更为实用。④能在 50Hz 或 650Hz 频率状态下使用。⑤全封闭、免维护、使用寿命长、安全可靠。

（2）使用条件 ①环境温度：－40～60℃。②相对湿度：≤90%（25℃时）。③大气压力：74.8～106kPa（海拔高度不超过 2500m）。④振动频率：10～500Hz，加速度全振幅 9.81m/s^2。⑤周围无足以腐蚀金属破坏绝缘和引起爆炸危险的有害气体和导电尘埃。

（3）主要技术指标 ①变压器在工频 50Hz 使用状态下的电气性能：容量为 2V · A；空载电流为 0.25±0.02A；当一次输入电压为 0.5V，二次空载电压不大于 11.5V、一次输入电压为 0.5V 时，二次满载电压不小于 9.4V。②变压器在 650Hz 使用状态下的电气性能：容量为 20V · A；当二次输入电压为 200V 时，一次空载电压不小于 8V 时，一次线圈短路，二次输入阻抗大于 120Ω。③绝缘电阻：正常条件下大于 1000MΩ。④绝缘耐压：正常条件下，变压器的各绕组间、绕组对铁心之间能承受交流正弦波 50Hz，有效值为 1000V 的试验电压，历时 1 分钟应无击穿或闪络现象。⑤体积：80mm×50mm×67mm。⑥重量：0.5kg。

3. 变阻器

轨道电路用变阻器为 R-2.2/220 型，其工作电压不高，结构简单，牢固耐久，易调可靠，散热迅速。R-2.2/220 型变阻器阻值为 2.2Ω，功率 220W，容许电流 10A，容许温升 105℃，实物如图 5-14 所示。

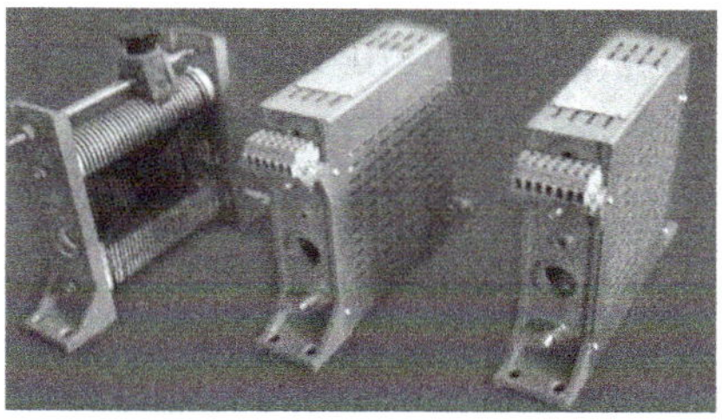

图 5-14 轨道电路用变阻器

4. 钢轨绝缘

保证相邻轨道电路之间的电气绝缘，同时在轨道电路区段，其轨距保持杆、道岔连接杆、道岔连接垫板、尖端杆、转辙机的安装以及其他有导电性能的连接两钢轨的配件，均应保持绝缘良好。

5. 轨道电路连接线

(1) 引接线 连接轨道电路送受端变压器箱或电缆盒与钢轨的导线，一般用涂有防腐油的多股钢丝绳制成。

(2) 钢轨接续线 用于轨道电路接缝处的连接，以减小接触电阻。有现场广泛使用双塞钉式和一塞一焊焊接式两种。

(3) 道岔跳线 连接道岔岔心等处电路的缆线。

二、工作原理

室内送电端送出的 220V 交流电源经 BG_1—50 型轨道变压器变压之后通过限流电阻送上轨面，经钢轨传到受电端，钢轨中传输的是交流电，经受电端 BZ_4 型中变压器升压后通过电缆送到室内，控制室内继电器吸起。

轨道电路完好且无车占用时 JZXC480 型轨道继电器吸起，其交流电压应在 10.5 ~ 16V，当有车占用列车轮对短路，使轨道继电器得到的电压大幅下降，达不到吸起电压，所以轨道继电器落下，或断轨时轨道继电器得不到电源电压同样落下，此时 JZXC480 型轨道继电器的交流残压应低于 2.7V。

课题三 25Hz 相敏轨道电路

一、电气化牵引区段对轨道电路的特殊要求

1) 必须采用非工频制式的轨道电路，钢轨既是牵引电流的回流通道，又是轨道电路信号电流的传输通道，我国电气化铁路采用工频 50Hz 交流供电，为保证轨道电路可靠工作，须采用非工频制式的轨道电路。

2) 必须采用双轨条式轨道电路，用扼流变压器沟通牵引电流成双轨条回流，轨道电路处于平衡状态，便于实现站内电码化。

3) 当交叉渡线上两根直股都通过牵引电流时应增加绝缘节。

4) 钢轨接续线的截面加大、道岔跳线和钢轨引接线截面加大、引接线等阻。

为满足电气化牵引区段对轨道电路的特殊要求，75Hz 交流计数电码轨道电路、25Hz 移频轨道电路、25Hz 相敏轨道电路、不对称轨道电路等应运而生。

二、25Hz 相敏轨道电路概述

1. 组成

(1) 室内部分（97 型） 如图 5-15 所示，室内部分由 25Hz 专用电源屏提供轨道电源

和局部电源、25Hz 防护盒（HF_4-25）、防雷补偿器（QFB-Z、C）、GJ-25Hz 相敏轨道电路、JRJC1-70/240 二元二位轨道继电器、轨道执行继电器 DGJ（JWXC-H310 型，二元二位轨道继电器㊀的 11、12 接点与该轨道执行继电器 DGJ 线圈串联在电路中）组成。

(2) 室外部分 室外部分由送电端轨道电源变压器（BG_3-130/25 或 BG_{25}）、送电端限流电阻（Rx-4.4Ω/440W）、熔断器（RD-1A，RD-10A）、送电端扼流变压器（BE_2-600/25 或 BE_{25}）、受电端扼流变压器（BE_2-600/25 或 BE_{25}）、熔断器（RD-10A）、受电端轨道变压器（BG_3-130/25 或 BG_{25}）组成。

2. 工作原理

(1) 调整状态 轨道电路完好且无车占用，室内在送电端和受电端分别送出两种电源，即轨道电源和局部电源。室内送电端的轨道电源经 BG_{25} 型轨道变压器降压之后经过限流电阻 R_X 送给扼流变压器 BE_{25}（见图 5-15），经扼流变压器送至轨面，通过钢轨传到受电端，经受电端扼流变压器 BE_{25} 后，送给 BG_{25} 型轨道变压器，升压之后通过电缆送到室内，经过防雷单元和防护盒后给二元二位继电器的轨道线圈 3、4 电源端子供电，同时在室内送出的局部电源给二元二位继电器的局部线圈 1、2 电源端子供电。当轨道电源和局部电源的电压频率相同、且局部电源的电压相位超前轨道电源的电压相位 90° 时，二元二位继电器翼板中才会产生正方向的转矩，接通继电器的前接点，其他任何情况二元二位继电器均不动作。

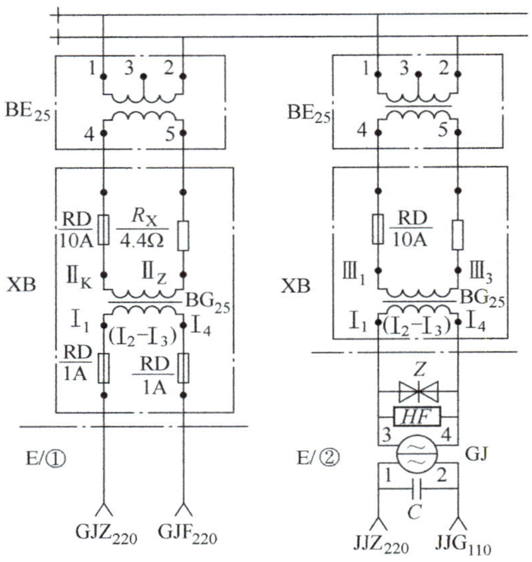

图 5-15 25Hz 相敏轨道电路原理图

(2) 分路状态和断轨状态 当轨道电路完好且有车占用时，列车轮对将继电器线圈短路，使轨道继电器得到的轨道电压大幅下降，达不到吸起电压，所以轨道继电器不动作，或断轨时轨道继电器线圈得不到电压或电压达不到吸起值，二元二位继电器不动作。

(3) 其他状态 当轨道电路轨端绝缘破损时电源窜扰，或电气化区段牵引电流及其他频率电源干扰时，均达不到二元二位继电器翼板产生正方向转矩的条件，二元二位继电器不动作。

3. 功能特点

25Hz 相敏轨道电路只能用以检测轨道电路区段是否空闲，不能传输其他信息。因其

㊀ 旧型二元二位轨道继电器和电子型轨道继电器 JXW-25A（B）的执行继电器均为 JWXC-1700 型。

电源频率较低，传输的损耗也低，所以有较好的传输特性。具有可靠的频率选择特性和相位选择特性，抗工频干扰及可靠的轨端绝缘破损防护能力，可以顺利地与交流计数电码机车信号结合，适用于电化区段。由于基本采用铁磁元件，具有结构简单、故障率低、防雷性能优良、便于维修和易于实现一次调整的特点。应用其具有频率选择性的特性，可以达到叠加移频机车信号的目的。

4. 分类

1）按出现时间分 JRJC-66/345 旧型、97 型 JRJC1-70/240、JXW-25 电子接收器。

2）按轨道接收器结构分二元二位继电器 JRJC-66/345、二元二位继电器 JRJC1-70/240、电子接收器 JXW-25A（单套）、电子接收器 JXW-25A（双套）。

3）按有无扼流变压器分有扼流变压器和无扼流变压器，要求带扼流的发送端限流电阻为 4.4Ω，无扼流的为 1.6Ω。

4）按受电端数量分一送一受、一送二受、一送三受，所有的一送最多三受，另外对于容易产生迂回电流的侧线中线可以断开。

三、25Hz 相敏轨道电路的硬件

1. 轨道变压器

（1）旧型 25Hz 相敏轨道电路受电端轨道变压器变比：不带扼流变压器的轨道变压器 BG_1-72/25 变比为 1∶40，二次侧使用 5.5V 标称电压；带扼流变压器的轨道变压器 BG_1-72/25 变比为 1∶18.3，二次侧使用 11.88V 标称电压。

（2）97 型及电子型 BG_2-R130/25（400Hz）及 BG_3-R130/25 型轨道变压器用于 97 型 25Hz 相敏轨道电路中起传递轨道信息和阻抗匹配之用，实物如图 5-16 所示。

1）主要技术性能。额定容量：130V·A；频率：25Hz；输入电压：220V/110V；空载电流：≤10mA；输出电压：0.44～18.48V；满载电流：7A；外形尺寸：185mm×198mm×140mm；安装尺寸：165mm×65mm。

图 5-16 BG2/3-R130/25 轨道变压器

2）变比。①受电端不带扼流变压器的轨道变压器 BG_3-130/25 变比为 1∶50，二次侧使用 4.4V 标称电压；受电端不带扼流变压器的轨道变压器 BG_1-140/25 变比为 1∶49.9，二次侧使用 4.5V 标称电压。②25Hz 相敏轨道电路叠加二线制 ZPW-2000A 电码化的区段，带扼流变压器的轨道变压器 BG_1-72/25 送、受电端变比为 1∶16.7，二次侧使用 13.2V 标称电压；BG_2-130/25 送、受电端变比为 1∶13.89，二次侧使用 15.84V 标称电压；BG_1-140/25 送、受电端变比为 1∶13.75，二次侧使用 16V 标称电压。③25Hz 相敏轨道电路四线制电码化区段，受电端带扼流变压器时变比为 1∶18.3，受电端不带扼流变压器时变比为 1∶50。

2. 防雷补偿器

防雷补偿器 QBF 有 FB-1、FB-2 型（旧型）。

3. 对接的防雷硒片 Z 和电容器

防雷硒片 Z 接收轨道电压，防雷电击打轨道电路，在过流时防护放电，保护接收器。

4. 扼流变压器

(1) 原理 在电气化牵引区段，为了保证牵引电流顺利流过绝缘节，在轨道电路的发送端、接收端设置扼流变压器，轨道电路设备通过扼流变压器接向轨道，并传递信号信息。图 5-17 所示为扼流变压器实物图、图 5-18 为扼流变压器原理图。扼流变压器对牵引电流的阻抗很小，而对信号电流的阻抗很大，沿着两钢轨流过的牵引电流在轨道绝缘处，因上、下线圈中产生的磁通相等但方向相反，总磁通等于零，其对二次线圈的信号设备没有任何影响。但若流过两钢轨的牵引电流不平衡，则将产生影响，故必须增设防护设备。

图 5-17 扼流变压器

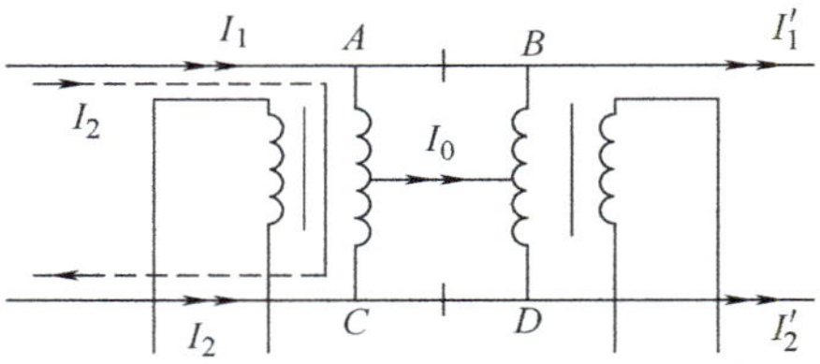

图 5-18 扼流变压器原理简图

信号电流因极性交叉，在两扼流变压器中点处电位相等，故不会越过绝缘节流向另一轨道电路区段，而流回本区段，在二次侧感应出信号电流。

(2) 作用 主要有三个作用：保证牵引回流畅通，平衡牵引电流；配合轨道变压器完成整个轨道电路作用；同时抑制不平衡电压，保证人身安全。

(3) 种类

1）用于轨道电路实施移频电码化区段，有 BE_1-400/25，BE_1-600/25，BE_1-800 型。

2）用于一般 25Hz 区段，有 BE_2-400，BE_2-600/25，BE_2-800/25 型。

3）用于正线叠加电码化 25Hz 相敏轨道电路区段，有 BES 型抗干扰扼流变压器。

5. 空扼流补偿器

空扼流补偿器能对轨道电路的信号传输损耗进行补偿，减少空扼流变压器（图 5-19）对轨道电路信号能量的消耗，以减少轨道电路的总功耗；在电码化区段还能对机车信号的信息进行补偿，减少空扼流变压器对电码化信息能量的消耗，不同制式的电码化信息补偿类型也不同。八信息采用 BCQ-Y 型补偿器；非电码化区段一般采用 4 个 2μF/250V 电容并联构成；ZPW-2000 系列及 UM-71 系列轨道电路区段采用 BCQ-U 型补偿器。

图 5-19 空扼流变压器实物图

6. 固定抽头式电阻器

(1) 阻值标识 现场固定抽头式电阻器有两种阻值标识，在使用中注意合理选择。

1）$R1$-4.4/440-（0Ω+0.2Ω+0.4Ω+0.5Ω+1.1Ω+2.2Ω），表示电阻4.4Ω，额定功率440W，允许通过电流10A。

2）$R1$-2.2/220-（0Ω+0.2Ω+0.4Ω+0.5Ω+1.1Ω），表示电阻2.2Ω，额定功率220W，允许通过电流10A。

(2) 限流阻值现场选用方法

1）旧型：一般送端无扼流变压器时，如果在道岔区段则选用2.2Ω，在无岔区段选用1.1Ω；当送端有扼流变压器时，如果在道岔区段则选用4.4Ω（超过800m到发线时选用3.3Ω），在无岔区段选用2.2Ω。

2）97型及电子型：一般送端无扼流变压器时，如果在道岔区段选用1.6Ω；在无岔区段或到发线选用0.9Ω；送端有扼流变压器时，在道岔区段、无岔区段、到发线均选4.4Ω。

7. 防护盒

(1) 组成及作用 由电感、电容串联而成，并接于轨道继电器的轨道线圈两端，对50Hz呈串联谐振，相当于15~20Ω的电阻，减小干扰电流在轨道线圈上的干扰电压，即抑制干扰电流。对于25Hz信号电流相当于16uF电容，对25Hz信号电流的无功分量进行补偿，起到减少轨道电路传输衰耗和相移作用。

(2) 种类及现场应用 常见的有四种：HF_1-25型、HF_2-25型、HF_3-25型、HF_4-25型。HF_1-25型、HF_2-25型应用于早期轨道电路，不能调整；HF_3-25型用于非电气化区段，起到降相位角作用，最大降幅30°；HF_4-25型应用于JXW-25（B）型轨道电路中，除了完成HF_2-25型作用外还能完成升降相位角功能。

四、97型25Hz相敏轨道电路

1. 系统优点

为适应我国铁路发展的要求，新型25Hz相敏轨道电路于1997年通过原铁道部科技司鉴定，在吸收原有25Hz相敏轨道电路优点的基础上，还具有以下优点：

1）延长了轨道电路极限长度。改进了25Hz电源屏、防护盒、扼流变压器、轨道变压器后，轨道电路的极限长度由原来的1200m增加到1500m。

2）提高了轨道电路的抗冲击干扰能力。要解决电气化区段冲击干扰误动继电器的问题，在扼流变压器的铁心中间加了气隙，同时采用具有缓吸缓放性能的轨道复示继电器，从而减少信号机“闪红”现象的发生。

3）优化了电源屏的设置。

4）将有回归电流的轨道电路送、受电端一律设扼流变压器。

5）将连向钢轨的一长一短引接线设计成等阻线。

6）提高了绝缘破损的防护性能。

7）轨道继电器采用新型的JRJC1-2/240。

8）增加了扼流变压器的种类　97 型 25HZ 相敏轨道电路用的扼流变压器有 BE_1-400/25、BE_2-400/25、BE_1-600/25、BE_2-600/25、BE_1-800/25、BE_2-800/25 等，400A、600A、800A 分别供侧线、正线和靠近牵引变电所的区段使用。

9）改善移频电码化的发送条件。固定了送电端供电变压器的变比，使之与受电端变比相同。

2. 系统组成

轨道电路有一送一受和一送多受多种形式，如图 5-20 所示为一送一受式。

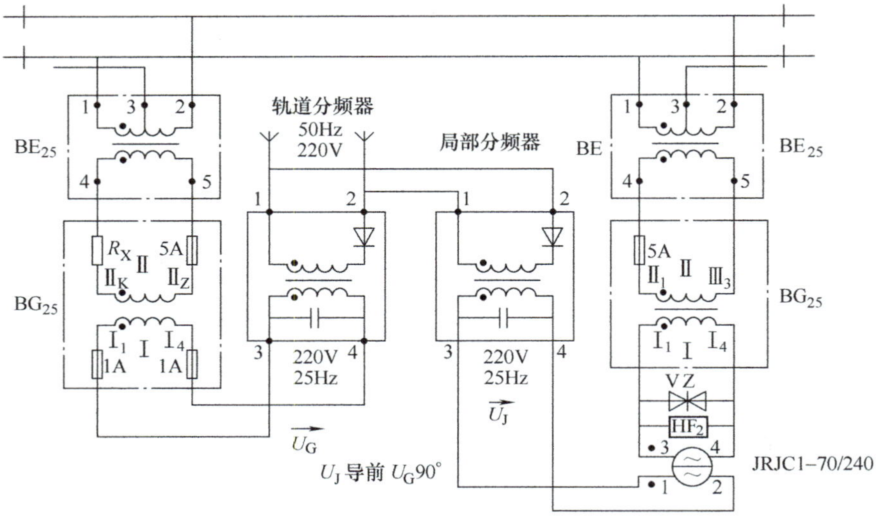

图 5-20　一送一受 97 型 25Hz 相敏轨道电路的原理图

1）25Hz 电源屏是 25Hz 相敏轨道电路供电的设备，由 25Hz 分频器组成区间 25Hz 电源器材和站内 25Hz 电源屏。25Hz 分频器是一种利用参数激励振荡原理构成的一种铁磁振荡器。其输出电压标准同 25Hz 智能电源屏，即轨道电源输出电压为 AC 220V ±6.6V，局部电源输出电压为 AC 110V ±3.3V，频率为 25Hz ±0.25Hz；而旧型 25Hz 电源屏的轨道电源输出电压为 AC 220V ±11V，局部电源输出电压为 AC 110V ±5.5V，频率为 25Hz ±0.25Hz。

2）JRJC1-70/240 型插入式交流二元继电器是根据电磁铁所建立的交变磁场与金属转子中感应电流之间相互作用的原理而动作的。用于电化区段（或非电化区段）站内 25Hz 相敏轨道电路接收端。

3）电子接收器是以微处理机为基础，采用数字处理技术对轨道电路信息进行分析，检出有用信息，除去干扰，完成电化区段 25Hz 相敏轨道电路接收功能。电子接收器可以取代原二元二位轨道继电器，彻底解决了原继电器接点卡阻、抗电气化干扰能力不强、返还系数低等问题，与原继电器的接收阻抗、接收灵敏度相同，提高了安全性和可靠性。电子接收器面板上两个灯即“上红下绿”，显示意义见表 5-1。

表 5-1　电子接收器面板指示灯显示意义

序号	红灯	绿灯	意义
1	亮	—	电子接收器工作电源正常
2	亮	亮	轨道电路在调整状态
3	亮	不亮	轨道电路在分路状态

4）HF_2-25 型防护盒是由 0.845H 电感和 12μF 电容串联而成，对 50Hz 信号产生串联谐振，对 25Hz 信号与轨道继电器的轨道线圈组成并联谐振，接在 JRJC1-70/240 型插入式交流二元继电器的轨道线圈上。

课题四　UM-71 移频轨道电路

一、移频的概念

移频轨道电路是移频自动闭塞的基础，可以监督该闭塞分区的空闲。选用频率参数作为控制信息，采用频率调制的方式，将低频调制信号 F_c 搬移到较高频率 f_0（载频）上，以形成振荡不变、频率随低频信号的幅度作周期性变化的信号（图 5-21 和图 5-22），而采用这种工作方式的轨道电路就称移频轨道电路，常见的移频轨道电路为 UM-71 轨道电路及 ZPW-2000 系列轨道电路。

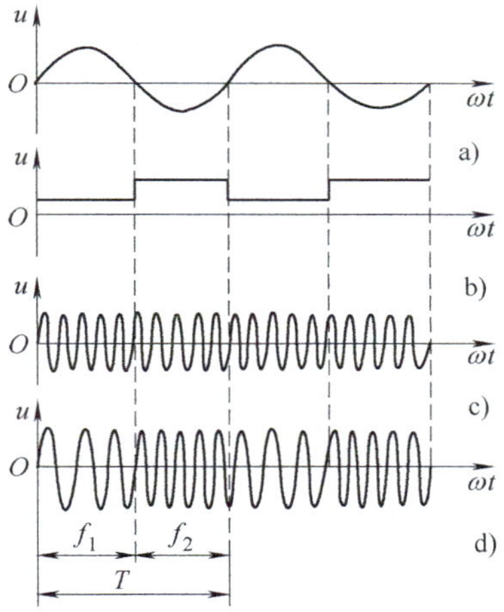

图 5-21　移频信号波形

a）低频信号　b）整形后的低频信号　c）载频信号　d）调频信号

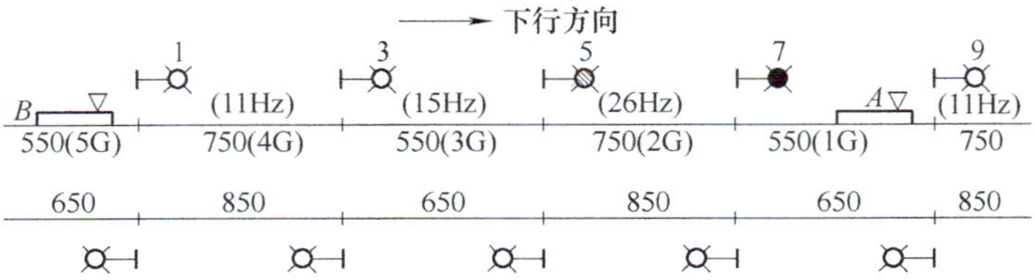

图 5-22　移频自动闭塞的工作原理

二、UM71 移频轨道电路

1. 设备组成

UM71 移频轨道电路室内设备包括发送器、接收器、GJ 轨道继电器；室外设备包括 SAV 空心线圈、BA 调谐单元、TAD 匹配变压器、C 补偿电容、电气绝缘节及 ZCO3 电缆。

（1）发送器 发送器产生 18 种低频信息，并产生调制低频信号的 4 种载频信号，经放大后产生功率为 30 ~ 70V · A 的移频信号。

（2）接收器 接收器区分不同载频的移频信号并检查低频信号、轨道电路空闲并调整轨道电路。

（3）SAV 空心线圈 SAV 空心线圈用于平衡电气化区段钢轨的牵引电流，并参与调谐。

（4）BA 调谐单元 BA 调谐单元对本区段信号发生并联谐振，呈现高阻状态，使信号正常通过本区段向下一区段传输，而相邻区段信号发生串联谐振，呈短路状态，使信号不能向下一区段传输。

（5）TAD 匹配变压器 TAD 匹配变压器由两部分组成，分别为 1∶7 匹配变压器和匹配模拟电缆，其中匹配模拟电缆可以在 0 ~ 7.5km 间以 0.5km 为间隔进行递增模拟调整。可以模拟 0.5km、1km、2km、4km 四组模拟电缆电阻。

（6）C 补偿电容 C 补偿电容是为提高传输长度，改善轨道电路信号在钢轨上的工作特性，无论是区间还是站内轨道电路区段，当区段长度大于 300m，原则上应设置补偿电容，方法为在线路上每隔 100m 加装一个容量为 33mF ± 3.3mF （ ± 10% ） 的补偿电容。

（7）电气绝缘节 电气绝缘节构成 UM71 区间轨道电路是无绝缘轨道电路，其中的电气绝缘节又称调谐区，由 SAV 空心线圈与两侧调谐单元 BA1、BA2 及 26m 钢轨构成。

2. 频率及使用

（1）中心频率及使用 UM71 中心频率 f_0 分别为 1700Hz、2300Hz、2000Hz、2600Hz；下行线使用 1700Hz、2300Hz，站内电码化使用 1700Hz；上行线使用 2000Hz、2600Hz，站内电码化使用 2000Hz。

（2）频偏 频偏为 11Hz。

（3）低频 从 10.3Hz 到 29Hz 间以 1.1Hz 为间隔分为 18 种低频信息，详见表 5-2。

表 5-2　18 种低频信息

低频 Hz	11.4	13.6	16.9	14.7	18	20.2	19.1	26.8	24.6	27.9	/
信息名称(码)	L	LU	U	U2	UU	U2S	UUS	HU	HB	B	HU→无
机车信号	绿	绿黄	黄	黄 2	双黄	黄 2 闪	双黄闪	红黄	红白	白	红

3. 站内电码化区段

为了使机车信号在站内能连续显示，要对站内轨道电路实行电码化，站内电码化轨道电路区段包括列车进路的股道区段；经道岔直向的接车进路的所有区段；自动闭塞区段、经道岔直向的发车进路的所有区段；半自动闭塞包括进站信号机的接近区段。

4. 方向电路

1）方向电路能改变运行方向，当反方向行车时，能使区间信号机灭灯，轨道电路改变发码方向，始终保持迎着列车方向发码。

2）改变发码方向的前提是整个区间空闲且对方未建立发车进路时才能改变运行方向，具体由区间监督电路来完成监督区间空闲且对方未建立发车进路（即监督区间灯灭灯时）。

3）改变运行方向应由处于接车状态的车站办理，接车站工作人员首先按下允许办理改变方向按钮 BGFA，接着允许办理改变方向表示灯 BGFD 闪绿，随着发车进路的办理自动改变区间运行方向。

课题五　ZPW-2000 系列无绝缘移频轨道电路

ZPW-2000 系列无绝缘移频轨道电路包括早期的 ZPW-2000A 型、客运专线用的 ZPW-2000A/K 型及 ZPW-2000R 型。其中，ZPW-2000A/K 型无绝缘轨道电路是在既有 ZPW-2000A 型无绝缘轨道电路的基础上针对客运专线列控系统的要求进行适应性设计，进一步提高了系统和产品的可靠性，适用于 200km/h 以上客运专线，ZPW-2000A/K 型无绝缘轨道电路分为区间轨道电路和站内轨道电路。ZPW-2000R 型是瑞兴企业生产的无绝缘移频区间轨道电路。

一、ZPW-2000A/K 型无绝缘轨道电路概述

“ZPW-2000A/K”中“Z”代表轨道电路、“P”代表移频、“W”代表无绝缘、“2000A/K”代表型号。

1. 设备组成及作用

（1）室内设备　发送器、接收器、衰耗盘和模拟网络盒（图 5-23）位于室内，其中发送器、接收器、衰耗盘安装在区间移频柜内，每台移频柜容纳 10 套轨道电路设备，每套设备除发送器、接收器、衰耗盘外还包括一块熔断器板（移频柜内共 10 块）、一块 3×18 柱端子（移频柜内共 10 块），还有供发送器、接收器工作电源引入的 4 柱电源端子板，为减少柜内配线，YBJ 引出接线并采用端子板等。

1）发送器。发送器能产生 18 种低频信号，8 种载频的高精度、高稳定的移频信号；并形成足够功率的输出信号；调整轨道电路参数；能对移频信号特征进行自检，发生故障时给出报警；实现系统 N+1 冗余转接。

发送器正常工作必备的 6 个条件：电源正常（24V±1.5V）且极性正确；有且只有一个低频接通；有且只有一个载频和型号选择；发送电平调整线接触良好；功出负载正常电阻约为 400Ω，无短路现象；发送盒未受高压冲击导致的处于死机保护状态。

a) b) c) d)

图 5-23 ZPW—2000A/K 型无绝缘轨道电路室内设备

a）发送器 b）接收器 c）模拟网络盒 d）衰耗冗余控制器

2）接收器。接收器用于对主轨道电路移频信号的调节，并配合与送电端相连接的调谐区段小轨道电路的检查条件动作轨道继电器；检查轨道电路完好，减少分路死区长度，还用接收门限控制实现对调谐单元 BA 接收端的断线检查；实现对与受电端相连接调谐区段小轨道电路移频信号的调解，给出短小轨道电路执行条件，送至相邻轨道电路接收器。

接收器正常工作必备的 5 个条件：电源正常（24V ±1.5V）且极性正确；载频型号与发送盒相符；“轨出 1” 电压符合标准 240 ~ 870mV；“XGJ” 条件电压大于 20V（正常电压约为 30V、人工条件约为 24V）；接收盒未受高压冲击导致的处于死机保护状态。

3）衰耗盘。衰耗盘是用于对主轨道电路的接收端输入电平进行调整；对小轨道电路进行调整（含正、反方向）；给出有关发送接收用电源电压，发送功出电压，轨道输入输出 GJ、XGJ 测试条件；给出发送接收故障报警和轨道占用指示灯等；在 N +1 冗余运用中实现接收机故障转换时主轨道继电器和小轨道继电器的落下延时。

表示灯显示意义如下：

发送工作灯：绿色表示工作正常，灭灯表示发送故障。

接收工作灯：绿色表示工作正常，灭灯表示接收故障。

轨道占用灯：绿色表示轨道电路空闲，红灯表示列车占用或闭塞分区故障。

正、反向表示灯：正向表示灯亮绿灯且反向表示灯灭灯表示区间设备在正方向；正向表示灯灭灯且反向表示灯亮黄灯表示区间设备在反方向；正、反向表示灯均灭灯表示正向或反向电路故障，此时接收器停止工作。

4）模拟网络盒（盘）。模拟网络盒（盘）用于对通过传输电缆引入室内横向、纵向雷电冲击的防护；为便于轨道电路的匹配和调整，通过 0.5km、0.5km、1km、2km、2km、2 ×2km 六节电缆模拟网络来补偿实际 SPT 数字信号电缆，使传输距离达到 10km 或 15km；并可以使改变列车运行方向后的轨道电路的参数符合标准。

注意：信号机械室内防静电地板下设置网络地线，信号楼须设置接地汇集端子排，沿信号楼基础周围敷设一条截面积为 $50mm^2$ 的裸铜线作为环形地网，必要时信号楼应设置法拉第笼。

（2）室外设备 匹配变压器、调谐单元、空心线圈、机械空心线圈、补偿电容位于室外。室外需安装的设备包括绝缘节（包括电气和机械绝缘节）、补偿电容及正逆向禁停标志牌。

1）匹配变压器（图 5-24）。匹配变压器用于轨道电路的钢轨段与 SPT 铁路数字信号电缆的匹配连接，其中 V1V2 经调谐单元端子接至轨道，L1L2 经 SPT 电缆接至室内；由于道床电阻参考为 1.0Ω·km 且考虑到低道碴电阻道床，该变压器变比优选为 9∶1；在钢轨侧电路中，按相反极性串联接入两个 16V、4700μF 的电解电容 C1、C2，构成无极性联结，隔直通交，保证设备在直流牵引区段使用时不至于因直流成分造成匹配变压器磁路饱和，造成干扰。

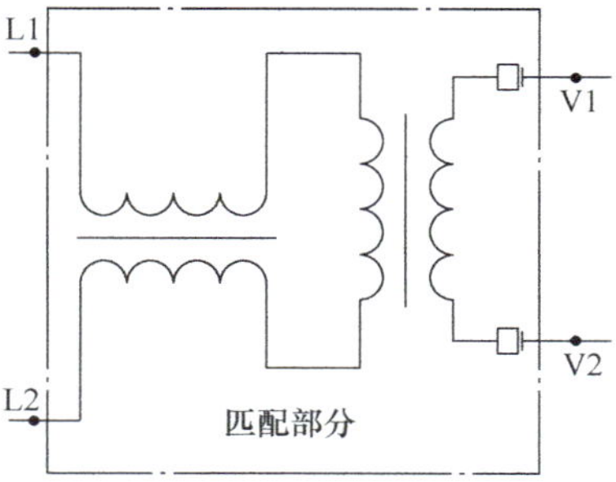

图 5-24　匹配变压器示意图

2）空心线圈。作扼流变压器使用的空心线圈对于上下行线路间的两个 SVA 中心线可做等电位连接，平衡牵引电流，SVA 参数的适当选择，可为谐振槽路提供一个较为合适的 Q 值，保证调谐区工作的稳定性。

3）补偿电容及室外传输电缆。补偿电容保证了接收端信号有效信干比，从而增大传输距离；实现对断轨状态的检查，并保证在钢轨同侧两端接地条件下，轨道电路分路及断轨检查性能。靠近送端有两个补偿电容，当其中一个电容失效时，将使“轨出 2”电压下降约 40mV，可能影响小轨道电路不能正常工作，造成故障延时，因此在设备投用前，应考虑电容失效对小轨道电气参数的影响，将“轨出 2”电压最好调整为 135～145mV。室外传输电缆的作用基本同补偿电容的作用，如图 5-25 所示。

4）铁路用数字屏蔽电缆。常用的“SPTYWPL23”型，SP 代表“数字信号电缆”、T 代表“铁路”、YW 代表“皮-泡-皮物理发泡聚乙烯绝缘”、P 代表“内屏蔽”、L 代表“铝护套”、23 代表“双钢带铠装聚乙烯护套”。

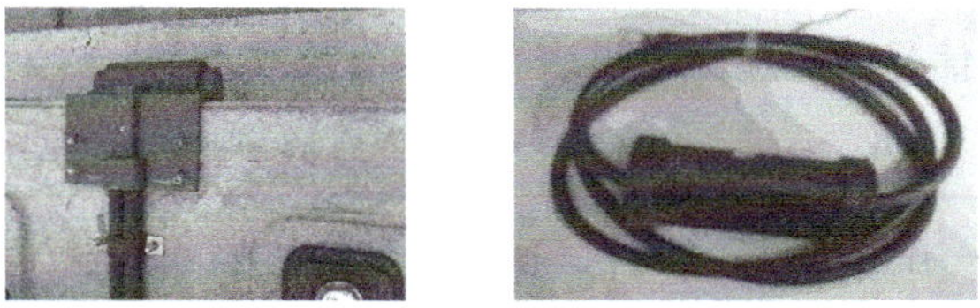

a)　　b)

图 5-25　补偿电容

a）C 补偿电容安装　b）补偿电容实物图

电缆端别确认方法为，面对电缆端头，红、绿、白及蓝四芯组扎纱色标按逆时针排列的为 B 端，相反按顺时针排列为 A 端。

注意：两个频率相同的发送与接收不得采用同一根电缆；两个频率相同的发送与接收不得采用同一屏蔽四芯组；轨道的接收与发送线对必须按“星形四线组”的对角线使用。

2. 工作原理

如图 5-26 所示，以 AG 为例，ZPW-2000A 型无绝缘移频轨道电路分为主轨道电路和送端调谐区小轨道电路两部分，发送器 FS 发出的高频信号，一部分通过主轨道送回本区段接收端 JS1，另一部分通过小轨道送入运行前方所在区段 BG 轨道电路的接收端 JS2，经 JS2 处理后形成小轨道电路继电器执行条件“XG”继电器电压送至本区段接收器 JS1，本区段接收器 JS1 同时接收到主轨道移频信息（指“轨出 1”电压）及小轨道电路继电器执行条件（指“XGJ”电压），符合相应的标准：即“轨出 1”电压大于或等于 240mV；接收到小轨道执行条件即 XG、XGJ 电压大于等于 20V，在进站口或分界区段处可根据条件接入 24V 电压，判定无误后驱动轨道继电器 GJ 吸起。

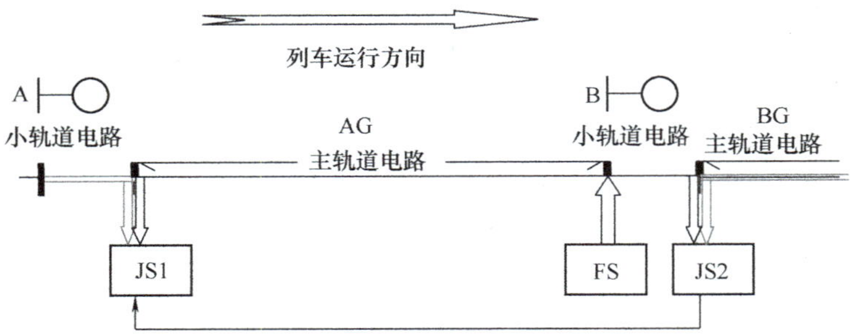

图 5-26　ZPW-2000A 型无绝缘移频轨道电路信息传递原理

3. 改变运行方向电路

为确认某站是接车站还是发车站，通过转换区间的接收和发送设备、转换区间通过信号机的点灯电路实现。只有在区间空闲时才能改变运行方向，四线制改变运行方向电路监督区间继电器可以完成此项功能。四线制改变运行方向电路的表示灯电路监督区间的运行状态以及改变运行方向电路的运行情况。

4. 频率及应用

（1）载频 f_0　8 种载频分别为 1700—1、1700—2、2000—1、2000—2、2300—1、2300—2、2600—1、2600—2。

（2）低频　ZPW-2000A 型无绝缘轨道电路可以向机车连续发送 18 种低频信息，与机车信号的对应关系见表 5-3。

表 5-3　18 种低频信息及与机车信号的对应关系表

序号	1	2	3	4	5	6	7	8	9	10
低频/Hz	10.3	12.5	11.4	13.6	15.8	16.9	20.2	14.7	22.4	19.1
信息名称(码)	L3	L2	L	LU	LU2	U	U2S	U2	U3	UUS
机车信号显示	L 绿	L 绿	L 绿	LU 绿黄	U 黄	U 黄	U2S 黄 2 闪	U2 黄 2	U 黄	UUS 双黄闪
序号	11	12	13	14	15	16	17	18		
低频/Hz	18	24.6	26.8	29	25.7	无码	无码	27.9		
信息名称(码)	UU	HB	HU	H	载频切换			闭环检测		
机车信号显示	UU 双黄	HUS 红黄闪	HU 红黄	H 红		H 红	B 白	B 白		

5. 轨道电路系统原理图

（1）区间轨道电路系统原理简图　如图 5-27 所示为区间轨道电路系统原理图。

（2）站内轨道电路系统原理简图　如图 5-28 所示为站内轨道电路系统原理图。

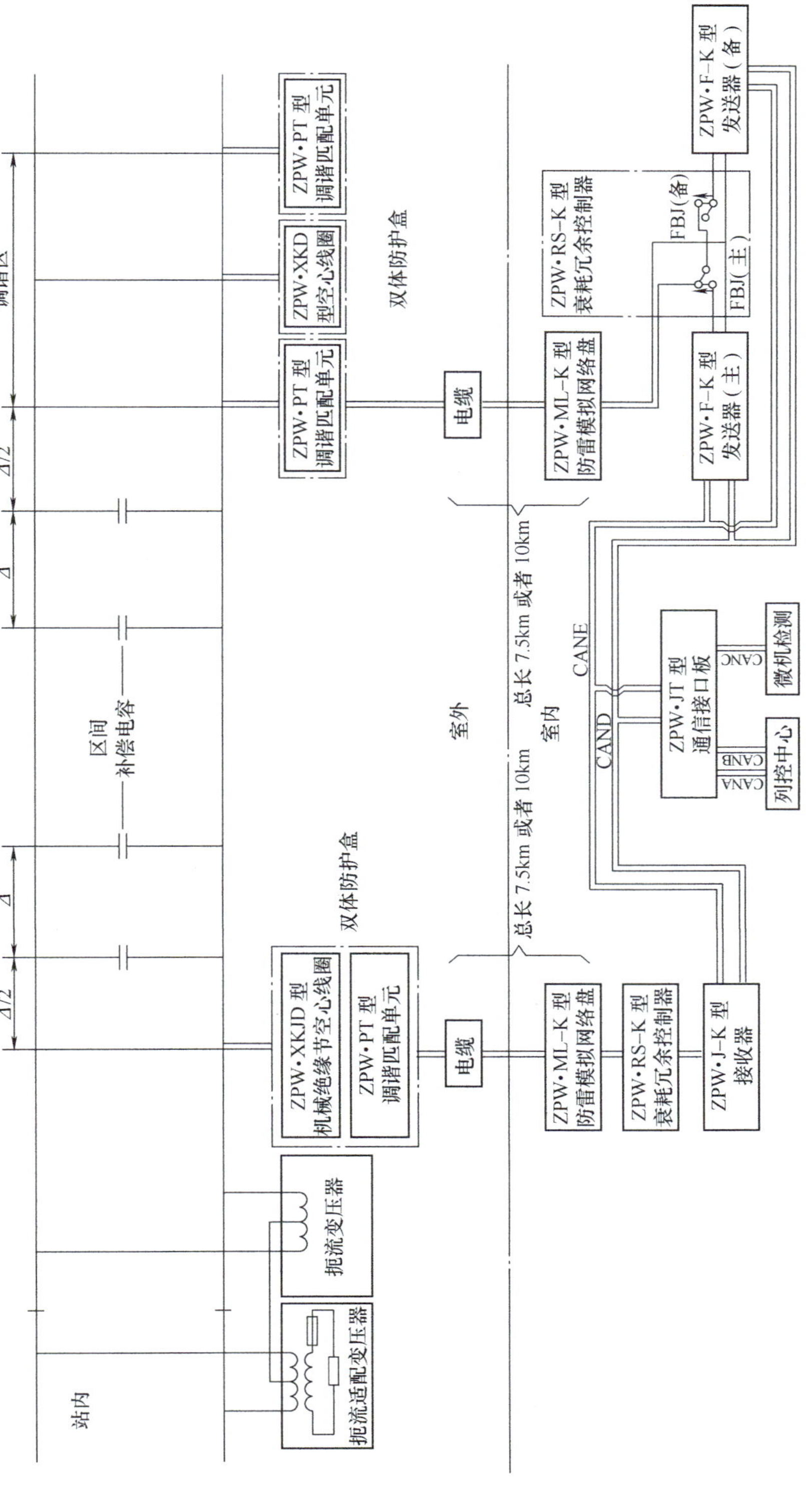

图 5-27　区间轨道电路（机械绝缘节一电气绝缘节）系统原理简图

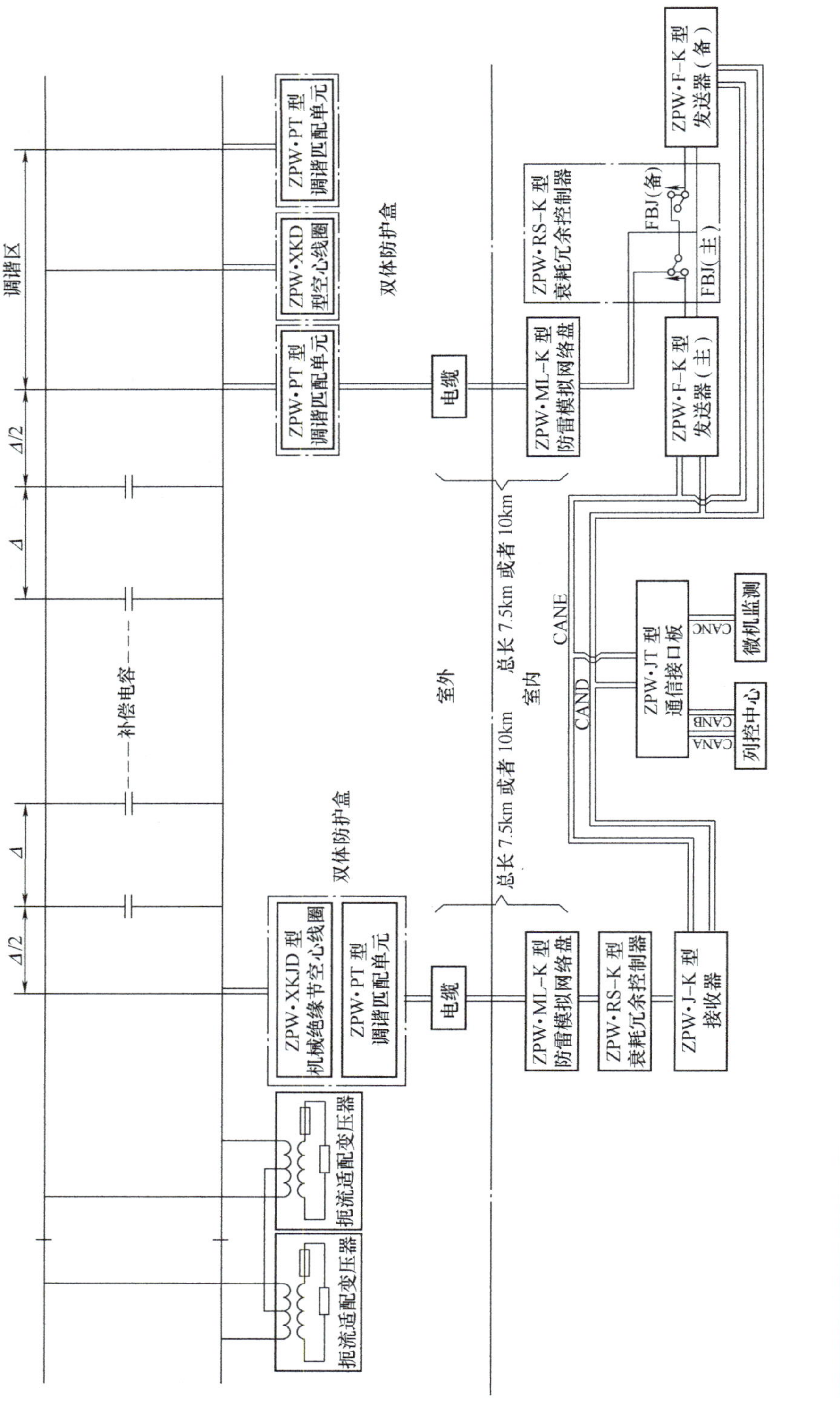

图 5-28　站内 ZPW—2000A/K 轨道电路（机械绝缘节—电气绝缘节）系统原理简图

二、ZPW2000-R 型无绝缘移频轨道电路概述

1. 组成及功能

（1）室内设备 室内设备包括区间发送器、区间功放器、接收器、衰耗滤波器、电缆模拟单元、防雷单元及自诊断监测维护机。

1）区间发送器采用 $N+1$ 备份方式工作，能产生高稳定、高精度的移频信号，同时输出 FBJ 动作条件，当发送器故障时，通过 FBJ 接点转到其他 $N+1$ 备份的发送器继续工作。

2）区间功放器主要用于功率放大，同时配合区间发送器输出 FBJ 动作条件，采用 $N+1$ 备份方式工作，当区间功放器故障时，通过 FBJ 接点转到其他 $N+1$ 功放器继续工作。

3）接收器同时接收本主轨道频率信号和相邻区段调谐区电路频率信号，另外还能通过设定接收门限实现对发送端及接收端 BA 断线的检查。

4）衰耗滤波器实现对主轨道电路的接收端输入电平及正、反向调谐区轨道电路电平的调整；同时能测试如下电压：电缆入、主滤出 1、主滤出 2、调滤出 1、调滤出 2。

5）电缆模拟单元补偿实际 SPT 数字信号电缆的长度，能使传输的总距离（补偿电缆和实际电缆）分别达到以下目标：10km、11km、12.5km、13.5km 及 15km。

6）防雷单元防止室外通过电缆等通道传入室内的过电压、电流雷电损伤室内设备。

7）自诊断监测维护机能对以上室内设备的工作状态进行监测，以终端人机界面形式给维护人员提供窗口，维护人员可以通过它察看报警、故障范围及提示信息预警，进行分析及故障处理，并能以手机短信形式上传遥测信号，同时为微机监测系统提供监测信息。

（2）室外设备 室外设备包括调谐单元、匹配变压器、空心线圈、补偿电容、机械空心线圈、SPT 铁路数字信号电缆、箱盒及等阻线等。

1）调谐单元功能同 ZPW2000-A 型调谐单元功能，分为 1700Hz、2000Hz、2300Hz、2600Hz 四种。

2）匹配变压器实现钢轨与 SPT 信号电缆的匹配连接，并能通过固定端子实现对轨道电压的调整，载频不同变比使用不同，如 1700Hz 变比为 1∶12、2000Hz 或 2300Hz 变比为 1∶10、2600Hz 变比为 1∶9。

3）空心线圈在电气化区段，通过对上下行线路间的两个 SVA 空心线圈中心做等电位连接，平衡牵引电流；还能通过参数匹配，保证调谐区稳定工作，分为 1700Hz、2000Hz、2300Hz、2600Hz 四种。

4）补偿电容。补偿电容保证轨道电路的传输距离，同时实现对断轨和分路不良检查，可分为 28μF、30μF、33μF、40μF 四种。

5）SPT 铁路数字信号电缆连接信号设备，实现信号的匹配及可靠传输。

2. 面板灯显示含义

表 5-4 为面板灯显示含义。

表 5-4　ZPW2000-R 型无绝缘移频轨道电路卡板前面板指示灯显示意义

卡　板	灯　位	显示状态	意　义
发送器/接收器	安全门	亮	安全门工作正常
		灭	低频信号条件异常或内部与门电路故障
	报警	亮	工作正常
		灭	无输出报警电源，须更换发送器或功放器
	4 个载频灯	亮	工作正常
		点亮数不正确	发送器/接收器不工作
	F1、F2	亮	工作正常
		点亮数不正确	发送器/接收器不工作
	18 个低频灯	亮	工作正常
		点亮数不正确	发送器/接收器不工作
功放器	功出	亮	工作正常
		灭	功放器不工作
衰耗滤波器	电源	亮	工作正常
		灭	衰耗滤波器不工作
温控单元	常温	亮	室温没有达到预设温度，一般预调为 40°
	超温	亮	室温超过预设温度，通过继电器接点动作控制接通散热单元电源，促使风扇工作
散热单元	电源	亮	电源接通
	报警灯 1～4	亮	分别对应 1～4 路风扇的报警
区间检测单元	工作灯	亮	接通电源
	MR1、MR2	闪亮	双套 CPU 工作正常
	FZ1、FZ2	闪亮	双套发送器采集到信息
	JD1～JD4	闪亮	接收器低频采集到信息
	FD1、FD2	闪亮	双套发送器低频采集到信息
	JTX、FTX	亮	与发送和接收的通信正常
四线制改变方向电路	FD	绿	由该口发车
	JD	黄	从该口接车
	JQD	灭	相应方向的区间无车占用
		红	相应方向的区间有车占用或轨道电路故障
	FZD	白	正在办理辅助改方

课题六　AF-904 型数字轨道电路

数字轨道电路不但能检测轨道区段空闲，还能传递与行车有关的信息，主要是指列车检测和机车信号的信息。AF-904 型数字轨道电路系统是一个基于信号处理器的系统，它控制和监督轨道电路的状态。

一、硬件组成

AF—904 型数字轨道电路系统由室内和室外两部分组成。

1. 室外部分

如图 5-29 所示，室外部分由轨道耦合单元、500MCM 插接器（S 形电缆）和环线三部分组成，在轨道之间或沿轨旁安装，采用的是互耦方式。

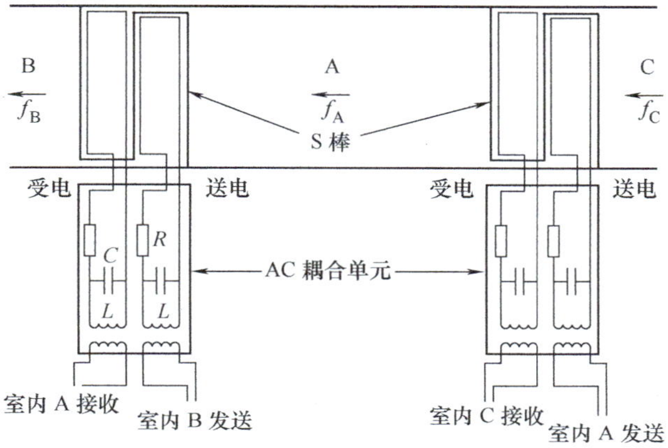

图 5-29　AF—904 型数字轨道电路电气隔离式电路原理图

（1）轨道耦合单元　轨道耦合单元将轨道信号连接到控制机箱的接收和发送电路，并调谐到轨道电路的载频频率。它安装在轨旁，包括两个独立的耦合电路，每个耦合电路都由变压器和可调电容组成槽路。它们作为轨道电路的端点，并且实现与 S 棒的阻抗匹配。

（2）双绞线对　耦合单元、500MCM 截面轨道插接器（如 S 棒线）和 178m 信号环线组成 LVVR（AWG14 #）无绝缘双绞线对，其中棒线有 3 种分别是 S 棒（用于正线区段）、I 棒（用于极性交叉）、O 棒（尽头线使用），任何一点分路电阻均小于等于 0.25Ω 时能保证可靠分路。

室内 PCB 板将信息送至耦合单元发送端，通过信号环线将电流信号送至钢轨，再耦合到 S 棒上，通过一定的频率，将信息传输到轨面。接收端收到电流信号进行调谐后送至室内 PCB 板进行程序处理。

2. 室内部分

如图 5-30 所示，室内轨道电路 TM 柜最多安装三个机笼，一个机笼可装 10 块卡板，共 4 个轨道区段。一个轨道区段由一块 CPU 板、一块辅助板和一块电源板组成。它的工作电压为 110V/50Hz。每个轨道区段都有对应的 LED 灯显示各种信息、代码等，同时有独立 9 针串行端口，可以通过便携式计算机下载数据，进行诊断等。机笼后有发送 TX 、接收 RX 抽头，每增加一挡，输出幅度增加 2 倍。各板卡的功能特点如下：

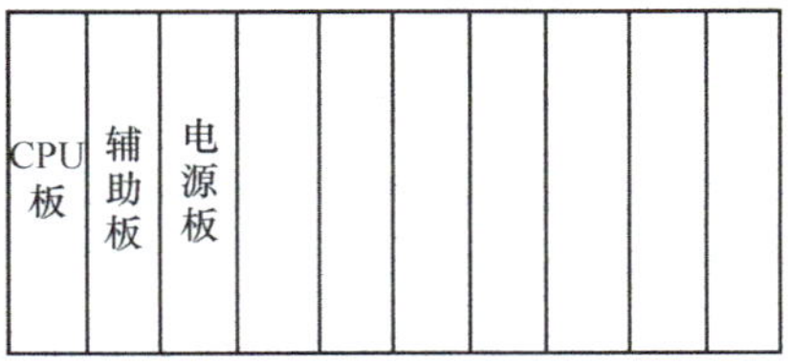

图 5-30　机笼示意图

1）控制板，又称 CPU 板，核心是 MC68H 、1621CMOS 微控制器，产生具有 ATP 功能的数字编码信息。面板有两个显示窗口，用来监视轨道电路设置及动态，5个LED灯分别监视4个信息系统工作状态及系统复位状态。设置4个用于校准的触发开关；一个连接PC计算机的9针RS-232DTE端口，用于监督诊断。

轨道电路CPU板菜单可通过两个四字符的迷你显示窗口和四个上/下、左/右调节杆进行操作。

2）辅助板对CPU板产生的信息放大发送至室外，同时接收轨道信息，方向继电器为它提供切换和智能监视点。8个LED灯名称及显示意义见表5-5。

表5-5 辅助板面板LED灯名称及显示意义

序号	LED灯名称	显示意义
1	CPS ACTIVE	条件电源状态，LED亮=CPS接通
2	ON-LINE	单元状态，LED亮=在线，LED灭=备用
3	SELF ↘	本单元"健康"，LED亮=单元可用
4	PARTNER→HEALTH	同伴单元"健康"，LED亮=单元可用
5	U-LOK COM	到轨道MICROKOKⅡ系统的链路状态，LED亮=通信已建立
6	BLOCK SPEED SET	闭塞速度限制状态，LED亮=闭塞速度被设置
7	LEVEL ↘ TRACK	轨道信号电平，LED亮=轨道空闲
8	DATA ↗ CLEAR	轨道数据信号，LED亮=轨道空闲

3）电源板提供CPU板、辅助板工作所需电源。一块电源板能单独提供2套轨道电路工作电源，前面板上14个LED灯（上部7个，下部7个），用来监督电源硬件及工作状态。

注意：除更换机笼时每个轨道区段都要设置ID地址和MICROLOKⅡ地址，否则更换单个板子后不必重新设置。

二、AF—904型数字轨道电路工作原理

1. 对列车占用的检测

AF—904系统不间断地向轨道发送数字编码信息，并监视其接收感应到的信号，作为对列车占用的检测。利用音频信息的前8位标题位作为列车检测的信号，在发送端把固定为0111110的信息码通过耦合单元发送给钢轨，这个信息在接收端通过接收器接收并检测，并与事先通过软件设置好的门限值进行比较。

1）当收到的信号幅度值在门限值以上，信号电流没有被轮对分路，表明轨道电路空闲，此时控制板向联锁单元传递"轨道电路空闲"信息。

2）当收到的信号幅度值在门限值以下，控制板向联锁单元传递"轨道电路占用"的信息，具体情况分以下两种：①所接收到的信号电流被轮对分路，轨道电路被列车占用。②轨道电路短路、断路或路基潮湿等原因，此时会伴有其他信息提示。

2. 传输ATP信息

AF—904系统与联锁系统之间通过RS485接口进行通信。AF—904系统接收来自联锁系统的串行信息（目标速度、目标距离等），再加上本轨道区段信息（轨道电路ID号、线路速度等），形成复合信息，然后将复合信息用NRZI格式编码形成报文帧，结合机笼

后面的方向继电器以 FSK（二进制移频键控串行格式）调制方式把报文送至相应的耦合单元，经单匝环线与“S”棒耦合；再由车载 ATP 接收、解码并校验信息的正确性，验证完毕执行 ATP 功能，完成数字车载信息的传输功能。

AF-904 采用 FSK 方式，使用 F0 ~ F7 这 8 个载频，见表 5-6。

表 5-6　AF-904 型数字轨道电路载频信息

8 个载频	F0	F1	F2	F3	F4	F5	F6	F7
频率(kHz)	9.5	10.5	11.5	12.5	13.5	14.5	15.5	16.5
对应发送电流(mA)	105	95	87	80	75	70	65	60
载频传输		↘	↗	↘	↗	↘	↗	

表 5-6 中，F0 、F7 用在特殊的岔区，这些载频交错配置，防止串音，提高抗干扰能力，频偏 ±200Hz。

【项目实施】

任务一　轨道电路部件安装

一、器材工具

轨道电路，信号工及钳工常用工具，如轨道箱钥匙、万用表、手锤、机械油、套筒扳手一套及相关作业用工具，必要时带相关图纸等。

二、任务实施

1. 要点登记及准备工作

（1）人员分组　根据人员情况，进行分组。

（2）统计绝缘并送货　统计各咽喉作业区所需绝缘种类和数量，并送绝缘到安装地点。

（3）办理安装前登记并准备　办理安装前登记，而且除了在安装区两侧 50m 处放置红色移动信号牌外，还需安排专人防护。

（4）螺栓注油　为节省时间，防患未然，正式要点前，先拧下轨缝两边钢轨各一只螺栓，拧松其余四只，注润滑油后重新拧紧。

2. 钢轨绝缘节的安装

（1）拧下或拧松螺栓，加入绝缘　快速拧下四只螺栓，拧松其余四只，取下鱼尾板，除锈涂油；分别在轨缝处和轨腰处插入一两片轨缝绝缘和加槽型绝缘，合上鱼尾板。

（2）穿入螺栓并调整松紧　快速穿上两根钢轨中间的两只螺栓。螺栓入孔前及出孔后应按顺序在螺栓两端分别套上铁垫圈、绝缘垫圈和绝缘管，然后拧上但不拧紧螺母，此时保持绝缘垫圈和铁垫圈的长边应水平放置，等第二只加完铁垫圈、绝缘垫圈和绝缘管的螺栓穿入孔后，再将两只螺栓一起拧紧；按方向要求穿入其余螺栓，用锤子敲击鱼尾板或螺栓调整平衡后拧紧螺母，螺栓不能打弯且使各部件密贴吻合。

（3）销记汇报　及时拆除防护信号，并通知站内销记。

注意：①安装钢轨绝缘的两根钢轨类型必相同，且两根钢轨绝缘应尽量设在同一坐标上，不满足时考虑换轨或锯轨。②安装绝缘的轨缝应保持 6 ~ 10mm 的空隙且两根轨头部高度差不大于 2mm；道床捣固良好，支撑轨端的轨枕应保持坚固，轨头竖直面光滑无毛刺、铁屑及飞边等。

3. 电气绝缘节的安装

(1) 挖坑、安装基础 在距所属线路钢轨内侧 1400mm 处挖个尺寸为 500mm × 500mm × 900mm 埋基础的坑，基础埋深不小于 500mm，基础桩引线口面向大地，基础顶面距埋土顶面 200mm，防护盒中心距埋土顶面边缘为 500mm。

(2) 调谐单元安装并与设备连接 用配套螺栓将调谐单元面向所属线路固定在基础柱的固定板上，将调谐单元预留的近端端子与匹配变压器 V2 端子经预留孔用 250mm 长的 7.4mm^2 多股钢缆相连，将调谐单元预留的远端端子与匹配变压器 V1 端子经预留孔用 500mm 长的 7.4mm^2 多股钢缆相连。

(3) 钢轨钻孔并与设备连接 在钢轨内侧轨腰中部用电钻钻直径为 10mm 大小的孔，将设备与钢轨引接线内径为 12mm 的铜端头用 M10 铜螺栓与钢轨轨腰上的塞钉相连，短的连接线与近侧钢轨相连，长地穿过钢轨底部与外侧钢轨相连。

注意：①电气绝缘节应选在长轨处，若调谐区内有轨缝应用塞焊连接线连接，保证良好的电气连接特性；如空心线圈与防雷单元安装在一起时应安装在同一基础上，调谐单元与匹配变压器应背对背安装在同一基础上，调谐单元靠近钢轨侧安装。②调谐单元、空心线圈及匹配变压器要加装聚酯纤维防护盒，防护盒边缘距所属线路中心不得小于 1920m，防护盒开启便于维修施工；发送调谐单元防护盒、空心线圈防护盒、接收调谐单元防护盒中心距信号机分别为 1m、15.5m、30m。③电气绝缘节调谐区长度为 29m，空心线圈距两端调谐单元 14.5m。

4. 钢轨接续线的安装

(1) 要点前准备工作 要点登记或得到车站值班员同意后利用行车间隔安装，并由专人在施工地点前后 50m 处防护。

(2) 安装 在钢轨适当处用钻头钻直径为 10mm 大小的安装孔，将接续线用塞钉铆入安装孔内，塞钉与塞钉孔缘应涂调和漆封闭。

注意：为防止车轮碾压导线，接续线尽量安装在钢轨外侧，不得已时需反装，使线条处于下方；接续线线条应密贴鱼尾板上部槽面，高度不超过轨头底部，线条应平直无隆起或弯曲现象；两塞钉离鱼尾板边缘距离应相等，塞钉孔高度略大于轨高的一半；塞钉端部在钢轨内侧露出 1 ~ 4mm 长，铁线不应在塞钉的焊接处松动或拉出，塞钉不得被打弯或打堆。

5. 销记汇报

安装完成后及时拆除防护信号，并通知站内销记，及时汇报。

三、注意事项

1）注意选取合适的工具，能够正确使用。

2）严格按照安装技术要求组织施工。

3）轨道电路区段的各种绝缘装置，如轨距杆、道岔连接杆、道岔垫板等，应保证各种绝缘器件完好齐全，螺钉紧固得当。

任务二　模拟轨道电路的调整

一、器材工具

JZXC-480 型轨道电路、信号工常用工具、轨道箱钥匙、万用表、手锤、冲子、机械油、套筒扳手一套、清扫工具及相关作业用工具等，必要时携带相关工程图纸。

二、任务实施

1. 要点登记及准备工作

一次调整法。轨道电路的调整，要求在选择好限流电阻阻值和电源电压后，无论道床如何变化，各种参数如何波动，轨道电路都能稳定可靠地工作，而不需要经常调整，这就是一次调整法。

调整表或调整曲线的准备。影响轨道电路的主要因素是道床电阻。轨道继电器的端电压随道床电阻变化的关系，用表格的形式列出来，就称为调整表，用曲线描绘出来就称为调整曲线。调整表和调整曲线是依据轨道电路的转移阻抗公式求得不同道床电阻值时的终端电流值，再根据终端电流值和轨道继电器端电压的特征，用计算机编制出调整表和调整曲线。作为现场维修的依据，《信号维修规则》列出了各种轨道电路的调整表和调整曲线，而不需要重复计算。

2. 轨道电路的调整

（1）限流电阻调整　首先调整变阻器，将轨道电路送电端限流电阻调整在 2Ω 以上，在道床不良处不小于 1Ω。

（2）轨道变压器输出端电压调整　按照调整表，调整轨道变压器输出端电压。

轨道继电器电压在道岔区段为交流 10.5～16V；股道区段为交流 10.5～18V；接近区段为交流 10.5～22V。当一送一受轨道继电器端电压变化超过 2V、一送多受轨道区段各分支轨道继电器端电压变化大于 1V 时，必须进行分析，查找原因。

受电端轨面电压应保持在 0.8～0.9V，具体测试方法为在继电器的 73、83 端子上测试交流电压；连接 1-4，在 2（－）、3（＋）端子上测试直流电压。当轨道继电器可靠吸起时，测量轨道继电器的线圈端电压；当升高到 14～16V 时，固定轨道变压器输出端；当不满足要求时进一步用万用表交流挡测试送、受电端轨面电压；当还不满足要求时，应进一步调整查看轨道变压器输出端。

（3）残压调整　用 0.06Ω 的分路电阻线分别在轨道电路的送、受电端短路轨面，当轨道继电器可靠落下时，轨道继电器线圈电压应不大于 2.7V。

（4）紧固相应螺栓及阻值　固定电阻值及紧固电气端子螺栓。

3. 调整表的使用

JZXC-480 型轨道电路调整表见表 5-7。该调整表是按照满足调整、分路两种工作状态及送受电端设备不过载的原则而编制的。目的是使制式技术能力范围内的轨道电路实现一次调整。

表 5-7　JZXC-480 型轨道电路调整表（rd：0.6 ~ ∞ Ω · km）

$Z_G/(e^{j60°}\Omega/kg)$	0.8								1.0							
R_Y/Ω	0.06 ~ 0.1				0.25 ~ 0.3				0.06 ~ 0.1				0.25 ~ 0.3			
R_S/Ω	1.2		2.0		1.2		2.0		1.2		2.0		1.2		2.0	
L/m　U_T/U_{JM}/V																
400	2.04	17.3	2.84	17.9	2.23	17.9	3.09	18.5	2.16	17.9	2.98	18.5	2.36	17.9	3.24	18.5
450	2.15	17.9	3.01	18.5	2.36	18.5	3.27	19.1	2.30	18.5	3.18	19.1	2.51	18.5	3.46	19.1
500	2.27	18.5	3.18	19.7	2.49	19.1	3.47	19.7	2.45	19.1	3.40	19.7	2.68	19.1	3.69	20.2
550	2.40	19.1	3.36	20.2	2.62	19.7	3.67	20.7	2.61	19.7	3.68	20.2	2.85	19.7	3.94	20.7
600	2.53	19.7	3.55	20.7	2.76	20.2	3.88	21.1	2.77	20.2	3.86	21.1	3.03	20.2	4.20	21.6
650	2.66	20.2	3.75	21.1	2.91	20.7	4.10	21.6	2.95	20.7	4.11	21.6	3.22	21.1	4.47	22.0
700	2.81	20.7	3.96	22.0	3.07	21.1	4.33	22.5	3.13	21.1	4.37	22.5	3.42	21.6	4.76	22.9
750	2.95	21.6	4.18	22.5	3.23	21.6	4.56	22.9	3.33	22.0	4.65	23.3	3.63	22.5	5.07	23.7
800	3.11	22.0	4.40	23.2	3.40	22.5	4.81	23.7	3.54	22.5	4.95	23.7	3.86	22.9	5.39	24.4
850	3.27	22.5	4.64	23.7	3.58	22.9	5.07	24.4	3.76	23.3	5.26	24.4	4.10	23.7	5.73	25.0
900	3.44	22.9	4.89	24.4	3.77	23.3	5.35	24.7	3.99	23.7	5.59	25.0	4.35	24.0	6.10	25.6
950	3.62	23.7	5.15	25.0	3.96	24.0	5.63	25.3	4.24	24.4	5.94	25.6	4.62	24.7	6.48	26.1
1000	3.81	24.0	5.42	25.3	4.17	24.4	5.93	25.9	4.50	25.0	6.31	26.1	4.91	25.3	6.88	26.6
1050	4.01	24.7	5.71	25.9	4.38	25.0	6.24	26.4	4.78	25.6			5.21	25.9		
1100	4.22	25.0			4.61	25.3	6.57	26.8								

调整表区别不同钢轨线路情况（钢轨单节的长短、接续线的差别）和区段长度，分别规定轨道变压器的应调电压 U_T（作为调整标准），并相应给出轨道继电器的最高参考电压 U_{JM}（供日常监测轨道电路运用特性的参考）。

（1）使用调整表前应确认事项

1）轨道电路的供电电压应符合规定，其波动范围允许在 220V ±22V 以内。

2）所使用的中继变压器 BZ，其空载电流应保持在 200 ~300mA。

3）核准轨道电路区段长度 L，测定送电端总电阻 R_S（包括引接线电阻）及受电端引接线电阻 R，使它们分别达到调整表所规定的挡值。

（2）挡位选择方法

1）采用双塞钉和焊接式接续线的轨道电路及采用单节长 25m 或无缝长轨线路的轨道电路，应选用调整表中 $Z_G = 0.8e^{j60°}\ \Omega/kg$ 挡；采用单塞钉接续线及单节长 12.5m 钢轨线路的轨道区段，应选用调整表中 $Z_G = 1.0e^{j46°}\ \Omega/kg$ 挡。

2）受端设备（BZ4）用引接线直接连接钢轨，选用 R_Y 为 0.06 ~0.1Ω 挡。用过道电缆连接钢轨的选用 R_Y 为 0.25 ~0.3Ω 挡。

3）调整表中所列的送电端总电阻 R_S 挡可任选其一，测定后固定不变，一般地说，选

2.0Ω 挡，对短区段的分路特性和长区段的送端过载特性更好一些；选 1.2Ω 挡，可使长区段两端的分路特性更均衡一些，制式的极限长度也更长一些。

4）调整表所给出的应调电压值 U_T（作为调整标准），是对应于信号楼向轨道电路供电的电压额定值为 220V 时，各轨道区段发送变压器应输出的端电压。如果信号楼向轨道电路供电电压不是 220V，应核算出应调电压值。但若轨道电路供电电压是经稳压给出的则不必核算。

5）轨道电路的实际长度若介于调整表给出的挡别之间时，除极限使用长度外，其应调电压允许就近选靠挡值。

6）当轨道变压器实际输出电压（带载测量）不等于应调电压值时，除极限使用长度外允许就近选靠输出端子；在极限使用长度时，只允许选定实际输出电压不大于应调电压值的端子。

(3) 具体应用实例 一段轨道电路长 1000m，采用焊接式接续线，过道电缆连接钢轨，此时，$Z_G = 0.8e^{j60°}$ Ω/kg，$R_Y = 0.25 \sim 0.3Ω$，$R_S = 1.2Ω$，从调整表中可得 $U_T = 4.17V$，$U_{JM} = 24.4V$。再查 BG_1—50 型变压器二次线圈电压表，详见表 5-8（一般在变压器侧面或顶面电压铭牌上标记），如图 5-31 所示电压铭牌上，有 4.05V 一挡，与 4.17V 最接近，此时把 BG_1-50 型二次端子 3—4 用短路线连接，把端子 2 和端子 5 引出线连接至变阻器和钢轨，给钢轨送电。

表 5-8 BG_1-50 型轨道变压器二次绕组电压表

电压/V	使用端子	连接端子	电压/V	使用端子	连接端子
10.80	1—6	3—4	5.40	1—4	2—5
10.53	1—5	3—4	4.95	1—4	2—6
9.90	1—6	3—5	4.50	2—6	3—4
9.45	1—3	—	4.05	2—5	3—4
9.00	1—5	3—6	3.60	2—6	3—5
8.55	1—4	3—5	3.15	2—3	—
8.10	1—4	3—6	2.70	2—5	3—6
7.65	1—6	2—4	2.25	2—4	3—5
7.20	1—5	2—4	1.80	2—4	3—6
6.75	1—6	2—5	1.35	4—6	—
6.30	1—2	—	0.90	4—5	—
5.85	1—5	2—6	0.45	5—6	—

值得注意的是，轨道电路调整后，为确保安全，应进行分路试验，无误后方可投用。

(4) 调整表适用范围 当区段的实际最低道床电阻值低于 0.4Ω · km、区段的实际钢轨阻抗值远大于正常变化范围、超过本制式的最大技术能力时，使用调整表不能做到一次调整。对超出本制式技术能力的轨道区段，不得盲目调整，应考虑整治道床或选用改进形式的轨道电路。

4. 销记汇报

三、注意事项

1）注意选取合适的工具，能够正确使用。

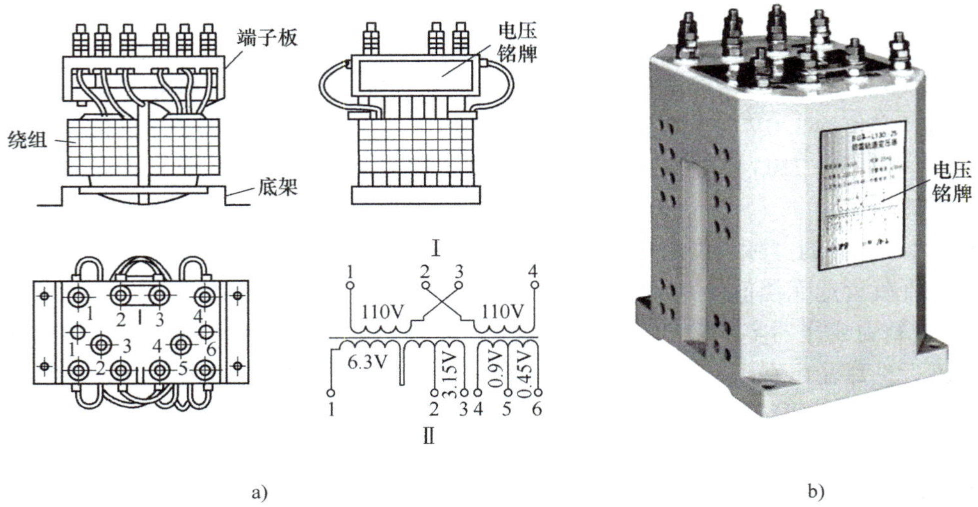

图 5-31 轨道变压器图

a）BG_1-50 型轨道变压器 b）BG_2-130/25 型轨道变压器

2）工作中注意设备及人身安全。

任务三 模拟轨道电路的维护

一、器材工具

模拟轨道电路、信号工常用工具、轨道箱钥匙、万用表、手锤、冲子、机械油及油壶、套筒、活动扳手一套、长把检查锤、克丝钳、尖嘴钳、螺钉旋具、棉纱及相关作业用工具等，必要时携带相关图纸。

二、任务实施

1. 要点登记等准备工作

2. 轨道电路巡视检查

模拟轨道电路常规清洁一般每三个月一次，常规检查每年一次。

1）检查设备箱盒加锁是否良好，设备周围有无外界干扰，箱盒两侧的引入线是否同时与箱体接触造成短路使绝缘失效。

2）检查各引接线、跳线、接续线防混措施是否良好，涂油效果是否完好。

3）检查胶接绝缘无明显拉缝，目测钢轨绝缘外观良好、无肥边、螺栓无明显松动，绝缘鱼尾板与绝缘两侧扣件或道钉不得有接触，否则容易造成钢轨绝缘失效。

4）检查电缆是否外露，电缆标签、警示牌是否齐全有效，检查电缆路径上是否有危及电缆安全的行为如打井、烧荒等。

3. 轨道电路箱盒内部检修

(1) 螺钉等紧固检查 检查箱盒各部螺钉紧固是否良好、垫片、螺帽（包括备帽）、套管是否齐全有效；逐根检查塞钉线是否紧固，塞钉是否过轨墙，有无“抢皮”现象发生。

（2）防尘检查　如图5-32所示，检查箱盒防尘情况是否良好并清扫内部。

（3）线缆检查　检查线缆有无磨损、混线和接地可能，引入口处是否采用灌胶防护，电缆无下沉现象；两侧引接线不得与箱体接触，引接线距轨底不小于30mm，并采取防混线措施，双套引接线固定良好，断股不超过4根，且油润不锈蚀，塞钉打入深度至少与轨腰平，露出不超过5mm，并涂油漆封闭防腐蚀；检查道岔区段各种钢丝绳是否与枕木固定良好，有无锈烂、断股现象发生。

图5-32　轨道电路室外箱盒

（4）电气特性测试　检查电阻滑片接触良好、阻值符合规定，并进行Ⅰ级电气特性测试；曲线处的钢轨与车轮磨损较大，易产生飞边、铁屑，维护时重点清除飞边和铁屑，并进行绝缘测试，不良时及时更换；检查测试道岔及钢轨绝缘是否可能造成绝缘失效的隐患及绝缘不良现象的发生。

（5）雨季对容易发生分路不良区段的特殊维护　及时检查轨面生锈情况并进行残压测试，当残压大于2.7V时，立即在《行车设备检查登记簿》登记为分路不良，严重时上报调度。另外在平时调整时要将送、受电端电阻调到最大。

4. 销记汇报

三、注意事项

1）注意选取合适的工具，能够正确使用。

2）在工作中注意设备及人身安全。

【任务评价】

任务评价单见附录。

【复习与思考】

1. 简述轨道电路的基本原理。
2. 轨道电路如何分类？
3. 站内轨道电路如何划分？怎么命名？
4. 交流连续式轨道电路由哪些部件组成？各起什么作用？
5. 简述交流连续式轨道电路的工作原理。
6. 什么是轨道电路的极性交叉？有何作用？
7. 设置钢轨绝缘有哪些规定？何谓侵限绝缘？何谓死区段？
8. 如何进行轨道电路的调整和检修？
9. 25Hz相敏轨道电路的常见故障及处理？
10. AF-904型数字轨道电路的组成及工作原理？

项目六

查询应答器

【问题导入】

轨道电路能够监督列车占用、传递行车信息，但确保列车在高速运行状态下的安全行车信息如进路长度、岔区长度、闭塞分区长度、坡度、曲度等有些是不能通过轨道电路传递的；另外有些地铁正线车站里没有安装轨道电路，这些相关行车信息的传递是如何实现的呢？是通过另外一种信号设备——查询应答器传递的，这一单元将探讨相关问题。

【学习目标】

1. 知识目标：

（1）掌握查询应答器的结构、分类及作用。

（2）了解查询应答器的工作原理及应用。

（3）掌握查询应答器的不同安装方法。

2. 能力目标：

（1）能识别查询应答器。

（2）能够对查询应答器进行简单地维护及安装。

3. 情感目标：

（1）培养安全第一、严谨的工作作风。

（2）培养学生良好的团队合作精神。

（3）激发学生浓厚的学习兴趣，培养理论联系实际的学习习惯。

【教学建议】

1. 教学场地：在教室、互联网多媒体教室及信号实训室中进行，课后可实地参观。

2. 设备要求：至少具有能连接互联网的多媒体教室一个，查询应答器若干，或能放视频投影的设备及课件、视频介绍一套。

3. 教学重点、难点：

（1）查询应答器的组成及工作原理。

（2）查询应答器的应用及安装。

4. 课时要求：共 8 课时，其中课堂讲授 4 课时，实际操作 4 课时。

【理论知识】

课题一　查询应答器系统概述

一、概述

查询应答器最初是用于航天技术以及导航中，直到 20 世纪 70 年代中后期以后，查询应答器技术从航天引入到轨道交通中，并在很多发达国家的铁路上获得了广泛的应用，取得了良好的效果。

我国使用的查询应答器基本都是按欧洲标准研制开发的，主要用于车地之间的数据交换，如图 6-1 所示，查询应答器在车地通信系统中应用广泛，其交换的形式可以是单向的也可以是双向的，为列车 ATP 提供其所需的各种点式信息，包括进路长度、岔区长度、闭塞分区长度、坡度、曲度等，确保列车在高速运行状态下的安全。

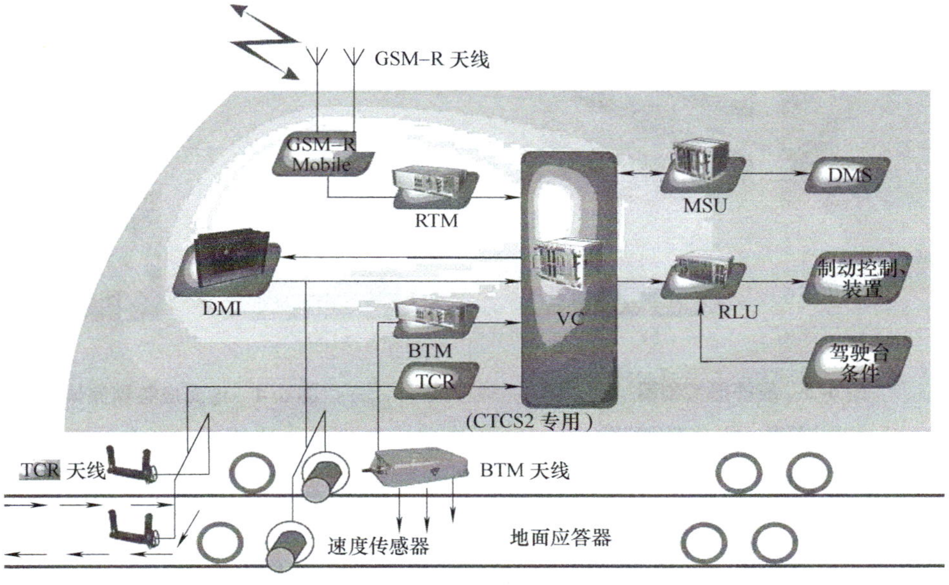

图 6-1　查询应答器在车地通信系统中应用简图

二、查询应答器系统的组成

查询应答器系统是采用电磁耦合的原理制成的，由车载查询主机和机车天线向地面辐射电磁能量来激活地面应答器，并接收来自应答器中的信息后生成行车的依据。查询应答器系统包括地面设备和车载设备。地面设备主要包括地面应答器；车载设备主要包括车载查询天线和车载查询主机，如图 6-2 所示为查询应答器在车站的应用设置。

1. 地面应答器

地面应答器包含特定的地面信息，放置在轨道中间或轨旁，如图 6-3 所示。当列车经过地面应答器时，通过无线射频激活应答器，使其发射预置数据，从而列车获得公里标、

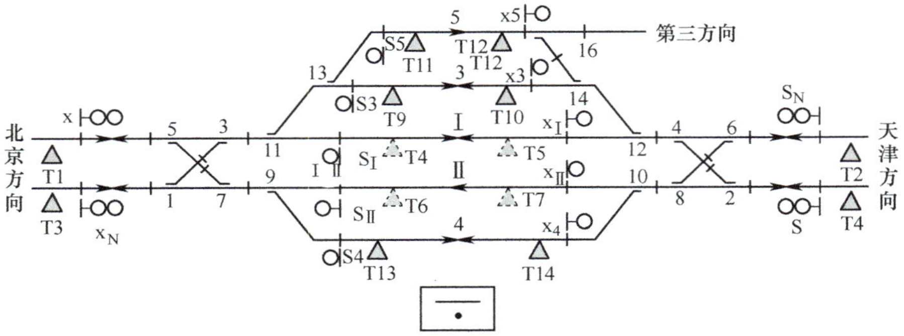

图 6-2　查询应答器在车站的应用设置

限速、坡度等信息，保障列车的运行安全。地面应答器按照供电来源可分为有源和无源应答器两种类型。

（1）机械特性　应答器由壳体（黄盒子）（图 6-4）、电路板及灌封材料构成，电路板厚度为 3.2mm，安装在壳体内，它包含了用于发送和接收的电磁感应耦合线圈。

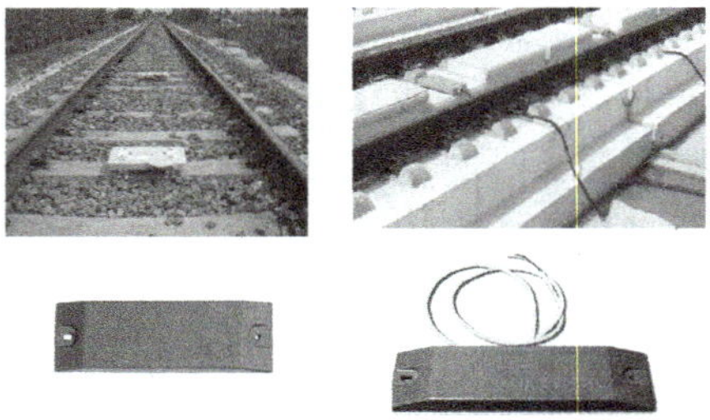

a)　　b)

图 6-3　应答器实物图

a）无源应答器　b）有源应答器

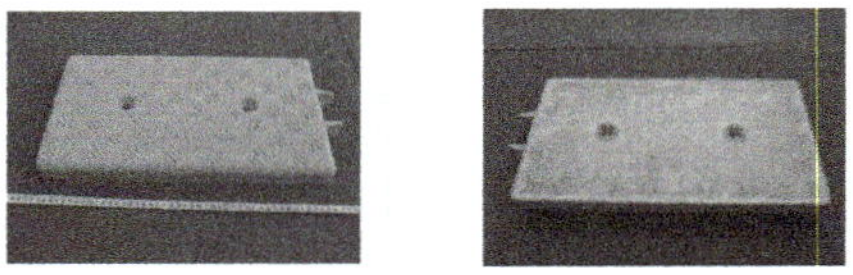

a)　　b)

图 6-4　地面应答器壳体

a）正面　b）反面

（2）应答器功能

1）接收电信号。探测、解调远程能量信号。

2）产生上行能量信号。应答器通过接口 A1 向车载设备传送报文。

3）接收来自接口 C 的数据。

4）启动时的方式选择：确定是发送自身存储的报文还是发送来自接口 C 的报文。

5）串音防护：即对上行链路的限制。

6）I/O 接口特性的控制。

7）产生列车通过信号。

8）管理操作及编程模式。

（3）主要技术指标

1）接收电磁能量频率：27.095MHz ±5kHz 连续波（CW）。

2）平均数据传输速率：564.48kbit/s ±14.112kbit/s 连续波（CW）。

3）上行数据传输方式：移频键控 FSK；中心频率：4.234MHz ±175kHz；调制频偏：282.24kHz ±19.76kHz。

4）报文长度：1023bit。

（4）应答器组成

1）有源应答器。设置在车站进站信号机前方的有源应答器（如图6-2中T1），由可变信息应答器、轨旁电子单元（LEU）（图6-5）、车站信息编码设备及连接电缆组成。车站信息编码设备与车站联锁系统结合，采集来自联锁系统的有关信息，通过串行接口传送至轨道旁电子单元，再通过它控制可变信息应答器的发送，为列车提供实时信息，解决人工输入易出错的问题，因此查询应答器系统必须与车站联锁系统进行接口。

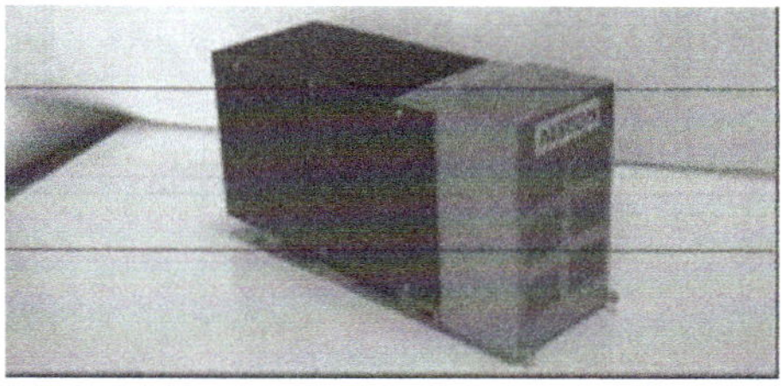

图6-5　轨旁电子单元LEU

轨旁电子单元（LEU）是故障-安全设备，是应答器系统的重要组成部分，用于向可变信息应答器提供实时报文。LEU收到从联锁继电器输出的信息后，根据进路信息选择相应报文，发到可变信息应答器。当列车经过可变信息应答器时，接收并读取报文。

轨旁电子单元具体功能（不同厂家稍有差别）有：①接收外部发送的应答器报文，并连续向可变应答器转发。②接收外部发送的控制命令，根据控制命令选择一条预先存储的报文并连续向可变应答器发送。③一台LEU可同时向四台有源应答器发送不同内容的报文。④能存储几百条及上千条报文。⑤当有车载天线经过有源应答器时，LEU不转换新的报文。⑥当输入通道故障或LEU内部故障时，向应答器发送预先存储的默认报文。⑦设备自检及事件记录，并向外部设备上传。⑧输出开路及短路检测信息功能。

车站LEU放置在单独的LEU设备柜中，而中继站LEU放置在列控中心主设备柜中，当LEU与有源应答器间电缆长度大于2500m时，采用远程控制LEU方式，即LEU设置在室外靠近有源应答器的地方，由列车运行控制系统TCC对远程LEU进行报文传输及切换控制。

2）无源应答器。安装在两根铁轨中心地面上或轨旁的无源应答器（图6-3a），不需要外加电源，平时处于休眠状态，仅在列车通过时由车载查询应答器的信号激活无源应答器，同时发送调制好的数据编码信息，其编码策略具有强检错、易调节的特点。无源应答器自身功耗很低，包装外壳为硬塑料，以确保防水、防撞击，便于工务、电务养护并防盗。

2. 临时限速服务器TSR

临时限速服务器是基于信号故障安全计算机的控制系统，它根据调度员的临时限速操作命令，实现对各个列控中心、无线闭塞中心分配和管理的临时限速命令，保证施工、抢险等作业安全进行。具体功能为对拟定的临时限速命令进行存储、校验、拆分、撤销、设置和取消以及限速设置时机的辅助提示等。

3. 车载设备

（1）车载查询主机　车载查询主机用于检查、校验、解码和传送接收到的报文，并选择激活位于列车两端任一天线与列车控制系统进行双向数据传输，并具有自检和诊断的功能。不同厂家的产品，其结构配置稍有不同，以西门子公司的产品为例讲解。如图6-6所示，查询主机可分为以下几个部分：

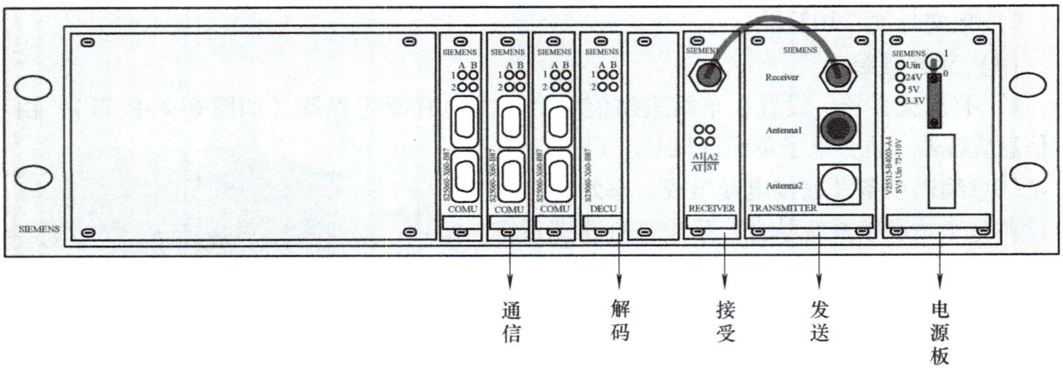

图 6-6 车载查询主机前面板图

1）电源板（图 6-7）。电源板可将机车 110V 电源转换为车载查询天线所需的 24V 和 5V 电源。

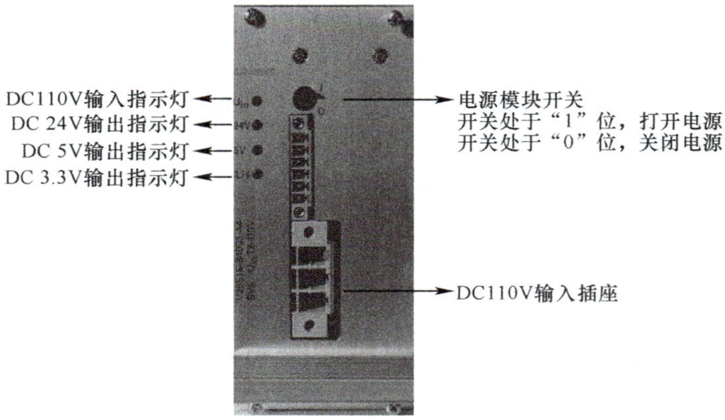

图 6-7 车载查询主机电源板

2）发送器（图 6-8）。发送器能产生 27.095MHz 的能量信号，由天线电缆传送给车载查询天线，并可以接收从车载查询天线返回的应答器数据信号，然后将接收到的数据信号传送给接收器。

3）接收器。接收器能接收发送器传来的数据信号，并解调其接收到的数据信号，再将解调后的信号发送给解码板。接收器同时还可以监测接收器和天线的工作状态，如图 6-9 所示。

4）解码板。解码板的作用是接收来自接收器的报文数据并且对报文数据进行解码，解码后将用户报文和相关状态信息发送给通信板，同时将解码板工作状态信息发给通信板，如图 6-10 所示。

5）通信板。通信板的功能是接收解码板的报文和状态数据，同时通信板还与 ATP 进行通信，并将相关工作状态信息发送给 ATP，如图 6-11 所示。

除了西门子外，还有其他几个公司生产查询应答器系统，其原理基本相同。

（2）车载查询天线 车载查询天线位于列车底部，距轨道 180～300mm。当天线的导体通过高频电流时，在其周围空间产生电场与磁场形成辐射场。当地面应答器被激活

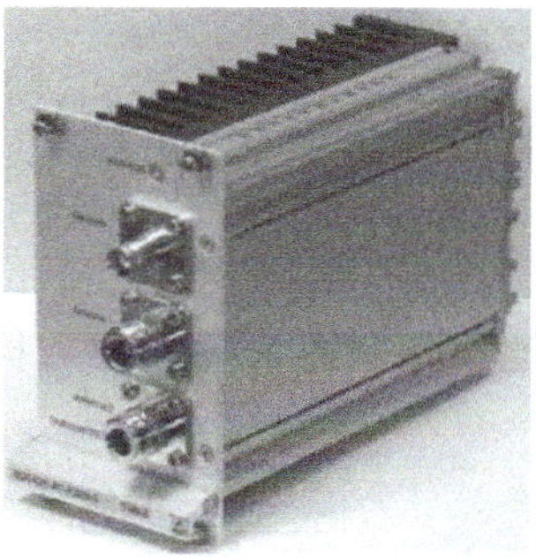

图 6-8　车载查询主机发送器

A1：电源指示灯；正常时常亮
A2：天线 1 工作状态指示灯；正常时常亮
AT：接收到应答器时闪亮
ST：状态指示：正常时亮 0.1s，灭 0.9s 循环

图 6-9　车载查询主机接收器前面板

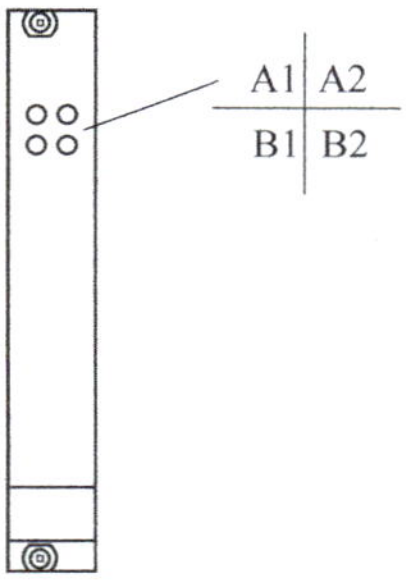

A1：电源指示灯：正常时常亮
A2：工作状态指示灯：
正常时周期闪烁，亮、灭各 0.5s
B1：长报文指示灯：接收到长报文后闪亮
B2：短报文指示灯：接收到短报文后闪亮

图 6-10　车载查询主机解码板前面板

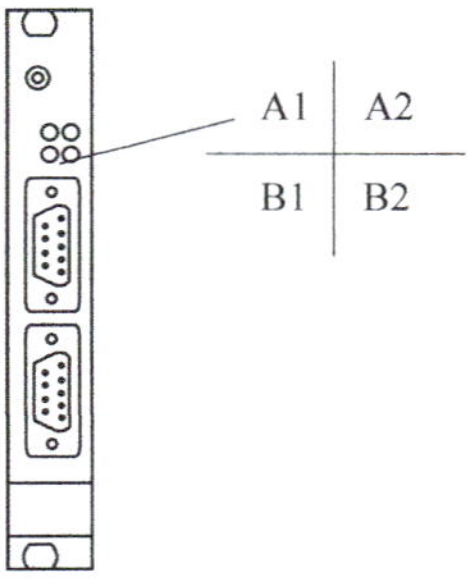

A1：电源指示灯：正常时常亮
A2：工作状态指示灯：
正常时周期闪烁，亮、灭各 0.5s
B1、B2：通信指示灯
闪烁周期 0.1s

图 6-11　车载查询主机通信板前面板

后，应答器发射另一个高频信号，在其电磁波传播的方向，天线就会产生感应电动势，此时与天线相连的接收设备就会产生高频电流。接收效果的好坏除了电波的强弱外，还取决于天线的方向性，另外与接收设备匹配情况也有关，如图 6-12 所示。

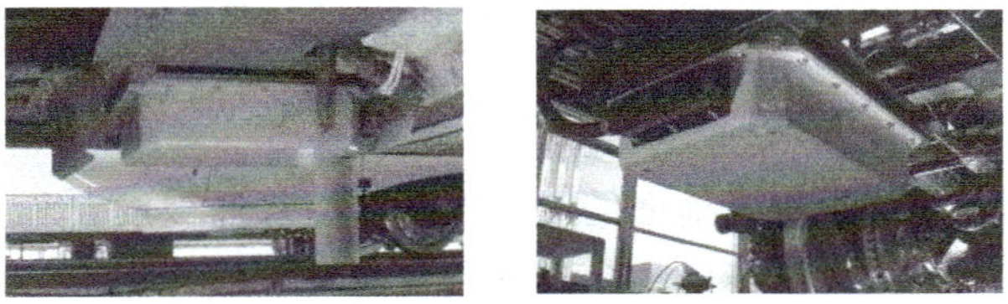

a)　　b)

图 6-12　车载查询天线实物图

a）应答器接收天线　b）应答器接收天线及与 BTM 主机相连的电缆

查询天线其外壳同样要由硬塑料保护、防止异物撞击。

课题二　查询应答器及其工作原理

一、应答器系统的结构

应答器是利用无线感应原理在特定地点实现列车与地面相互通信的一种数据传输装置。应答器系统结构框图如图6-13所示，A接口为应答器与车载ATP设备间无线传输接口，其中设置有A1为上行数据传输接口、A4为供电接口、A5为编程接口；C接口为LEU与有源应答器间报文传输接口，设有：C1为LEU向有源应答器传送报文接口，C4为有源应答器向LEU发送有列车通过的信息接口，C6为LEU向有源应答器接口电路提供电源接口；S接口是LEU与车站列控中心TCC间的通信接口，主要有串行及以太网两种通信方式。车地通信系统中查询应答器的能量交换框图如图6-14所示。

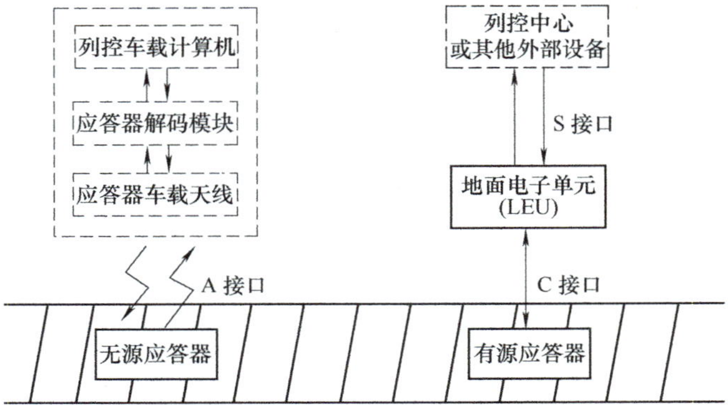

图6-13　应答器系统结构框图

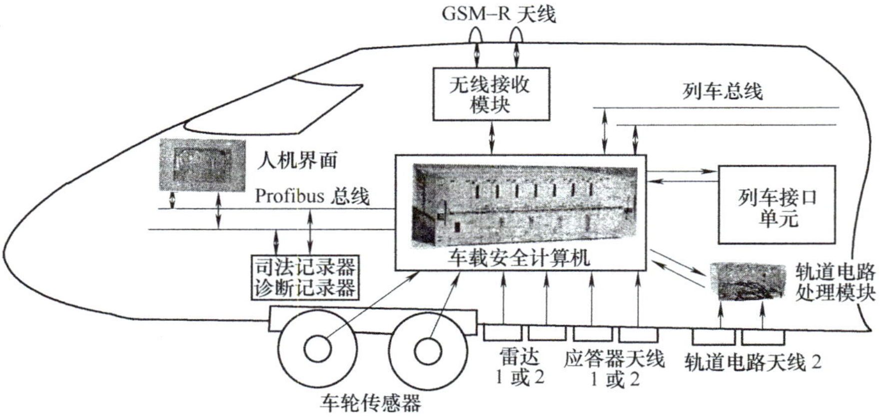

图6-14　车地通信系统中查询应答器能量交换框图

二、查询应答器的工作原理

当列车上的查询器通过设置于地面的应答器，该应答器被发自车上的查询器瞬态功率激活并进入工作状态，它将向运行中的列车连续发送存于应答器中的可供列车自动控制或地面指挥用的各种数据。在查询器与应答器的有效作用范围之外，应答器将不再工作，直至下次列车上的查询器功率再次激活。查询应答器工作的基本原理是电磁感应理论，地面应答器系统原理框图如图6-15所示。当查询器与应答器相互作用时，应答器接收到发自查询器的功率载波信号后，应答器进入工作状态。信源编码器为数据编码器，其输出编码经过调制后送到放大电路经放大后发出。查询器与应答器的有效作用范围与其间的电磁场能量密不可分。

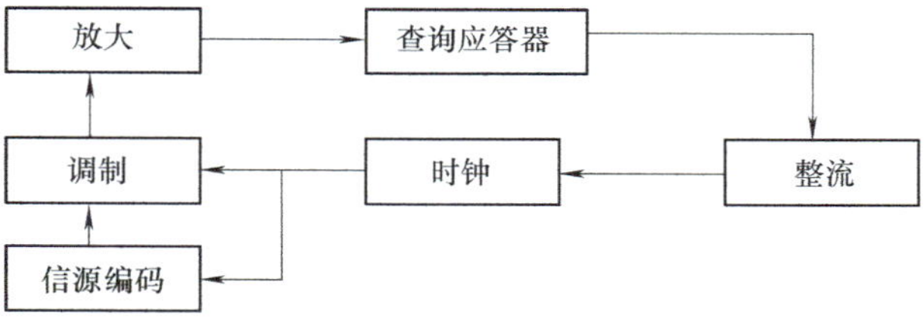

图 6-15　地面应答器系统原理框图

三、查询应答器的主要特点

1）无源设备，不要求提供外接电源（有源应答器除外）。

2）可提供固定的信息内容，如里程标，区间长度、限速值、坡道值等。

3）可变编码应答器可提供实时信息，如股道号、进出站、是否通过等。

4）使用寿命长，基本无需维护，可节约维修资金。

5）不受话路限制，传输信息量大，有利于实现系统故障—安全。

6）不受频带限制，频率运用灵活。

7）电磁场稳定，可以获得高质量的传输效果。

8）一次性投资可服务于多种运用，实现少投入、多产出，经济效益显著。

四、查询应答器的分类

1. 按照供电源分类

查询应答器按照供电来源可以分为有源和无源应答器两种类型。

（1）无源查询应答器　无源应答器本身不具备电源，只有当查询应答器位于耦合谐振位置时，从查询应答器送出的高频信号作为电源给应答器，使应答器中事先已存储的信息被发送出来。它相当于计算机存储系统中的 ROM，即其信息一旦固定在应答器后，只能原封不动的读出，不可改变，如图 6-16 所示。

（2）有源查询应答器　应答器本身具备电源，所以它存储的信息是可以改变的。相当于计算机存储系统中的 RAM，即当查询应答器耦合谐振时，立即发出了应答器内部已存储好的随机信息，如图 6-17 所示。

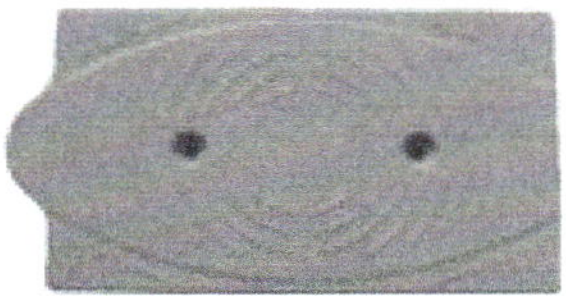
图 6-16　无源应答器

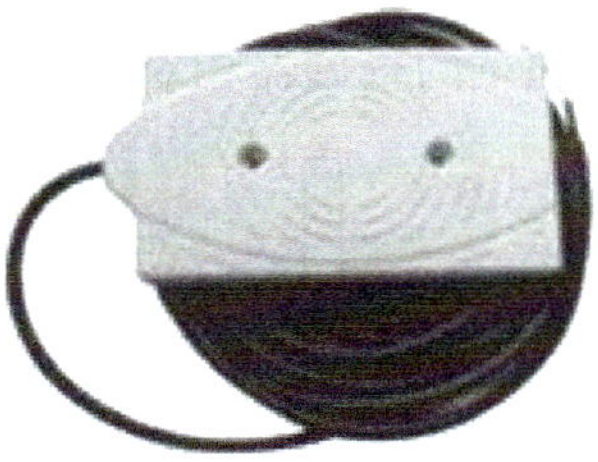
图 6-17　有源应答器

2. 按应用功能分类

查询应答器按应用功能可分为普通型、增长型和标定型三类。

（1）普通型查询应答器　该类型查询应答器向查询器传送信息发送，包含安全信息与非安全信息，如图 6-18 和图 6-19 所示。

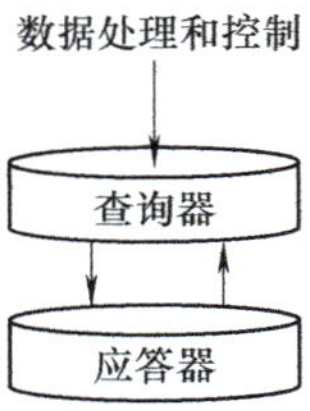

图 6-18　普通无源查询应答器信息流

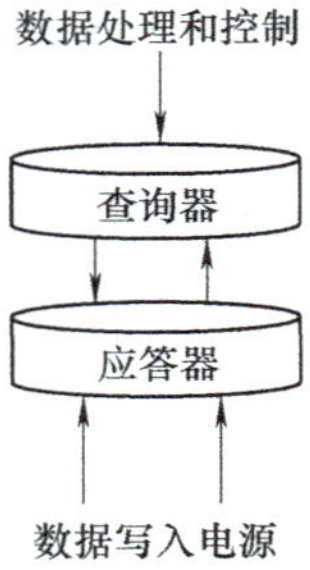

图 6-19　普通有源查询应答器信息流

(2) 增长型查询应答器　该类型的查询应答器与普通型类似，但应答器的长度有可能是查询器的长度的 10 倍。其专门用于控制列车在车辆段、机械房或机务段内的定位，如图 6-20 所示。

(3) 标定型查询应答器　标定型查询应答器（图 6-21）的应答器结构连续多环，专用于标定列车速度。

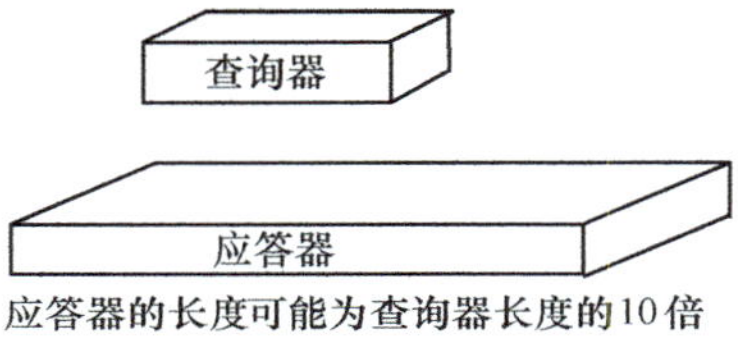

图 6-20　增长型查询应答器

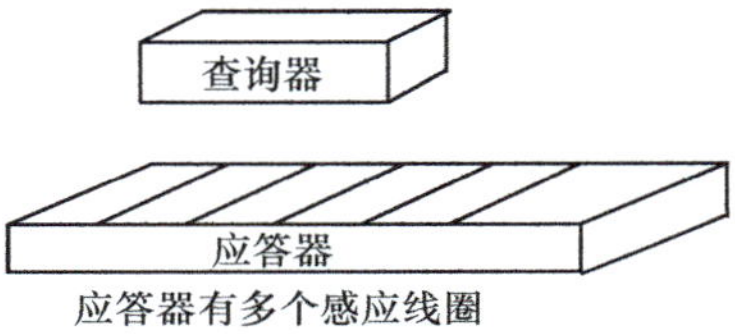

图 6-21　标定型查询应答器

3. 按照安装位置分类

按照安装位置主要分为中心安装、侧面安装和立杆式安装三种。

(1) 中心式安装　应答器安装在铁路两轨中心部位（图 6-22），而查询器安装在列车底下的中间位置，与应答器相对应耦合，此种安装方式较常见。

(2) 侧面式安装　查询应答器安装在列车侧面，与之相应的应答器也安装在钢轨侧面，与通过列车的查询器相对应耦合，如图 6-23 所示。

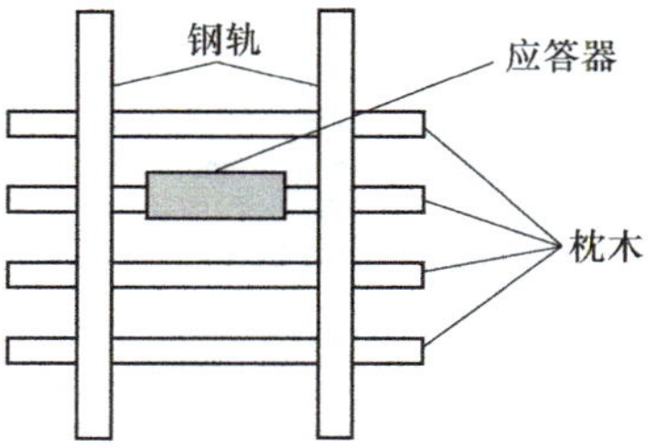

图 6-22　查询应答器轨间安装示意图

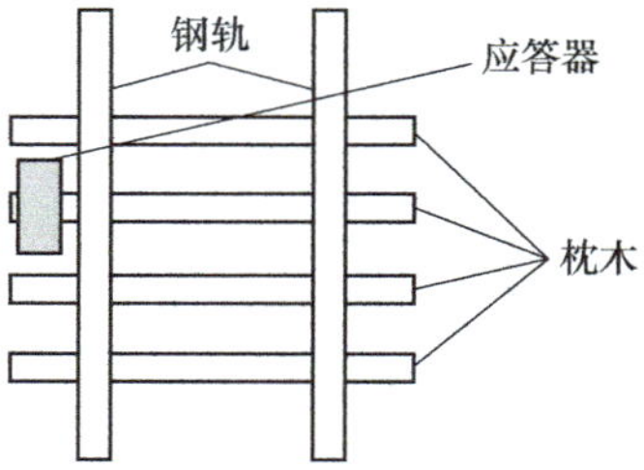

图 6-23　查询应答器轨侧安装示意图

(3) 立杆式安装　应答器安装于路旁立杆上（图 6-24），起作用的无线电波可以无方向性，也可以有方向性，因此，道路上通过装有查询器的移动车辆时，立即可与它起耦合作用，传递相应的信息。

另外，还有按地面应答器埋藏深度来区分把查询应答器分为普通型、一般埋藏型和深埋型；或根据运行速度不同来区分，有适合一般列车速度应用类型和适合高速铁路应用（速度大于200km/h）类型，后者特点是查询应答器之间数据传输速率快，能适应高速运行铁路，也能得到可靠信息传输。

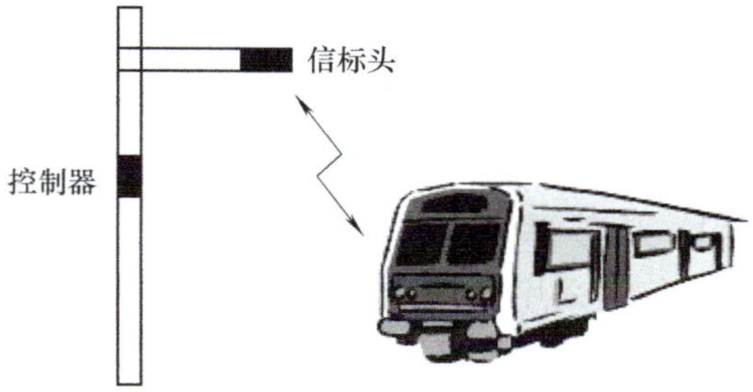

图 6-24　立杆式安装查询应答器示意图

课题三　应答器信息

一、应答器信息内容

应答器传递的车地通信信息包括以下内容，具体见表 6-1。

表 6-1　应答器信息包内容

序　　号	信 息 包 号	信息包名称
1	[ETCS-5]	应答器链接包
2	[ETCS-21]	线路坡度包
3	[ETCS-27]	线路速度包
4	[ETCS-41]	列控等级转换包
5	[ETCS-44]	欧洲标准以外的信息包
6	[ETCS-68]	特殊区段包
7	[ETCS-72]	文本信息包
8	[ETCS-79]	地理位置信息包
9	[ETCS-132]	调车危险包
10	[ETCS-254]	默认信息包
11	[ETCS-255]	信息结束包
12	[CTCS-1]	轨道区段包
13	[CTCS-2]	临时限速包
14	[CTCS-3]	区间反向运行包
15	[CTCS-4]	大号码道岔包
16	[CTCS-5]	绝对停车包

(1) 线路基本参数　如线路坡度、轨道区段等。

(2) 线路速度信息　如线路最大允许速度、列车最大允许速度等。

(3) 临时限速信息　由于施工作业要求或发生自然灾害等情况需要临时限速。

(4) 车站进路信息　对车站每个接、发车进路，提供“线路坡度”“线路速度”“轨道区段”等线路参数。

(5) 道岔信息　提供道岔侧向允许列车运行的速度。

(6) 特殊定位信息 如升降弓、进出隧道、鸣笛、列车定位等。

(7) 其他信息 固定障碍物信息、列车运行目标数据、链接数据等。

二、应答器编号及命名

1. 应答器编号

应答器采用全国铁路统一编号，编号全路唯一，包括两部分：应答器组名称和组内标号。

(1) 应答器组名称 格式如下：NID-C：（大区编号+分区编号）+NID-BG：（车站编号+应答器单元编号），以编号为035-1-10-002的应答器为例：

大区编号：035号大区；分区编号：1号分区；车站编号：10号车站；单元编号：002。

1）大区编号由三位十进制数表示，范围为1~127，大区编号是按全国铁路区域、以现行电务段或客运专线区域为参照，根据所管辖区域车站数量，每个区域可分为1~3个大区编号。

2）分区编号由一个十进制数表示，范围为1~7，大区编号内，以线路或车站分布情况进行分区编号，原则上同一线别的车站应分配在同一分区内，车站数量较多的可分配多个分区，车站数量较少时，多个线别可分配在同一分区内。

3）车站编号由两位十进制数表示，范围为1~60，一个分区内车站数量一般按不超过50个进行分配，原则上按分区内车站的下行方向顺序进行车站编号。

4）单元编号由三位十进制数表示，范围为1~255，对车站管辖范围内（包括区间）的全部应答器（组）进行编号，编号顺序按先正线股道、后侧线股道的顺序编号，正线以列车正向列车运行方向为参照，按正线贯通、从小到大的原则进行编号，下行编号为奇数，上行编号为偶数；侧线股道应答器编号以临近正线的第一股道依次编号为原则，下行为奇数，上行为偶数。

(2) 组内标号 每个应答器组可由1~8个应答器组成，以列车正向运行方向为参照，列车首先经过的应答器标为①，其余应答器依次编号；侧线股道应答器组内编号，下行股道以下行方向为正方向进行编号，上行股道以上行方向为正方向进行编号。

2. 应答器命名

每个应答器（组）命名以B开头，后加公里标或信号机名称，其中公里标参照区间通过信号机命名规则执行，例如：B5688、BX/003。

3. 图纸中表示方法

一般图纸中利用空心三角表示无源应答器，用实心黑三角表示有源应答器，组内应答器数量应与三角形个数一致，三角下带小竖线的应答器被定义为组内第一个应答器。其后方的应答器依次编号，图纸中在应答器标志格式为：B应答器名称/应答器序号-应答器功能号（可以是多位功能号），如BX/26-JZ。

三、应答器报文

1. 应答器报文格式及信息包内容

应答器内存储的数据信息被称为报文，报文由帧头、用户信息包和结束包组成（格式见表6-2)。将信息包组合成830位的报文后，为了保证传输的安全和可靠性，要按照欧洲标准对其进行编码，形成1023位的传输报文。我国使用1023位的长报文。

表6-2　应答器报文格式

序　号	名　　称	变　　量	位　　数	备　　注
1	帧头	Q_ UPDOWN	1	信息传送的方向
		M_ VERSION	7	语言/代码版本编号
		Q_ MEDIA	1	信息传输媒介
		N_ PIG	3	本应答器在应答器组中的位置
		N_ TOTAL	3	应答器组中所包含的应答器数量
		M_ DUP	2	本应答器信息与前/后应答器信息的关系
		M_ MCOUNT	8	报文计数器
		NID_ C	10	高7位＝大区编号，低3位＝分区编号
		NID_ BG	14	高6位＝车站编号，低8位＝应答器单元编号
		Q_ LINK	1	应答器（组）的链接关系
2	用户信息包		最大772	信息包1 信息包2 …… 信息包n
3	结束包		8	＝1111 1111，表示信息帧结束

2. 应答器报文读写

应答器信息读写必须通过专门的读写工具，不同厂家的应答器读写工具不同。图6-25所示为进口的应答器信息读写工具，图6-26所示为国内某厂家生产的应答器信息读写工具，通过报文读写工具可改写无源应答器的数据报文，还可以对无源应答器存储的数据报文进行读写、校核等。

a)

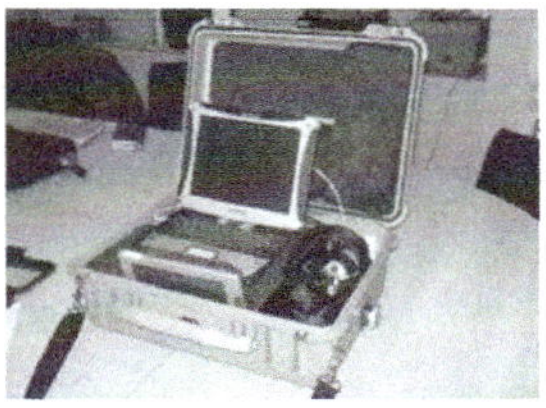

b)

图6-25　进口的应答器信息读写工具

a）西门子应答器信息读写工具　b）ALSTON应答器信息读写工具

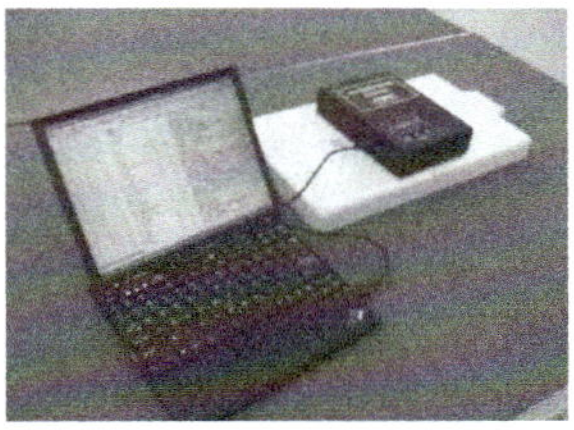

图6-26　国产应答器信息读写工具

现场工程师把事先编写好的信息通过应答器信息读写工具写入相应的应答器，也可以读出来，如图6-27所示，必要时存成文本文件，如图6-28所示，供修改、诊断故障等使用。

四、查询应答器在列车自动防护（ATP）中的应用

在轨道交通中ATP列车运行自动防护系统，查询应答器作用之一是向列车传递下一个限速地点的距离信息，由列车自身的微机系统根据其所储存的本车制动性能表格，核算制动距离，一旦制动距离和列车距离限速点的实际距离接近，就发出警报提醒驾驶人制动，

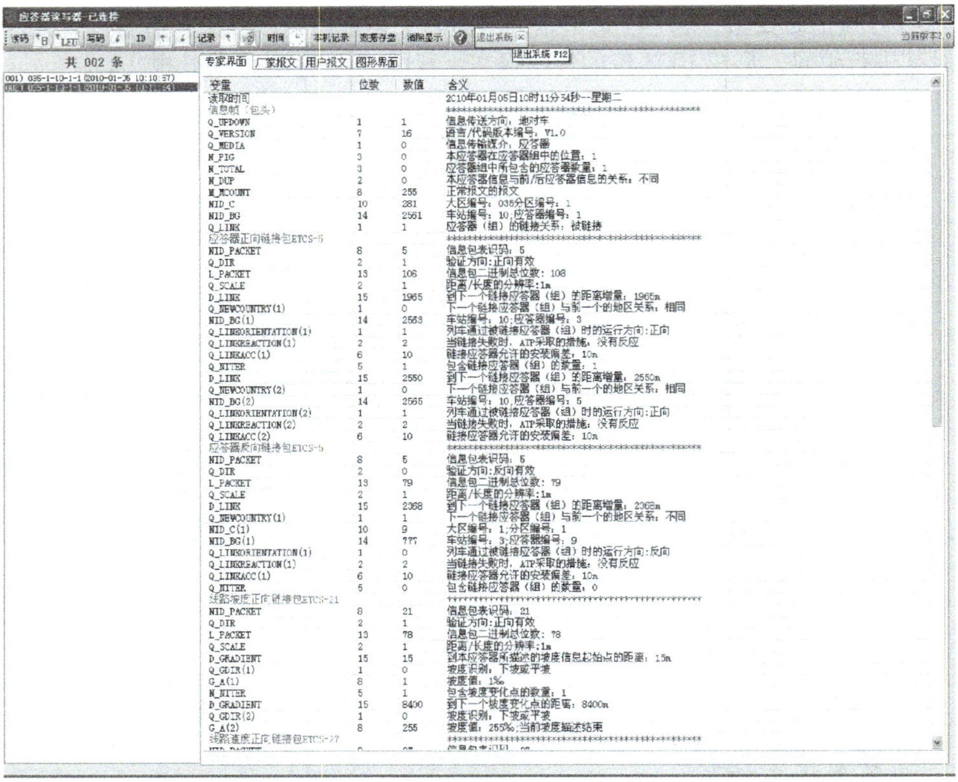

图 6-27 应答器信息读写内容界面

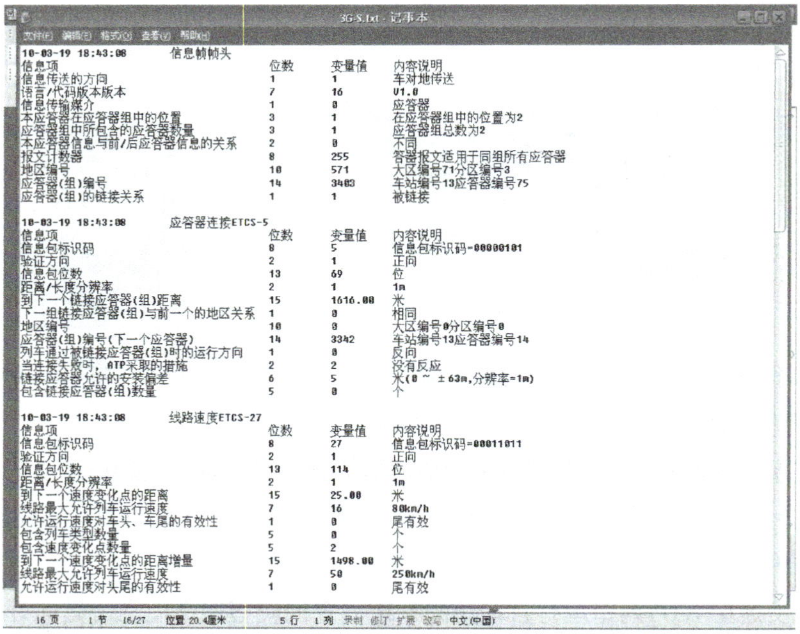

图 6-28 应答器信息文本

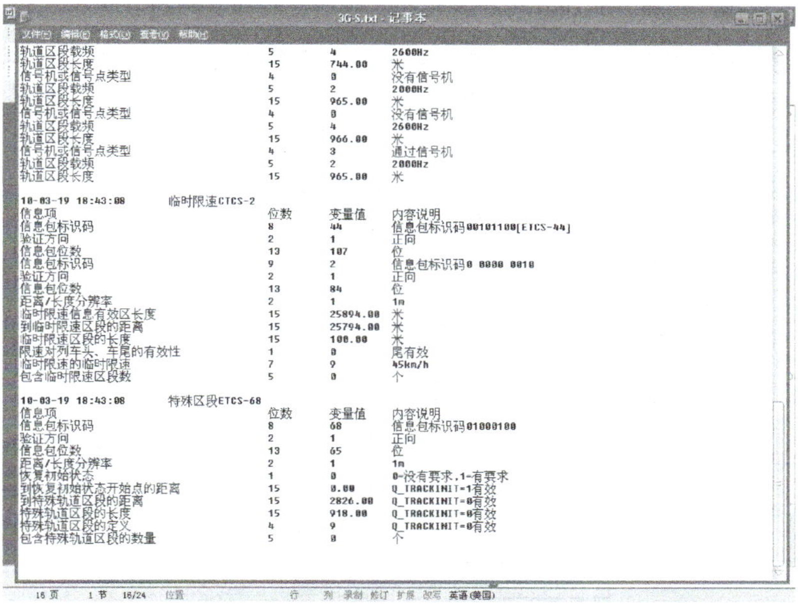

3G-S.txt - 记事本

文件(F)　编辑(E)　格式(O)　查看(V)　帮助(H)

轨道区段载频	5	4	2600Hz
轨道区段长度	15	744.00	米
信号机或信号点类型	4	0	没有信号机
轨道区段载频	5	2	2000Hz
轨道区段长度	15	965.00	米
信号机或信号点类型	4	0	没有信号机
轨道区段载频	5	4	2600Hz
轨道区段长度	15	966.00	米
信号机或信号点类型	4	3	通过信号机
轨道区段载频	5	2	2000Hz
轨道区段长度	15	965.00	米

10-03-19 18:43:08　　临时限速CTCS-2

信息项	位数	变量值	内容说明
信息包标识码	8	44	信息包标识码00101100[ETCS-44]
验证方向	2	1	正向
信息包位数	13	107	位
信息包标识码	9	2	信息包标识码0 0000 0010
验证方向	2	1	正向
信息包位数	13	84	位
距离/长度分辨率	2	1	1m
临时限速信息有效区长度	15	25894.00	米
到临时限速区段的距离	15	25794.00	米
临时限速区段的长度	15	100.00	米
限速对列车头、车尾的有效性	1	0	尾有效
临时限速的临时限速	7	9	45km/h
包含临时限速区段数	5	0	个

10-03-19 18:43:08　　特殊区段ETCS-68

信息项	位数	变量值	内容说明
信息包标识码	8	68	信息包标识码01000100
验证方向	2	1	正向
信息包位数	13	65	位
距离/长度分辨率	2	1	1m
恢复初始状态	1	0	0-没有要求,1-有要求
到恢复初始状态开始点的距离	15	0.00	Q_TRACKINIT=1有效
到特殊轨道区段的距离	15	2826.00	Q_TRACKINIT=0有效
特殊轨道区段的长度	15	918.00	Q_TRACKINIT=0有效
特殊轨道区段的定义	4	9	Q_TRACKINIT=0有效
包含特殊轨道区段的数量	5	0	个

16 页　1 节　16/24　位置　行　列　录制　修订　扩展　改写　英语(美国)

图 6-28　应答器信息文本（续）

同时自动启动制动系统，当车辆速度低于限速后就缓解，如果前方限速是 0km/h（红灯）那么就投入非常制动停车，系统原理框图如图 6-1 所示。

1. 应答器向车载 ATP 系统传送的点式控制信息

点式控制信息可分为地面固定信息和可变信息，具体内容前面已经讲过，此不赘述。

2. 地铁信号应用

（1）重新定位应答器（无源）　2 个应答器之间的距离是 200m，根据应答器信息重新确定列车位置。

（2）移动列车初始化应答器（无源）　2 个应答器之间的距离是 30m，用于编码里程计的校准，如图 6-29 所示。

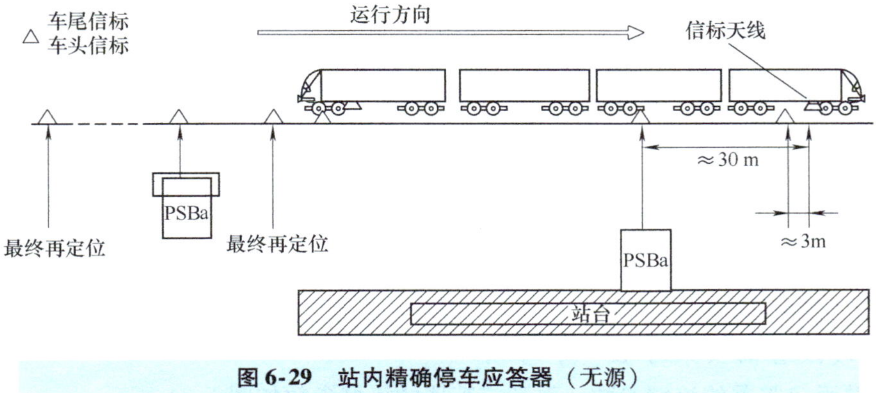

图 6-29　站内精确停车应答器（无源）

（3）地铁信号系统后备模式　在地铁信号主系统（基于通信的列车控制 CBTC 系统）故障情况下，可以由联锁、计轴设备和应答器（有源）构成后备系统控制列车运行。

3. 铁路信号应用

铁路信号系统的中国列车控制系统 CTCS 技术目前正经由 CTCS0/CTCS1 级向 CTCS2/CTCS3 级发展。铁道部在 CTCS2 技术规定中已明确要求使用应答器作为车地通信设备，如图 6-30 所示。

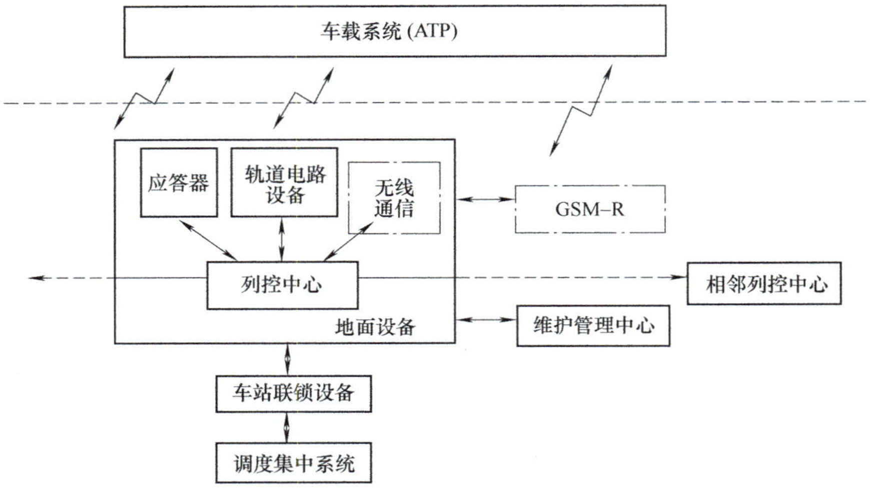

图 6-30 应答器在 CTCS2 技术中应用

(1) 设置

1）进站口设置有源应答器，提供接车进路参数及临时限速。

2）车站出站口处设置无源及有源应答器，提供前方线路参数及临时限速信息。

3）区间间隔 3～5km 设置一个无源应答器，提供前方一定距离内区间线路参数。

4）其他根据需要设置的无源应答器（如 CTCS 级间转换）。

(2) 控制原理及接口设计 其控制原理及接口设计与地铁的基本相同。所有接口协议和信息内容均有相应地规范规定，可参看 CTCS2 相关文件。

【项目实施】

任务一 查询应答器的认识与安装

一、器材工具

查询应答器、相关安装工具，如转矩扳手、卷尺、紧固器和专用螺栓等。

二、任务实施

1. 要点登记及准备工作

2. 识读应答器安装参数

(1) 熟悉应答器的机械参数 熟悉应答器的机械参数如图 6-31 所示。

(2) 熟悉应答器在轨道中的安装位置及安装参数 在应答器安装时，应答器表面与轨面的适宜安装高度为 155～170mm。

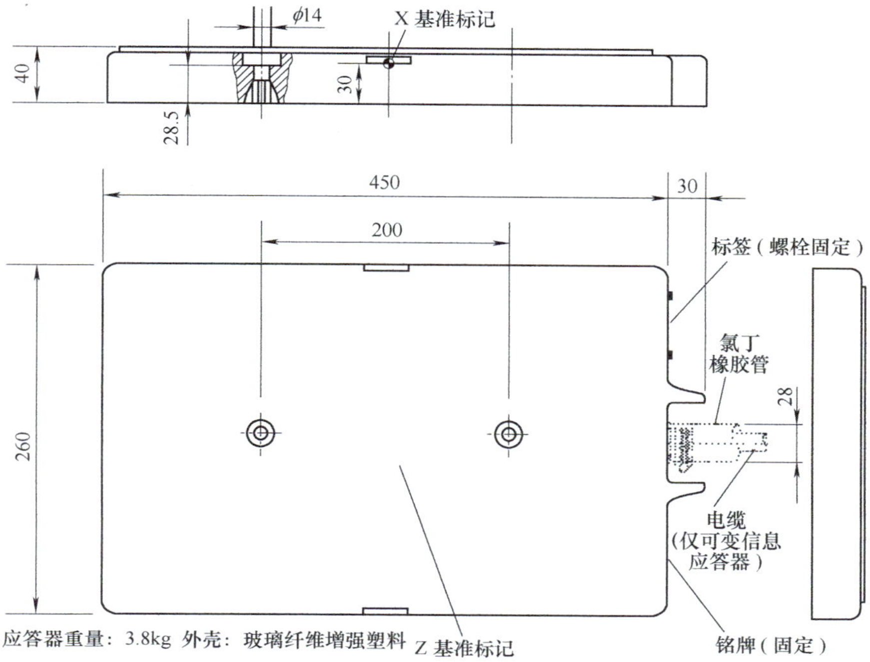

图 6-31 应答器机械参数图

3. 应答器安装步骤

结合图 6-32 至图 6-35 进行安装。

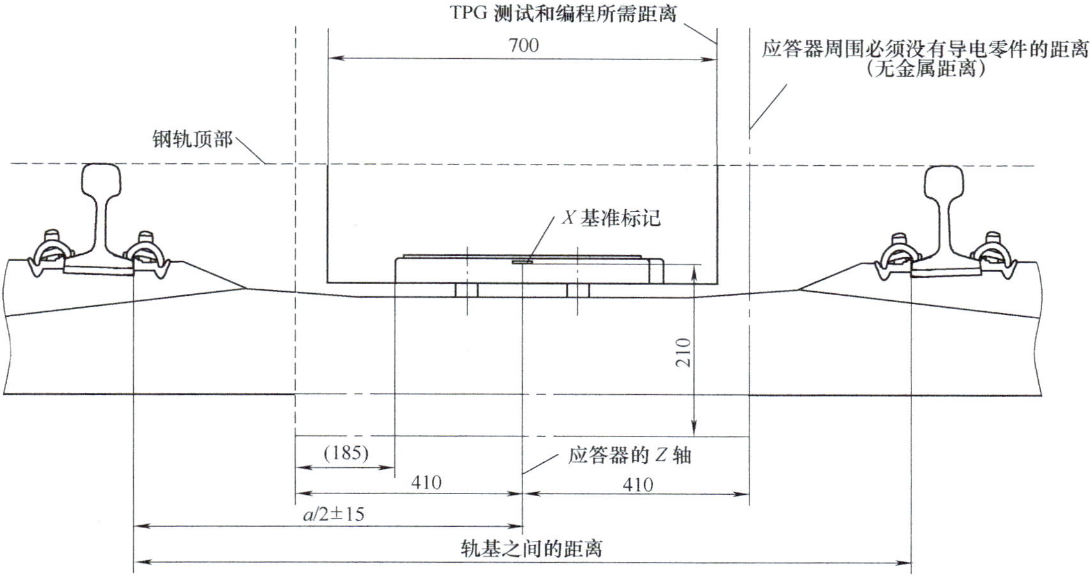

图 6-32 应答器安装位置截面图

1）刨开安装轨枕两边道床道碴。

2）按应答器安装要求，测量轨枕尺寸，确定安装位置，标记各部件的安装位置。

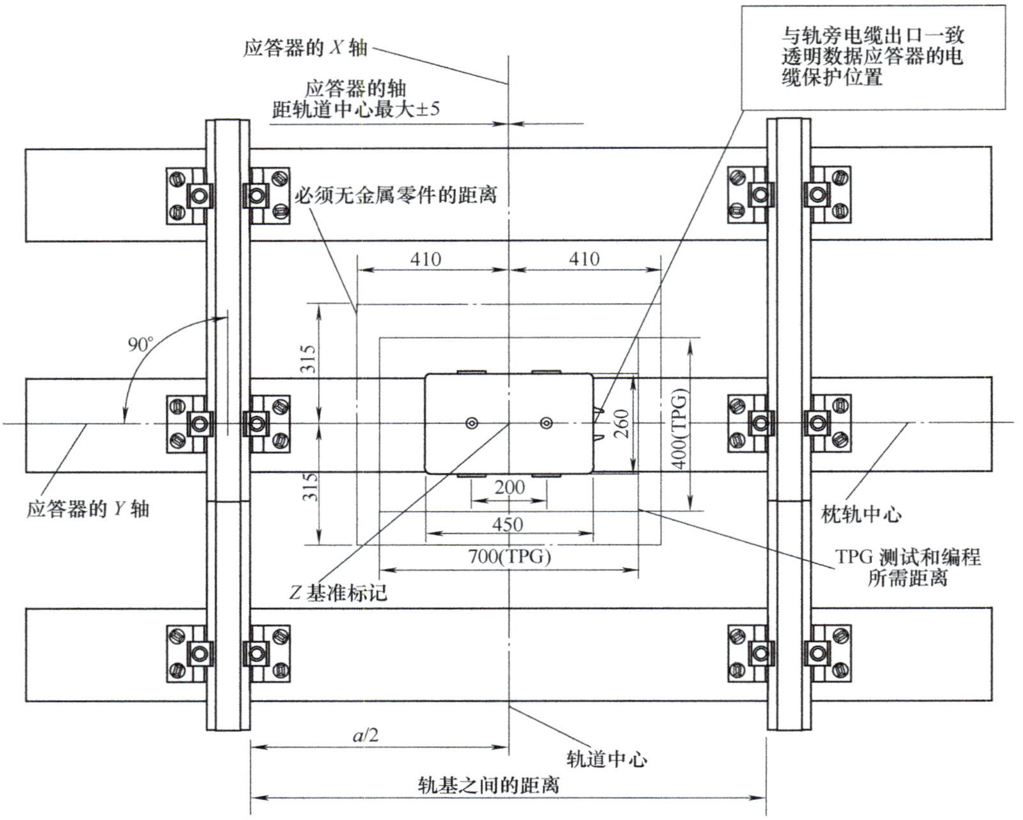

图 6-33　应答器安装位置平面图

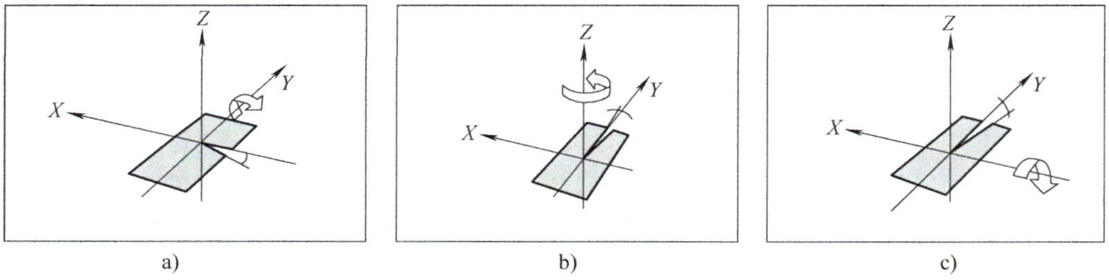

图 6-34　应答器安装角度误差示意图

a）绕 Y 轴旋转，与 X 轴最大偏差角度应在 −2° ~ +2°之间　b）绕 Z 轴旋转，与 Y 轴最大偏差角度应在 −5° ~ +5°之间　c）绕 X 轴旋转，与 Z 轴最大偏差角度应在 −10° ~ +10°之间

3）将底板从轨枕底部穿过轨枕；把 5mm 橡胶垫和固定压板放置在轨枕上平面；使用 M12 螺栓固定 U 形轨枕夹和底板。

4）调节轨枕夹以及钢板的位置，使得应答器能够安装在轨枕的中间位置，并能够满足相应的偏差要求。

5）使用扭力扳手、紧固器和专用螺栓将应答器固定在压板上。

6）应答器使用专用螺栓固定，一般工具无法固定，具有防盗性。

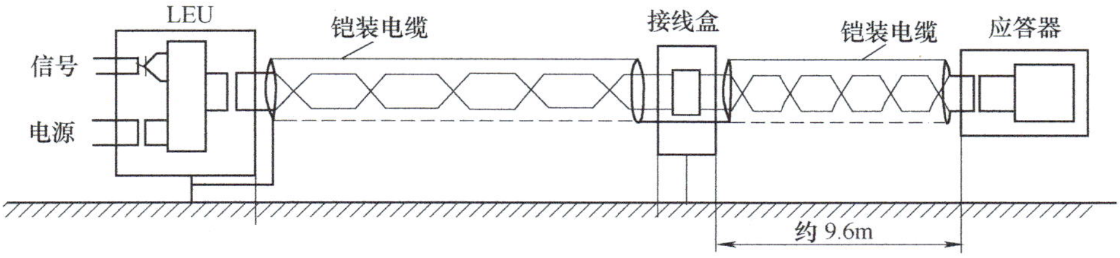

图 6-35　有源应答器安装示意图

7）应答器与压板之间有 8mm 的橡胶垫，橡胶垫缺口朝向轨枕中心。

8）检测应答器是否满足相关的安装要求，必要时重复 4）、5）、6）、7）的工作。

9）安装可变信息应答器电缆保护罩、安装轨底夹、连接 LEU 电缆。

10）应答器安装角度误差如图 6-34 所示。

4. 销记汇报

三、注意事项

1）注意选取合适的工具，能够正确使用。

2）注意设备及人身安全。

任务二　查询应答器的检修

一、器材工具

查询应答器系统、维护终端、相关检修工具。

二、任务实施

1. 登记要点及准备工作

2. 应答器的检修内容

1）应答器设备属于不可维修产品，任何人为的或外部的原因所造成的损坏都将使该产品无法继续使用。

2）定期检查应答器表面是否有杂物，尤其在安装应答器周围 0.3mm 范围内不能有任何金属杂物。

3）定期检查应答器固定螺栓有无松动，如果有松动，及时紧固。

4）定期检查应答器表面是否完好，若有裂纹请予以更换并需要重新编程。

5）应答器测试及数据校核集中检修作业包括对有源应答器电缆进行对地绝缘测试，电缆绝缘阻值大于 1MΩ，并用应答器读写工具读出和校验应答器的报文、交验码。

3. 通过维护终端对事件日志及设备工作状态等进行查询

1）使用事先申请的用户账号，登录到维护终端。

2）查询历史记录（日志存储时间据设备型号及版本不同稍有不同，一般半年到一年左右）：可按时间段查询记录，必要时打印或转储存档。

3）查询列控中心工作状态、进路、临时限速设置、临时限速异常记录、LEU 报文信息，设置时间及转储历史记录以存档备查。

4）监测各种设备状态，查看列控中心和其他设备的连接状态：红线表示断开，绿线表示正常。

4. 应答器的故障处理

当现场的应答器设备发生故障后，应该利用报文读写工具，将相应的报文写入备用应答器，换下已发生故障的应答器。

5. 销记汇报

三、注意事项

1）当电务检修人员进行检修作业时，在连接和断开一个单元前应首先关闭电源，避免烧坏元件；尤其在对车下设备进行检修作业时，应先断开车载系统的电源，因为当车载系统供电并处于激活状态时，该设备发送频率为27.095MHz的无线射频信号，属于高频能量，长时间在其辐射下工作，会对职工的身体造成伤害，其辐射范围是左右间距300mm和上方间距300mm，下方间距1000mm。

2）注意工具的合理选用和正确使用。

3）注意设备及人身安全。

【任务评价】

任务评价单见附录。

【复习与思考】

1. 查询应答器系统由什么组成？
2. 查询应答器如何分类？
3. 查询应答器中BTM有啥作用？
4. 有源与无源应答器的区别如何？
5. 报文格式如何？
6. 如何命名应答器？
7. 如何安装查询应答器？
8. 如何对应答器进行日常检修？

项目七

防雷与接地

【问题导入】

城市轨道交通信号设备多数是低压电气设备或电子设备，它们承受雷害的能力小，易遭雷电袭击，即使加以严格地防护，每次雷雨过后都有信号设备受不同程度的雷击而损坏，影响系统运行，严重的会危及行车安全。同时，信号系统除了做好防雷保护外，还要做好接地处理，防止瞬间产生强大的静电干扰设备性能等，保护人身安全。那么，有哪几种接地、防雷方式，如何保护人身及设备安全，如何安装维护接地、防雷设备，本单元要探讨相关问题。

【学习目标】

1. 知识目标：

（1）掌握信号防雷与接地的结构、分类及作用。

（2）了解信号防雷与接地的工作原理。

（3）掌握信号防雷与接地设备安装的基本方法。

2. 能力目标：

（1）能识别简单防雷与接地电路图。

（2）能识别防雷与接地符号意义。

（3）能安装防雷与接地装置。

3. 情感目标：

（1）培养安全第一、严谨、爱岗敬业的工作作风。

（2）培养学生理论联系实际的良好习惯。

（3）激发学生浓厚的学习兴趣、培养良好的职业道德。

【教学建议】

1. 教学场地：在教室、互联网多媒体教室及信号实训室中进行，课后可实地参观。

2. 设备要求：至少具有能连接互联网的多媒体教室一个，防雷接地设备若干，或能放视频投影的设备及课件、视频介绍一套。

3. 教学重点、难点：

（1）各种信号防雷与接地装置的结构、原理、要求及符号意义。

（2）信号防雷与接地装置的安装。

4. 课时要求：8 课时，其中课堂讲授 6 课时，模拟操作 2 课时。

【理论知识】

课题一　信号设备防雷

在电气设备或线路上出现的超过正常工作要求并对其绝缘造成威胁的电压称为过电压，过电压按产生的原因可分为内部过电压和雷电过电压，内部过电压是指供电系统中开关操作、负荷骤变或由于故障而引起的过电压，雷电过电压是指由雷电引起的过电压，雷电过电压是由于信号系统中的设备或建筑物遭受来自大气中的雷击或雷电感应而引起的过电压。雷电冲击波的电压幅值可高达 1 亿伏，其电流幅值可高达几十万安。

轨道交通信号设备多数是低压电气设备或电子设备，而且信号设备往往是与电线路或钢轨连接在一起，雷电通过电线路、钢轨袭击信号设备，造成设备的损坏或误动，影响运输生产，因此必须对雷电进行防护。

一、雷害

雷电是一种自然现象，由于它的能量极大，极易对设备和人体造成严重损伤。

1. 雷电种类及参数

雷电有直击雷和感应雷两种，感应雷的发生概率高，袭击信号的次数相当频繁，从技术经济角度出发，信号设备主要是对感应雷进行防护。

（1）直击雷　直击雷是直接侵入设备或与设备相关联的传输线上的雷电，强大的雷电流通过其流入大地，在被击物上产生较高的电压降，其雷电压可高达几十万伏，但袭击信号设备的概率很小。即雷云直接对地面高低不平的建筑物或人放电，如图 7-1a 所示。

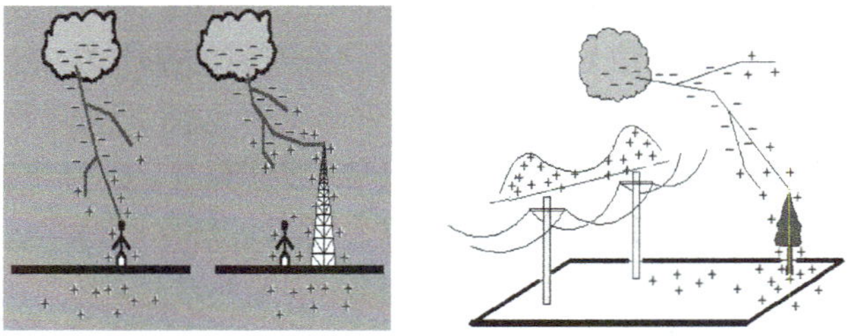

a)　　b)

图 7-1　雷电种类

a）直击雷　b）感应雷

（2）感应雷　感应雷是由于电磁感应作用，雷云通过静电感应或电磁感应，在附近的金属体上（如电气设备上）感应出雷电压，在设备中有感应电流流过，如图 7-1b 所示。感应雷又分为纵向感应雷和横向感应雷。纵向感应雷是感应到设备两侧（如钢轨）上的极性相同、大小相等的感应电压，横向感应雷是感应到信号设备两侧的极性不同的感应电压，如图 7-2 所示。

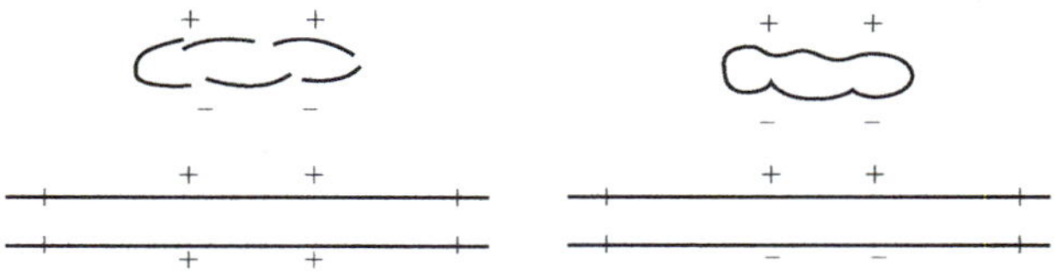

a)　　b)

图 7-2　纵向感应雷和横向感应雷

a）纵向感应雷　b）横向感应雷

（3）雷电参数

1）年平均雷暴日。年平均雷

暴日是指表征雷电活动的频率，统计如下：北回归线以南的大部分地区，平均雷暴日数一般在 80 天以上；北回归线到长江一带约为 40 ~ 80 天；长江以北的大部分地区（包括东北）多在 20 ~ 40 天；西北地区的大部分地方在 20 天以下；西藏雅鲁藏布江一带约为 50 ~ 80 天。

2）雷区种类。我国按年平均雷暴日可把雷区划为以下几种：①少雷区：把年平均雷暴日不超过 25 天的区域划分为少雷区。②中雷区：年平均雷暴日在 25 ~ 40 天的区域划分为中雷区。③多雷区：年平均雷暴日在 40 ~ 90 天的区域划分为多雷区。④强雷区：年平均雷暴日在 90 天以上的区域划分为强雷区。

2. 雷电侵入信号设备的主要途径

雷电侵入信号设备的主要途径是交流电源线、轨道电路、电缆等。

(1) 由交流电源侵入 雷电冲击波侵入高压电线路传至高压变压器，若该变压器未装避雷器或避雷器失效，雷电波幅值又较大，就会击穿变压器一、二次绕组间绝缘，这样，数百千伏的雷电压就会直接侵入交流低压电源，严重破坏低压侧的信号设备。

若雷电冲击波电压幅度不高，不足以动作高压避雷器，或不足以击穿变压器绝缘侵入低压回路时，雷电冲击波还会通过绕组间分布电容耦合的方式，侵入信号低压回路。

(2) 由轨道电路侵入 轨道电路用钢轨作为传输线，它一般高出地面，轨道电路虽然安装在轨枕上，但由于轨道电路较长，又有泄漏和电容，且均匀分布，钢轨本身又有一定的电阻，当雷电袭击时不能立即泄放掉，雷电波将传送一段距离。雷击侵入轨道后，对轨道电路器材来说，易造成损坏。

(3) 由电缆侵入 信号的室内、室外设备通过电缆连接起来。雷电从电缆侵入，并传输至室内设备。当电缆附近的大地遭受雷击时，电缆护套可能被击穿，雷电流直接侵入芯线或雷电流沿电缆铠装流动，对芯线产生较高的感应过电压。同时，当一根电缆的一根芯线有过电压侵入时，其他芯线也将产生感应电压。

此外，当雷击点距信号设备较近时，由于雷击电流造成雷击点大地电位上升并波及信号设备，使之产生闪络㊀或击穿㊁。

3. 纵向电压和横向电压

电线路一旦遭受雷电过电压的侵袭，该电压波由侵袭地点沿线路向两端传播，形成纵向电压和横向电压。

纵向电压指导线或设备对地电压，每条导线上的折射电压或反射电压均为纵向电压。

横向电压指两导线间的电位差。由于每条导线感应电压的不平衡、线路阻抗的不一致、防雷元件冲击点火电压的离散性、被保护设备阻抗及接地电阻的影响都会造成横向电压。

纵向过电压及横向过电压，对人身安全和信号设备的正常运行都会带来极大的危害。纵向过电压将使设备绝缘闪络、击穿，甚至起火。横向过电压会击穿、烧毁信号设备尤其是电子器件。

㊀ 闪络，指沿固体表面发生的破坏性放电，通常只引起绝缘介质强度的暂时丧失。

㊁ 击穿，指贯穿固体发生的破坏性放电，导致绝缘介质强度的永久性破坏。

4. 信号设备的防雷

(1) 信号设备的防雷要求

1）在有雷电活动的地区，如交流电源的外线、电子设备、轨道检查装置、计算机系统及与外线连接的信号设备等均必须设防雷装置。

2）不同雷电活动的地区，采取不同的防雷措施。

3）为保证信号系统设备的整体防护效果，信号设备应设安全地线、屏蔽地线和防雷地线。

(2) 信号设备的防雷原则

1）防雷装置和被防护设备的绝缘应匹配，将雷电感应过电压限制到被保护设备的冲击耐压水平以下。

2）信号设备及器材设置的防雷元器件（防雷保安器、防雷元件）和屏蔽措施，不得改变系统的性能，不应影响被防护设备的正常工作，并应满足信号设备受雷电电磁脉冲干扰时，不得导致进路错误解锁、道岔错误转换、信号错误开放或显示允许信号等危险状态。

3）多级防护时，各级防护元件应配置合理。

4）等电位连接、机房和线路屏蔽、安装雷电防护装置和采用防雷器材、公用接地以及合理布线。

5. 信号设备防雷元件的安装和设备要求

1）外部防护用防雷元件应安装在线路终端，防雷元件与被防护设备间的连接线应短，防雷电路的配线应与其他配线分开走线，不允许其他设备借用防雷端子。

2）为了发挥防雷装置的作用，应安装牢固可靠，便于检测。

3）防雷装置应集中设置，可防止因防雷装置故障而影响其他信号设备的正常工作，且便于维修、测试和检查。

6. 机房电磁环境防护

为抗御直击雷和降低雷电电磁干扰，信号机房的建筑物应采取法拉第笼进行防护，如图 7-3 所示，法拉第笼由屋顶避雷网、避雷带和引下线、机房屏蔽和接地系统构成，信号机房的建筑物屋顶不允许安装避雷针。机房分布在几个楼层时，各楼层可设置总接地汇集线，总接地汇集线间应采用截面积为 50 ~ 95mm^2 的有绝缘外护套的多股铜导线加线鼻拴接。

7. 室外信号设备雷电防护

1）室外电子设备集中的区域或雷电严重的站（场），可在距电子设备和机房建筑物 30m 以外安装多支独立避雷针和建筑物屋顶设置避雷带或避雷网。避雷针是防止直击雷的有效措施，如图 7-4 所示。一定高度的避雷针（线）下面，有一个安全区域，此区域内的物体基本上不受雷击。我们把这个安全区域叫做避雷针的保护范围。

2）室外信号设备的金属箱、盒壳体必须接地。进出金属箱、盒的电源线、信号线宜采用屏蔽或非屏蔽电缆。电缆穿钢管埋地敷。而且，屏蔽电缆金属屏蔽层或钢管应可靠接地。

图 7-3　法拉第笼

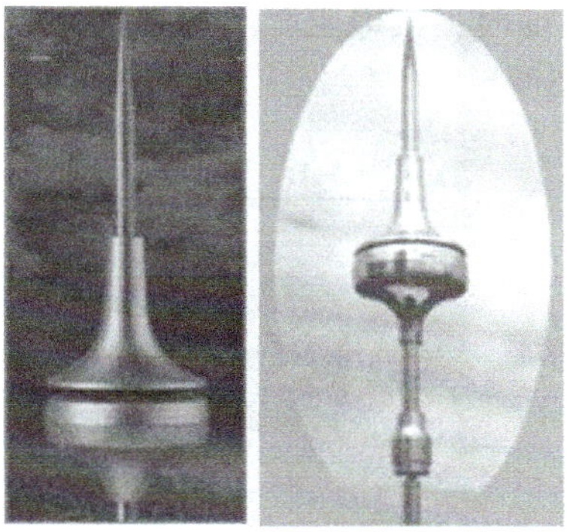

图 7-4　避雷针

3）严禁用钢轨代替地线。

4）高柱信号机点灯线缆应采用屏蔽线缆。

5）室外引入室内的信号线缆应设置防雷装置，防雷装置应设在室内防雷柜或分线柜上，防雷保安器连接线应采用阻燃、截面积不小于 $1.5\mathrm{mm}^2$ 的多股铜锌线，并联型长度不大于 500mm（条件不允许可适当延长，但不得大于 1500mm）；防雷保安器接地线长度不得大于 1000mm。

二、防雷元件

目前使用的防雷元件主要有金属陶瓷放电管、氧化锌压敏电阻器、瞬变电压抑制器、防雷变压器、防雷保安器及防雷组合等。

1. 金属陶瓷放电管

金属陶瓷二极放电管正常情况下不导电，当出现过电压时电极间很快被击穿，过电压消失后立即恢复，但其在两线间容易产生横向冲击电压。而金属陶瓷晶体放电管具有良好的对称性能，有冲击放电电压低、通流容量大、遮光性能好、极间电容小、绝缘电阻高、雷击后使回路处于断路状态等优点，但响应时间慢，因此一般用于信号设备的防雷电路粗保护环节，主要起导线间和导线对大地间的隔离作用，如图 7-5 所示。

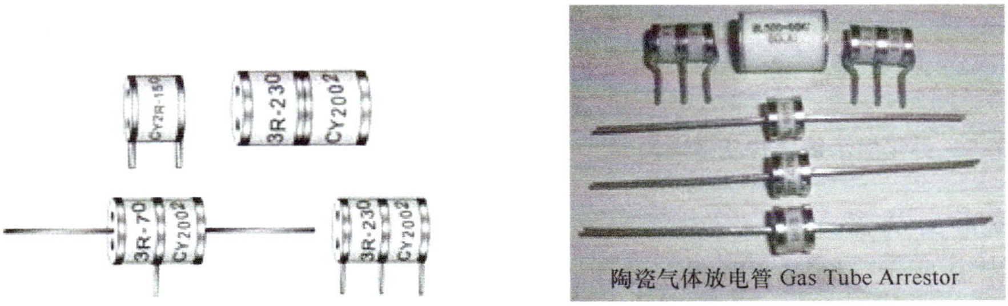

图 7-5　金属陶瓷放电管

2. 氧化锌压敏电阻器

氧化锌压敏电阻器是以氧化锌为主，添加其他金属氧化物经过充分混合后，造粒成型，再经烧结而成。在低电场强度下，其电阻率为 $10^{10} \sim 10^{11}\Omega \cdot \mathrm{m}$，当电场强度达到 $10^{6} \sim$

10^7V/m 时，其电阻骤然下降进入低阻状态，即压敏电阻的阻值随所加电压而改变，如图 7-6所示。

a)

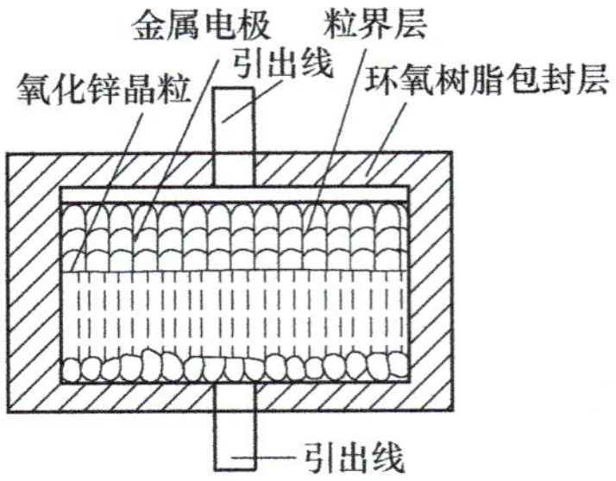

b)

图 7-6　氧化锌压敏电阻器

a）实物图　b）结构图

氧化锌压敏电阻器具有通流容量大、非线性特性好、残压较低、响应时间快及抑制过电压能力强等特点，作为电子设备的防雷器件较为理想，也可作为电磁系统的防雷器件。其最大的缺点是可能出现短路故障，为解决这一问题，试制了劣化指示氧化锌压敏电阻器（图 7-7），其通流量更大，并具有热熔断器和报警装置，使其在失效时能自动脱离使用线路，给出明显标志，并进行报警，免测试。

3. 瞬变电压抑制器

瞬变电压抑制器又称瞬态电压抑制器，是一种齐纳二极管，与普通稳压管相比，功率更大，响应速度快，保护性能好，但通流容量小，只能作为雷电细保护，适用于电子设备的防雷，如图 7-8 所示。

图 7-7　劣化指示氧化锌压敏电阻器

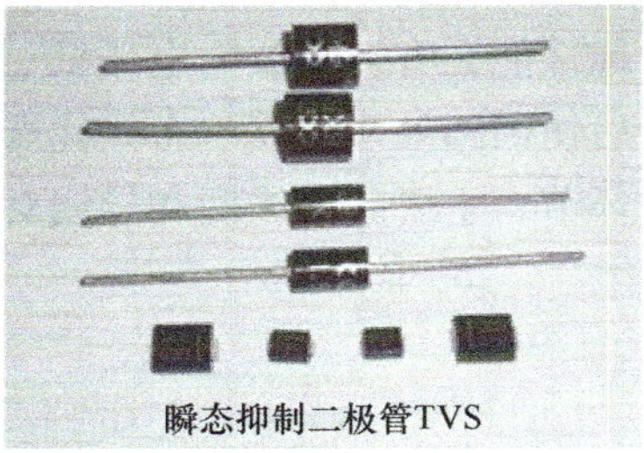

图 7-8　瞬变电压抑制器

4. 防雷变压器

如图 7-9 所示，防雷变压器在设计、取材和工艺上均采用特殊结构，最重要的是静电屏蔽接地，即在一、二次间串入面积足够大的金属板作为屏蔽体，屏蔽体必须接地良好。

5. 信号设备防雷保安器 SPD

信号设备防雷保安器用于电源引入处或室内外信号传输线上，对信号设备进行雷电防护。下面是某电务部门对防雷保安器的应用实例。

(1) 信号电源系统防护　在电务综合开关箱的输入端设置 I 级电源防雷箱；在电源屏

电源输入端设Ⅱ级防雷箱。

（2）信号机　信号机（包括进站信号机、预告信号机、出站信号机、通过信号机和进路信号机）外线需采取防雷措施，信号机的所有去线、回线，在分线盘的相应端子上，每线加装防雷保安器，作为纵向防护。

（3）灯丝报警、站间或场间联系电路，半自动闭塞电路，方向电源电路，灯丝报警外线，站间或场间联系电路外线，半自动闭塞电路外线，自动闭塞区段的方向电路外线，在分线盘处对应的端子上，每线加装防雷保安器，作为纵向防护。防雷保安器型号按照电源参数不同来选用。

图 7-9　防雷变压器

（4）480 轨道电路　轨道送电电源在分线盘处相应的端子上，每束（对线）加装防雷保安器，进行横纵向（横向/纵向）防护。轨道电路室内受电端在分线盘处对应的端子上，每个受电端（对线）分别安装防雷保安器，进行横纵向（横向/纵向）防护。二线制电码化电路区段，设防雷保安器也对电码化设备进行防护，该防雷保安器选型要考虑由于移频信号叠加使信号电压升高的因素；电码化发送通道在分线盘处对应端子上，每个发送通道（对线）分别安装防雷保安器，对电码化设备进行横纵向（横向/纵向）防护；轨道电路室内送电端、无电码化电路区段不设轨道电路室内送电端防雷。

（5）计算机联锁视频信号线防护　计算机联锁系统的上位机位于微机房，而远端控制台显示器位于行车室，它们的图像输入信号端口由于线路很长，雷击时很容易造成雷电感应，一旦显示器遭到雷击损坏，将给安全运行造成很大的威胁，可在两上位机显示卡输出口前分别串接一只视频口信号防雷保安器，相应地在远端显示器视频口前也串接一只同规格的视频口信号防雷保安器。

6. 防雷组合单元

防雷组合单元是将防雷元件以插接件的形式组合成一个整体，如图 7-10 所示，使信号设备雷电防护逐步实现防雷电路标准化、组合单元系列化、生产设计定型化、安装维修规范化。防雷组合单元将各种防雷元件组合起来，例如将放电晶体管和压敏电阻器组合起来，充分发挥放电管的通流容量大和压敏电阻器对雷电防护速度快的优点，弥补晶体放电管响应速度慢、有续流和压敏电阻器易老化、短路、甚至击穿的缺陷，真正做到取长补短，起到最佳的防雷效果。

图 7-10　防雷组合单元

参加防雷组合的元件除放电管和压敏电阻器外，还有防雷变压器、瞬态电压抑制器，以及电感线圈。根据各种信号设备的防雷要求，设计成各种防雷元件组合单元。防雷组合单元类型及电路结构见表 7-1。

表 7-1　防雷组合单元及电路结构

序号	型　号	名　称	电　路	元件规格			适用场合
				压敏电阻	放电管	瞬态电压抑制器	
1	ZFD-380	380V 电源防雷组合	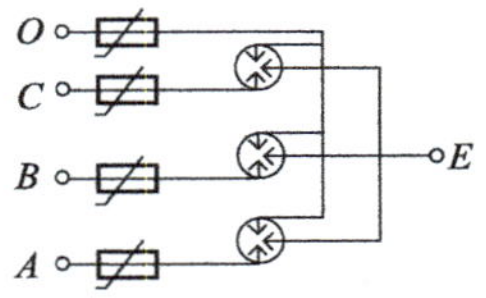	MYL 560V/10kA	3R-800TA		交流 380V 电源
2	LBH-380	380V 电源防雷保护开关箱	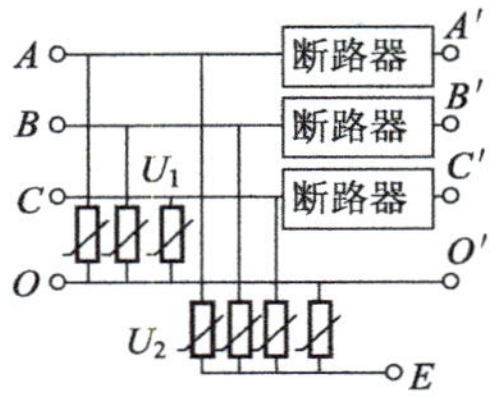	U_1 MYSI 560V/15kA U_2 MYSI 910V/15kA			交流 380V 电源
3	ZFD-220(A)	220V 电源防雷组合	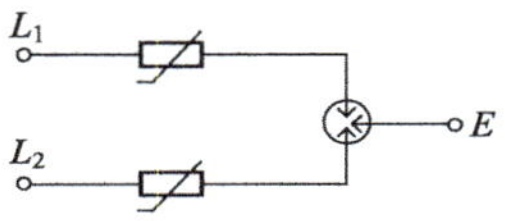	MYL 360V/10kA	3R-600TA		交流及直流 220V 电源
4	ZFD-220(B)	220V 电源防雷组合		MYL 560V/10kA	3R-800TA		直接接入交流三相四线制（Y，y0）220V 电源
5	LBH-220	220V 电源防雷保护开关箱	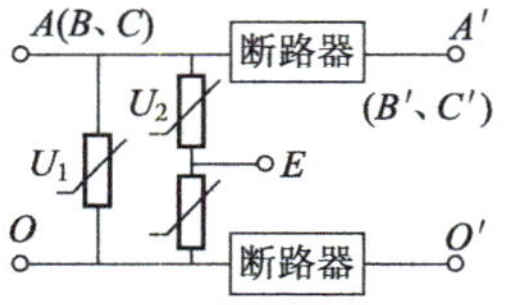	U_1 MYSI 560V/15kA U_2 MYSI 910V/15kA			交流及直流 220V 电源直接接入交流三相四线制（Y，y0）220V 电源
6	ZFH-220	220V 回路防雷组合	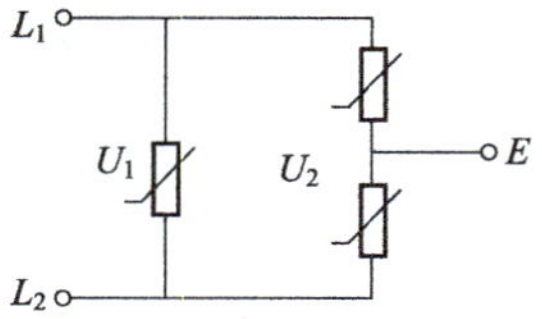	U_1 MYSI 560V/15kA U_2 MYSI 910V/15kA			220V 的交直流回路

（续）

序号	型　号	名　称	电　路	元件规格			适用场合
				压敏电阻	放电管	瞬态电压抑制器	
7	ZFH-110	110V 回路防雷组合	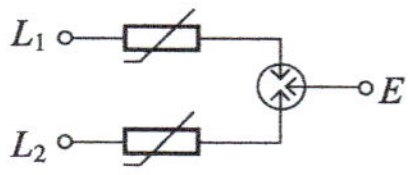	MYL 220V/5kA	3R-470TA		60 ~ 110V 的交直流回路
				U_1 MYSI 120～270V/10kA U_2 MYSI 270 ～ 560V/10～15kA			
8	ZFH-60	60V 回路防雷组合	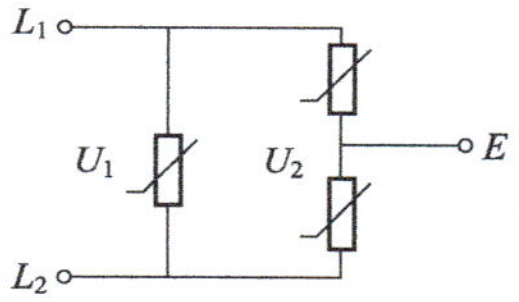	MYL 180V/5kA	3R-350TA		36～60V 的交直流回路
				U_1 MYSI 68 ～ 150V/5～10kA U_2 MYSI 270 ～ 560V/10～15kA			
9	ZFH-36	36V 回路防雷组合		MYL 120V/5kA	3R-250TA		36V 以下的交直流回路
				U_1 MYSI 68V/5kA U_2 MYSI 270～10kA			
10	ZFJ-H18/H62	灯丝继电器防雷组合	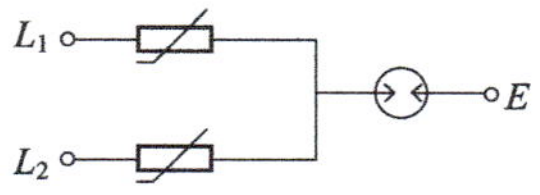	MYL 300V/5 kA	2R-600TA		JZXC-H18/H62 灯丝继电器
			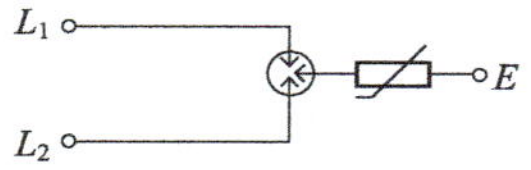	S20K275	3YW-400A		

（续）

序号	型号	名称	电路	元件规格			适用场合
				压敏电阻	放电管	瞬态电压抑制器	
11	ZFG-2/M(A)	整流式轨道电路防雷组合	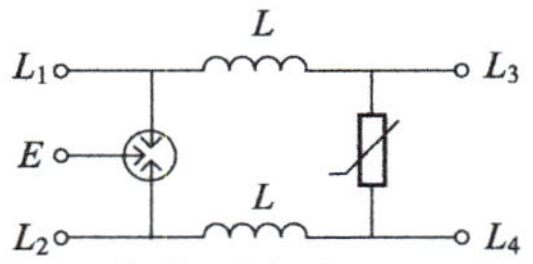 L：电感，不小于15μH	MYL 68V/5kA	3R-90TB		480型轨道电路受电端，2.3型轨道电路送电端
12	ZFG-Z/M(B)		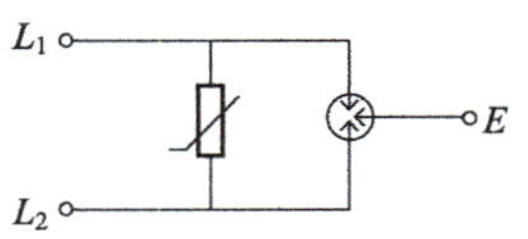	MYL 68V/5kA			
13	ZFTW-Ⅰ/AL	驼峰测量设备及调度集中、TDCS防雷组合	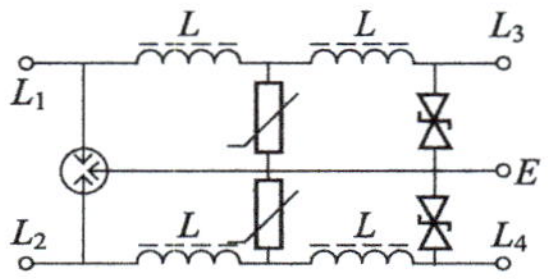 L：磁芯电感，不小于70μH	MYL 33V/1kA	3R-90TB	IN5344	驼峰测长、测重，机车遥控，调度集中，TDCS
14	ZFTW-Ⅲ/AL	驼峰测量设备防雷组合		MYL 33V/1kA	3R-90TB	IN5352	驼峰测长、测速，机车遥控设备
15	ZFTW-Ⅳ/AL	驼峰测量设备防雷组合	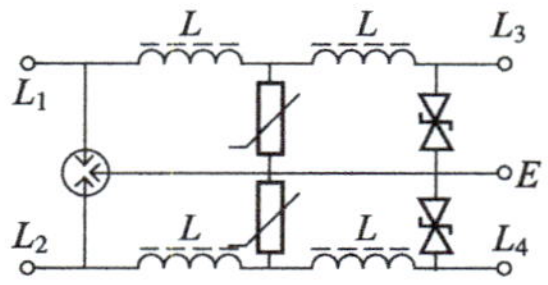	MYL 68V/1kA	3R-90TB	IN5363	驼峰测长、测重、测速设备
16	ZFTW-Ⅴ/AL	驼峰机车遥控设备防雷组合		MYL 68V/1kA	3R-230TA	IN5371	驼峰机车遥控（发送）
17	FLTW-5 FLTW-12 FLTW-15 FLTW-24	微机防雷组合	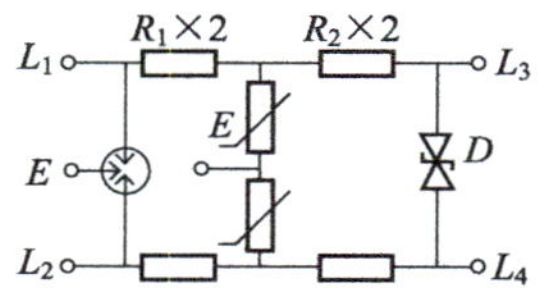	ERZC20K270 R_1 3.6Ω/4W R_2 10Ω/3W	3YVP-90L1	D B1.5E010 (5V) SL015 (12V) SL027 (15V) SL033 (24V)	微机系统通道防护

防雷组合单元的外壳须采用阻燃材料，以消除不安全因素。

课题二　信号设备接地

信号设备应安装地线，不同的信号设备安装不同的地线，主要地线包括防雷地线、安全地线、防静电地线和屏蔽地线。如信号设备的机架（柜）、应急盘、箱盒和信号机梯子等应装设安全地线，交流电力牵引区段的电缆金属护套应设屏蔽地线，防雷保安器应装设防雷地线，安装防静电地板的机房应设防静电地线。所有的地线均由共用接地系统的地网引出。

建筑物接地系统如图 7-11 所示。每种电气设备都有工作地线，工作地线与以上的各种地线的区别以图 7-12 中通信设备为例来介绍。保护接地指设备金属外壳及其他非正常带电部分的接地；工作接地是指在 AC/DC 电源内（或配电屏内），输出直流 -48V（通信电源）总接线排的正极接地，对于其他，如 DC24V 系统，是直流 24V 的负极接地；建筑物的防雷接地是属于接地系统的一部分，用于建筑物的直击雷保护，包括建筑物的避雷针、避雷带、避雷网等结构，以及雷电流引下线；工作地线是指工作接地线，人们习惯上称为“工作地”（这是不规范的叫法）。

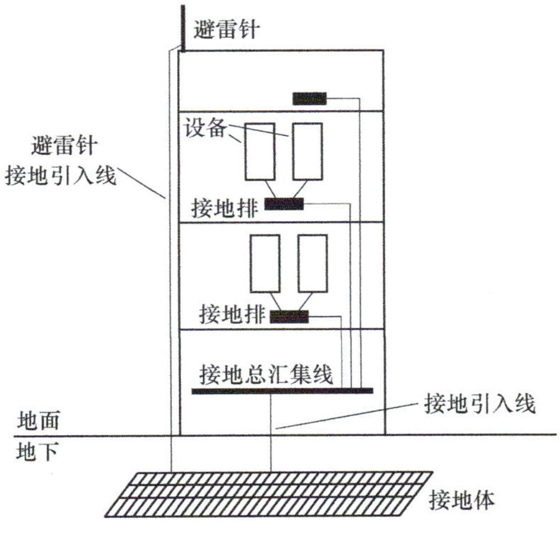

图 7-11　建筑物的接地系统

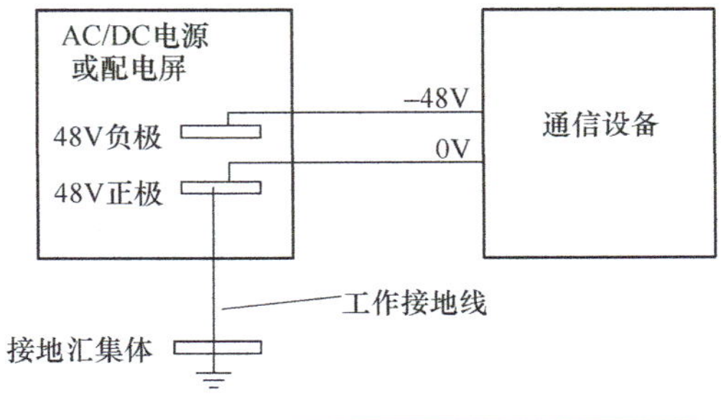

图 7-12　工作接地线

一、接地的种类及敷设

1. 地网

地网由各接地体、建筑物四周的环行接地装置、基础钢筋相互连接构成。

1）接地体。埋入地中并直接与大地接触的金属导体，分为水平接地体和垂直接地体，如图 7-13 所示。接地体又可分自然接地体和人工接地体，人工接地体需要埋设。

水平接地体与建筑物外墙间距不小于 1m，埋深不小于 0.7m，材料可选用钢体或铜牌等；在避雷带引下线处应装设垂直接地体，垂直接地体和水平接地体应可靠焊接。材料可选用石墨电极、铜包钢、铜材、热镀锌钢材和石墨接地体（抗腐蚀性好）等。

2）环行接地装置。环行接地装置应环绕建筑物外墙闭合成环，必须与建筑物四角的主筋焊接，并应在地下5～10m就近与建筑物基础接地网焊接在一起。

3）基础接地网。建筑物混凝土基础的钢筋必须焊接成基础接地网，网格宽度大于3m。其他环行接地装置必须与基础接地网可靠接触。

4）接地排。接地排指从接地总汇集线上接出到建筑物各层或各房间中的接地装置。各种信号设备的接地线一般接到各房间的接地排上。

5）接地引入线。接地引入线分自然接地线和人工接地线，人工接地线需要安装。

2. 贯通地线

(1) 设置位置 电气化区段、繁忙干线、交通枢纽、编组场、强雷区和埋设地线困难地区及微电子设备集中的区段，应设置贯通地线（实物如图7-14所示）。设置贯通地线的区段，沿线及站内的各种室外信号设备的各种地线均应就近与贯通地线连接。

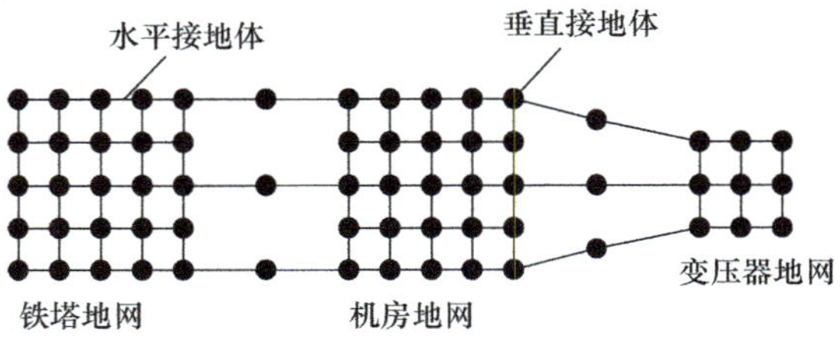

图7-13 水平接地体和垂直接地体

图7-14 50 mm² 贯通地线

(2) 贯通地线技术指标 贯通地线任一点的接地电阻不得大于1Ω，以便各种信号设备的各种地线可靠接地，做到等电位联结。

等电位联结是用联结导体或浪涌保护器将处在需要防雷空间内的防雷装置、建筑物的金属构架、金属装置、外来导体、电气装置或电信装置等联结起来，其主要目的是减小需要防雷空间内的各金属部件以及各系统之间的电位差。

(3) 贯通地线的材料 贯通地线应采用截面积不小于35mm²的铜当量、耐腐蚀并符合环保要求的镀锌裸铜材。

贯通地线与设备接地端子的连接线（引接线）采用截面积为25mm²的多股裸铜缆焊接或压接，焊接时焊接长度不小于100mm，并套150mm长热熔热缩带防护。

(4) 贯通地线的敷设

1）贯通地线与信号电缆同沟埋设于电缆（槽）下方土壤中，距电缆（槽）底小于300mm，隧道、桥梁应两侧敷设贯通地线。

2）与桥梁墩台接地装置的接地连接线应设置成免维修方式。

3）当上下行线路分线时，应分别敷设贯通地线。

4）贯通地线在信号机房建筑物一侧每隔2～3m用截面积为50mm²的裸铜线与环形接地装置连接，两端各连接两次。

5）未设贯通地线的区段，室内、室外信号设备可采用分散接地的方式，接地电阻值参照表7-2确定，任意两种地线间隔距离应在20m以上。两个接地系统之间不得互相连通。因条件限制，以上两组接地不能分开时可共用一组接地体，接地电阻应小于1Ω。

表7-2 信号设备地线接地电阻值

接地装置使用处所 / 接地装置接地电阻值小于/Ω	土壤分类	黑土、泥炭土	黄土、砂质黏土	土加沙	沙土	土加石
	土壤电阻率/Ω·m	≤50	50~100	101~300	301~500	≥501
室内信号设备	防雷地线	10	10	10	20	20
	安全地线	10	10	10	20	20
	屏蔽地线	10	10	10	20	20
	微电子设备专用地线	4	4	4	4	4
室外信号设备		10	10	10	20	20

3. 接地总汇集线

建筑物内各种接地线由接地总汇集线引出，接地总汇集线一般设计成环形或排状，材料为铜材，截面积不应小于120mm²，也可采用相同电阻值的镀锌的扁钢。

（1）接地总汇集线设置

1）场所：接地总汇集线设置场所包括控制台室、继电器室、防雷分线柜（或分线盘）、机房和电源室（电源引入处）。

2）设置原则：①电源室（电源引入处）防雷箱处、防雷分线柜（或分线盘）处的接地汇集线应单独设置，并分别与环形接地装置单点冗余连接；其余接地汇集线可采用截面积不小于50mm²有绝缘外护套的多芯铜导线或30mm×3mm纯铜排相互连接后与环形接地装置单点冗余连接。②当机房面积较大时，可以设置与地网单点冗余连接的总接地汇集线。控制台室、继电器室、计算机房的接地汇集线可分别与总接地汇集线单点连接，也可相互连接后与总接地汇集线单点连接。③当机房分布在几个楼层时，各楼层可设置总接地汇集线，总接地汇集线间应采用截面积为50~95mm²的有绝缘外护套的多股铜导线焊接或加线鼻拴接等。

（2）接地总汇集线的材质 接地总汇集线宜采用大于30mm×3mm纯铜排，可相互连接成条形、环形或网格形，当环形设置时不得构成闭合回路。接地汇集线受制造长度的限制需使用多根铜排时，铜排间直接连接的接触部分长度不少于60mm，接触面应打磨后用3个铜螺栓双螺帽联接。

（3）接地汇集线的连接要求

1）室内走线架、组合架、电源屏、控制台、机架、机柜等所有室内设备必须与墙体绝缘，其安全地线、防雷地线、工作地线等必须以最短距离分别就近与接地汇集线连接。

2）走线架不得布置成闭合回路，已构成的可加装绝缘。

3）在不构成闭合回路的前提下，必须保持走线架在电气上的连续性（可利用剥开的25mm铜导线，敷设在电缆走线架内，并将每段走线架至少在两点进行连接），并用30mm×

3mm 纯铜排与接地汇集线拴接，联接螺栓采用直径 8mm 铜质或不锈钢质的，并不得少于 3 枚。

4）室内同一排不同的金属机架、柜之间用截面积大于 $10mm^2$ 的多股铜导线拴接后再用截面积不小于 $50mm^2$ 有绝缘外护套的多股铜线或 30mm×3mm 纯铜排就近与接地汇集线连接。接地汇集线及接地汇集线间的连接导体、接地汇集线与地网的连接线必须与墙体绝缘。

5）接地汇集线一般在距地面 200～300mm（踢脚线紧上方）处设置；有防静电地板的机房，接地汇集线可在地板下方距地面 30～50mm 处设置，距墙面宜为 100～150mm；也可在地板下方设成条状或网格状。需要时，也可在机房房顶设置。接地汇集线上每隔 1～1.5m应预留接地螺栓供连接使用。

6）接地汇集线与地网的连接线应采用截面积不小于 $50mm^2$ 的有绝缘护套铜导线。电源室防雷箱处（电源引入处）接地汇集线在环形接地装置上的连接点与分线盘处接地汇集线在环形接地装置上的连接点之间，以及与其余接地汇集线在环形接地装置上的连接点之间距离宜大于 5m。

7）避雷带的引下线在环形接地装置上的连接点，与接地汇集线在环形接地装置上的连接点间距应大于 5m。

8）进入建筑物的电缆金属护套和屏蔽层应与分线盘接地汇集线连接，使用中的电缆芯线经防雷保安器接地端子与接地汇集线连接，电缆备用芯线直接与接地汇集线连接。

9）无线天线避雷针的接地装置应单独设置，并距环形接地装置 15m 以上，特殊情况下不应小于 5m，且应焊接牢固。

4. 对接地装置的一般要求

1）信号设备的各种地线不得与电力、房屋建筑和通信地线合用。

2）同一地点相同性质的信号地线才可以合用。

3）接地装置的接地电阻的电阻值越小越好，合用时必须小于 1Ω。

4）室内信号设备的接地装置应构成网状（地网），接地导线上严禁设置开关、熔断器或断路器。

5. 保护接零与保护接地

接地与接零是电气技术中最重要的安全措施之一，其作用有两个：一是为了安全；二是为了保证电气设备的正常运行。

（1）保护接地 保护接地简称接地，它是指在电源中性点不接地的供电系统中，将电气设备的金属外壳与埋入地下并且与大地接触良好的接地装置（接地体）进行可靠的连接。

（2）保护接零 保护接零简称接零，它是指在电源中性点接地的供电系统中，将电气设备的金属外壳与电源零线（中性线）可靠的连接。

采用保护接零时的注意事项：①严格防止零线断线。②严防接零和接地同时混用。③严防中性点接地线断开。④严禁电气设备外壳的保护零线串联，应分别接零线。⑤单相用电设备的工作零线和保护零线必须分开设置，不准共用一根零线。⑥为了安全，系统中零线应重复接地。

（3）接地装置和接零装置的安全要求　①导电的连续性。必须保证电气设备至接地体之间或电气设备之间导电的连续性，不能有脱节现象。②连接可靠。接地装置之间的连接应采用焊接和压接。③要有足够的机械强度。④要有足够的导电能力和热稳定性。采用保护性接零时，零线应具有足够的导电能力。⑤防止机械损伤。接地线或接零线尽量安装在人不易接触到的地方，以免意外损坏；但又必须是在明显处，以便于检查。⑥防腐蚀。为了防止腐蚀，钢制接地装置最好镀锌，焊接处涂沥青防腐。明敷设的裸接地线可以涂漆防腐。⑦要有适当的埋设深度。为了减小自然因素对接地电阻的影响，接地体上端埋设深度，一般不应小于0.6m，并应在冻土层以下。

【项目实施】

任务　接地装置的安装

一、器材工具

接地体、接地体连接干线等、钳工工具、电工工具、摇表等。

二、任务实施

1. 画线

在地面上画线，定好四支接地体的安装位置。

2. 打地桩

如图7-15所示，在机房附近地网的埋深，大于0.5m，垂直接地体之间的间隔，一般为垂直接地体深度的两倍。人工地网，一定要预留接地端，作为系统接地点及测试点使用；埋设位置应尽量在距建筑物3m以外，当接地体装置埋设在距建筑物出入口或人行道小于3m时，应采用在接地装置上面敷设50～90mm厚度沥青层，其宽度应超过接地装置（地网）2m，当接地遇有白灰焦渣层而无法避开时，应换土或用水泥砂浆进行保护。把4根或更多2～2.5m长、宽和高均为45mm的角钢沿直线打入地下500～800mm处，每根角钢相距2～4m。

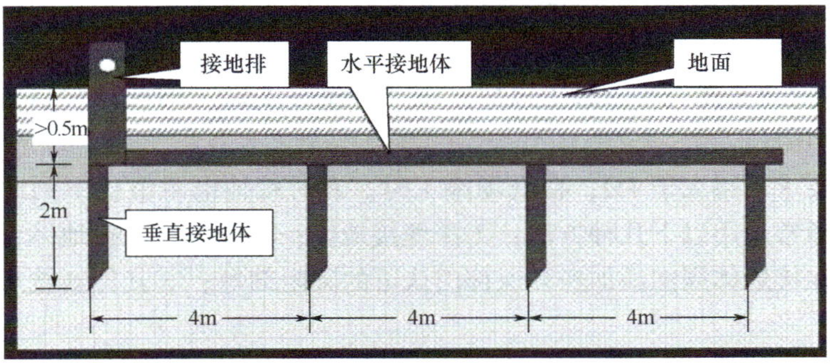

图7-15　接地体安装

3. 焊接

用扁钢（30mm×3mm）将角钢串联焊在一起；用镀锌扁钢（30mm×3mm）焊接有角

钢的任意角，作为地线引线引上墙面 2m，将四周夯实，如图 7-16 所示。

图 7-16　地线焊接

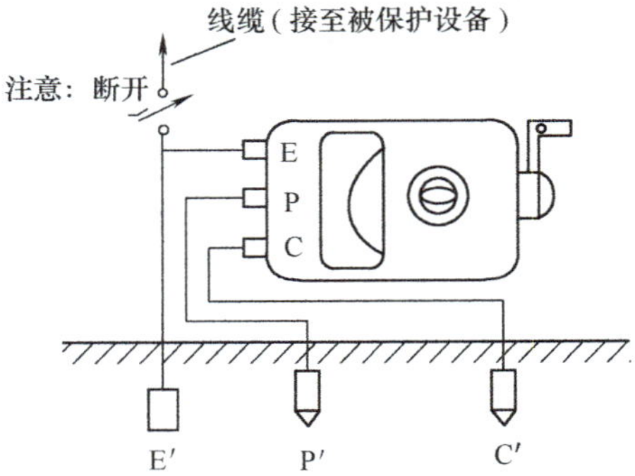

图 7-17　接地电阻测量接线图

4. 引线

用截面积为 25mm² 的铜线与地网引线通过铜线鼻接牢引入室内。

5. 测量

用摇表逐一测量四只接地体的接地电阻，阻值小于等于 1Ω。

1）如图 7-17 所示，沿被测接地极 E′，使电位探测针 P′和电流探测针 C′依直线彼此相距 20m，插入地中，且电位探测针 P′要插于接地极 E′和电流探测针 C′之间。

2）用导线将 E′、P′和 C′分别接于仪表上相应的端子 E、P、C 上。

3）将仪表放置水平位置，检查零指示器的指针是否指于中心线上。若偏离中心线，可用零位调整器将其调整指于中心线。

4）将“倍率标度”置于最大倍数，慢慢转动发电机的手柄，同时旋动“测量标度盘”，使零指示器和指针指于中心线。当零指示器指针接近平衡时，加快发电机手柄的转速，使其达到 120r/min 以上。调整“测量标度盘”，使指针指于中心线上。

5）如果“测量标度盘”的读数小于 1，应将“倍率标度”置于较小的倍数，再重新调整“倍率标度盘”，以得到正确的读数。

6）当指针完全平衡在中心线上以后，用“测量标度盘”的读数乘以倍率标度，即为所测的接地电阻阻值。

接地电阻要求不得大于 1Ω，在现场施工时，有时接地电阻值达不到此要求，如何降低接地电阻？通常采用以下几种方法：①深埋接地体；②设置外延接地体；③更换埋接地体的土质；④在接地体周围添加经环保部门认可的降阻剂等；⑤其他新技术，如使用接地模块等。

6. 用摇表测量接地网的接地电阻

用摇表测量接地网的接地电阻方法同上。另外，埋纯铜板方法和上面类似，即在机房附近挖 250mm × 150mm × 300mm 的深坑；坑底洒一些降阻剂，埋入纯铜板（1500mm × 600mm × 3mm），埋深以见水为准，但至少大于 200mm；把扁钢（30mm × 3mm）和纯铜板用铜焊锡焊接在一起，引出地面作引线，引出墙面2m处；用截面积为25mm^{2}的铜线与地网引线通过铜线鼻接牢引入室内；测地网阻值不大于1Ω。

三、注意事项

1）制作垂直接地体的角钢，如果有弯曲，一定要矫直，否则不易打入地面，且接地体与土壤之间有缝隙会增大接地电阻。

2）用打桩法安装接地体时，扶持接地体者双手不要紧握接地体，只要把握稳，扶持平直，不要摇摆即可，否则打入地面的接地体会与土壤产生缝隙，增大接地电阻。

3）安装时，要注意操作安全。

4）使用接地测量仪（接地摇表）时，应注意以下几个问题：①当“零指示器”的灵敏度过高时，可将电位探测针插入土壤中浅一些；若其灵敏度不够时，可沿电位探测针和电流探测针注水使之湿润。②测量时接地线路要与被保护的设备断开，以便得到准确的测量数据。③当接地极E′和电流探测针C′之间的距离大于20m，电位探测针P′的位置插在E′C′之间的直线几米以外时，其测量的误差可以不计；但E′C′间的距离小于20m时，则应将电位探测针P′正确地插于E′C′直线中间。④当实测接地电阻达不到要求时，可首先采用增加接地极的方法来减小接地电阻。如仍不能满足要求，可根据实际情况采取具体措施如深埋接地体等减小接地电阻。⑤在使用传统测量方法不便利的场所，可使用E2000型数字式接地电阻测试仪，它无需辅助线和探测针，只要将卡头在被测极上卡住，便可读出接地电阻值。

【任务评价】

任务评价单见附录。

【复习与思考】

1. 信号设备为什么要防雷？雷电从哪些途径侵入信号设备？
2. 信号设备防雷有哪些要求？有哪些原则？对防雷元件的安装和设置有哪些要求？
3. 何谓地网？对地网的材质和连线有哪些要求？
4. 什么情况下要设贯通地线？对贯通地线有哪些要求？
5. 如何安装接地装置？
6. 如何降阻？
7. 如何使用摇表测接地体的接地电阻？

项目八

传感器与计轴系统

【问题导入】

在我们日常生活中，传感器随处可见，如电冰箱、电饭煲中的温度传感器；空调中的温度和湿度传感器；煤气灶中的煤气泄漏传感器等，不胜枚举。城市轨道交通自动控制系统中更少不了传感器的使用，如列车运行速度的检测，所以，本单元将探讨传感器的分类及工作原理等问题；另外，本单元亦将探讨列车自动控制系统中，在自动控制模式故障的情况下，如何检测区间占用等问题。

【教学目标】

1. 知识目标：

（1）理解传感器基本原理及分类。

（2）掌握计轴系统的作用、基本工作状态和工作原理。

2. 能力目标：

（1）能识别速度传感器各部件，并知道各部件的作用及原理。

（2）能对速度传感器和计轴系统进行简单维护。

3. 情感目标：

（1）培养安全第一、严谨、爱岗敬业的工作作风。

（2）培养良好的团队合作精神；培养学生理论联系实际的学习习惯。

（3）激发学员浓厚的学习兴趣。

【教学建议】

1. 教学场地：在教室、互联网多媒体教室及信号实训室中进行，课后可实地参观。

2. 设备要求：至少具有能连接互联网的多媒体教室一个，传感器、计轴系统，或能放视频投影的设备及课件、视频介绍一套。

3. 教学重点、难点：

（1）传感器的作用、分类及工作原理。

（2）计轴系统的组成、作用、工作原理及维护保养。

4. 课时要求：共 8 课时，其中课堂讲授 4 课时，实际操作 4 课时。

【理论知识】

课题一　传　感　器

一、传感器概述

传感器（transducer/sensor）是一种检测装置，能感受到被测量的信息，并能将检测感受到的信息，按一定规律变换成为电信号或其他所需形式的信息输出，以满足信息的传输、处理、存储、显示、记录和控制等要求，它是实现自动检测和自动控制的首要环节。

随着电子计算机、自动化、生物医学、环保、能源、海洋开发、遥感、遥测、宇航等科技的发展，单靠人们自身的感觉器官，在研究自然现象和规律以及生产活动中它们的功能就远远不够了，为适应这种情况，就需要传感器。因此可以说，传感器是人类五官的延长，又称之为“电五官”。传感器的应用日渐渗透到人类生活的各个领域，如图 8-1 所示。

a)　　b)　　c)

图 8-1　传感器在生活中的点滴应用

a）电子秤　b）电饭锅　c）烟雾报警器

在城市轨道交通控制领域，同样少不了传感器的应用，传感器测速、检测列车位置等。传感器在汽车上的应用已不只局限于对行驶速度、行驶距离和发动机旋转速度的监控。由此可见，传感器技术在发展经济、推动社会进步方面的重要作用是十分明显的。世界各国都十分重视这一领域的发展研究，现在无线传感器网络 WSN 逐渐得到广泛应用。

1. 传感器在非电量测量中的作用

实际的被测量中，多数是非电量，随着各种科技的发展、自动化程度的提高，对测量的精度和速度，尤其是对被测量动态变化过程的测量和远距离测量提出更高的要求，因此绝大多数是将非电量转换成电量再进行测量，所以这里的传感器多指将那些非电量变成电量的传感器。

作为一个完整的非电量电测系统，一般由传感器、中间变换器、显示记录装置组成，如图 8-2 所示。从中可以看出传感器在系统中占有重要的位置，关系到整个测量系统的精度。

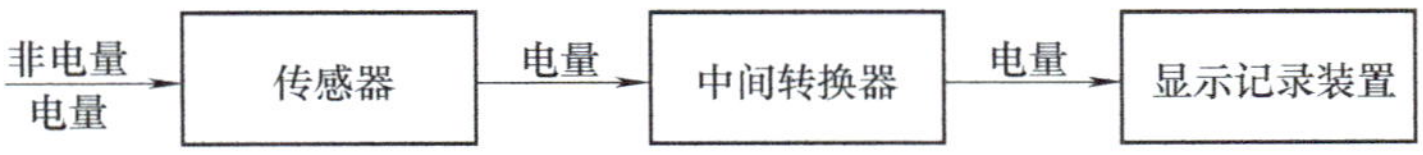

图 8-2　非电量电测系统框图

传感器直接作用于被测量，并按一定规律转换成电量输出；中间变换器将传感器输出的电量转换成便于传输、显示和记录的电信号；显示记录装置将中间变换器的输出转换成人的感官能接受的信号显示或者存贮。

2. 传感器的分类

对传感器的分类方法很多，有的传感器可以同时测量多种参数，而对同一物理量又可用多种不同类型的传感器来进行测量，但在不少场合，常把用途和原理结合起来称呼某一传感器，如电感式位移传感器、应变式加速度传感器等，具体分类见表 8-1。

表 8-1　传感器分类

序　号	分 类 方 法	传感器名称
1	被测量	物理量传感器（位移传感器、速度传感器、压力传感器、温度传感器）、化学量传感器、生物量传感器
2	传感器输出信号	数字传感器、膺数字传感器、模拟传感器、开关传感器
3	传感器的结构	结构型传感器、物性型传感器、复合型传感器
4	传感器的转换原理	机-电、光-电、热-电、磁-电、电化学等传感器
5	传感器的制造工艺	集成传感器、薄膜传感器、厚膜传感器、陶瓷传感器

3. 传感器基本特性

（1）静态特性　传感器的静态特性是指被测量是一个不随时间变化或者随时间缓慢变化的量，传感器的输入量 x 与输出量 y 具有一定的对应关系，且在关系式中不含有时间变量。传感器的静态特性通常使用一组性能指标来描述，例如，灵敏度、线性度、迟滞、重复性、漂移和测量范围与量程等。

（2）动态特性　传感器的动态特性是指传感器对随时间变化的输入量的响应特性。传感器要检测的输入信号是随时间而变化的，传感器的特性应能跟踪输入信号的变化，这样才能获得准确的输出信号，这种跟踪输入信号变化的特性就是动态特性。

很多传感器要在动态条件下检测，被测量可能以各种形式随时间变化。只要输入量是时间的函数，则其输出量也将是时间的函数，其间关系要用动态特性来说明。动态特性是传感器性能的一个重要方面，对其进行研究与分析十分必要。总的来说，传感器的动态特性取决于传感器本身，另一方面也与被测量的形式有关。

二、常用传感器

高速铁路、城市轨道交通控制领域中列车运行自动控制系统应用了大量的传感器，如测速传感器、计轴系统中轨旁计轴传感器等。

1. 磁电转速传感器

图 8-3 所示为一只磁电式转速传感器的结构原理图，它由转子、定子、磁钢、线圈等元件组成。传感器的转子和定子均用工业纯铁制成，在它们的圆形端面上都均匀地铣了一些槽。

在测量时，将传感器的转轴 1 与被测物转轴（如车轴）相连接，当转子的齿与定子的齿凸凸相对时，气隙最小，磁通最大，当转子的齿与定子的齿凸凹相对时，气隙最大，磁通最小。这样定子不动而转子转动时，磁通就周期性地变化，从而在线圈中感应出近似正弦波的电动势信号。若该转速传感器的输出量是以感应电动势的频率来表示的，则其频率 f 与转速 n 间的关系式为

$$n = \frac{60f}{z} \tag{8-1}$$

式中 n——被测体转速（r/min）；

z——定子或转子端面的齿数；

f——感应电动势的频率（Hz）。

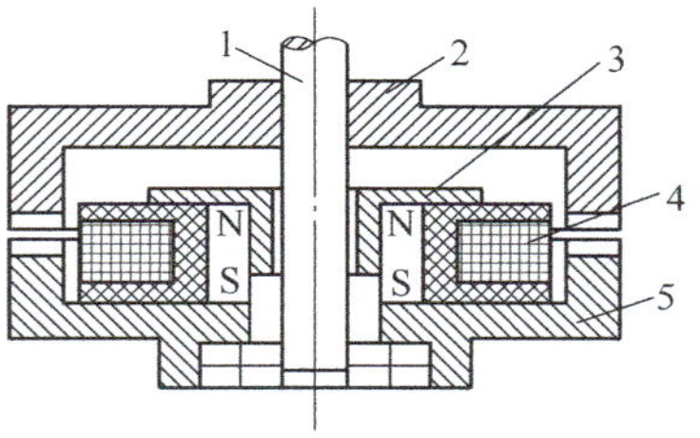

a)

b)

图 8-3 磁电转速传感器

a）结构示意图 b）实物图

1—转轴 2—转子 3—永久磁铁 4—线圈 5—定子

采用磁电传感器来测速，传感器输出信号大，无需要放大，抗干扰性能好，无需外接电源，可在有烟雾、水汽、油气、煤气等恶劣环境中使用。

2. 霍尔式传感器

基于霍尔效应的传感器称为霍尔传感器。

(1) 霍尔效应 如图 8-4a 所示，在金属或半导体薄片的两端通过控制电流 I，并在薄片的垂直方向上施加磁场 B，则在垂直于电流和磁场的方向上即在薄片的横向两侧会出现一个电压，将产生电动势（霍尔电势 V_H），这种现象称为霍尔效应，是由科学家爱德文·霍尔在 1879 年发现的。

(2) 霍尔速度传感器 霍尔传感器具有结构简单、体积小、重量轻、频带宽、动态特性好和寿命长等优点，广泛用于电磁测量，如测量恒定的或交变的磁感应强度、有功功率、无功功率、相位、电能等参数；在自动检测系统中多用于位移、压力、应变、机械振动、加速度的测量。地铁中，霍尔传感器测列车运行速度，实物图如图 8-4b 所示。

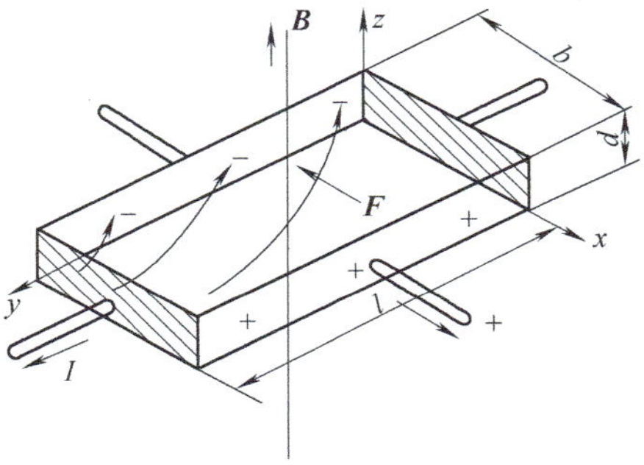

a)

b)

图 8-4 霍尔效应原理及应用

a）霍尔效应 b）霍尔速度传感器实物图

霍尔速度传感器测速的基本原理是对车轮旋转计数。因此需在轴承盖上安装信号发生器，车轮每转一周，发生器输出一定数量的脉冲或方波信号，对信号发生器输出信号计数，测出脉冲或方波的频率即可得出列车运行速度。列车实时运行速度公式为

$$v = \pi D f \times 3.6/N \tag{8-2}$$

式中　v——列车运行速度（km/h）；

D——机车轮径（km）；

N——脉冲速度传感器车轮每转 1 圈的脉冲数；

f——测出的传感器输出脉冲频率（Hz）。

通常采用霍尔脉冲速度传感器，该传感器由铝盘和霍尔传感器探头组成，铝盘外缘有规则地粘贴了若干磁钢片，铝盘安装在机车动轮轴头的顶端，传感器探头安装在轴箱盖上。根据采用霍尔元件的不同，一个探头可以输出一路或两路速度信号。霍尔脉冲传感器是采用霍尔效应原理测量转速的，其原理示意如图 8-5 所示。当磁钢片在霍尔元件下方时，霍尔元件可以探测到霍尔电势，不在下方时就无霍尔电势。当铝盘转动时，霍尔元件就会产生与铝盘转速成正比的霍尔电势脉冲，通过对此脉冲分析计算就可测得铝盘转速。

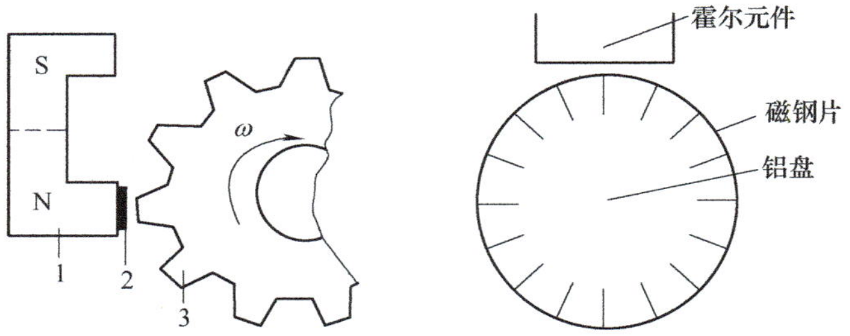

图 8-5　霍尔式传感器转速测量示意图

1—磁铁（磁钢片）　2—霍尔元件　3—齿盘

另外，还可以在车轮外部安装旋转式光栅，当列车运行时由轮轴的旋转带动光栅旋转，在光栅的两侧安装发光装置和光电传感器，随着光栅的旋转，光电传感器可以接收到发光装置的“光脉冲”信号，并将其转化为电脉冲信号送至车载计数器，由车载计数器对脉冲信号进行计数，通过检测该脉冲信号次数可以判断车轮的即时转角，继而得出列车的即时车速。

采用脉冲传感器测速的优点是：方法简便，易于实现。但缺点为无论列车在前进还是后退时，计数器均按照列车前进计数，且当轮对产生磨损、空转、滑行等情况时，误差较大。

课题二　计 轴 系 统

一、计轴系统概述

轨道计轴系统是用以检测列车通过钢轨上某一点（计轴点）的车轴数，以检查两个计轴点之间或检测区段的状态信息，或判定列车通过计轴点的时间，自动校正列车行驶里程等的设备。如图 8-6 所示为计轴系统的轨旁设备。

1. 计轴技术的发展

19 世纪 60 年代，德国曾探索用计轴方式检测列车占用轨道区段的技术，但直到 20 世纪 50 年代中期，轨道计轴系统才在联邦德国正式使用。此后，法国、匈牙利等国相继使

用计轴系统，我国近几年也大量使用计轴系统，尤其是随着地铁基于通信的列车控制CBTC技术、中国列车自动控制CTCS技术的迅速发展，计轴技术得以广泛应用。

2. 计轴系统的作用

计轴技术是以计算机为核心，辅以外部传感器等设备，利用统计车辆通过某一轨道区段的轴数来检测相应轨道区段占用或空闲状态的技术。地铁中主要在CBTC系统故障或移动授权尚未开通时使用，同时也作为无线设备故障时的备用冗余设备。

图8-6 计轴系统的轨旁设备

3. 采用计轴设备的意义

1）克服了电气化铁路的牵引电流回流对轨道电路的影响。由于电气化铁路的牵引电流回流与轨道电路共用一个通道，强电流对弱电流的干扰是不可避免的。随着电力机车变流控制技术的发展，牵引电流的高次谐波对轨道电路的干扰影响越来越大。

2）克服了轨道电路的工作状态严重依赖于道床状态现象。在一些站内轨道电路分路不良及雨季“红光带”等特殊情况下，道床电阻很低，无论采用何种轨道电路都无法正常工作。因此，在这种场合使用计轴系统作为检测轨道区段是否空闲是非常有必要的。

4. 轨道计轴系统的组成

计轴系统主要由室外传感器、电缆、室内计数比较器等部分组成。当车辆轴数的信息需要远距离传输时，计轴系统还需采用传输设备。

（1）传感器 传感器是计轴系统的基础设备，其作用是将机车、车辆通过的车轴数转换成电脉冲信号。早期使用的传感器一般是机械式，目前一般采用电磁式。电磁式传感器由磁头、发送器、接收器三部分组成。磁头有一个发送线圈和一个接收线圈分别装在钢轨的两侧。发送器向磁头的发送线圈馈送较高频率的电流，使其周围产生交变磁场，并通过空气、钢轨、扣件等不同介质环链到磁头的接收线圈，感应出一交流电压。当车轴通过磁头时，车轮的屏蔽作用和轮缘的扩散作用，使环链到磁头的接收线圈的磁通量发生变化，并使感应电压显著降低。接收器将这个变化的感应电压转换成车轴电脉冲信号。

（2）计数比较器 计数比较器主要由计数器、鉴别器和比较器组成。它将进出两个计轴点之间的车轴电脉冲信号进行计数和比较，以判断区间（或轨道区段）是否空闲。

（3）传输设备 传输设备主要由电信号发送器和电信号接收器组成，多采用频率数码传输方式。

二、计轴系统的构成及工作原理

一般的计轴设备都分为室内和轨旁两部分，如图8-7所示。一个计轴区段在入口和出口各设一套轨旁设备（传感器、电缆盒等），同时在室内设有对应的计数器。设在室内的计轴运算器把入口和出口的轴数进行比较来判断轨道区段状态。

当有列车驶入区段时，入口计数器（初值为零）开始计轴，计轴运算器把入口计数器和出口计数器（初值为零）所计的轴数相减，这时的轴数随列车进入的数量而增加；当列车完全进入区段后，轴数不变；当列车开始从出口驶出时，出口的计数器开始计数，这时计轴运算器的数值随列车驶出的数量而减少。列车完全出清本区段（即驶出的轴数与进入的轴数相等），这时入口和出口轴数差等于零。

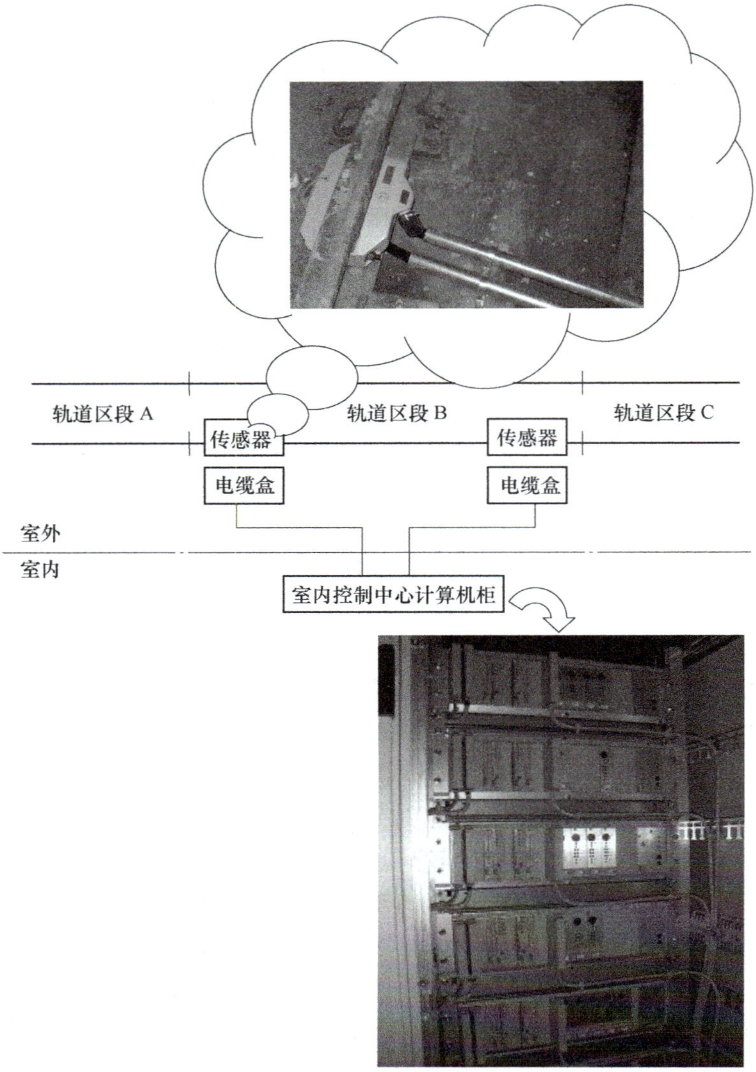

图8-7 电子计轴系统结构图

国际上有很多厂家生产计轴设备，如德国西门子、德国SEL公司、法国阿尔斯通等，我们国家也有几家知名企业研制开发计轴系统，并逐步得到大量应用，各个厂家的计轴系统基本原理大同小异。

计轴系统的室外包括在轨道边安装的轨旁设备如一个个醒目的黄色立式盒子叫计轴电子盒（EAK30C轨道箱，俗称“黄帽子”）和轨道上安装的计轴磁头（SK30磁头）一起构成了计轴的轨旁设备（ZP30C计轴点），如图8-7所示。计轴设备根据计轴点划分轨道区段，计轴点分布与轨道电路的绝缘节（BOND）位置相似，在每个信号机处都有一个计轴点，同时考虑备用模式先期开通时的运行间隔来布置全线的计轴点。计轴点在图纸上一般用“▬▬▬”图标表示，向两个集中站发送数据的计轴点即共享计轴点在图标外面加圆圈。计轴点上有车轮经过就会向 EAK 箱子里的电路板发送电信号，经过计算和转化后发送至室内设备。

计轴系统的室内设备集中在计轴核算器 ACE（Axle Counter Evaluator）机架内，机架内的设备包括电源/数据调谐单元 PDCU（Power/Data Coupling Unit）、电源板、串行 I/O 板、CPU 板、并行 I/O 板和 Weidmuller。这些设备由各层 TB 接线端子连接在一起，负责将轨旁设备采集的信息处理后送到计算机联锁系统作为联锁运算的数据使用。

1. 计轴室外轨旁设备

（1）计轴磁头　计轴磁头安装在轨道上，轨道外侧圆柱形磁头能够发送电磁场，轨道内侧方形磁头负责接收该电磁场信号，如图 8-8 所示。当车轮经过磁头的时候，如图 8-9 所示，磁力线由于金属的介入而改变，接收端磁头接收到的磁场强度会发生变化。随着接收到磁场强度的变化，接收磁头发送回 EAK 箱的电压会跟着变化。每个计轴点有相邻的两对磁头共 4 个，每个磁头都有电缆同 EAK 箱的底板连接。

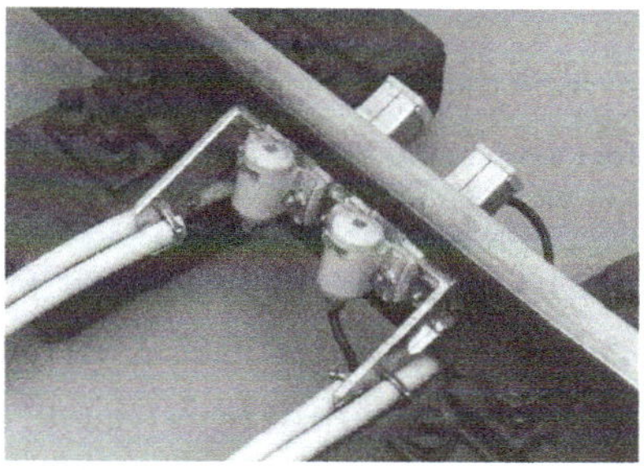

图 8-8　安装在轨道上的计轴磁头

为了确定列车的运行方向，同一计轴点的两对磁头 SK1 和 SK2 在电气特性方面也存在差别。通常用所朝方向区分这两对磁头 SK1 和 SK2，SK1 的电压变化幅度要比 SK2 的略小。

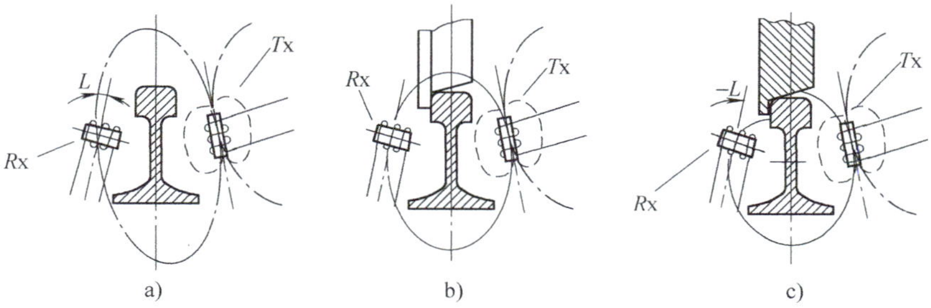

图 8-9　车轮对磁场的影响作用

a）没有车轮时　b）车轮渐渐靠近　c）车轮处于磁头正上方

（2）EAK 箱内设备　如图 8-10 所示，EAK 箱的作用是给磁头供电、接收磁头发回的信号，经过简单逻辑判断和处理后发回室内计轴系统。整个 EAK 内部设备可以从中间分为基本对称的两半，每一半对应一对计轴磁头。两半的工作原理相同。箱内有 EAK 电子单元安装在接地板上，电子单元里有底板、模拟板以及核算器板各一块。一般计轴点的 EAK 箱下共有 6 条电缆，其中 4 条电缆连接计轴磁头，1 条电缆连接室内分线盘，1 条地线电缆接地。

1）底板。如图 8-11 所示，电子单元的底板类似于计算机的主板，整个电子单元的供电由此接入，核算器和模拟板插在底板的插槽中。底板边缘还有一个测试插座，可以连接测试工具用来察看电路板的工作电压以及磁头发送回来的电信号等。

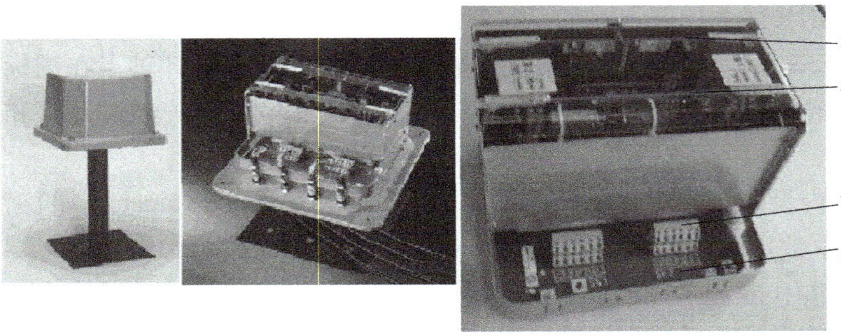

a)　　b)　　c)

图 8-10　EAK 设备箱

a）EAK 外观　b）EAK 内部　c）电子单元子架

底板的线缆终端上连接的是沟通室内外的电缆，电缆另一头通过室内分线盘连接 ACE 机架内对应的 PDCU，整个电子单元的 100V 供电就是由 PDCU 提供的。普通计轴点的线缆终端 3 和 13 两个端子上有接线，供电输出和数据回送都是在这两根配线上实现的，用电压表测量可以测到接近 100V 的交流电压。共享计轴点的 4 和 14 端子也有配线，这两根线连接的是另一个集中站的对应 PDCU，由于只需要将数据共享，所以 4 和 14 端子的接线没有电源输入。WAGO 终端连接的是计轴磁头。计轴磁头所需要的 5V 电源和板卡的 24V 工作电源都由底板提供。因为所有的核算器、模拟板和 PDCU 都不需要特别编程，更换新的就能立即投入使用，为了区分不同计轴点的数据就必须给每个数据加上地址，底板上的地址开关完成此功能。

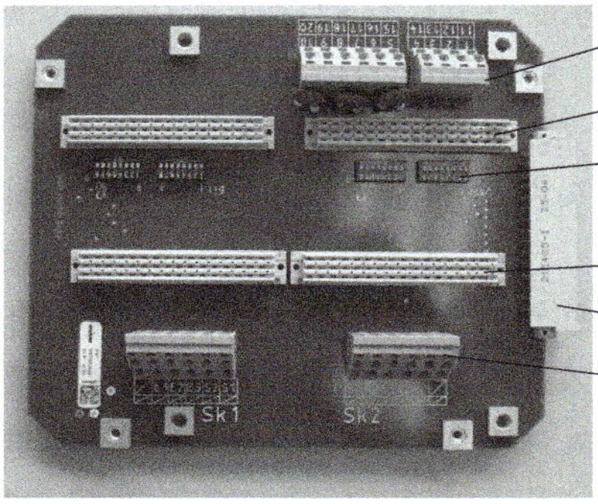

图 8-11　电子单元底板

2）模拟板。在车轮靠近和远离的过程中，计轴磁头的磁场变化是一个渐进的过程，故接收端的电压也是渐变的。模拟板的功能就是把这种渐变的电压转变成核算器板能识别的电脉冲信号。

参考电压和调整电压是模拟板工作的两个重要数据，将测试工具箱连接到底板的测试工具插头上，通过相应的挡位就可以读出 SK1 和 SK2 这两个数值。

调整电压（MESSAB）：调整电压就是磁头发送回 EAK 的电压。当车轮靠近磁头上方，该电压会急剧变小，当车轮在磁头正上方时，电压值最小。调整电压的最大值和最小值的差基本恒定，绝对数值约为 400mV。旋转电位器 R2/R4，调整电压波形会在纵轴上发生平移，通过放上和取下模拟车轮，将最大值和最小值调整为绝对值相等的相反数。只要记录有车轮和无车轮的电压绝对值，将它们相加除以 2 即可得到需要的值。测试工具箱的 10 挡用来测试 SK1 的调整电压，12 挡测试 SK2 的调整电压。

参考电压（PEGUE）：参考电压是一个定值，其作用就是作为一个参考值。参考电压的调整一般在完成调整电压后进行。改变测试工具挡位测量参考电压，旋转电位器 R1/R3，使参考电压值等于没有车轮时的调整电压值。这样平时调整电压值在正常范围内时，模拟板持续送出高电平信号，当调整电压值达到负的参考电压时，模拟板送出低电平信号。测试工具箱的 11 挡用来测试 SK1 的参考电压，13 挡测试 SK2 的参考电压。

核算器板：核算器的功能是计数和向室内发送数据。核算器板有自检功能，一旦发现本身 CPU 有故障就会停止向室内发送错误数据，如图 8-12 所示。

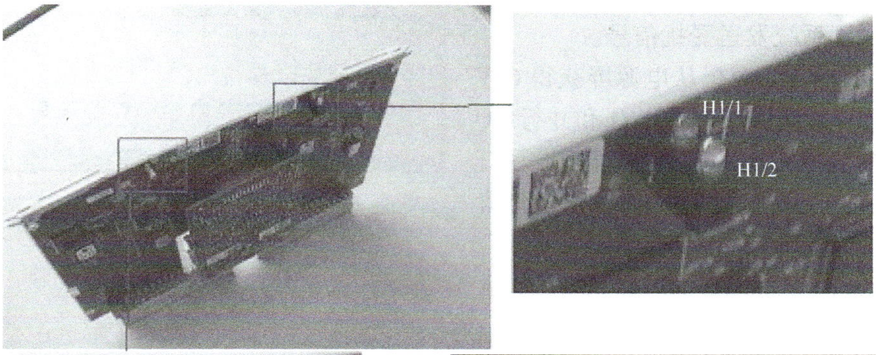

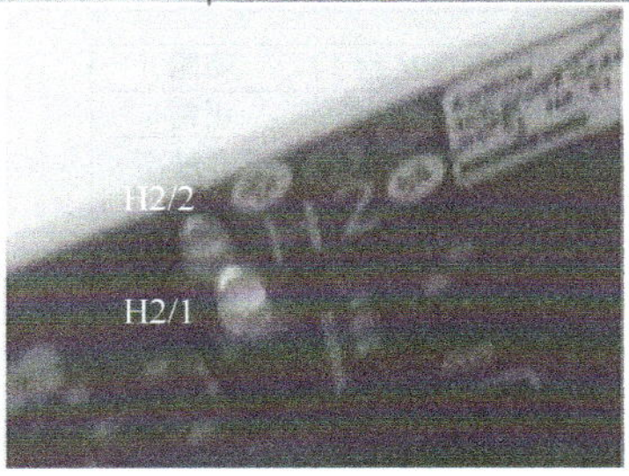

LED	颜色	功能	正常状态
H1/1	绿色	CPU1 自检出错	熄灭
H1/2	绿色	发送数据	闪烁
H2/1	绿色	CPU2 自检出错	熄灭
H2/2	绿色	发送数据	闪烁

图 8-12 核算器灯位及状态信息

2. 计轴室内设备

（1）电源/数据调谐单元 PDCU PDCU 安装在室内计轴核算器 ACE 机架背面，PDCU 一端通过分线盘连接轨旁设备，另一端连接机架内的串行 I/O 板。PDCU 能将电源和数据的通道进行合理分配，对室外的 100V 的供电线路和 EAK 发回数据的线路是同一对线。PDCU 的 1、2 号端口接的是电源屏的 100V 电源输入，如果 1、2 号口没有电源配线，说明这个 PDCU 对应的是一个共享计轴点。

（2）计轴核算器 ACE 子架 ACE 子架是室内计轴设备的核心，一个 ACE 子架分为三层，每层有 16 个板位。第一层两块电源板和两块 CPU 板共占 6 个板位，其余板位则是并行和串行 I/O 板，没有板卡的位置用空盖板盖住，防尘的同时保证子架内制冷气流的通畅，如图 8-13 所示。

ACE 子架的串行 I/O 接收到来自 PDCU 的计轴点数据输入，将数据送到 CPU 板，CPU 通过各个计轴点之间的逻辑关系，将来自计轴点的数据经过运算转化为各区段的状态信息后送到并行 I/O，并行 I/O 将区段状态数据输出给联锁系统作为联锁条件。

计轴区段有 3 种状态：空闲、占用和受扰。空闲区段即轮对数为零的区段，当该区段两头任何一个计轴磁头上有车轮滑向区段内时，区段内轮对数变成正数就会成为占用状态。当该区段两头任何一个计轴磁头上有车轮滑出区段时，区段内轮对数变成负数就成为受扰状态。占用区段内有多少轮对记录在室内 ACE 机架的 CPU 模块内，如果有相同数量的车轮滑出该区段，区段就会恢复空闲。一旦区段受扰，并行 I/O 板会自动锁死，除非经过复位和清扫处理，否则只会向联锁系统发送受扰信号。

图 8-13　计轴核算器 ACE 子架

1）电源板。电源板从电源屏获得 60V 交流电压输入后分配给串行 I/O 和并行I/O 板使用。电源模块实物图及前面板指示灯含义如图 8-14 所示，通过前面板指示灯含义来帮助诊断电源板的工作状态。

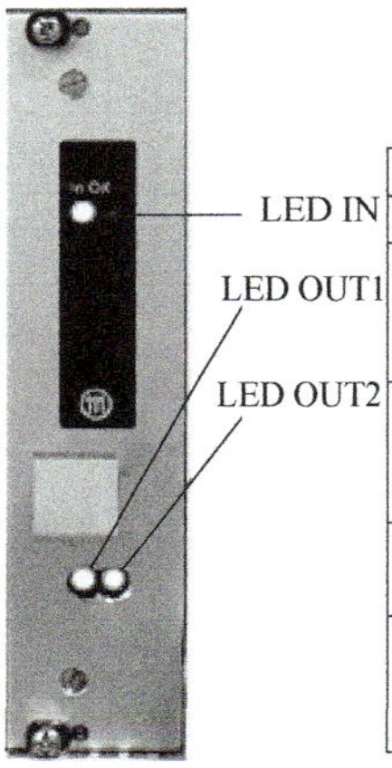

LED IN(绿)	LED OUT1(绿)	LED OUT2(绿)	功能
ON	ON	ON	正常
ON	OFF	ON	温度过高 过载 过电压输出
ON	ON	OFF	温度过高 过载 过电压输出2/3
OFF	ON	ON	不可能出现 LED IN 破裂
OFF	OFF	OFF	无输入电压 输入电压过低 输入电压过高

图 8-14　电源模块及灯位信息

2）串行 I/O 板、并行 I/O 板。一块并行 I/O 板负责一个区段状态的输出，实物如图 8-16 所示；一块串行 I/O 板负责两个计轴点的输入，实物如图 8-15 所示。

在图 8-16 中，并行 I/O 板有许多 LED 灯位，可以通过这些 LED 的显示初步察看计轴区段的一些简单工作状态。上面一组 4 个 LED 显示板卡的连接信息，如果两个数据通道都完好，这 4 个绿灯都是点亮的；下面一组 8 个 LED 分为三部分，最上面 2 个绿色灯位在区段占用时点亮，空闲和受扰时熄灭。中间 4 个橙色 LED 是一些输入信息，根据配线的不同会有不同的显示状态，如能配置成显示空闲、占用、受扰、正在复位和待清扫等状态。最下面 2 个绿色 LED 隔一段时间会点亮一次，表明 CPU 正在检查这块板卡的运行状态，检查完这块板卡 CPU 会接着检查下一块，这样不停地循环检查。区段受扰后如果确认故障已经排除，则需要复位并行 I/O，操作方法为按下复位按钮的同时转动复位钥匙，保持 2～6s。复位成功可以从 4 个橙色 LED 的变化看出来。无论原来区段状态如何，复位后的区段状态是待清扫，在联锁上仍然按受扰处理，待清扫状态需要清扫后才能恢复空闲。

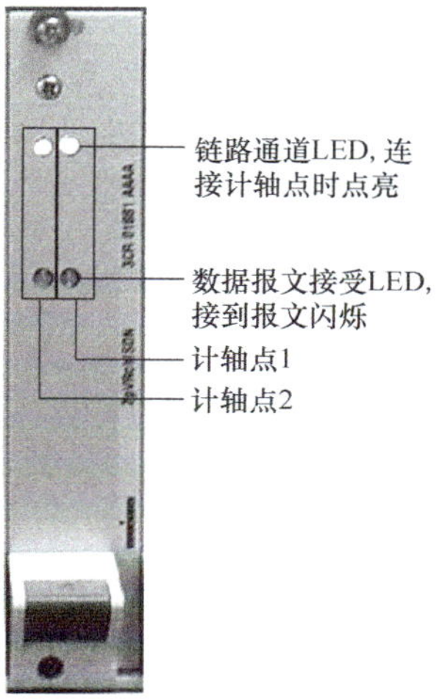

图 8-15　串行 I/O 板

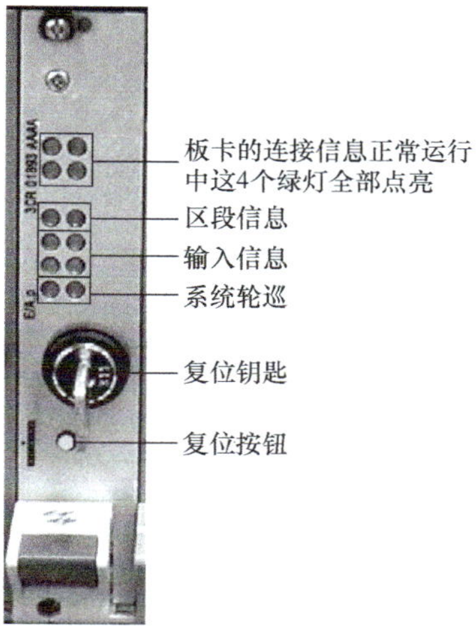

图 8-16　并行 I/O 板

3）CPU 板。CPU 板是整个计轴系统的核心，计轴点和计轴区段之间关系的程序预先写入 CPU 板，它控制着系统并行 I/O 的输出，与联锁系统的安全密切相关。依照故障导向安全的原则，如果 CPU 模块掉电或发生故障，与该 CPU 有关的所有计轴区段将全部受扰。

如图 8-17 所示，CPU 板上有两种用于诊断的接口，可以根据分析设备的不同来选择。正常运行的 CPU 板的字母数字显示屏上是一条旋转的直线，CPU 板死机直线停止旋转，这是就要按重置按钮重启 CPU 模块。但是要注意的是，按下重置按钮会消除 CPU 记录的所有运营日志。

（3）WEIDMULLER 接线端子　WEIDMULLER 端子体积很小，安装在 TB6 端子排上，其功能类似于一个继电器。如果 WEIDMULLER 正常工作，TB6 端子排上的 LED 会点亮，可以根据这个灯位更换故障的 WEIDMULLER。另外，WEIDMULLER 和并行 I/O 板的输出安全有关系。并行 I/O 板的输出需要借用 24V 电源提供输出用电，WEIDMULLER 在 24V 电源出问题时会切断对联锁系统的输出。另外，西门子公司生产的 Az S350U 型计轴系统如图 8-18 所示，计轴原理基本相同，此不赘述。

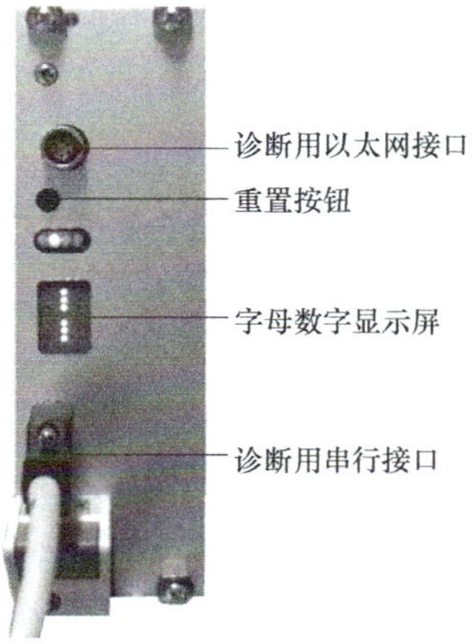

图 8-17　CPU 板

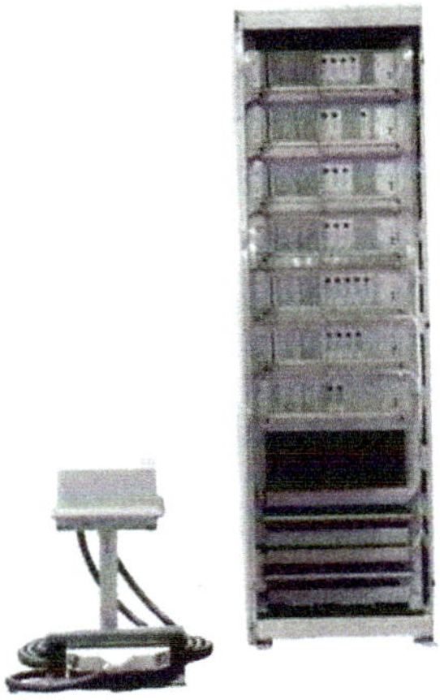

图 8-18　Az S350U 型计轴系统

【项目实施】

任务　计轴系统的日常维护

一、器材工具

计轴系统、计轴测试箱、扭力扳手、信号工及钳工常用工具等。

二、任务实施

1. 登记要点等准备工作

2. 计轴室外设备的日常维护

1）检查“黄帽子”及磁头电缆的物理安装，是否有线皮破损或潮气渗漏。

2）检查磁头和电缆的接地是否有物理损坏。

3）检查发送磁头，不能和钢轨有接触。

4）取下“黄帽子”，观察灯位信息是否有异常。

5）接上测试箱（图 8-19 和图 8-20），用 3、4 挡察看电路板的 24V 工作电压是否超限。

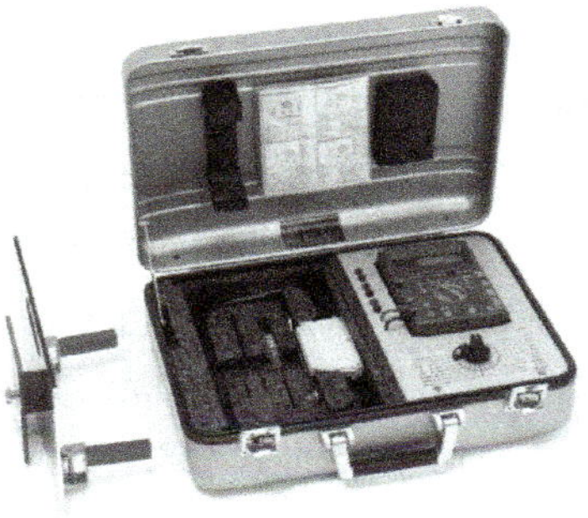

图 8-19　计轴测试箱

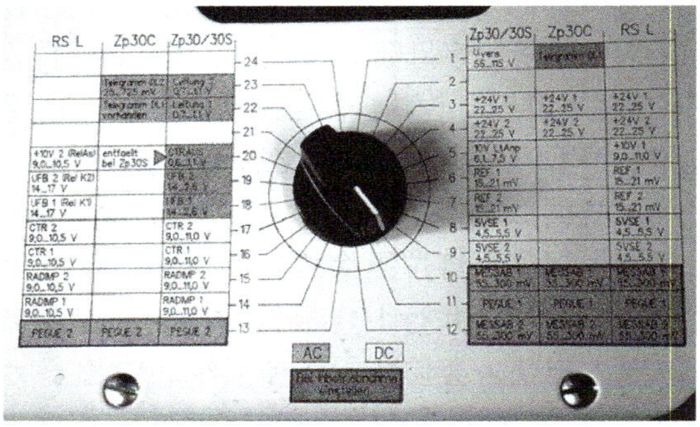

图 8-20　计轴测试箱内开关挡位

3. 计轴室内设备的日常维护

计轴室内设备的日常维护包括日常巡检、半年检和年检。

（1）日常巡检　检查灯位信息是否有异常，注意检查风扇的工作是否正常、室内温湿度等。

（2）半年检

1）检查室内向室外供电是否在正确容差范围内。

2）将维护用计算机连接到 CPU 板，通过诊断软件检查是否有漂移报警（DRW）。必要时，需要去轨旁检查设备（漂移报警可能会由列车停靠，在磁头边上造成的）。

3）用装有计轴诊断软件的诊断电脑，在并口 I/O 板上检查是否有锁定输入故障等。具体如下：①首先安装计轴诊断软件：把装有计轴软件的光盘插入光驱，打开后双击 Setup. exe，选择 English（注意诊断的电脑系统要把语言改为英文），步骤为：ControlPanel→

Data, Time, Language and Regional Options→Regional and Language→Advanced→Language for non-Unicode programs 改成 English（UK）。②打开 Diagnose，选择 Elements，出现测试栏，如图 8-21 所示，Element Type 选为 Detection Point，Diagnostic Event 选为 Operational Name，单击 Single。③明确 Element 的数值与 Parameter 实际对应设备名称之间的关系。④进行维护诊断，以室外设备维护为例，即察看磁头硬件工作状态及历史记录，主要检查 Detection Point 的历史记录，如图 8-22 所示，步骤如下：选择 History 窗口，Element Type 选为 Detection Point，Start Time 选择上次测试的时间，Element Number 从 1 开始，直至测试完所有磁头。⑤按照测试记录表格，填写测试时间及故障报文。

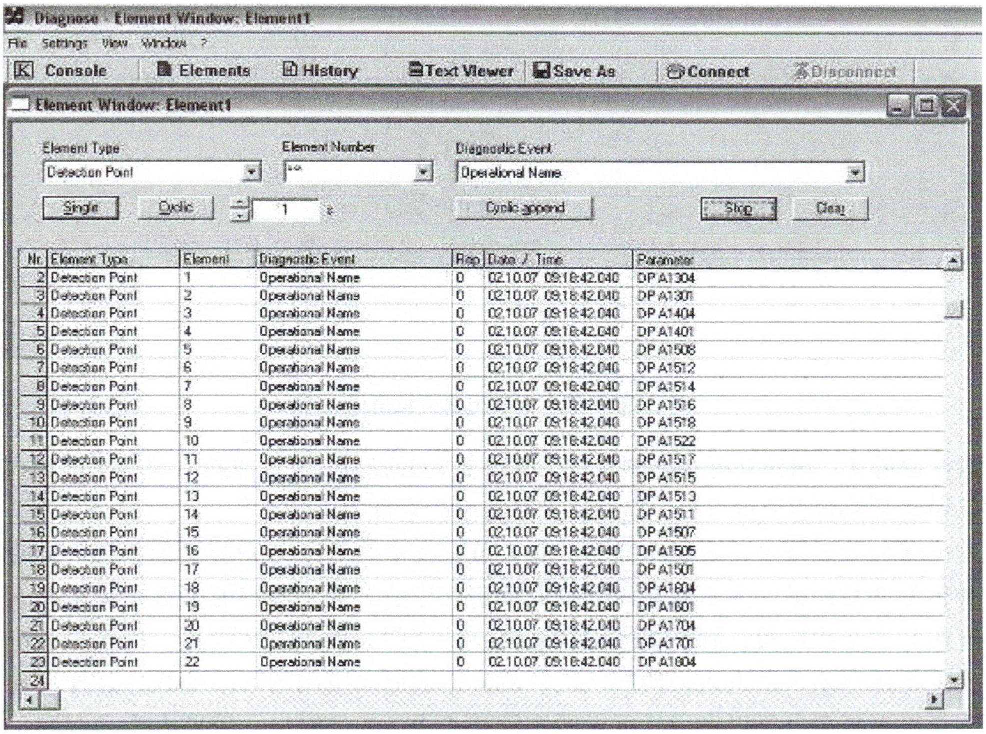

Nr.	Element Type	Element	Diagnostic Event	Rep	Date / Time	Parameter
2	Detection Point	1	Operational Name	0	02.10.07 09:18:42.040	DP A1304
3	Detection Point	2	Operational Name	0	02.10.07 09:18:42.040	DP A1301
4	Detection Point	3	Operational Name	0	02.10.07 09:18:42.040	DP A1404
5	Detection Point	4	Operational Name	0	02.10.07 09:18:42.040	DP A1401
6	Detection Point	5	Operational Name	0	02.10.07 09:18:42.040	DP A1508
7	Detection Point	6	Operational Name	0	02.10.07 09:18:42.040	DP A1512
8	Detection Point	7	Operational Name	0	02.10.07 09:18:42.040	DP A1514
9	Detection Point	8	Operational Name	0	02.10.07 09:18:42.040	DP A1516
10	Detection Point	9	Operational Name	0	02.10.07 09:18:42.040	DP A1518
11	Detection Point	10	Operational Name	0	02.10.07 09:18:42.040	DP A1522
12	Detection Point	11	Operational Name	0	02.10.07 09:18:42.040	DP A1517
13	Detection Point	12	Operational Name	0	02.10.07 09:18:42.040	DP A1515
14	Detection Point	13	Operational Name	0	02.10.07 09:18:42.040	DP A1513
15	Detection Point	14	Operational Name	0	02.10.07 09:18:42.040	DP A1511
16	Detection Point	15	Operational Name	0	02.10.07 09:18:42.040	DP A1507
17	Detection Point	16	Operational Name	0	02.10.07 09:18:42.040	DP A1505
18	Detection Point	17	Operational Name	0	02.10.07 09:18:42.040	DP A1501
19	Detection Point	18	Operational Name	0	02.10.07 09:18:42.040	DP A1604
20	Detection Point	19	Operational Name	0	02.10.07 09:18:42.040	DP A1601
21	Detection Point	20	Operational Name	0	02.10.07 09:18:42.040	DP A1704
22	Detection Point	21	Operational Name	0	02.10.07 09:18:42.040	DP A1701
23	Detection Point	22	Operational Name	0	02.10.07 09:18:42.040	DP A1804
24						

图 8-21　故障测试窗口

(3) 年检　很少有车占用的区间关联的并口 I/O 板，其状态输出继电器需要每年检查。

4. 计轴设备故障修复之清扫受扰区段

由于目前计轴 CPU 内软件的设定，区段受扰后复位并行 I/O 板，相应区段并不会就此恢复空闲状态，而是一个中间阶段，称为“待清扫”。待清扫状态的轨道区段在联锁系统中仍然按故障区段处理，不能排列进路和开放信号。只有清扫车或者人工模拟车辆从区段的一边进入，再从另一边退出，该区段才会恢复空闲状态。

所以清扫区段最好使用清扫车处理，清扫车在清扫作业中最大限速为 20km/h。需要清扫的主要原因是为了确认故障排除后的区间内没有任何影响行车的因素对行车安全构成威胁。一般正线上的直线区段受扰都直接复位，等待车辆清扫。但是如果受扰区段影响到

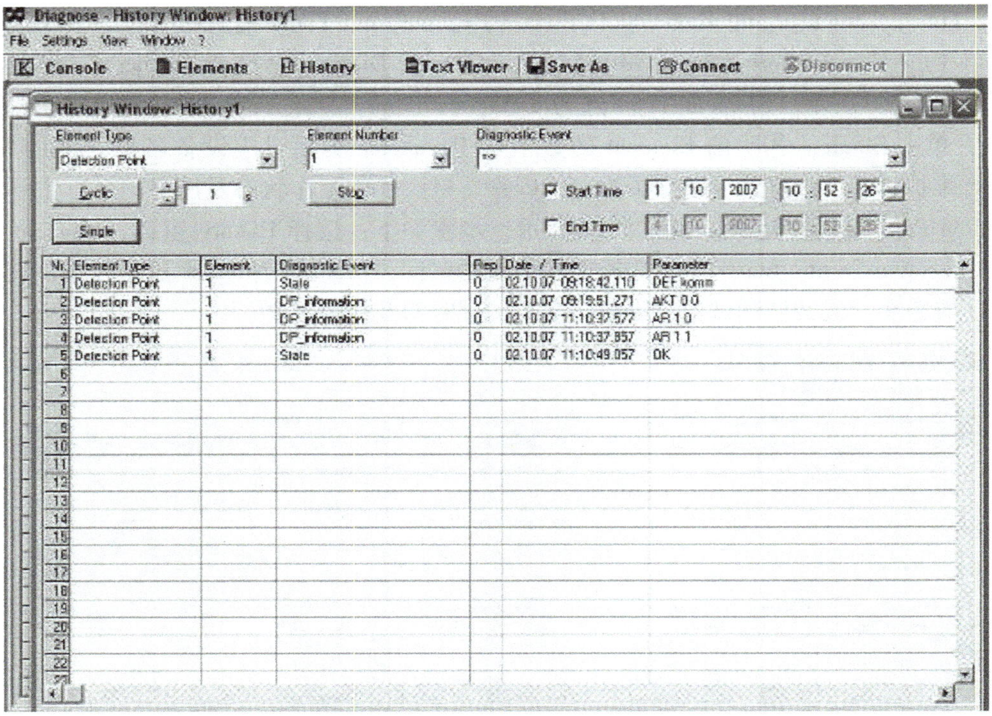

图 8-22　历史记录检查窗口

需要操作的道岔，运营又处在停顿状态，则需要人工清扫。人工清扫需要一个能够模拟车轮对计轴磁头影响的模拟车轮，在测试工具箱里会附带一块。

人工清扫需要至少 2 人配合操作，一人负责在室内 ATS 用户界面前指挥，同时需要复位并行 I/O 板；另一人负责在区间内完成清扫作业。人工清扫的关键是模拟列车的运行，直接复位受扰区段，则受扰区段状态变成待清扫，如果该区段边上的区段状态是空闲，模拟轮从空闲区段进入待清扫区段，就会造成原来空闲的区段受扰，这样反而使处理过程变得更复杂。所以在受扰区段两边没有占用区段的时候，需要人为先制造一个占用区段。现阶段的软件要求清扫列车的轮对数至少为 2 对，所以人为制造占用区段时一般用模拟轮向同一个方向划两次。人为制造的占用区段与“列车”需要行进的方向向反，然后复位受扰区段，沿着行进方向的计轴点逐个划轮子，直到占用区段到达可以让车辆清扫的位置。最后一步就是复位最后的占用区段，该区段状态恢复“待清扫”，就可以等待复位受扰区段。

5. 销点汇报

三、注意事项

1）注意工具的使用，金属工具不要从磁头上划过，有可能造成不必要的受扰。

2）诊断电脑要用电池，或者电源适配器对地绝缘。诊断电脑连接诊断线时，仅能连接一个 CPU 板，即 CPU1 板，注意计轴测试箱内开关挡位的选择。

3）注意人身及设备安全。

【任务评价】

任务评价单见附录。

【复习与思考】

1. 传感器的分类及在非电量测量中的作用?
2. 霍尔速度传感器的测速原理?
3. 采用计轴设备的意义有哪些?
4. 计轴系统的基本原理?
5. 如何进行计轴系统的日常维护?

项目九

牵引网供电对通信信号的影响

【问题导入】

我们知道收音机和手机的信号会互相干扰，铁路线路牵引网附近架设很多通信信号线路，轨道旁安装许多信号设备，牵引网是高压供电线路，它会不会对周围的这些弱电线路和设备造成干扰，又会产生哪些危害，通过采取哪些措施才能降低干扰，这是本单元要解决的问题。

【学习目标】

1. 知识目标：

（1）理解牵引网的结构及其对通信信号产生干扰影响的原因。

（2）掌握牵引网供电对通信信号产生干扰影响的危害。

（3）掌握通信信号线路采取的防护干扰措施。

（4）掌握电气化铁道防干扰措施。

2. 能力目标：

能说出牵引网各部分的名称和作用。

3. 情感目标：

（1）培养学生吃苦耐劳、不怕脏、不怕累、理论联系实际的习惯。

（2）培养学员良好的职业道德。

（3）激发学员浓厚的学习兴趣，培养良好的学习习惯和严谨的工作作风。

【教学建议】

1. 教学场地：教室、互联网多媒体教室，牵引网实物，课后可实地参观。

2. 设备要求：至少具有能连接互联网的多媒体教室一个，或能放视频投影、课件的视频设备一套。

3. 教学重点、难点：

（1）牵引网供电对通信信号线路干扰产生的危害。

（2）通信信号线路抗干扰的防护措施。

4. 课时要求：共 6 课时，其中课堂讲授 4 课时，模拟操作 2 课时。

【理论知识】

电气化铁道牵引网是单相高压交流电网，在运行过程中，会对沿线路线架设的通信信号线路产生杂音干扰，严重时，通过静电感应和电磁感应，会在邻近通信信号线路上产生危险电压，破坏设备绝缘，甚至威胁人员安全。

课题一　牵引网及其对通信信号产生影响的原因

一、牵引网组成

牵引网是沿铁路上空架设的一条特殊形式的输电线路。它由接触悬挂、支持装置、定位装置和支柱与基础四部分组成，如图 9-1 所示。

1. 接触悬挂

接触悬挂包括接触线、吊弦、承力索和补偿器及连接零件。其作用是将牵引变电所获得的电能输送给电力机车。

2. 支持装置

支持装置包括腕臂、水平拉杆、悬式绝缘子串、棒式绝缘子及接触悬挂的悬吊零件。其作用是在接触网中支持接触悬挂，并将其机械负荷传给支柱固定的部分。

3. 定位装置

定位装置包括定位管、定位器、定位线夹及其连接零件。其作用是固定接触线的横向位置，使接触线水平定位在受电弓滑板运行轨迹范围内。

4. 支柱与基础

常用的是钢筋混凝土支柱、钢支柱及其基础。其作用是用以承受接触悬挂、支持和定位装置的全部负荷，并将接触悬挂固定在规定的位置和高度上。

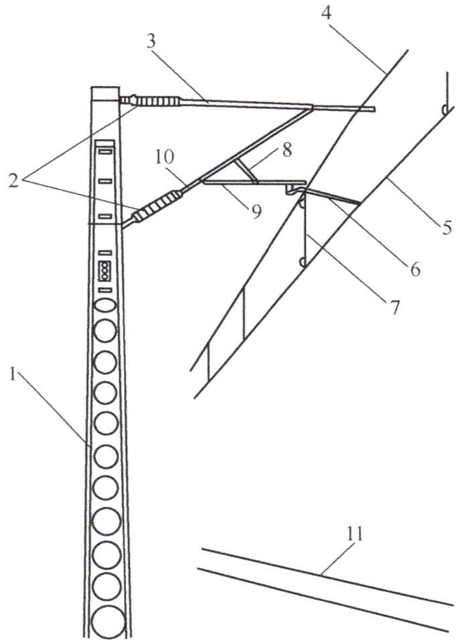

图 9-1　牵引网组成

1—支柱　2—棒式绝缘子　3—平腕臂　4—承力索　5—接触线　6—定位器　7—吊弦　8—定位管支撑　9—定位管　10—斜腕臂　11—钢轨

二、牵引网供电对通信信号产生影响的原因

静电感应、电磁感应、地电流和牵引电流不平衡是电力牵引对通信信号造成影响的主要原因。

1. 静电感应

静电感应也称容性耦合。当接触网带电时，将在邻近空间产生高压电场，接触网与平行的架空通信信号线间存在电容，通信信号线与大地间也存在电容。当接触网上有对地电压（U_j）时，经过电容耦合，在对地绝缘的通信信号导线上产生对地电压（U_t）。

图 9-2 所示为牵引网对通信线的静电影响的示意图。图中，1 代表接触导线，2 代表邻近通信线，3 表示接触导线在地下的镜像，b、c 分别为接触导线和通信线距地

面的高。

$$U_j=\frac{\tau_j}{2\pi\varepsilon}\ln\frac{2b}{R_j} \tag{9-1}$$

$$U_t=\frac{\tau_j}{2\pi\varepsilon}\ln\frac{D}{d} \tag{9-2}$$

式中 τ_j——接触导线单位长度上的电荷（C/m）；

ε——介质的介电系数（F/m）；

R_j——接触导线半径（m）。

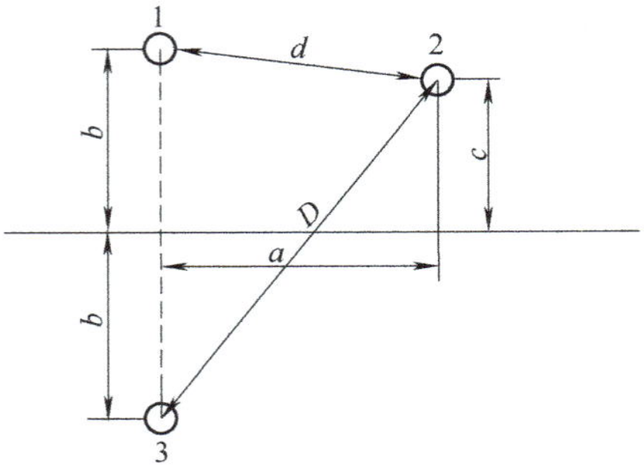

图 9-2 静电感应示意图

将两式合并，可得平行于接触线的通信线上各点的电位：

$$U_t=U_j\frac{\ln\frac{D}{d}}{\ln\frac{2b}{R_j}} \tag{9-3}$$

式中 U_j——接触网对地电压（V）；

R_j——接触导线半径（m）。

由图 9-2 可知，

$$\ln\frac{D}{d}=\ln\frac{\sqrt{a^2+(b+c)^2}}{\sqrt{a^2+(b-c)^2}}\approx\frac{2bc}{a^2+b^2+c^2} \tag{9-4}$$

因此，接触线在通信线各处的静电感应电压 U_t的一般公式有

$$U_t=\frac{2}{\ln\frac{2b}{R_j}}\cdot\frac{bc}{a^2+b^2+c^2}U_j \tag{9-5}$$

令 $K=\dfrac{2}{\ln\frac{2b}{R_j}}$，则

$$U_t=K\frac{bc}{a^2+b^2+c^2}U_j \tag{9-6}$$

若接触网长度为 l_1，通信线的平行接近长度为 l_2，当 $l_1\leqslant l_2$时，则通信线上静电感应电位为

$$U_t=KU_j\frac{bc}{a^2+b^2+c^2}\cdot\frac{l_1}{l_2} \tag{9-7}$$

电气化铁道对邻近的其他电路的静电感应的计算与以上类似。另外，对处于电气化铁道 10m 以内的未接地的金属建筑物（如桥、管道、金属支柱等）也会出现可观的静电感应电压。因此，这些建筑物都应妥善接地。铁路沿线电话、信号和电力线路也需要可靠接地，或者采取其他的措施以免在线路上发生危险。

2. 电磁感应

当线路上有电力机车运行时，接触网就流有工频单相交流牵引电流，它在接触网的周围建立起交变电磁场，因而对沿路架设的通信线路产生电磁交链，使通信线中产生沿导线纵方向的电磁电动势，称为纵电动势，如图 9-3 所示。当通信线与接触网距离不远，其平

行长度又较长时，在通信线路中感应出的纵电动势可以达到危险的程度。当电磁感应在相距100m以外时，仍有很大的影响。我国在观音坝单线区段的试验中，接触网和架空线的平均距离为250m，平行长度为18.3m，接触网短路电流为 $I_d = 1140A$，实测所得纵电动势为787～824V。

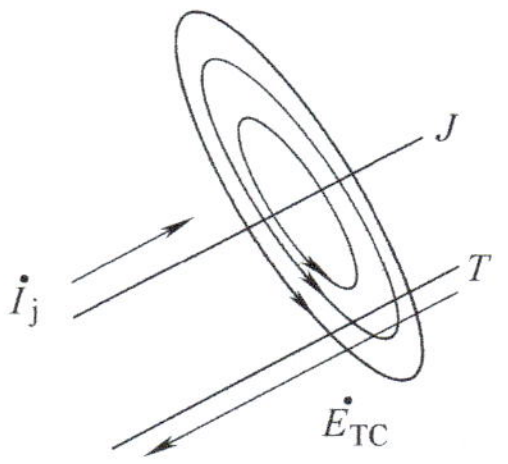

图9-3　电磁感应原理

通信线路中感应的纵向电动势可以表示为

$$E_{TC} = \omega M_{jt} l_p I_j \lambda_g \quad (9\text{-}8)$$

式中　ω——角频率，$\omega = 2\pi f$（rad/s）；

M_{jt}——接触网与通信线的互感系数（H/km）；

l_p——接触网与通信线平行接近长度（km）；

I_j——接触网电流（A）；

λ_g——轨道的反磁效应，称为钢轨的屏蔽系数。

3. 地电流

地电流也称阻性耦合。牵引电流经轨道漏泄入地为地电流。由于电阻耦合，入地点附近大地电位升高。如果以大地作为回路的通信信号设备的工作地线靠近入地点，就有可能影响设备的正常工作。在接触网接地短路情况下，入地点附近的接地通信电缆金属护套和芯线之间可能产生较高的电压，从而造成护套和芯线间绝缘的击穿。

当地下直埋光缆与电气化铁路垂直交越时，如果光缆护套对地不绝缘，则由于地电流影响，会在钢轨下面的光缆金属钢带上引起电位升高，在光缆金属钢带与加强芯间形成一定的电位差。由于光缆与钢轨相互垂直，电位差不会造成干扰影响。为消除电气化铁路垂直交越的直埋光缆的地电流影响，当通信光缆由钢轨下面直埋穿越铁道时，在加钢管保护的同时还要采取绝缘保护措施。

4. 牵引电流不平衡

交流电气化区段的轨道电路因牵引电流回流不畅或牵引电流不平衡，而使送或受电端熔断器烧断，造成轨道电路红光带。牵引电流的回流总是经过钢轨及大地流回变电所，当电力机车运行在某一区段时，牵引电流通过两根钢轨以相同的方向进行传输而且同轨道电路信号电流共用一个通道后返回变电所，当流经两根钢轨中的牵引电流 $I_a = I_b$ 时，在扼流变压器的一次线圈上形成的磁场大小相等方向相反，合成的交变磁场等于零，根据电磁场感应定理及右手定则可知，其感应电动势是相互抵消的，即在扼流变压器的二次侧不产生感应电压，牵引电流的干扰不会侵入轨道电路；当 $I_a \neq I_b$ 时，牵引电流不平衡，即当 $\Delta I = |I_a - I_b|$ 存在时，扼流变压器的一次侧所产生的磁通不能相互抵消，则相应地在二次侧产生一个感应电压，此电压直接侵入轨道电路的回路，当 ΔI 达到一定值时，有可能使继电器发生误动。

产生不平衡电流的原因有以下几方面的因素：

1）轨道电路处于弯道上，曲线线路的外轨长而内轨短，使两根钢轨的钢轨阻抗不相等。

2）钢轨接头电阻是由塞钉连接线、焊接线、连接夹板三方面组成的并联电阻，每个钢轨接头电阻不可能完全一致，两侧的钢轨阻抗就存在差异。

3）扼流变牵引线圈中性点两边的线圈阻抗不可能绝对相等，两侧的钢轨引接线电阻也可能有微小的差距，形成扼流变中性点两边的阻抗不相等；而牵引回流要经过多个扼流变中性点后才回到牵引变电所，两根钢轨由此而形成的阻抗不一致。

4）轨道电路的对地漏泄不平衡，即两根钢轨对地漏泄导致的不相等。牵引电流回流自电力机车车轮传递至钢轨起即分成两部分回流，一部分由钢轨回流，另一部分经大地回归牵引变电所，其电流分配的比例情况与钢轨对地的接触电阻的大小有关。

课题二　牵引网供电干扰通信信号的对象和危害

一、牵引网供电干扰通信信号的对象

电气化铁道牵引网对附近的有线电通信、无线电通信和铁路信号产生电磁感应，造成有线电通信和铁路信号的线路上产生有害的电流和电压，干扰附近的无线电通信信号。

1. 对铁路系统内通信信号的影响

牵引网供电对铁路系统内通信信号的影响主要包括：长途通信、地区通信、区段通信、站场通信及铁路信号系统。

2. 对路外通信信号的影响

牵引网除对铁路系统的通信信号产生影响外，还会对其他线路产生影响，主要有：

1）邮电系统的各级通信干线或通信线路。

2）军事系统中的军用通信干线和军工工厂用通信线路。

3）城市广播系统的有线广播网络和设备。

4）大型工厂的通信线路。

二、牵引网供电对通信信号产生的危害

牵引网供电对沿线通信线的静电感应和电磁感应有可能在通信电路中产生危险电压，使通信信号设备绝缘遭到破坏，甚至危及操作和维护人员的安全。牵引网的电磁感应还可在通信线路中产生高频杂音，降低通信质量。

1. 危险电压

静电感应电压的计算可用式（9-7）计算。

$$U_t = KU_j \frac{bc}{a^2 + b^2 + c^2} \cdot \frac{l_1}{l_2}$$

设接触导线高 $b = 6\text{m}$，通信线高 $c = 5\text{m}$，线路长 $l_1 = l_2$。$U_j = 25000\text{V}$，单线取 $K = 0.4$，那么，静电感应电压 U_t同通信线与铁路的平行近距离 a 的关系见表 9-1。

表 9-1　静电感应电压

a/m	10	20	30	50	100	250	500
U_t/V	1860	650	310	120	30	5	1

由表 9-1 可知，通信线上的静电感应电压可以达到很高的数值，但当距离 a 加大时，感应电压近似地与 a 的平方成反比急剧下降。当 $a = 100\text{m}$ 时，已下降到 30V。所以按照技术规范的规定，当 $a > 100\text{m}$ 时，可以不考虑牵引网的静电影响。

铁路沿线铁路自用的电话、信号和电力线路通常位于铁路两侧，为了安全，必须把这些线路可靠接地，或采取其他措施以避免在线路上发生危险。

电磁感应电压的计算可用式（9-8）计算。

$$E_{tc}=\omega M_{jt}l_{p}I_{j}\lambda_{g}$$

最严重的情况发生在牵引网短路，设通信线平行接近长度 $l_p=18km$，牵引网短路电流 $I_j=1000A$。单线，取 $\lambda_g=0.5$，那么在通信线中感应的纵电动势同通信线与铁路的平行接近距离 d_{jt}的关系见表 9-2。

表 9-2　纵向感应电动势

a/m	10	20	30	50	100	250	500
E_{tc}/V	2610	2220	2000	1720	1340	870	570

由表 9-2 可知，牵引网短路将在邻近的通信线中产生很高的纵电动势，且这种电动势在离铁路 100m 以外的通信线中仍具有可观的数值。在平行接近距离加大时电磁感应纵电动势的下降不如静电感应电压下降那样快速。

在同时存在静电和电磁两种感应电压时，总感应电压等于两种感应电压的向量和，总感应电压不能超过表 9-3 所规定的电压允许值。

表 9-3　感应电压允许值

牵引网运行状态	通信线类别	感应电压允许值/V
事故状态	木杆	750
	钢筋混凝土杆	300
正常状态	木杆	60
	钢筋混凝土杆	36

2. 杂音干扰

杂音干扰主要来自正常运行时牵引电流中的高次谐波。牵引电流是随时间波动的电流，当采用整流器式电力机车时，机车上的交流将被整流成直流，在整流电流中会出现大量高次谐波，如图 9-4 所示。从图中可知，不仅正弦波形发生了很大的畸变，而且在波峰处产生了谐波成分。因此，交流电流除了如上所述能在通信线路中产生感应纵电动势外，其谐波成分也能在通信中造成谐波感应电压，形成通信中的杂音，这也就是我们通常所说的交流牵引网对沿线通信线路的杂音干扰。

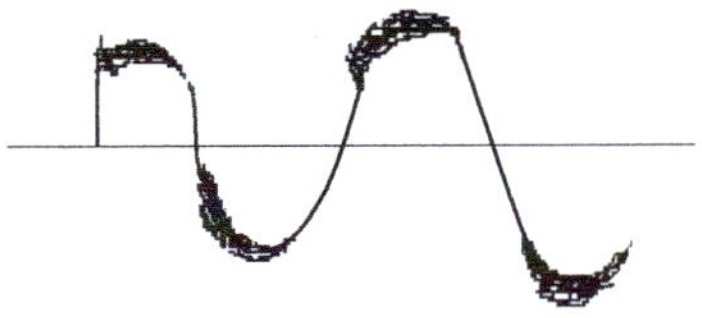

图 9-4　韶山 SS1 型电力机车的电流波形

3. 电流干扰

牵引网在轨道中的不平衡牵引电流、瞬间脉冲电流及谐波电流对铁路信号设备均会产生一定的干扰影响，主要表现为以下几个方面：

1）由于轨道继电器错误吸起，在站内、区间造成信号错误显示或造成锁闭电路的错误解锁。

2）由于轨道继电器错误落下，在站内、区间造成错误显示停车信号，产生红光带，也可能在站内造成错误解锁。

3）由于轨道继电器落下延误，使停车信号延迟显示而可能造成危险。

4）二元二位轨道继电器翼板振动，使得继电器可靠性削弱。

5）轨道电路熔丝熔断。这种现象多发生在交叉渡线区段，特别是在经过某一道岔反位单机调车使用时，易造成扼流变压器的单边供电而形成不可抵消的单边不平衡电流，当不平衡电流超过10A时就会造成熔丝熔断，产生红光带。

课题三　通信信号线路采用的防护措施

为了防止电气化铁路给通信信号设备带来的强电干扰，使通信信号设备更好地适应于电力牵引方式，通信信号线路方面采用了一系列措施，来抑制和降低强电干扰，使之免受影响。

一、通信线路采用的防护措施

1）将架空通信明线改为高屏蔽通信电缆或光缆通信线路。光缆通信是利用光波传递信息的一种通信方式。光缆通信技术的基本原理是将一个被传输的电信号，在光发生器中，变换成相应的光脉冲信号，这个光脉冲信号经光缆传输到对方的光接收器中，再转变成电信号，以完成通信任务。光缆通信线路与金属电缆通信线路相比，有如下优点：①一条光缆线路可同时传输多路电话，在长途接力电话传输线路中，中继站间隔的距离长，这就可节省大量设备。②通信质量高，光缆通信属于数字通信，传输的声音不失真度小。③光纤是电绝缘介质，不受电、磁干扰影响。为解决电气化铁道和高压输电线对通信线路的影响问题，可大量采用光缆通信线路。

2）将通信线改迁到远离交流电气化铁道的地带。要将通信线路中的感应电压降低到允许范围之内，一般须迁离铁路1km以上，而要使杂音干扰不超过一般标准，须迁离铁路2km以上。所以在通信线甚多地区，通信改造投资过大。

3）在通信线路中加装中和变压器、杂音抑制器等。

4）在通信器械设备方面，采用增音站、音响冲击限制器等。

二、铁路信号设备采取的防干扰措施

1. 轨道电路方面

电力牵引区段的两条钢轨，既作为信号通道来传输轨道信息，又作为牵引电流的回归通路。这两种不同性质的电流在同一钢轨线路上传输，牵引电流的干扰给轨道电路的正常工作带来很大的影响。为消除或减少干扰对信号设备的影响，必须对干扰源的情况进行深入了解，采取一定的防护措施，使设备稳定可靠地工作。

1）必须采用非工频制式的轨道电路，我国电气化铁路均采用工频50Hz交流供电，钢轨既是牵引电流的回流通道，又是轨道电路信号电流的传输通道。因此须采用非工频制式，且该制式对50Hz牵引电流的基波及其谐波干扰具备有效可靠的防护措施，以保证轨道电路设备安全可靠地工作。

2）必须采用双轨条轨道电路，双轨条轨道电路是在钢轨绝缘处设置一对扼流变压器，

牵引电流通过扼流变压器绕过钢轨绝缘返回牵引变电所，轨道电路处于平衡状态，便于实现站内电码化。而单轨条轨道电路对牵引电能损耗较大，且易造成站内电码化串码、掉码，故不采用。

3）交叉渡线上两根直轨都通过牵引电流时应加绝缘节。

4）钢轨接续线截面加大，其截面不小于 $50mm^2$。

5）道岔跳线和钢轨引接线截面加大，采用等阻引接线。

6）轨端接续线应采用焊接式（现多数采用“一塞一焊”较为安全、可靠的双套方式）。

7）接触网支柱地线、桥梁等建筑物地线与钢轨地线相连接，应符合有关的技术要求。

2. 电器方面

1）采用与最大牵引电流相匹配的高容量扼流变压器。

2）轨道电路接收端采用抗干扰的适配器。加设适配器是为了进一步改善牵引电流对轨道电路的干扰状况。加适配器在接收电路前端，其目的是对稳定干扰和冲击干扰中大的不平衡牵引电流进行滤波，至少应滤去95%以上；而适配器对有用信号电流的衰耗极少，不影响正常工作。适配器是第一级滤波器，滤掉50Hz不平衡电流（10A以内），其输入阻抗要与轨道电路的各项参数相匹配，对于10A以上的强大电流，由10A熔断器防护。

3）轨道电路受电端轨道继电器线圈上并接防护盒，使之滤掉不平衡50Hz的牵引电流。

3. 日常维护方面

1）防止轨道电路绝缘单边破损。在电化区段轨道电路单边绝缘破损极易造成轨道电路红光带。因破损后，牵引电流可不经扼流变压器直接越过此绝缘节而造成不平衡，特别是上、下的渡线绝缘在维修时更要注意，因此绝缘管、绝缘垫等一定要采用高强度绝缘材料，并要求工务部门将螺栓拧紧力矩拧到规定值，以保证行车安全。

2）防止扼流变压器固定引入线的螺丝松动。因螺丝松动后，将增大接触电阻，并产生压降，很容易造成不平衡，特别是在区间，当列车经过时产生振动接触电阻增大造成红光带而使信号关闭，车越过以后又恢复正常，很容易让信号人员误判为外界影响。

3）要对吸上线加强检查和维修。对吸上线丢失的要及时补足，否则造成电流不平衡，烧毁熔丝影响轨道电路设备。

4）供电部门塔杆、水泥电杆、回流线的防雷有一些通过火花间隙放电器连接在钢轨一侧上，当它与钢轨连接的钢筋和其他金属设备（如电缆护套、桥体等）相混或穿过了潮湿的泥土和水沟时也会造成电流不平衡，而这类故障不易查找，维修时应注意检查。

5）当牵引电力机车所在钢轨上有沙子、霜、锈时，机车启动和运行时会产生很大的不平衡电流，也容易烧毁轨道电路设备。要加强钢轨的检查清扫工作。

6）防止塞钉线及连接线的塞钉头松动。塞钉头松动后，也产生接触电阻，特别是岔芯部分的连接线必须认真检查，松动易造成轨道不平衡，因此轨道电路的各种连接线必须采用双接化，最好采用双线的连接方式。

7）现场要对扼流变压器低压侧两个线圈的电压进行经常性测试，两个低压线圈的电压必须相等，必须等于1/2轨面电压。两个低压线圈电压如不相等，必须认真查找，大多为端子与箱盒间绝缘破损或扼流变压器故障。

课题四　电气化铁道采用的防护措施

通信信号线路采取的抗干扰措施都是“治标”的，只能在一定程度上降低牵引网的干扰影响。在电气化铁道方面采用的防护措施是“治本”的，下面介绍在交流牵引供电系统中所采取的防护措施。

一、带架空回流线的直接供电方式（DN 方式）

直接供电方式供电回路的构成最简单，工程投资、运营成本和维修工作量都少；但对邻近通信线路的干扰影响严重，钢轨电位比其他供电方式要高。为了保留直接供电方式的优点，克服不足，在其结构上增设与轨道并联的架空回流线就成为带回流线的直接供电方式，简称 DN 供电方式，如图 9-5 所示。

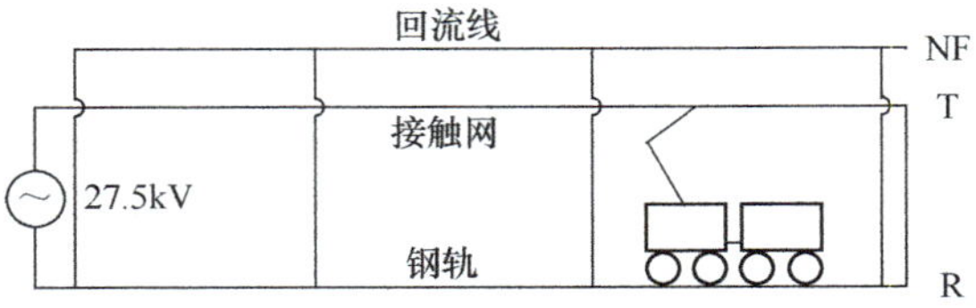

图 9-5　带回流线的直接供电方式示意图

1. 带回流线的直接供电方式优点：

1）供变电设施和牵引网结构简单，便于维护。

2）一次性投资和运营维修费用少。

3）供电可靠性高，故障范围影响小。

4）牵引变压器容量小，便于接入电网。

2. 带回流线的直接供电方式缺点：

1）牵引变电所数量较多，外部电源工程数量和投资较大。

2）防干扰性能较差。

3）牵引网电压损失和电能损失较大。

二、吸流变压器供电方式（BT 方式）

为了减少直接供电方式对弱电系统的电磁干扰，沿接触网架设一条回流线，并在接触网和回流线中串入吸流变压器，让牵引电流通过电力机车后从回流线返回牵引变电所，如图 9-6 所示。该方式防干扰效果好，但供电臂阻抗大，电压损失大，牵引变电所间距小。目前已基本不采用。

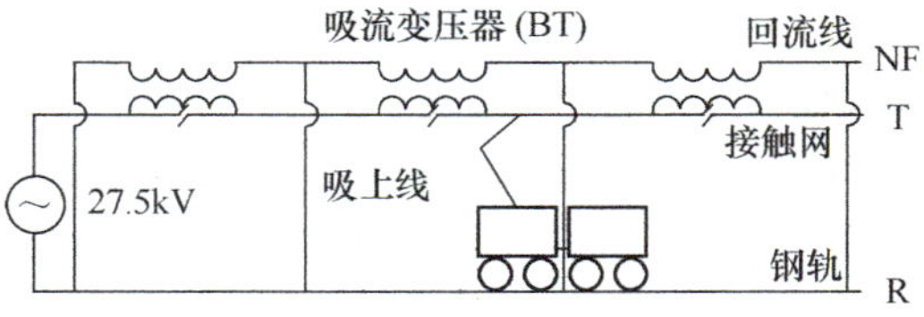

图 9-6　吸流变压器供电方式（BT 方式）示意图

三、自耦变压器供电方式（AT 方式）

自耦变压器供电方式是在直接供电方式的基础上，引入正馈线和自耦变压器后形成的一种供电方式，如图 9-7 所示。

1. AT 供电方式优点

1）供电能力强、距离远，牵引变电所选址方便、数量少，可减少外部电源工程投资。

2）防干扰效果好，可改善电磁环境，并减少防干扰费用。

3）可减少电分相数量，从而有利于提高列车运行速度。

4）牵引网载流能力强，牵引网电压损失和电能损失较小。

2. AT供电方式缺点

1）供变电设施较多，牵引网结构较复杂。

2）一次性投资大。

3）施工和维修较困难。

4）牵引变压器安装容量大，不便接入电网。

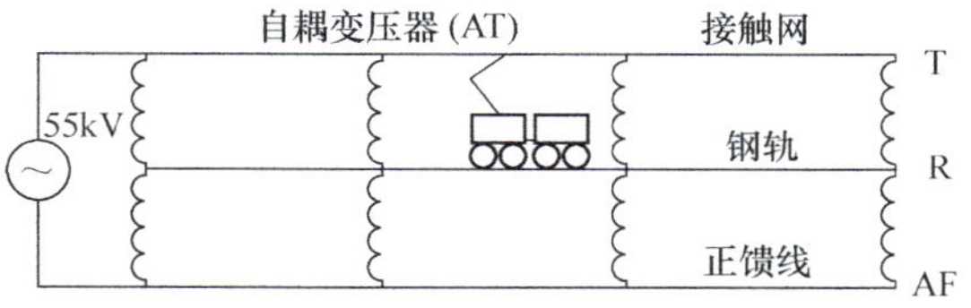

图9-7　自耦变压器供电方式（AT方式）示意图

四、同轴电力电缆供电方式（CC供电方式）

同轴电力电缆沿铁路线路埋设，其内部芯线作为馈电线与接触网连接，外部导体作为回流线与钢轨相接，每隔5～10km作为一个分段，如图9-8所示。

基于同轴电力电缆本身所具有的特性，因而有着防干扰的良好效果。同轴电力电缆内、外导体是同轴的，且彼此绝缘，其间距离13mm，这是任何架空线所不能比拟的，且阻抗小，供电距离长，但投资较大。

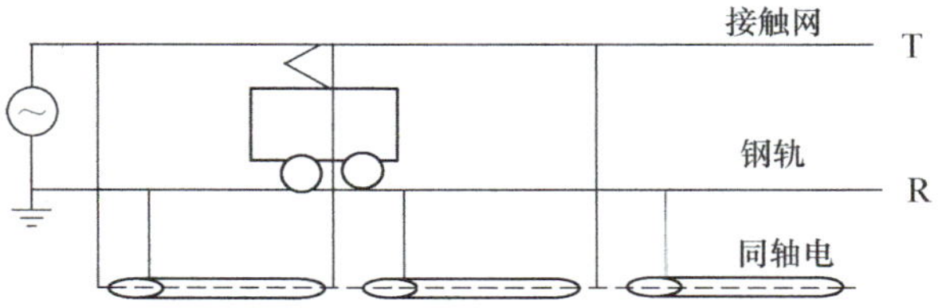

图9-8　同轴电力电缆供电方式（CC方式）示意图

五、牵引变电所加装阻尼装置

阻尼装置主要是为了降低牵引电流中的高次谐波，以便减少对通信线的干扰。我们知道，接触网不分布电容和电感，牵引变压器也有电感，它们形成LC回路，往往同机车电流中的某些谐波发生谐振，使谐波振幅加大，因此，若在牵引变压器牵引侧出口并联RC回路，如图9-9所示，将有可能通过改变振荡回路，使谐波幅值降低，使杂音电压下降。

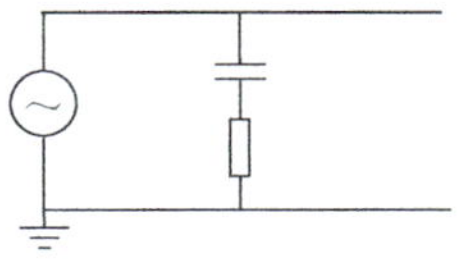

图9-9　变电所加装阻尼装置示意图

除此之外，牵引网架设了架空地线，可以减少了钢轨中的牵引电流，降低了钢轨电位；接触网支柱地线一般连接在架空地线上，不与钢轨直接相连，从而改善了轨间对地电阻的不平衡程度。架空地线还起屏蔽作用，选择适当的截面和安装位置，降低牵引网的电磁影响。

【项目实施】

任务　牵引网结构的识别

一、器材工具

牵引网实物，包括接触悬挂、支持装置、定位装置、支柱与基础。

二、任务实施

1. 登记要点等准备工作

1）学生分组，每小组 2 人、小组进行任务分析，并分工。

2）按照牵引网的实物或相关图片并结合之前所学知识认识牵引网的不同结构。

2. 任务实施

1）认识设备。结合实物或图片（图 9-10 至图 9-13）理解牵引网整体结构和各部分名称。

图 9-10　牵引网结构示意图

图 9-11　牵引网支柱和基础

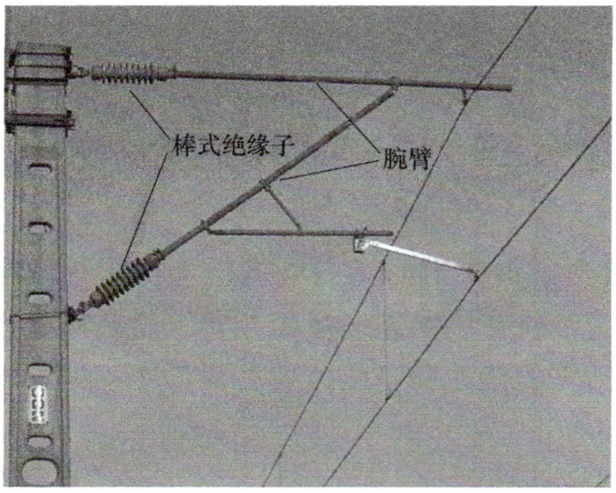

图 9-12　支持装置

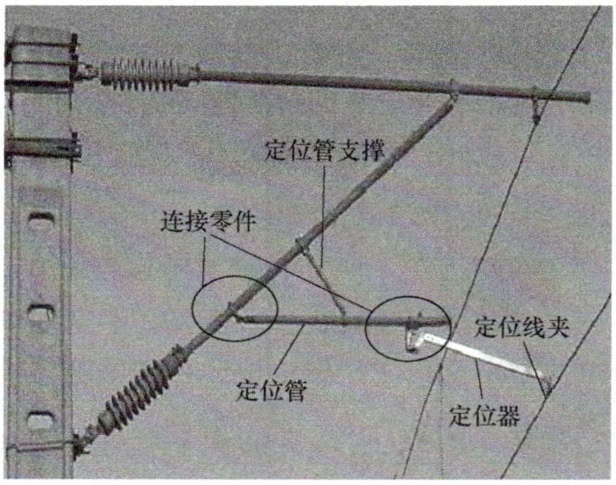

图 9-13　定位装置

2）结合相关牵引网实物以及结构图片说明各部分结构的作用及零部件组成。

三、注意事项

1）在牵引网区段现场学习时注意人身安全。

2）注意区分牵引网设备中有电部分和无电部分。

【任务评价】

任务评价单见附录。

【复习与思考】

1. 牵引网由哪几部分组成？各部分的作用是什么？
2. 牵引网对通信信号产生影响的原因是什么？
3. 牵引网影响哪些通信信号设备？
4. 牵引网对通信信号设备产生的危害有哪些？
5. 通信信号线路采取哪些措施防护牵引网的干扰？
6. 电气化铁道采取哪些措施降低其对通信信号线路的干扰？

附 录

任务评价单

1. 学员的评价

由学员在完成本项目的学习后填写。

评价项目		学员的评价			
序　号	评价内容	特别满意	满意	一般	不满意
1	自己在本项目学习过程中的表现				
2	教师在本项目教学过程中的课程课前准备情况				
3	教师在本项目教学过程中能做到理论联系实际				
4	教师能很好地调动学员的积极性、主动性				
5	教师在本项目教学中的总体表现				
在本项目的学习中，学员对自己的表现评价及对教学的意见					
对自我的评价： 对教学的意见/建议：					

2. 教师的评价

由教师在完成本项目的教学后填写。

评价项目		教师的评价			
序号	评价内容	特别满意	满意	一般	不满意
1	自己在本项目教学过程中的表现				
2	课前准备充分				
3	在本项目教学过程中能做到理论联系现场实际				
4	在本项目教学过程中能很好地做到师生互动				
5	教材处理、教学进度掌控情况				
6	按大纲要求完成教学内容				
7	学员在本项目教学中的总体表现				
在本项目的学习中，教师对本项目教学的总结评价及改进措施					
对自我的评价： 对教学的改进措施：					

参考文献

[1] 中华人民共和国铁道部. 铁路信号维护规则 技术标准[S]. 北京：中国铁道出版社，2006.

[2] 中华人民共和国铁道部. 铁路信号维护规则 业务管理[S]. 北京：中国铁道出版社，2006.

[3] 中华人民共和国铁道部. 铁路信号设计规范[S]. 北京：中国铁道出版社，2006.

[4] 中华人民共和国铁道部. 铁路技术管理规程[S]. 北京：中国铁道出版社，2006.

[5] 林瑜筠. 铁路信号基础[M]. 北京：中国铁道出版社，2008.

[6] 苗玲玉. 传感器应用基础[M]. 北京：机械工业出版社，2009.

[7] 林瑜筠. 城市轨道交通信号设备[M]. 北京：中国铁道出版社，2006.

[8] 铁道部人才服务中心组. 信号工(车站与区间信号设备维修)[M]. 北京：中国铁道出版社，2009.

[9] 贾毓杰. 城市轨道交通通信与信号[M]. 北京：机械工业出版社，2009.

[10] 陶启户. 铁路信号基础设备及原理[M]. 北京：中国铁道出版社，1992.

[11] 何宗华，等. 城市轨道交通通信信号系统运行与维修[M]. 北京：中国建筑工业出版社，2006.